INTERNATIONAL BUSINESS LAW

国际商法

吴 伟 孙瑛婕 编著

江苏大学出版社
JIANGSU UNIVERSITY PRESS
镇 江

图书在版编目(CIP)数据

国际商法 / 吴伟，孙瑛婕编著. -- 镇江 : 江苏大学出版社，2025. 8. -- ISBN 978-7-5684-2581-0

Ⅰ. D996.1

中国国家版本馆 CIP 数据核字第 2025MV6392 号

国际商法

Guoji Shangfa

编　　著/吴　伟　孙瑛婕
责任编辑/柳　艳
出版发行/江苏大学出版社
地　　址/江苏省镇江市京口区学府路 301 号（邮编：212013）
电　　话/0511-84446464（传真）
网　　址/http://press.ujs.edu.cn
排　　版/镇江市江东印刷有限责任公司
印　　刷/南京玉河印刷厂有限公司
开　　本/787 mm×1 092 mm　1/16
印　　张/19.5
字　　数/410 千字
版　　次/2025 年 8 月第 1 版
印　　次/2025 年 8 月第 1 次印刷
书　　号/ISBN 978-7-5684-2581-0
定　　价/58.00 元

目　录

第一章　国际商法导论　/ 001
第一节　国际商法的概念　/ 001
第二节　国际商法的历史沿革　/ 005
第三节　国际商法的渊源　/ 009
第四节　西方国家两大法系　/ 012
第五节　国际贸易统一法的产生、发展与前景　/ 019

第二章　国际合同法　/ 023
第一节　国际合同法概述　/ 023
第二节　合同的成立　/ 035
第三节　合同的履行　/ 053
第四节　合同的变更与转让　/ 076
第五节　合同的消灭　/ 079

第三章　国际货物买卖法　/ 137
第一节　国际货物买卖法概述　/ 137
第二节　国际贸易术语　/ 141
第三节　国际货物买卖合同　/ 149
第四节　国际货物运输与保险　/ 158
第五节　卖方和买方的义务　/ 177
第六节　违反货物买卖合同的救济方法　/ 185
第七节　货物所有权与风险的转移　/ 193

第四章　国际贸易管制法　/ 226
第一节　中国对外贸易法概述　/ 226
第二节　对外贸易经营者　/ 228
第三节　货物进出口与技术进出口　/ 229
第四节　国际服务贸易　/ 232

第五节　与贸易有关的知识产权保护　/ 234
第六节　对外贸易竞争制度　/ 235
第七节　对外贸易调查　/ 236
第八节　对外贸易救济　/ 238
第九节　《外贸法》的其他规定　/ 240

第五章　世界贸易组织法　/ 259
第一节　世贸组织概述　/ 259
第二节　世贸组织的基本原则　/ 261
第三节　世贸组织的一系列多边协议　/ 264
第四节　世贸组织的争端解决机制　/ 269

第六章　国际反倾销法和反补贴法　/ 273
第一节　反倾销法　/ 273
第二节　反补贴法　/ 281

第一章

国际商法导论

第一节　国际商法的概念

一、法的起源

关于法律的起源，曾有多种不同说法，诸如神意说、君意说、契约说、社会管理说等。依据马克思主义法学理论，国家和法是人类社会发展到一定历史阶段的产物。①

在原始社会，受生产力水平和经济社会条件的制约，当时并没有政治、国家和法律。其社会秩序依靠原始习惯的调整而得以维持。所谓原始习惯，是指原始人在长期共同生活中自发形成，世代相袭，逐渐成为调整各种社会关系的权威且有效的社会规范。这种习惯规范的施行，主要借助当时氏族部落首领的威望和道德感召力、人们对传统的依赖、对超自然神力的畏惧，以及每个人的自觉和舆论的压力，辅之以简单的内部惩罚措施（比如剥夺成员资格等）。② 然而，随着生产力的发展，原始习惯的弊端逐渐显露，代表文明社会的“法律”进入社会发展进程。

法出现的根本原因是社会生产力的发展。随着生产力和社会分工的发展，以及私有制、阶级和国家的出现，法的产生成为必然。社会内部生产力的发展引发了以生产关系为基础的社会关系的变革，进而促使整个上层建筑，包括调整社会关系的社会规范发生变革。原始习惯面对日益复杂的社会管理需求，已无力化解由此产生的日益复杂的社会矛盾，于是法应运而生，即法是社会矛盾不可调和的产物。社会基本矛盾运动决定了法在人类历史上的出现具有客观的历史必然性。③

---

① 张文显主编《法理学（第五版）》，高等教育出版社，2018，第 184 页。
② 张文显主编《法理学（第五版）》，高等教育出版社，2018，第 184 页。
③ 张文显主编《法理学（第五版）》，高等教育出版社，2018，第 185 页。

法起源的过程，是从氏族习惯到习惯法，再到成文法的演变和发展过程。首先，一种生活方式持续一段时期后，作为习惯和传统被固定下来，随后又被作为明文法律加以神圣化。实际上，国家和法在漫长的人类历史长河中逐渐形成、同步产生。在国家逐步形成的同时，原始习惯开始转变为对每个氏族成员都具有约束力、具备特殊强制力的习惯法，这一质的飞跃标志着法的产生，即习惯法是法律化了的人们在生产和生活中必须遵守的行为规范的总和。随着社会的进步和法律科学的进一步发展，习惯法又发展为国家的广泛立法，出现了更为完善的法律形式——成文法。①

此外，法起源的过程深受宗教规范和道德规范的影响。就原始习惯而言，其往往兼具宗教戒律、道德规范的属性，脱胎于氏族习惯的法律必然受宗教和道德影响。并且，在司法程序上，各种文明最初多采用神明裁判的方式。当然，随着社会管理经验的积累和人类文明的进化，对相近或不同行为影响社会的性质和程度有了区分的必要和可能，法律规范与道德规范和宗教规范所调整行为的类型也必然会开始由混沌走向分化。②

二、法、法律、法学的区别

若要厘清法、法律、法学之间的关系，首先需明晰它们各自的概念。

就“法”而言，从其文字本身来看，它并不是法学的专用名词，具有多义性。在汉语字典中，作为名词的“法”有规则、准则、法则和方法之意。③ 它既可以是体现统治阶级意志、由国家制定和颁布的公民必须遵守的行为规则，也可以是处理事物的手段；既可以是人为制定或认可的社会规则、习俗，也可以是不以人的意志为转移的客观法则、规律。

在我国，根据东汉许慎著《说文解字》的考证，“法”的古字是“灋”。“灋，刑也，平之如水，从水；廌，所以触不直者；去之，从去。”④ 由此可知，“法”在最初与“刑”通用时，既有刑戮、罚罪之意，也有规范之意。⑤ “从水”象征着公平。在西方，法也有类似的含义。无论是罗马文中的 Jus、德文中的 Recht，还是法文中的 droit、俄文中的 право，都有公平和正当的含义。由此可见，“法”代表着某种公平的概念。但由于其含义丰富，结合现有的学说，很难给出明确的定义，只能说作为法学研究对象的“法”，指的是“国家的法则”。

对于“法律”，据古代文献记载，在古代，“法”除与“刑”通用外，也常与

---

① 张文显主编《法理学（第五版）》，高等教育出版社，2018，第 185-186 页。

② 张文显主编《法理学（第五版）》，高等教育出版社，2018，第 186 页。

③ 冯玉军：《法理学（第二版）》，中国人民大学出版社，2018，第 21 页。

④ 许慎：《说文解字》，中华书局，1978，第 202 页。

⑤ 张文显主编《法理学（第五版）》，高等教育出版社，2018，第 66 页。

"律"通用。例如在秦汉时期，"法"与"律"都有常规、均布、划一的意思;①《唐律疏议》中也指："法亦律也，故谓之为律"。② 不过，"法"与"律"合成的"法律"一词，在古代文献中只是偶尔出现，直至清末，"法"与"法律"才开始并用。在现代汉语中，"法律"的定义有广义和狭义之分。从广义上讲，法律是由国家制定或认可，由国家强制力保证实施的各种行为规范的总和。就我国而言，广义的法律包括宪法、全国人大及其常委会制定的法律、国务院制定的行政法规、地方国家权力机关制定的地方性法规，以及民族自治地方的人民代表大会制定的自治条例和单行条例等，简言之，即法律的整体。而狭义的法律是指由国家立法机关制定的各种行为规范的总和，在我国仅指全国人大及其常委会制定的法律。

至于法学，它是19世纪末西方法学传入时才被广泛使用的名称。在此之前，有"刑名之学"和"律学"的称谓，如今法学已经发展成为一门比较系统且成熟的学科。关于其概念，张文显教授在其著作中指出，法学是以法为研究对象的各种科学活动及其认识成果的总称③，即研究法律现象及其规律的学科。

由上可知，法学是一门学科，法或法律是其研究对象。对于法和法律的区别，学者有时把广义的法律称为"法"，把狭义的法律称作"法律"。但在很多场合下，根据约定俗成的原则和话语习惯，"法"与"法律"是通用的，如"改革于法有据""权大还是法大""法律体系""宪法法律至上""法无明文规定不为罪"等。④

三、商法的概念

商法（Business Law 或 Commercial Law），是指调整商主体在其商行为中所形成的法律关系，即商事关系的法律规范的总体。其中，商主体指经营者，在商事关系中至少有一方须为经营者；商行为即经营行为，亦称商事交易；商事关系是商主体以营利为目的运营财产所形成的经营关系，且仅能发生在以营利为目的的商事活动中。对于商事关系，又可以分为商事组织关系和商事行为关系。前者是围绕商事主体形成的商事关系，基于商事主体的设立、组织、管理、变更、解散、破产、清算而发生的法律关系；商事行为关系是基于各种商事行为的实施而形成的商事关系，其中包括票据行为、证券行为、保险行为和海商行为等。⑤

此外，商法在不同语境下含义有所不同，存在广义的商法与狭义的商法、形式意义的商法与实质意义的商法之别。具体而言，广义的商法涵盖所有商事法律法规，

---

① 张文显主编《法理学（第五版）》，高等教育出版社，2018，第66页。
② 长孙无忌等：《唐律疏议》，刘俊文点校，中华书局，1983，第2页。
③ 张文显主编《法理学（第五版）》，高等教育出版社，2018，第66页。
④ 张文显主编《法理学（第五版）》，高等教育出版社，2018，第66页。
⑤ 周龙杰主编《商法学》，北京大学出版社，2013，第3页。

既包括国际商法，也包括国内商法，国内商法又进一步分为商事公法和商事私法。商事公法指公法领域中的商事法律规范，散见于行政法、刑法和诉讼法中，无完整体系；商事私法指私法层面的有关商事法律规范。狭义的商法仅指商事私法。对于形式意义的商法与实质意义的商法，前者指民商分立国家所制定的以“商法典”命名的商法；后者是指一切以商事关系为规范对象的法律法规，在形式上并不采用“商法典”，而是编入“民法典”或分别编入各种商事单行法规之中。但无论是民商合一还是民商分立，也不管是什么法系，都存在实质意义的商法。①

从学科角度而言，这里的商法是狭义的商法，既有形式意义上的商法，也有实质意义上的商法，包括商主体法和商行为法两大部分。商主体法是关于商主体资格的取得、变更或消灭的规则，是商法的核心。商行为法又称商事交易法，是关于商主体从事各种经营活动的行为规则。在实践中，商主体法与商行为法往往会发生交叉，很多商主体法会将与商事组织本身有着密切联系的行为纳入其中。②

就我国商法而言，基本的商事规范已纳入民商合一的《中华人民共和国民法典》（以下简称《民法典》）的“合同编”，一般包括买卖、运输等方面的法律规范。而海商、保险、票据、公司等方面的法律规范，则由《中华人民共和国公司法》（以下简称《公司法》）等单行法律法规予以调整。

四、国际商法的内涵与性质

所谓国际商法（International Business Law 或 International Commercial Law），是指调整跨国的商事交易和商事组织的各种关系的法律规范和惯例的总和。具体可从以下三个方面进行理解：

（1）对“国际”（International）的理解。“国际”从政治意义上讲是国家与国家之间，从地理意义上讲即跨越国界。就国际商法而言，它调整的是“跨越国界”的国际商事关系，所以此处的“国际”取“跨越国界”之意。具体而言，即其主体、客体、法律事实三个要素中，至少有一个要素与外国有联系，包括下列三种情形：① 国际商事关系的双方（或多方）当事人的国籍不同，或双方当事人的营业地位于不同国家。前者一般称为国籍标准，后者称为营业地标准。② 国际商事关系的客体位于国外。此处的物，既包括货物等有形物体，也包括专利、商标、版权等无形物体。③ 产生、变更或消灭商事关系的事实发生在国外。例如，某国两方当事人订立旅游服务合同，而该旅游点在国外。

（2）对跨国的“商事交易”和“商事组织的各种关系”的理解。前者指国际商事组织在进行各类国际贸易过程中产生的各种关系。根据交易标的物的性质，国际

---

① 朱羿锟：《商法学——原理 · 图解 · 实例（第四版）》，北京大学出版社，2014，第 4 页。

② 朱羿锟：《商法学——原理 · 图解 · 实例（第四版）》，北京大学出版社，2014，第 4-5 页。

商事交易既包括传统有形商品的贸易，也包括服务、技术、知识产权等无形商品的贸易。后者指对参与国际商事活动的主体（即“国际商事组织”）进行规范和调整，这些主体主要包括法人组织及非法人组织，其中法人组织通常指各种公司和企业，非法人组织多指合伙企业和个人企业。

（3）国际商法主要是实体法，且主要属于私法范畴。国际商法的产生源于国家之间通过协商缔结条约，或商人在长期的贸易实践中自发形成商事惯例。这些条约和惯例主要反映了商事主体之间实体性的权利义务关系，用于规范国际商事组织关系和国际交易关系，所以国际商法主要由各类商事实体规范构成。同时，国际商法规范的是跨国的平等主体之间的商事贸易关系和商事组织关系，因此多由任意性规范组成，主要是私法性质的规范。

五、国际商法的主要内容

一般来说，传统的商法主要包括公司法、票据法、海商法、保险法等内容。然而，随着国际经济贸易的扩大发展和商事交易的多样化、复杂化，人们在国际货物买卖的基础上开拓了许多新的领域，例如国际技术转让、知识产权转让、国际投资、国际融资、国际工程承包、国际服务贸易等等。这些交易已远远超出了传统商法调整的范围，有人将其称为国际商事交易，并把调整这些交易的法律称为国际交易法（The Law of International Transactions），或国际商法。很明显，现在国际商法的调整对象和范围比传统的商法广泛得多，内容也越来越丰富。

当前国际商法的内容既包括有关国际商事主体的商事组织法，例如：合伙企业法、公司法、个人独资企业法等；也包括有关国际商事交易的国家商事交易法，例如：《民法典》（主要为“合同编”）中与国际商事交易相关的法规，国际货物买卖法，产品责任法，代理法，国际海上、航空和铁路运输法，国际海上保险法，票据法，国际技术贸易法，工业产权法，国际投资法，国际融资法，国际工程承包法和国际租赁法等；除此之外，还包括处理国际商事争议的解决国际商事争议法，例如：国际商事仲裁法、国际投资仲裁法和各国商事诉讼法等。①

第二节　国际商法的历史沿革

商法随着商品经济的产生、发展而逐步形成，国际商法则是国际贸易逐步发展

---

① 本课程着重介绍与国际货物买卖相关的法律制度，以国际货物买卖为核心，对合同法、买卖法、对外贸易法、世界贸易组织法等实体法法规及惯例等展开阐述。本书编写旨在与教师多媒体课件相配套，助力学生了解当下商事领域主要国际条约、惯例以及部分国家国内法的相关规定，增强法律意识，提升分析和解决问题的能力，使其能在国际商事活动中运用法律与惯例维护国家和企业的正当权益。

和扩大的产物。

一、我国商法发展简史

在我国古代，受重农抑商思想影响，尽管民间商业交易繁荣，但政府层面未给予足够重视。因此，古代中国并没有形成体系化的商法，仅在部分朝代的律例中有针对钱庄、买卖、店铺等商事活动的规范内容。梁治平教授曾指出，新的社会秩序一旦形成，第一件事必定是重建礼法高度统一的格局；无论如何，它不能容忍一个相对独立于政治权力之外的经济集团，更不会允许一些人只凭借财富的力量便欲在社会中发号施令。① 故而，在“抑商”的社会背景下，规范商事活动的律例多体现为国家权力对商事活动的介入，并非私法领域中独立的商法部门或商法制度。

近代清末，商法开始出现。1904 年，清政府颁布《公司律》《商人通例》；随后，又制定《破产律》《公司注册试办章程》《商标注册暂行办法》等；1908 年至 1910 年，起草商法典草案《大清商律草案》，涵盖公司法、海船法、票据法等内容；此后还制定了一些商事法律法规，但未及颁布实施，清政府便覆灭。② 辛亥革命后，民国政府在大清商事法律的基础上，重新制定并颁布《中华民国商律》《公司条例》《商人通例》等法律和条例。北洋政府于 1923 年起草了一部《商法》，但没有颁布实施。1929 年，民国政府颁布《民法典》，将商法中有关总则、商人、经理人、代办商、商行为、交互计算、行纪、仓储、运输等规则并入民法债编。

中华人民共和国成立后，《中华人民共和国合同法》（现为《民法典》“合同编”，以下简称《合同法》）、《中华人民共和国电子签名法》（以下简称《电子签名法》））、《中华人民共和国海商法》（以下简称《海商法》）、《公司法》、《中华人民共和国票据法》（以下简称《票据法》）、《中华人民共和国合伙企业法》（以下简称《合伙企业法》）、《中华人民共和国保险法》（以下简称《保险法》）、《中华人民共和国商业银行法》（以下简称《商业银行法》）、《中华人民共和国证券法》（以下简称《证券法》）、《中华人民共和国担保法》（以下简称《担保法》）、《中华人民共和国信托法》（以下简称《信托法》）等一系列商事法律陆续颁布。商法在我国作为相对独立的法律部门，在发展中不断丰富。

二、世界主要国家的商事立法

（一）法国

法国自路易十四时期起，致力于在国家范围内统一商法，1673 年制定《法国商事条例》，1681 年制定《法国海事条例》，二者成为拿破仑编纂商法典的直接来源。

---

① 梁治平：《寻求自然秩序中的和谐》，中国政法大学出版社，2002，第 151 页。

② 吴兴光主编，黄丽萍、赖忠孝、刘睿副主编《国际商法（第 2 版）》，清华大学出版社，2020，第 11 页。

1808年1月1日，世界上第一部商法典——《法国商法典》生效。该法典共4编648条，其中第一编是通则，分别就商人、公司、买卖、商业账簿、夫妻财产的分离、行纪、商业交易所与票据经纪人、汇票与本票、时效等作出规定；第二编有14章，涉及船舶、船舶所有人、船舶抵押、以船舶为抵押而设定的借贷、船长、海员、拥船契约、海上保险、租船契约、货物投弃、海损、时效、拒诉等方面的规定；第三编规定了破产、家资分散以及复权等事项；第四编针对商事法院作出相关规定。

就《法国商法典》而言，最能体现私法自治原则优势的，是商人独立成为实施商行为的主体。此外，该法典还有两个特点：其一，从商行为的角度定义商法，后世也将这一立法模式称为法国商法体系。其二，它使商业较为彻底地从国家监护中脱离出来。

（二）德国

1856年，德意志联邦召开编纂统一商法典的会议，1861年商法典草案公布并实施，这部法典被称为德国旧商法，共5编911条，对商人地位、商事公司、合伙、商行为及海商作出规定。此后，德意志帝国成立，着手起草新商法典。《德国商法典》于1897年5月10日公布，1900年1月1日起施行，史称德国新商法典。

从结构和内容来看，《德国商法典》共4编905条。第一编总则，规定了商人、商业登记簿、商号、商业账簿、经理权及代理权、商业使用人、代理商及商业居间人8个方面的内容。第二编是商事公司及隐名合伙，对无限公司、两合公司、股份公司、股份两合公司、隐名合伙作出规定。第三编是商行为，涵盖总则、商业买卖、行纪营业、承揽运送业、仓库营业、运送营业、铁路运送等内容。第四编是海商，规定了总则、船舶所有人及船舶共有、船长、物品运送、旅客运送、冒险借贷、共同海损、海难救助、船舶债权人、海上保险、海上保险时效等内容。这部商法典历经数十次修改。

与法国以商行为为核心的立法模式不同，德国开创了以商主体为核心的立法模式，即从商主体角度判断一个行为是否为商事行为，若实施主体不是商人，其行为便不属于商行为。后世把这一立法模式称为德国商法体系。

（三）日本

《日本商法典》是明治维新的产物。1890年的《日本旧商法》（旧商法）仿照德国商法制定。1899年，日本政府虽支持改革派，但因惧怕保守派势力，采取“明修栈道，暗度陈仓”策略，名义上修正旧商法，实则制定新商法典。因旧商法典生效期已过，新商法典得以实施。

现行《日本商法典》共4编851条。其中，第一编总则，分别就商人、商业登记、商号、商业账簿、商业使用人、代理商等作出规定。第二编是公司，主要规定总则、两合公司、无限公司、股份两合公司、外国公司、股份有限公司及罚则等。

第三编是商行为，涵盖总则、买卖、交互计算、隐名合伙、居间营业、行纪营业、承揽运输营业、寄托、保险等内容。第四编是海商，包括船舶和船舶所有人、船员、运输、海损、海难救助、保险、船舶债权人等内容。《日本商法典》采取折中立法模式，兼采德国和法国立法模式中的商主体标准和商行为标准。二战后，日本商法呈现向英美法靠拢的趋势，并多次修订。

（四）英国、美国

英美法系又称海洋法系。在这一法系中，英美商法体系以衡平法和普通法为基础，辅以成文法，包括商人制度、商事财产、商事合同、商事救济方法等。其中，商人制度涉及代理、合伙、公司、破产等内容；商事合同包括货物买卖、分期付款、流通票据、工业产权、商业证券、保险以及陆上、海上和航空运输等方面。英国的制定法与判例法、普通法与衡平法对美国影响深远，美国大多数涉及商业交易的法律都源于早期的英国商业习惯法。美国法在英国法基础上，通过立法手段修改发展，借助司法手段进行解释，由此，英国与美国的法律构成了一个相互关联且与大陆法系传统截然不同的英美法系。

美国作为联邦制国家，为消除“各自为政”对商业活动的不良影响，开展了法律的统一化工作。其中，在 1892 年便开启了针对商法的统一化进程。美国成立了“统一各州法律全国委员会”（以下简称“统一州法委员会”）。从 1896 年至 1933 年，统一州法委员会协同美国法学会，先后公布了一系列的商法示范法，具体包括：1896 年的《统一流通票据法》，1906 年的《统一货物买卖法》《统一仓库收据法》，1909 年的《统一股票转让法》《统一提单法》，1918 年的《统一附条件货物买卖法》，1933 年的《统一信托收据法》等。这些商事示范法促使美国商法实现了从近代商法向现代商法的转变，并呈现出以下特征：一方面，这些示范法以专门的法律编纂为基础。从编纂主体来看，它们是学术团体（法学会）及半官方机构（统一州法委员会）共同努力的成果。从内容来说，是对“软商法”的编纂，最终由各州自行决定是否采纳。另一方面，在示范法的编纂过程中，美国并没有采用将商法作为民法特别法的立法模式，学术界和司法界也未予采纳这一建议。这使得商法避免了再次被法典化的命运，为美国《统一商法典》的编纂奠定了基础，助力美国率先完成了由近代商法向现代商法的过渡。

三、国际商法的发展历程

从历史维度审视，国际商法的发展可划分为三个不同阶段：

第一阶段为中世纪时期，彼时国际商法以商人习惯法的形式呈现。这是一套事实上支配着往返于各商事交易中心的规则，如港口、集市之间的国际商业界的普遍适用规则，适用于文明世界范围内的商业活动。这一商人习惯法具有鲜明特点：

① 具有跨国性和统一性，广泛适用于各国从事商业交易的商人；② 其运用和解释不是由法院的专职法官来执掌，而是由商人自己组织的法院来执掌，该运作模式与现代的国际商事仲裁的性质相近；③ 强调依据公平、合理的原则处理案件。

第二阶段始于国家主权概念被普遍接受的时期。在这一阶段中，商人习惯法被纳入各国的国内法体系。自 17 世纪起，欧洲中央集权国家不断强大，商人习惯法逐步丧失原有的国际性或跨国性，成为国内法的组成部分。法国先后于 1673 年、1681 年颁布了《商事条例》《海商条例》，为大陆法系国家的商法奠定了基础。此后，1807 年的《法国商法典》和 1897 年的《德国商法典》成为现代资本主义商法的典型代表。18 世纪中叶，英国首席法官曼斯菲尔特把商人习惯法融入普通法体系，使其成为普通法的一部分。自 19 世纪起，英国陆续制定了一系列商事单行法规，如 1882 年的《票据法》、1890 年的《合伙法》、1893 年的《货物买卖法》等。

第三阶段主要指第二次世界大战后，特别是 20 世纪 60 年代之后，国际商法迈入了全新的发展阶段。此阶段的显著特点是重新恢复了国际性和统一性，国际贸易统一法逐渐形成并发展，不断取得突破性成果。各政府间国际组织与非政府国际组织通过长期不懈努力，逐步消除国际贸易领域的法律障碍。国际商会（International Chamber of Commerce，ICC）制定的《国际贸易术语解释通则》（*International Chamber of Commerce Terms*）、《跟单信用证统一惯例》（*Uniform Customs and Practice for Documentary Credits*，*I. C. C. Publication No.* 600，UCP600），联合国国际贸易法委员会（United Nations Commission on International Trade Law，UNCITRAL）于 1980 年主持制定的《联合国国际货物销售合同公约》（以下简称《销售合同公约》）、于 1976 年制定的《联合国国际贸易法委员会仲裁规则》，以及国际统一私法协会（International Institute for the Unification of Private Law，UNIDROIT）于 1994 年主持制定的《国际商事合同通则》（以下简称《合同通则》）等，均是国际贸易统一法的重要成果。这些国际贸易惯例和国际公约的诞生、应用和推广，向全世界展现出国际贸易法逐步趋同和统一的发展态势，也推动着一个新的、独立的国际商法学科不断形成与发展。

第三节　国际商法的渊源

一、法的渊源

法学意义上的法律渊源包括两个不可分割的要素：一是与法律效力的直接关联性；二是表现为特定的法律外在形式。二者缺一不可。就前者而言，只有能够产生法律效力的规范性文件或非规范性文件，才有可能成为法律渊源；后者则强调法律渊源必然通过特定的法律形式呈现，即要求任何具有法律效力的规范性文件或非规范性文件，都必须以一定的法律形式为载体。由此可见，作为法律渊源的法律文件必须同时满足效力要件与形式要件，凡是具有法律效力的法律文本，都必须具备相应的表现形式，这两个要素共同构成法律渊源的必备条件。

二、国际商法的具体渊源

关于国际商法的渊源，学界主要存在三种不同观点：

第一种观点认为，国际商法的渊源主要包括国内立法和国际立法两个方面，其中国际立法又包括国际条约和国际贸易惯例。持此观点的学者包括韩宝庆教授、韩玉军教授等。

第二种观点主张国际商法有两个主要渊源：国际条约和国际贸易惯例。该观点认为国内法和各国判例虽非国际商法的直接渊源，但具有补充作用。曹祖平教授等学者持此立场。

第三种观点则将国际商法的渊源进一步细分为：以国际商事条约、国际商事惯例、法律重述、一般法律原则、司法判例和国际商事仲裁裁决作为主要渊源，并将示范法和法律学说视为辅助性渊源。左海聪教授等支持这一观点。

经综合考量，本书编者倾向于采纳第一种观点。

（一）国际条约

国际条约是指两个或两个以上的国家，为在国际商事关系中确定相互之间的权利与义务而达成的书面协议。国际条约可分为双边条约、多边条约和国际公约。其中，由两个国家签订的条约称为双边条约，由两个以上国家共同缔结或参与的国际条约称为多边条约；由多数国家参加，旨在统一与国际商事交易相关的私法条约则称为国际公约。本书所提及的国际条约，主要是指涉及商事和贸易领域的多边条约，包含国际公约。

目前，与国际商法相关的主要国际条约如下：

（1）调整国际货物买卖关系的条约：① 1964 年《国际货物买卖统一法公约》（海牙）；② 1964 年《国际货物买卖合同成立统一法公约》（海牙）；③ 1974 年《国际货物买卖时效期限公约》（纽约）；④ 1980 年《销售合同公约》（维也纳）。

（2）调整国际海上货物运输关系的公约：① 1924 年《统一提单若干法律规定的国际公约》（以下简称《海牙规则》）（布鲁塞尔）；② 1968 年《修改统一提单若干法律规定的国际公约议定书》（以下简称《维斯比规则》）（布鲁塞尔）；③ 1978 年《联合国海上货物运输公约》（以下简称《汉堡规则》）（汉堡）。

（3）调整国际航空运输关系的国际条约：① 1929 年《华沙公约》（华沙）；

② 1955 年《海牙议定书》(海牙);③ 1961 年《瓜达拉哈拉公约》(瓜达拉哈拉)。

(4)调整国际铁路运输关系的国际条约:① 1951 年《国际货协》(莫斯科);② 1961 年《国际货约》(伯尔尼)。

(5)调整国际货物多式联合运输的国际条约:1980 年《国际货物多式联运公约》(联合国),至今尚未生效。

(6)调整国际票据关系的国际条约:① 1930 年《汇票、本票统一法公约》(日内瓦);② 1931 年《统一支票法公约》(日内瓦);③ 1988 年《联合国国际汇票与国际本票公约》(尚未生效);④ 1988 年《保理公约》(渥太华)。

(7)调整知识产权的国际条约:① 1883 年《巴黎公约》(巴黎,现行文本为1967 年文本);② 1970 年《专利合作条约》(华盛顿,现行文本为 2001 年文本);③ 1891 年《马德里协定》(马德里,现行文本为 1979 年文本);④ 1886 年《伯尔尼公约》(伯尔尼,现行文本为 1971 年文本);⑤ 1996 年《版权条约》(日内瓦);⑥ 1996 年《表演与录音制品条约》(日内瓦)。

(8)调整国际商事仲裁的国际条约:1976 年《联合国国际贸易法委员会仲裁规则》(联合国)。

(二)国际贸易惯例

国际贸易惯例是指在国际贸易领域中广泛采用的习惯做法,多为在国际商事活动长期实践中形成,且被普遍接受与遵循,用于规范国际商事活动当事人权利义务关系的习惯准则。[①] 需明确的是,国际惯例并非法律,不具备法律的普遍约束力。然而,一旦有关当事人在合同中自愿选择适用某种国际贸易惯例,该惯例即对合同当事人产生确定的约束力,并且当事人还可根据实际需求对其进行变更、修改或补充。

国际贸易惯例作为国际商法的重要渊源,从历史维度考察,国际商法最初萌芽于国际贸易惯例,这些惯例独立于任何国内法,实际上反映了商业实践中逐步形成的造法过程。自 20 世纪以来,众多国际组织持续致力于国际贸易惯例的编纂与修订工作,促使这些国际贸易惯例在更广泛的范围内得以运用和推广。当前,国际惯例已广泛涵盖不同种类和方面,例如:在国际贸易术语方面,有国际商会制定的《国际贸易术语解释通则》《1932 年华沙-牛津规则》(*Warsaw-Oxford Rules* 1932)和《1990 年美国对外贸易定义修订本》(*Revised American Foreign Trade Definitions* 1990);在国际结算和支付领域,则包括《跟单信用证统一惯例》《托收统一规则》(*Uniform Rules for Collection*, *I. C. C. Publication No.* 522, URC522)等。其中,经国际商会多次修订的《国际贸易术语解释通则》和《跟单信用证统一惯例》,已获得世界上绝大多数国家和地区的认可,实现了贸易术语解释和跟单信用证运作法律原则的全球

---

① 韩宝庆:《国际商法:图解版》,清华大学出版社,2020,第 5 页。

统一。

国际贸易惯例的效力与作用正获得越来越多国家的认可。其在世界范围内的广泛接受与采用，是国际私法趋同化的重要体现，也预示着国际贸易领域法律规则走向统一的发展趋势。

（三）各国有关商事、贸易的国内法是国际商法的重要补充

当前，国际商法仍处于形成与发展阶段，其体系与内容尚待完善。在处理某些国际商事纠纷时，依据法律冲突规则指引，适用相关国家的民法或商法的情况较为普遍。因此，在学习和研究国际商法的过程中，除需深入了解国际条约和国际贸易惯例外，还应关注具有代表性国家的商法规定，特别是发达国家成熟的国内法规。目前，对世界各国国内、涉外或国际商法制定影响深远的当属西方两大法系的法律，其国内法规范主要表现为制定法和判例两种形式。在制定法方面，英国和美国以及受其影响的普通法系国家，其商法或国际商法多以单行法形式呈现；而以法国和德国为代表的大陆法系国家，商法或国际商法主要采用法典形式，并通过单行法补充法典的不足。在判例方面，作为英美法系重要法源，判例在研究英美法系国家商法或与之开展商业活动时不容忽视。即便判例并不是大陆法系国家的正式法源，但基于上诉制度，下级法院审判时会参考上级法院的先例，由此可见，判例在这些国家的司法实践中也扮演着准法律的角色。①

关于西方国家两大法系的详细比较，将在下一节展开阐述。

第四节　西方国家两大法系

在当今世界，两种不同性质的生产资料所有制，形成了两类不同社会制度的国家及其法律制度：一类是以生产资料私有制为基础的资本主义国家法律制度；另一类是以生产资料公有制为基础的社会主义国家法律制度。由于经济基础和社会制度的差异，作为上层建筑的这两类国家的法律制度也存在显著区别。其中，西方资本主义国家的法律本质上虽同为资产阶级意志的体现，但因各国政治、经济、文化的历史发展进程和背景不同，逐渐形成了不同的法系。

一、法系（Legal Family）

在法学领域，法系是在对各国法律制度的现状和历史渊源进行比较研究时形成的概念，主要是依据法律特点和历史传统对各国法律进行分类的方法。一般认为，

---

① 韩宝庆：《国际商法：图解版》，清华大学出版社，2020，第 6 页。

内容和形式上具有某些共同特征，形成特定传统或派系的各国法律，属于同一个法系。简言之，法系是比较法学家按照法的历史传统和形式上的某些特征，对世界各国法律体系所作的分类。① 关于法系的分类，学界观点不一，我国主流观点按照历史传统和形式特征，将其分为大陆法系、英美法系、伊斯兰法系、印度法系和中华法系。② 其中：大陆法系（Continental Law System，或 Civil Law System）源于欧洲大陆的罗马法，以 1804 年《法国民法典》为典型代表，也称罗马法系或民法法系，代表国家有法国、德国等。而英美法系（Common Law System，Case Law System 或 Anglo-American Law System）以英国中世纪法律，尤其是普通法为基础发展而来，又称“普通法系”，代表国家有英国、美国等。此外，中华法系和印度法系目前均已解体。

二、罗马法（Roman Law）

罗马法主要指罗马奴隶制国家的全部法律，最具代表性的是东罗马帝国编纂的《国法大全》。该法典汇编了罗马帝国皇帝的敕令、诏令及法学著作，涵盖奴隶制时期商品生产和交换关系下的公民资格、家庭与婚姻、财产权益、债法、诉讼等一系列法律原则与制度。《国法大全》集罗马法之大成，以私法内容为主，也兼含部分公法内容，法律体系完备，对后世资本主义法律发展影响深远。其核心著作包括：①《学说汇编》；②《法学阶梯》；③《优士丁尼安法典》。

罗马法对大陆法和英美法均产生了重要影响。大陆法系中，1804 年《法国民法典》以《法学阶梯》为蓝本编纂；1900 年《德国民法典》则以《学说汇编》为基础制定。在英美法体系内，教会法、商法、衡平法等也都能寻见罗马法的影响痕迹。

三、大陆法系

大陆法系因首先在欧洲大陆形成并发展而得名。它以罗马法为基础，融合日耳曼部落规则，逐渐发展成为一套完整的法律体系，因此又被称为罗马—日耳曼法系（Roman-Germanic Family），简称罗马法系。此外，大陆法系还有法国法系、罗马—德意志法系、民法法系、法典法系等别称，其典型的法律文本包括《法国民法典》《德国民法典》等。

（一）大陆法系的起源及范围

大陆法系源于罗马法，形成于欧洲大陆，以法国和德国为代表，其范围涵盖意大利、瑞士、奥地利、比利时、荷兰、卢森堡、西班牙、葡萄牙等欧洲国家，以及拉丁美洲全境、部分非洲国家，还有亚洲的日本、伊朗、印度尼西亚、泰国、土耳其等。此外，在英美法系部分地区，如美国路易斯安那州、英国苏格兰、加拿大魁

---

① 周黎明：《国际商法理论与实务（第二版）》，北京大学出版社，2023，第 9 页。

② 周黎明：《国际商法理论与实务（第二版）》，北京大学出版社，2023，第 9 页。

北克省，也属于大陆法系范畴。

（二）大陆法系与罗马法

进入资本主义时期后，欧洲各国制定的民商法深受罗马法影响。1804 年的《法国民法典》（即《拿破仑法典》）是资产阶级革命后第一部完备的民法典，恩格斯称其为“资产阶级社会典型的法律全书”，并指出该法典将古罗马法巧妙地应用于现代资本主义条件，充分展现了商品生产阶段的法律关系。1900 年的《德国民法典》在内容和结构上同样深受罗马法影响，甚至被人们称为“现代罗马法”。由此可见，罗马法对大陆法系的形成具有深远意义。

（三）大陆法系的法律渊源

1. 法律

法律（此处指制定法）是大陆法系的主要法律渊源，包括宪法、法典、单行法律和行政法规等。

（1）宪法（Constitution）

就法律地位而言，宪法在一国法律体系中居于最高地位，具有最高的法律权威，这是普遍公认的原则。然而，在大陆法系国家，宪法的效力和具体实施方式存在一定差异：在有些国家，宪法可按一般立法程序制定和修改；而另一些国家则规定，宪法须经特殊程序才能制定和修改，并且制定了一套监督违宪的制度。①

（2）法典（Code）

法典是指将某一法律部门的法规和原则进行系统化整理，汇编为一个单一的法律文件。大陆法国家都制定了一系列法典，法典是大陆法的主要渊源，在整个法律制度中起十分重要的作用。②

（3）条例

除立法机关国会或议会制定的法律外，大陆法国家行政机关制定的成文法通常称为条例。

2. 习惯

习惯是指社会共同生活长期形成的各种惯例，是对法律的重要补充。③ 尽管学界存在争议，但大陆法国家普遍承认习惯是法的渊源之一。作为法律渊源的习惯需具备悠久性、持续性、自发性、合理性、确定性、强制性和一致性。在法律实践中，习惯有助于理解法律条文，也可为法律概念的界定提供参照。

3. 判例

大陆法国家原则上不承认判例具有与法律同等效力，其仅对特定案件有效，对

① 曹祖平：《新编国际商法（第六版）》，中国人民大学出版社，2020，第 5 页。
② 曹祖平：《新编国际商法（第六版）》，中国人民大学出版社，2020，第 6 页。
③ 曹祖平：《新编国际商法（第六版）》，中国人民大学出版社，2020，第 6 页。

同类案件无约束力。但20世纪以来，大陆法国家忽视判例作用的态度已有所改变，开始在一定范围内承认判例有其约束力和参考价值。

4. 学理

学理原指科学上的原理或法则，也指学术理论，此处是指学理解释（按照法律解释的主体和效力不同，法律解释可分为法定解释和学理解释两大类）。① 在大陆法发展的过程中，学理起到了重要的作用，对法律体系的形成有重大的影响，主要表现在三方面：① 学理为立法者提供法学理论、词汇和概念，通过立法者的活动制定为法律；② 解释法律，分析和评论判例；③ 通过法学家的论著来培训法律人才，进而影响法律实施进程。②

（四）大陆法系的结构及特点

大陆法的重要特点在于强调成文法的作用。成文法（Written Law）又称制定法（Statute），是指国家机关依照法定程序制定并颁布，以条文形式呈现的规范性法律文件。大陆法在结构上强调系统化、条理化、法典化和逻辑性，通过运用几个核心法律范畴，将各类法律规则进行分门别类的归纳。

首先，大陆法各国均将全部法律划分为公法（Public Law）和私法（Private Law）两大体系。这一分类法源于罗马法。著名的罗马法学家乌尔比安说："公法是与罗马国家状况有关的法律，私法是与个人利益有关的法律。"随着现代法律的发展，大陆法国家进一步将公法细分为宪法、行政法、刑法、诉讼法和国际公法等；将私法细分为民法、商法、婚姻法、家庭法等。

其次，大陆法各国普遍主张编纂法典。法国在资产阶级革命胜利后，先后颁布了民法典、民事诉讼法典、商法典、刑法典和刑事诉讼法典五部法典，其他大陆法国家也制定了类似法典。在民商领域，大陆法各国法典编制体例存在差异。例如，意大利、荷兰、瑞士等国采取民商合一的方式，把商法纳入民法典，作为其组成部分；德国、法国则实行民商分立，分别制定民法典和商法典。尽管如此，这种差异主要体现在形式层面，在实践中，民法和商法仍被视为不同的法律门类。

四、英美法系

（一）英美法系的起源及范围

英美法系，又称普通法系，起源于英国。在漫长的历史进程中，形成了普通法（现在的普通法是普通法、衡平法和制定法的总称），并扩展到美国及曾受英国殖民统治的国家和地区，主要包括加拿大、澳大利亚、新西兰、爱尔兰、印度、巴基斯坦、马来西亚、新加坡、缅甸、利比亚、利比里亚、尼日利亚和中国香港地区。除

① 曹祖平：《新编国际商法（第六版）》，中国人民大学出版社，2020，第7页。

② 曹祖平：《新编国际商法（第六版）》，中国人民大学出版社，2020，第7页。

此之外，南非、斯里兰卡、菲律宾的法律也兼具普通法的特点（这三个国家的法律兼具大陆法和普通法的特点）。

美国法律自 19 世纪后期开始逐步脱离英国法律独立发展，这一趋势在第二次世界大战后日益显著。从历史上看，虽然美国建国只有 200 多年，但由于其在法律建设上的革新精神与重大成就，因此人们将其与英国并列为普通法系的代表，故该法系也被称为英美法系（Anglo American Law System）。再加之，“二战”后的美国成为西方发达国家中最强大的国家，其法律制度、法学思想和法律教育对其他西方国家也都产生了深远影响。

（二）英美法系的法律渊源

1. 判例法

判例法是英美法的主要渊源，由法院的法官在审判实践中以判例的形式体现并逐渐发展起来的法律规则。对于判例法，它的一个重要特点是，法官在判决中所阐发的判决理由必须得到遵循，即对作出判例的法院本身和对下级法院日后处理同类案件均具有约束力。①

2. 成文法

成文法是英美法的另一重要渊源。在英国，成文法包括由立法机关议会制定的法律和由行政机关依据法律制定的条例；在美国，成文法分为联邦的成文法和州的成文法。在英美法系中，成文法需通过法院判例的解释才能起作用，因此真正起作用的不是法律条文本身，而是经过法院判例予以解释的法律规则，它才是适用的法律。虽然这种传统理论自 20 世纪以来已经有了很大的改变，但是其仍有一定的影响，即人们援引的法律往往是那些适用成文法规定的判例，而不是成文法规定本身。②

3. 习惯

在当今英国法律体系中，习惯所起的作用微乎其微。根据至今仍生效的 1265 年的一项法律，只有那些在 1189 年就已经存在的习惯，才有约束力。③

（三）英美法系的结构及特点

尽管英、美两国均以判例法作为主要法律渊源，且法律体系均包含普通法和衡平法，但在发展过程中各自形成了不同的特点，具体如下。

1. 英国法

英国法律体系并没有像大陆法系那样将法律分为公法和私法，而是分为普通法和衡平法。其中，普通法是 12 世纪前后，由法院通过一定的诉讼形式发展起来的，

---

① 宁烨、杜晓君：《国际商法》，机械工业出版社，2009，第 7-8 页。

② 宁烨、杜晓君：《国际商法》，机械工业出版社，2009，第 8 页。

③ 宁烨、杜晓君：《国际商法》，机械工业出版社，2009，第 8 页。

经英国王室法庭在全国推行的习惯法和判例法，是中央集权和王权强化的产物。衡平法则是自14世纪末才开始与普通法平行发展，主要适用于民事案件的一种法律。从某种意义上说，衡平法的出现是为了补充与匡正普通法的不足所产生的案件。

当然，在英国法中，互为补充的普通法和衡平法在救济方法、诉讼程序、法院组织系统以及法律术语上也是存在着一定区别的。

① 救济方法：普通法仅提供金钱赔偿和返还财产两种救济方法；衡平法则创新出实际履行、禁令等新型救济方式。

② 诉讼程序：普通法审判采用陪审团制度，会听取涉诉当事人的口头答辩，并采取口头询问的方式审理案件；衡平法法院不设陪审团，诉讼程序以书面形式进行。

③ 法院组织系统：最初，衡平法法院是作为独立法院存在的，历经发展，如今在英国，普通法和衡平法都由同一法院适用，并且确立了衡平法优先于普通法的法律适用原则。改革后的高等法院设王座法庭适用普通法诉讼程序，枢密大臣法庭适用衡平法书面程序。目前，英国法将刑法、合同法和侵权行为法归属为普通法，而将不动产法、公司法、信托法、遗嘱与继承法等划归为衡平法范畴。

④ 法律术语：为了避免与普通法冲突，衡平法在适用实践中一般使用它自己特有的法律术语。例如，衡平法称起诉为“Suit”而不是“Action”；权利用“Interests”而非“Rights”等。①

2. 美国法

虽然美国法在法律的范畴、概念和分类方式上与英国法大致相同，也存在着普通法和衡平法的区分。但因美国实行联邦制，其法律体系包含联邦法与州法，这与英国法律结构存在显著差异。

美国拥有成文宪法，根据1791年《美国宪法修正案》第10条的规定，凡宪法未授予联邦或未禁止各州行使的权力，均属于各州，联邦法则属于例外，各州都有相当大的立法权。但是，联邦法又高于州法，若两者发生抵触，应适用联邦法。②

五、两大法系的比较及其发展趋势

（一）两大法系的比较

通过上述对两大法系的阐述，可总结出以下五点差异：

1. 法律渊源不同

大陆法系的法律渊源主要包括立法机关制定的各种规范性法律文件、行政机关颁布的各种行政法规，以及本国参加的国际条约等；而英美法系的法律渊源则以判例、习惯和成文法为主。

---

① 韩宝庆：《国际商法：图解版》，清华大学出版社，2020，第10页。

② 周黎明：《国际商法理论与实务（第二版）》，北京大学出版社，2023，第13-14页。

2. 诉讼程序差异

大陆法系的诉讼程序以法官为主导，多采用纠问式程序，一般实行合议制；英美法系则以涉诉当事人及其辩护人、代理人为重心，呈现出对抗式的特点，并设有陪审团制度。

3. 立法途径区别

大陆法系以成文法为主，法律主要通过立法机关严格的立法程序制定；与此不同，英美法系的法律多以判例形式发展，某种意义上说，其法律是由法官在司法实践中发现并确立的，即“法官造法”。

4. 推理方式不同

大陆法系在审理案件时，先依据法典和成文法的规定，然后再就具体案件作出判决，采用的是从一般到个别的演绎推理模式；英美法系则先参照以往类似案件的判决，提炼出适用于本案的一般原则之后，再依据该原则作出判决，推理逻辑为从个别到一般的归纳推理。

5. 法律分类不同

大陆法系将法律分为公法和私法，英美法系则分为普通法和衡平法，在美国还存在联邦法和州法的区分。

（二）两大法系的发展趋势

自 20 世纪以来，随着各国社会、政治、经济的发展，特别是国家之间的各种交流日益密切，西方国家两大法系逐渐呈现出融合趋势。一方面，在大陆法系国家，无视判例法作用的态度逐步改变，判例法渐渐有了一定的地位。例如，德国曾明确地宣告，联邦宪法法院的判决对下级法院有约束力。近年来，大陆法系不再局限于制定法框架，不仅通过最高法院判决确立新的法律原则，还允许法官在判案时对法典条文进行扩展性解释以创设法律原则。另一方面，在英美法系国家，成文法的数量日益增多，发挥的作用越来越大。这些成文法包括两种情况，一是国会（或议会）制定的法律，二是行政机关根据法律制定的条例。例如美国编纂《法律汇编》并由行政机关制定各种条例。同样的情况也发生在英国。自 19 世纪末起，英国从判例法中提炼并制定了《汇票法》《货物买卖法》《海上保险法》等单行法规，还编纂了《法律修订汇编》，第二次世界大战以后还展开了大规模的立法活动，逐步形成了劳动法、经济法等新的法律门类。总而言之，西方国家两大法系的发展趋势是逐渐相互靠近，在法律领域的差异正在不断缩小。英国加入欧洲共同体（以下简称“欧共体”）后，欧共体法成为英国法的一个组成部分，而且在某些范畴内欧共体法优先于英国法，这一变化不仅体现了英国法与大陆法的融合，也标志着英国法对大陆法部分法律原则的接纳。

第五节 国际贸易统一法的产生、发展与前景

一、国际贸易统一法的产生

如前所述，西方资本主义国家存在两大法系，另有独特的伊斯兰法系等，同一法系内各国法律又不尽相同。此外，20 世纪还涌现出一批以生产资料公有制为基础的社会主义国家，其法律制度差异显著。基于上述错综复杂的情形以及各个国家法律的差异与冲突，国际商事活动，包括国际贸易面临着许多法律障碍，严重制约了国际经济贸易的发展。

在此社会背景下，随着各国经济、科学、技术的逐步发展，以及在这些领域的国际交流合作日益密切，国际分工不断深化，国际贸易统一法应运而生。

所谓国际贸易统一法，是指国家间通过条约、协定制定的国际贸易统一法律规则，以及国际上普遍承认的国际贸易统一惯例。国际贸易统一法的渊源是国际条约（公约）和国际贸易惯例。在一般情况下，它不涉及各国国内的立法。

自 19 世纪末 20 世纪初以来，各国间通过外交会议缔结了许多有关国际贸易方面的条约。与此同时，部分非政府国际组织（International Non-Governmental Organization，INGO）对国际贸易中长期形成的习惯做法进行编纂、解释，使其成为国际上普遍认可的国际贸易统一惯例。在第二次世界大战以后，随着科学技术进步和世界经济一体化的发展，国际贸易统一法获得了更为迅猛的发展。

二、致力于国际贸易统一法工作的国际组织及其成就

在国际贸易统一法的制定进程中，非政府国际组织和政府间国际组织均作出了重要贡献。从某种意义上说，这些国际组织起到了制法组织的作用，它们所制定的国际性公约（条约）或国际贸易惯例作为国际贸易领域的统一规范，在不同范围内发挥作用，为统一国际贸易法作出了各自独特且关键的贡献。

（一）非政府国际组织

国际商会成立于 1919 年，是具有广泛影响力的世界商业组织，总部位于法国巴黎，商会下设 30 多个委员会，致力于国际贸易惯例的编纂工作，目前在 63 个国家设有国家委员会，每两年举行一次大会。该商会先后制定和修订了《国际贸易术语解释通则》（Incoterms，最新版本为 2000 年）、《跟单信用证统一惯例》《托收统一规则》《调解与仲裁规则》（1987 年）等国际贸易惯例，并制定和推广使用《国际销售示范合同》（1997 年版）等，在国际社会影响深远。该商会附设的仲裁院在推广国

际商事仲裁方面发挥了重要作用。

国际法协会（International Law Association，ILA）于1873年成立，总部位于英国伦敦。该协会的宗旨是研究、解释和发展国际公法与国际私法及比较法，解决法律的冲突并提出统一法律方案，促进国际交流。1932年修订的关于国际贸易术语CIF的《1932年华沙-牛津规则》，在国际贸易界具有较大影响力。

国际海事委员会（International Maritime Committee，CMI）创立于1896年，是海事私法条约的国际研究机构，总部设于比利时的安特卫普，该委员会先后参与了18项海事条约的制定，如《约克·安特卫普共同海损理算规则》等。

（二）政府间国际组织

联合国国际贸易法委员会于1966年12月17日根据联合国大会决议成立，其宗旨为进一步协调和统一国际贸易法。作为当今世界统一国际贸易法领域最具权威性、最重要的机构，该委员会主持制定了一系列具有重大影响的国际公约和示范法，其中包括：①《联合国国际贸易法委员会仲裁规则》（1976年公布）；②《海上货物运输公约》（1978年通过）；③《销售合同公约》（1980年通过）；④《联合国国际货物多式联运公约》（1980年通过）；⑤《联合国国际贸易法委员会调解规则》（1981年公布）；等等。

除上述国际性公约外，联合国国际贸易法委员会还主持制定了着眼于统一国际贸易法中一些操作规程的文件，如《关于电子资金转移的法律指南》（1987年）、《关于起草国际工业建筑合同的法律指南》（1988年）、《贸易法委员会电子商业示范法》（1996年）、《电子签名统一规则》（2000年），等等。

国际统一私法协会成立于1926年，原为民间组织，后转变为独立的政府间国际组织，总部位于意大利罗马。该协会的宗旨是促进各国和多国集团之间私法规则的统一和协调，并制定可能会逐步被各个不同的国家所接受的私法统一规则。目前该协会拥有65个成员国，中国于1985年加入该组织并全面参与了该组织的各项立法活动。该协会先后制定了1964年《关于国际货物销售合同成立的统一法公约》、1970年《关于旅游合同国际公约》、1983年《国际货物销售代理公约》、1988年《国际保付代理公约》等7个国际公约，1994年完成了以一般法律原则和惯例形式出现的《合同通则》。

海牙国际私法会议（The Hague Conference on Private International Law）于1893年召开首次会议，原则上每4年举行一次例会。其宗旨是统一国际私法，先后主持制定了1955年《关于有体动产国际买卖的准据法的公约》、1956年《关于民事或商事司法及非司法文书在国外的送达和通知的公约》等多项国际公约。

联合国欧洲经济委员会（UN Economic Commission for Europe，UNECE）成立于1947年，是联合国经济及社会理事会下属组织，为东西方贸易、技术情报交流提供平台，也是协商和制定共同规则的机构。该委员会的成员国涵盖西欧、东欧多数国家，以及原苏联的两个共和国、土耳其、塞浦路斯和美国。自20世纪50年代起，该委员会主持制定了货物买卖共同条件与标准合同格式，包括谷物买卖合同、成套设备和耐用消费品合同等，还制定了1961年《欧洲国际商事仲裁公约》。这些举措对国际贸易实践的影响已超出欧洲范围。

三、国际贸易统一法的发展与前景

自第二次世界大战结束以来，各国经济、科学、技术空前发展，国际贸易持续增长，超越国界的国际合作与国际分工不断深化，全球经济一体化的进程势不可挡。在此背景下，国际贸易法呈现出从国际层面走向全球统一的发展趋势。在政治局势跌宕起伏的50余年间，国际贸易一直保持持续增长的趋势。在国际贸易这个特殊的领域中，不管各有关国家的政治制度、意识形态和经济模式存在何种差异，也不管其发展水平高低，经过长时间的积累和演进，实际上已经形成一套共同遵循的规则体系——国际贸易统一法。克罗地亚萨格勒布大学的哥尔德斯坦教授曾指出，支配贸易的法律既不是资本主义的，也不是社会主义的，它是达到某种目的的手段；因此，尽管此类交易的受益人因国家的不同而异，但这并不妨碍国际贸易的发展。他强调，国际贸易统一法是建立在整个世界都能接受的基本原则的基础上的。

从本质上看，国际贸易统一法包含国际公约和国际惯例，是无数法学界、贸易界的专家学者及实际工作者（如法官、律师）持续不懈努力的成果。这些规则属于技术性规范，是人类智慧的结晶，是人类的共同财富。它们超越了漫长而又森严的国界，超越了针锋相对的意识形态，相对独立地形成了一个内容广泛、形式灵活的体系。

随着国际贸易内涵不断拓宽以及各国合同法革新，国际法律界、商业界对发展和完善国际合同法的一般原则和惯例提出了进一步的要求。1971年，国际统一私法协会成立专门委员会，探求阐述国际商事合同一般原则的可行性。该委员会由大陆法系的大卫、英美法系的施米托夫、社会主义法系的波普斯库三位知名法学家组成。1980年，协会又成立特别工作小组，成员涵盖世界主要法系在合同法、国际贸易法领域的专家（包括中国专家），负责条文起草工作。经过14年反复讨论和修改，终于在1994年5月国际统一私法协会理事会第73届会议上通过了《合同通则》。《合同通则》充分继承和吸纳了《销售合同公约》及各国立法的最新成果和经验，发展出诸多新的法律原则，具有科学性、现代性、合理性等特征，是迄今最为完善的国际合同法规范。

在《关税与贸易总协定》乌拉圭回合谈判中，130多个国家签署《建立世界贸易组织的马拉喀什协议》（以下简称《建立世界贸易组织的协议》）。随着世界贸易组织（以下简称“世贸组织”）的成立，全球经济一体化进一步推进，国际贸易也将在深度和广度上实现新突破。不管今后是否将有一部国际贸易法典诞生，不管还会经历多少艰难险阻，国际贸易统一法都将顺应历史潮流，持续发展并取得更加丰硕的成果。

第二章

国际合同法

第一节　国际合同法概述

一、合同的定义

由于社会条件、背景等方面的不同，世界各国法律对合同的定义不尽相同。

《民法典》“合同编”第四百六十四条第（一）款对“合同”定义如下：“合同是民事主体之间设立、变更、终止民事法律关系的协议。”

大陆法系对合同的基本观点是：合同是债的一个种类。债是一个总概念，在此之下，合同、侵权行为、代理权的授予、无因管理、不当得利等均是产生债的原因，这些都是特定的民事主体之间的权利义务关系。例如：《德国民法典》把合同纳入法律行为、债务关系的范畴内，其第311条规定：“以法律行为成立债之关系，及变更债之关系内容者，除法律另有规定外，应以当事人间之契约为之。”再如：《法国民法典》第1101条对合同下的定义是：“合同是二人或数人之间旨在创设、变更、转移或者消灭债之关系的合意（accord de volonte's）。”此处强调合意，即当事人之间就有关义务达成了一致意见。

而英美法的传统理论则更强调合同来源于当事人所作出的承诺（Promise）。在这方面，美国法协会1981年编纂出版的《第二次合同法重述》颇有代表性，其第1条为合同下的定义是：“合同指的是一个允诺或一组允诺，如果违反此允诺，则法律给予救济；如果其履行了允诺，则法律以某种方式将其视为一项义务。”与上述对合同的传统定义并存，美国尚有所谓的现代定义，最有代表性的是美国《统一商法典》第1.201条（12）款：“相对于‘协议’而言，‘合同’指基于当事方协议而产生的，并根据本法确定且由任何其他适用法补充的全部法律义务。”此定义强调当事人之间达成了协议（Agreement），由此而产生了法律义务，与前述传统定义大不相同。尽管前述各国法律对合同的定义各有差异，但在强调当事人之间存在协议（或合意，美国传统定义除外）这一点上，则是基本一致的。正是因为这种协议的存在，才产生当事人间的权利义务关系，才导致合同领域中变幻无穷。

二、合同的特征

① 合同是民事法律行为。合同以意思表示为要素，并旨在按照意思表示的内容引起法律效果，因而属于民事法律行为。①

② 合同是双方或多方当事人意思表示一致的民事法律行为。这意味着，一方面合同的主体需要有两个或两个以上当事人；另一方面，这两个或两个以上的当事人需互相或平行作出意思表示，并且意思表示一致，即有所谓“合意”。②

③ 合同是平等主体之间的协议。合同是当事人意思表示一致的合意，因此合同当事人的法律地位是平等的，合同也只能是当事人自愿协商的结果。③

④ 合同是以设立、变更和终止民事权利义务关系为目的的民事法律行为。当事人订立合同的目的，就是设立、变更、终止民事权利义务关系。但依据《民法典》第四百六十四条第（二）款的规定，婚姻、收养、监护等有关身份关系的协议，适用有关该身份关系的法律规定；没有规定的，可以根据其性质适用《民法典》“合同编”的有关规定。④

⑤ 合同具有法律效力，但该法律效力具有相对性。《民法典》第一百一十九条规定：“依法成立的合同，对当事人具有法律约束力。”对此，可以从以下两方面进行理解：一是合同是当事人依法设定的民事法律行为，属合法行为，故受法律保护；二是合同的法律效力只发生在特定的当事人之间，即合同具有相对性，一个合同的法律效力一般不涉及合同当事人之外的“第三人”。

三、合同的分类

（一）按合同成立是否需要交付标的物分类

合同可以分为诺成合同与实践合同。⑤

诺成合同（又称非要物合同）是指当事人意思表示一致即成立的合同；而实践合同（又称要物合同）是指除当事人意思表示一致之外，还必须交付标的物才能成立的合同。

就这两者而言，其合同成立的时间不同：前者只要双方当事人意思表示一致，合同即可成立；后者则需要在当事人达成合意之后，再交付标的物或履行给付行为，

① 房绍坤：《民法（第五版）》，中国人民大学出版社，2020，第 210 页。
② 翟云岭、郭洁：《合同法论：基于〈民法典〉合同编（第 3 版）》，法律出版社，2021，第 22 页。
③ 翟云岭、郭洁：《合同法论：基于〈民法典〉合同编（第 3 版）》，法律出版社，2021，第 23 页。
④ 房绍坤：《民法（第五版）》，中国人民大学出版社，2020，第 210 页。
⑤ 翟云岭、郭洁：《合同法论：基于〈民法典〉合同编（第 3 版）》，法律出版社，2021，第 27 页。

合同方可成立。因此，实践合同的当事人可以通过不交付标的物或不履行给付行为来行使反悔权。此外，当事人义务的确定不同：诺成合同中，交付标的物或完成其他给付是当事人的合同给付义务，违反该义务便产生违约责任；而在实践合同中，交付标的物或完成其他给付属于先合同义务，违反后不产生违约责任，但可能构成缔约过失责任。

（二）按合同成立是否要求一定的形式为要件分类

合同可以分为要式合同与不要式合同。①

要式合同是指必须依据法律规定的方式才能成立或生效的合同。而不要式合同是指当事人订立的合同依法不需要采取特定的形式。除法律、行政法规有特别规定以外，合同一般均为不要式合同。需要注意的是，《民法典》规定书面形式的合同不等于绝对的要式合同，因为《民法典》第四百九十条规定："当事人采用合同书形式订立合同的，自当事人均签名、盖章或者按指印时合同成立。在签名、盖章或者按指印之前，当事人一方已经履行主要义务，对方接受时，该合同成立。法律、行政法规规定或者当事人约定合同应当采用书面形式订立，当事人未采用书面形式但是一方已经履行主要义务，对方接受时，该合同成立。"也就是说，一方当事人作出实际履行行为且另一方当事人受领时，该行为可以不受法定形式要求的约束，从而使合同成立。

区分要式合同与不要式合同，旨在判断合同成立或生效是否应以一定的形式作为要件。法律要求强制采用书面形式订立的合同，多为法律关系相对复杂、合同较为重要的情形，通过这种方式可以提高当事人的注意程度，促使当事人谨慎对待合同订立，进而避免或减少纠纷的产生，同时也可以为将来发生纠纷时的举证提供便利（书面形式更有利于辨明事实、判定责任）。当然，一些需要国家行政力量介入的合同（这些合同可能涉及公共利益、社会利益等，故而需要办理批准、登记手续），亦属于要式合同。基于上述内容可知，对于要式合同，若不符合形式要件，便会产生合同不成立、无效或其他法律效果。

（三）按当事人双方是否互负给付义务分类

合同可以分为双务合同与单务合同。②

双务合同是双方当事人互负给付义务的合同，如买卖合同、租赁合同等；单务合同是仅有一方当事人负给付义务的合同，如赠与合同。在实践中，以双务合同为典型，单务合同为例外。

区分双务合同与单务合同的意义在于，两者在合同履行、解除及风险负担等方面应适用不同规则。具体如下：

---

① 胡雪梅：《民法（第三版）》，清华大学出版社，2021，第287页。

② 朱晓娟：《合同法》，中国政法大学出版社，2021，第5页。

（1）在合同履行方面

双务合同适用同时履行抗辩权、先履行抗辩权或者不安履行抗辩权的规则，而单务合同没有适用抗辩权的空间。

（2）在风险负担方面

双务合同因不可归责于双方当事人而致使合同不能履行时，会产生风险负担问题，根据合同类型不同，有交付主义、合理分担主义、债务人主义等；在单务合同中，因不可归责于双方当事人而致使合同不能履行时，风险一律由债务人负担。

（3）在合同解除方面

在双务合同中，对方违约且守约方已履行合同时，守约方可以要求违约方承担违约责任，具备条件时还可以解除合同；同时，依据合同的属性决定解除合同的效力是否溯及既往。若解除合同并溯及既往时，守约方有权要求违约方返还已受领的给付。而在单务合同中，适用违约解除的情形几乎不存在，即使因违约而解除，由于单务性，也只能是守约方负担返还义务，不会产生违约方返还受领给付的后果。

（四）按合同取得权利是否需要偿付代价分类

合同可以分为有偿合同与无偿合同。①

有偿合同是指双方当事人在从合同的缔结到债务的履行整个过程中，均作出相互具有对价性质的付出（并不仅仅限于财产的给付，也包含劳务、事务等）的合同；无偿合同是指一方给付对方某种利益，对方取得该利益时并不作出任何给付或所作的给付不具有对价意义的合同。

之所以区分有偿合同与无偿合同，是因为两类合同在对价关系的确定、主体的要求、承担注意义务的程度、成立条件，以及法律准用规则等方面存在差异。

（1）对价关系的确定

有偿合同要求对价应充分，一方当事人支付对价时有权要求对方支付相应对价，若一方不支付，则无权要求对方支付。而无偿合同不存在此问题，因此显失公平现象主要发生在有偿合同中。

（2）主体要求不同

原则上，能够订立有偿合同的当事人应为完全民事行为能力人。限制民事行为能力人非经其法定代理人同意，不能订立一些较为重大的有偿合同。然而对于无偿合同，如接受赠与等纯获利益行为的无偿合同，限制民事行为能力人和无民事行为能力人即使未取得法定代理人同意也可以订立。但对于负返还原物义务的无偿合同，他们仍需取得法定代理人同意方可订立。

---

① 胡雪梅：《民法（第三版）》，清华大学出版社，2021，第286-287页。

(3) 承担注意义务的程度不同

根据风险与收益相一致原则，无偿合同中的受益者应尽到合理注意义务以防范风险。由于无偿合同的义务人未从对方获得对价收益，其所承担的注意义务相对较低，仅在存在故意或重大过失造成损失时，才承担相应责任。而在有偿合同中，双方均可从对方获得对价利益，法律一般要求他们均应尽到合理注意义务，因此有偿合同当事人承担的注意义务比无偿合同更重。

(4) 成立条件不同

有偿合同一般为诺成合同，因双方互负义务，通常不会轻易反悔，双方意思表示一致即可成立。无偿合同多为实践合同或享有任意撤销权的诺成合同，目的是赋予无偿付出的一方反悔权，所以无偿合同在成立或生效时需要交付标的物或履行行为；即使双方意思表示一致合同成立生效，也可以通过通知对方撤销来行使反悔权。

(5) 法律适用的规则不同

对于有偿合同，若法律无具体规定，根据《民法典》第六百四十六条（“法律对其他有偿合同有规定的，依照其规定；没有规定的，参照适用买卖合同的有关规定”），可参照适用买卖合同的有关规定。无偿合同则不适用这一规定。

（五）按缔约人订立合同是否恪守合同相对性原则分类

合同可以分为束己合同与涉他合同。①

束己合同是指缔约当事人通过订立合同为自己设定权利和义务，使自己能直接享有某种利益并承担某种义务。由于当事人订立合同大多是为了追求一定利益，绝大多数情况下，合同当事人订立合同是为了给自己设定权利和义务。束己合同仅为缔约当事人设立权利和义务，第三人不会因此享有权利或承担义务，合同的效力仅发生在缔约当事人之间。其中，合同当事人为自己享受合同权利而订立的合同称为“利己合同”。

涉他合同是指为第三人的利益或为第三人设定权利而订立的合同，合同对第三人发生法律效力，突破了合同相对性原则。它主要包括两类合同，即“为第三人利益订立的合同”（又称“利他合同”）和“由第三人履行的合同”。

束己合同与涉他合同的区别在于：二者的缔约目的和合同的效力范围不同。束己合同中，当事人是为了通过履行自身义务实现自身利益，效力范围严格遵守合同相对性原则；而涉他合同的缔约目的是为第三人设定权利或义务，其效力范围突破了合同相对性原则，合同效力涉及第三人。

（六）按两个以上合同的主从地位关系分类

合同可以分为主合同与从合同。②

---

① 胡雪梅：《民法（第三版）》，清华大学出版社，2021，第 288 页。

② 翟云岭、郭洁：《合同法论：基于〈民法典〉合同编（第 3 版）》，法律出版社，2021，第 32 页。

凡不以其他合同的存在为前提，独立存在且起到主要作用的合同为主合同；以其他合同的存在为前提，起次要作用的合同为从合同。从合同既可以是当事人单独签订的合同，也可以是主合同中的条款。主、从合同的主体既可以相同，也可以不同，但这种不同不意味着两个合同之间没有关联。

主、从合同分类的意义在于，一般情况下，主合同决定从合同的法律命运，即主合同的存在、效力、转让、终止等会引起从合同的相应变化。《民法典》第三百八十八条规定："设立担保物权，应当依照本法和其他法律的规定订立担保合同。担保合同包括抵押合同、质押合同和其他具有担保功能的合同。担保合同是主债权债务合同的从合同。主债权债务合同无效的，担保合同无效，但是法律另有规定的除外。"因此，除法律特别规定主合同无效时从合同仍然有效的情形外，从合同的效力原则上随主合同变动而变动。

（七）按法律是否对合同设有专门规范并赋予其特定名称分类

合同可以分为典型合同与非典型合同。

典型合同又称为有名合同（《民法典》"合同编"采用"典型合同"的名称），是指法律设有专门规范并赋予特定名称的合同。其目的在于为当事人的缔约提供示范性指导，发挥漏洞弥补的作用，对统一司法适用和裁判尺度也有着积极意义。① 当前我国《民法典》"合同编"共规定有19类典型合同。

非典型合同又称无名合同，是指法律未设专门规范，也未赋予特定名称的合同。基于合同自由原则，当事人在不违反公序良俗和强行法规定的前提下，不必局限于法律规定的典型合同，可以订立任何类型和名称的合同。非典型合同在生活和商事交易中大量存在，主要包括三种情形：① 纯粹非典型合同，即以法律全无规定的事项为内容，或者合同内容不符合任何典型合同要件的合同，如形象代言协议；② 混合合同，即由数个典型合同的部分所构成的合同，但在性质上属于一个合同，如甲商店向乙啤酒厂购买桶装啤酒，约定使用后返还啤酒桶，甲的给付就属于买卖合同附加借用合同；③ 准混合合同，即在一个典型合同中规定其他非典型合同事项的合同。②

典型合同和非典型合同适用的法律规则不同。典型合同直接适用相关法律规定，非典型合同则依据《民法典》第四百六十七条第（一）款"本法或者其他法律没有明文规定的合同，适用本编通则的规定，并可以参照适用本编或者其他法律最相类似合同的规定"进行处理。

---

① 房绍坤：《民法（第五版）》，中国人民大学出版社，2020，第210页。

② 房绍坤：《民法（第五版）》，中国人民大学出版社，2020，第210页。

（八）按合同受国家计划影响的程度分类

合同可以分为计划合同与非计划合同。①

这是公有制国家特有的一种合同分类。计划合同是指合同双方直接根据国家计划而签订的合同。在经济体制改革前，因长期实行计划经济体制，计划合同在各种合同中占据重要地位；在实行社会主义市场经济体制后，计划合同已大幅减少。非计划合同是指当事人不是直接根据国家计划而订立的合同。

计划合同与非计划合同的区分在于：计划合同直接以指令性计划为基础，必须严格按照指令性计划指标签订，双方无法达成协议时，由上级计划机关决定；计划合同的变更或协议解除须经计划机关批准，违背有关计划会导致合同无效。而非计划合同与国家计划无关，其订立、变更和解除均可由双方当事人协商议定。

（九）按合同条款是否由当事人协商确定分类

合同可以分为商议合同与格式合同。②

商议合同是指当事人可以就合同条款进行充分协商而订立的合同。商议合同的当事人享有充分的缔约自由，能够自由决定是否缔约、与谁缔约以及合同的内容。

格式合同是指当事人不能就合同内容进行有意义协商而订立的合同。在格式合同中，合同条款往往由一方当事人单方拟定，另一方不能通过有意义的协商或谈判影响合同条款内容。

二者的区别在于：法律对当事人意思自治的干预程度不同。商议合同中，法律尽量不干涉当事人的意思自治，仅通过一些任意性规范予以指导，充分体现合同自由原则；而格式合同存在缔约优势方，为保障公平，法律往往会在程序和实质两个方面对优势方进行更多约束。

（十）按合同的给付形态分类

合同可以分为一时性合同与继续性合同。③

一时性合同是指合同内容一次性给付即可履行完毕，合同关系归于消灭的合同。例如买卖合同、赠与合同等。继续性合同是指合同内容非一次性给付即可履行完毕，而是需要持续进行给付或合作才可履行完毕的合同，例如租赁合同、供用电合同等。

区分一时性合同与继续性合同，是因为一时性合同的解除可以发生溯及效力，在合同被确认无效、被撤销的情况下，应恢复原状；而继续性合同一方面一般不发生溯及效力，另一方面即使合同被确认无效、被撤销，也无法恢复原状。

---

① 彭万林、覃有土：《民法学（第八版）》，中国政法大学出版社，2018，第 403 页。

② 房绍坤：《民法（第五版）》，中国人民大学出版社，2020，第 211 页。

③ 房绍坤：《民法（第五版）》，中国人民大学出版社，2020，第 211 页。

（十一）按订立合同时是否有事先的约定分类

合同可以分为预约合同与本合同。①

预约合同简称预约，是指当事人之间约定将来订立某一合同的合同；本合同简称本约，是指根据预约，将来应当订立的合同。

这两种合同的法律效力不同。预约合同的效力仅涉及将来缔约的意思表示，其成立和生效使当事人负有将来按照预约合同规定的条件订立本合同的义务。《民法典》第四百九十五条规定："当事人约定在将来一定期限内订立合同的认购书、订购书、预订书等，构成预约合同。当事人一方不履行预约合同约定的订立合同义务的，对方可以请求其承担预约合同的违约责任。"本合同是履行预约合同的结果，也是当事人之间权利义务最终确定的依据。

拓展

我国《民法典》"合同编"规定的19种典型合同：

1. 买卖合同："买卖合同是出卖人转移标的物的所有权于买受人，买受人支付价款的合同。"（《民法典》第五百九十五条）

2. 供用电、水、气、热力合同："供用电合同是供电人向用电人供电，用电人支付电费的合同。向社会公众供电的供电人，不得拒绝用电人合理的订立合同要求。"（《民法典》第六百四十八条）

3. 赠与合同："赠与合同是赠与人将自己的财产无偿给予受赠人，受赠人表示接受赠与的合同。"（《民法典》第六百五十七条）

4. 借款合同："借款合同是借款人向贷款人借款，到期返还借款并支付利息的合同。"（《民法典》第六百六十七条）

5. 保证合同："保证合同是为保障债权的实现，保证人和债权人约定，当债务人不履行到期债务或者发生当事人约定的情形时，保证人履行债务或者承担责任的合同。"（《民法典》第六百八十一条）

6. 租赁合同："租赁合同是出租人将租赁物交付承租人使用、收益，承租人支付租金的合同。"（《民法典》第七百零三条）

7. 融资租赁合同："融资租赁合同是出租人根据承租人对出卖人、租赁物的选择，向出卖人购买租赁物，提供给承租人使用，承租人支付租金的合同。"（《民法典》第七百三十五条）

---

① 房绍坤：《民法（第五版）》，中国人民大学出版社，2020，第211-212页。

8. 保理合同："保理合同是应收账款债权人将现有的或者将有的应收账款转让给保理人，保理人提供资金融通、应收账款管理或者催收、应收账款债务人付款担保等服务的合同。"（《民法典》第七百六十一条）

9. 承揽合同："承揽合同是承揽人按照定作人的要求完成工作，交付工作成果，定作人支付报酬的合同。"（《民法典》第七百七十条）

10. 建设工程合同："建设工程合同是承包人进行工程建设，发包人支付价款的合同。建设工程合同包括工程勘察、设计、施工合同。"（《民法典》第七百八十八条）

11. 运输合同："运输合同是承运人将旅客或者货物从起运地点运输到约定地点，旅客、托运人或者收货人支付票款或者运输费用的合同。"（《民法典》第八百零九条）

12. 技术合同："技术合同是当事人就技术开发、转让、许可、咨询或者服务订立的确立相互之间权利和义务的合同。"（《民法典》第八百四十三条）

13. 保管合同："保管合同是保管人保管寄存人交付的保管物，并返还该物的合同。寄存人到保管人处从事购物、就餐、住宿等活动，将物品存放在指定场所的，视为保管，但是当事人另有约定或者另有交易习惯的除外。"（《民法典》第八百八十八条）

14. 仓储合同："仓储合同是保管人储存存货人交付的仓储物，存货人支付仓储费的合同。"（《民法典》第九百零四条）

15. 委托合同："委托合同是委托人和受托人约定，由受托人处理委托人事务的合同。"（《民法典》第九百一十九条）

16. 物业服务合同："物业服务合同是物业服务人在物业服务区域内，为业主提供建筑物及其附属设施的维修养护、环境卫生和相关秩序的管理维护等物业服务，业主支付物业费的合同。物业服务人包括物业服务企业和其他管理人。"（《民法典》第九百三十七条）

17. 行纪合同："行纪合同是行纪人以自己的名义为委托人从事贸易活动，委托人支付报酬的合同。"（《民法典》第九百五十一条）

18. 中介合同："中介合同是中介人向委托人报告订立合同的机会或者提供订立合同的媒介服务，委托人支付报酬的合同。"（《民法典》第九百六十一条）

19. 合伙合同："合伙合同是两个以上合伙人为了共同的事业目的，订立的共享利益、共担风险的协议。"（《民法典》第九百六十七条）

四、合同法与各国编制体系

所谓合同法（Contract Law），是调整各种合同法律关系的法律规范的总称。合同法在民商法中占据极为重要的地位，与买卖法、代理法、产品责任法、保险法等密切关联，共同构筑起庞大复杂的民商法制度体系。从某种意义上讲，商品经济社会的各个环节均离不开合同，一笔商事交易往往需要签订多个合同才能完成，这些交易活动均属于合同法的规范范畴。

（一）大陆法系的合同法

在大陆法国家，合同法以成文法形式呈现。如法国、德国、意大利、瑞士、日本等国，其合同法内容分别被纳入民法典或债务法典之中。大陆法国家的民法理论把合同视为产生“债”的原因之一，将有关合同的法律规范与侵权行为等其他产生债的法律规范并列，作为民法的一编，命名为债务关系法或债编。以《法国民法典》为例，其将合同相关内容集中于第三卷规定，该卷第三编标题为“合同或合意之债的一般规定”，内容涵盖合同有效成立的条件、债的效果、债的种类、债的消灭等合同法一般性原则。此外，该卷后续各编进一步对买卖、互易、合伙、借贷、委任、保证、和解等各类合同作出规定。《德国民法典》设有“总则”编，通过法律行为的概念，对合同成立的共同性问题予以规定；其后的各种债务关系篇章，实质为合同法具体条款，分别对买卖、互易、使用租赁、使用借贷、合伙、保证、和解等 18 种合同作出详细规定。

（二）英美法系的合同法

在英美法国家，合同领域的法律原则主要包含在普通法之中，这是历经数个世纪由法院以判例形式发展形成的判例法。除印度外，英美法系各国均无系统、成文的合同法，因此英美法系的合同法主要表现为判例法、不成文法。虽然英、美等国也制定了一些有关特定合同的成文法，如英国 1893 年《货物买卖法》、美国《统一商法典》等，但这些成文法仅对货物买卖合同及其他部分商事合同作出具体规定，而合同法的许多基本原则，如合同成立的各项规则等，仍需依据判例法确立的法律原则适用。

（三）中国合同法律制度

1986 年颁布的《中华人民共和国民法通则》（以下简称《民法通则》）是新中国最早调整民事法律关系的基本法律。在 2020 年《民法典》出台前，中国其他有关合同的法律均依据该法的原则和精神制定。《民法通则》中的许多规定都与合同相关，例如民事活动的基本原则、民事法律行为、债权、违反合同的民事责任等方面的内容，适用于各类民事合同。1999 年 3 月 15 日，第九届全国人民代表大会第二次会议通过《合同法》，自该年 10 月 1 日起施行，同时废止原《经济合同法》《涉外经济合同法》《技术合同法》。该《合同法》由总则、分则两大部分构成：总则共 8 章，对合同的订立、效力、履行、变更和转让、权利义务终止、违约责任等问题作出规范；分则共 15 章，对买卖合同等 15 种合同作出具体规范。2020 年，《民法典》正式出台，原《合同法》被并入成为“合同编”。合同编设 3 个部分，共 29 章 526 条，不仅规定了合同的调整范围、合同解释等一般性内容，还修改完善了合同订立、效力、履行、保全、变更和转让以及违约责任等基本制度；在原《合同法》规定的 15 类典型合同基础上，新增保证合同、保理合同、物业服务合同、合伙合同 4 类典型合同，使典型合同总数达 19 类；同时对无因管理和不当得利的一般性规则作出规定。① 除《民法典》外，全国人民代表大会及其常委会颁布实施的 50 余部法律对相关合同作出规定，如《海商法》《保险法》《合伙企业法》《中华人民共和国著作权法》《中华人民共和国专利法》《中华人民共和国商标法》《中华人民共和国铁路法》《中华人民共和国民用航空法》《中华人民共和国拍卖法》《中华人民共和国中外合资经营企业法》《中华人民共和国中外合作经营企业法》《中华人民共和国政府采购法》等，分别针对海上运输、海上保险、保险、著作权的许可使用、专利权转让、注册商标转让、铁路运输、航空运输、拍卖、中外合资经营企业、中外合作经营企业、政府采购等合同作出规定。此外，《民法典》除“合同编”外，其他各编也包含大量调整合同关系的法律规范。②

五、国际统一合同法的蓝本——《合同通则》

长期以来，人们一直盼望统一国际贸易领域的有关法律，尤其是作为国际商事交易基础的合同法，以消除国际贸易往来中的法律障碍。自 20 世纪初起，一些国际组织便陆续开展统一各国合同法的工作。1980 年通过的《销售合同公约》是国际贸易统一法的重大成果，它既包含买卖法内容，也包含合同法内容，在统一不同社会制度、法系和国家在国际货物买卖领域的法律原则方面取得重大突破，受到各国广泛认可。然而，《销售合同公约》管辖范围仅限于国际货物买卖，且对合同有效性等当时难以统一的重大问题采取回避态度，存在一定局限性。因此，法律界、贸易界人士迫切希望在更广泛范围内实现合同法的统一。1980 年，国际统一私法协会成立工作组，成员包括世界主要法系中主攻合同法和国际贸易法领域的专家，负责起草统一的国际商事合同法，并于 1994 年 5 月通过了《合同通则》。《合同通则》在继承《销售合同公约》合理成分的基础上，全面确立了国际商事合同领域的各项法律原则，是国际合同法统一化进程中的又一重大成果。该通则融合了不同法律体系和社会文化背景下通用的法律原则，总结吸收了国际商事活动中广泛适用的惯例和最新

---

① 黄薇：《中华人民共和国民法典合同编解读》，中国法制出版社，2020，第 1 页。

② 翟云岭、郭洁：《合同法论：基于〈民法典〉合同编（第 3 版）》，法律出版社，2021，第 4 页。

立法成果，对国际贸易法的进一步统一具有深远意义。

（一）《合同通则》的适用范围

本通则以“一般规则”（General Rules）的形式呈现，适用于所有国际商事合同。这里的“国际”作广义解释，涵盖合同当事人营业地、惯常住所地等位于不同国家，以及合同含有国际因素的各类情形。对于“商事”，要求合同当事人具有正式“商人”（Merchants）身份或交易具备商业性质，将“消费者交易”排除在外。通则未对“商事”作出明确定义，而是主张从广义理解“商事”合同概念，使其不仅包括商品和服务的交换等一般贸易交易，还可包括其他类型的经济交易，如投资和特许协议、技术许可协议、专业服务合同等。1995 年“关税与贸易总协定乌拉圭回合”多边贸易谈判确立的国际贸易新概念，除货物贸易外，还延伸至知识产权转让、投资和服务贸易。在这些领域成立的合同，除消费、赠与和援助性质外，基本都属于国际商事合同，在《合同通则》的调整范围内。由此可见，本通则的适用范围非常广泛。《合同通则》旨在为国际商事合同制定一般规则，可用于解释或补充国际统一法的文件，也可作为国内和国际立法的参考范本。由于它并不是一项国际性公约，不需要国家政府参与任何程序，因而各国当事人完全可以自主选择适用。当合同适用法律对某一问题缺乏相关规则时，通则可为其提供解决方案。因此，在国际商事合同领域，《合同通则》适用的机会很多，其对适用范围的界定为自身推广及国际合同法统一化进程创造了有利条件。

（二）《合同通则》的内容与结构

本通则于 1994 年 5 月公布，随后在 2004 年和 2010 年经历两次修订。1994 年版由前言和 7 个篇章组成，共 8 个部分 118 条（不包括序言部分阐述的《合同通则》的目的），对合同法各部分内容进行了全面且明确的规定。本通则在法律术语表达上力求准确无歧义，许多条文规定附加注释并举例说明，每个条文还设有概括内容的简短标题，便于理解和记忆。2004 年版在 1994 年版基础上新增 3 章内容。现行《合同通则》除序言外，共 10 章，分别为总则，合同的成立与代理权，合同的效力，合同的解释，合同的内容，合同的履行，合同的不履行，抵销，权利的转让、义务的转移和合同的转让，诉讼时效。2010 年的第二次修订，又补充了多个债务人和债权人、长期合同等相关内容。

（三）《合同通则》的总则

总则共含 12 个条文，概括性地规定了国际商事合同的基本原则、合同形式、合同约束力、通则的任意性与解释性原则、惯例和习惯做法的约束力，以及通知和定义等重要事项。其中，最重要的三项基本原则主要内容如下：

1. 缔约自由（Freedom of Contract）原则

该原则在国际商事活动中具有极为重要的意义。本通则第 1.1 条标题就是“缔约自由”，它明确规定：“当事人有权自由订立合同，并确定合同的内容。”在现代国际经济中，经营者自由、自主商定贸易条件，是构建开放、市场化、竞争型国际经济体系的基石。

2. 合同必须信守原则

本通则第1.3条确定该原则，规定：“有效订立的合同对双方当事人有约束力。当事人仅能根据合同条款或通过协议或本通则另有规定修改或终止合同。”合同的约束性建立在该合同有效成立的基础之上，不受任何合同无效原因的影响。在对外经济贸易领域，中国秉持“重合同、守信用”理念，与《合同通则》此原则高度契合，未来也将继续遵循，维护我国在国际经济贸易活动中的声誉。

3. 诚实信用和公平交易（Good Faith and Fair Dealing）原则

本通则在第1.7条中确立该原则，规定“每一方当事人在国际贸易交易中应当依据诚实信用和公平交易的原则行事”，并特别明文规定“当事人各方不得排除或限制此项义务”，强调此条属强制性规定。该原则包含“诚实信用”和“公平交易”两个概念，并非依据各国法律体系的一般标准适用，而强调应结合国际贸易特殊情况进行解释，其要求可能高于部分国家的国内标准。

此外，总则第1.4条确立“强制性规则优先”规则，规定：“本通则的任何规定不得限制依据有关国际私法原则而应适用的强制性规则的适用，无论这种强制性规则是国家的、国际的或是超国家的。”总则第1.5条则明确：“除本通则另有规定外，双方当事人可以排除通则的适用，或者减损或改变本通则任何条款的效力。”

第二节　合同的成立

合同成立且有效，是合同法律关系中的重要前提。若这一前提被否定，合同的内容、履行等问题便无从谈起。本节主要阐述合同有效成立的要件，即在何种情况下合同得以有效成立。

一、当事人双方意思表示一致

合同的订立，是双方当事人就合同内容（包括权利、义务）达成合意，即达成意思表示一致的过程。在我国，依据《民法典》“合同编”第四百七十一条关于“当事人订立合同，可以采取要约、承诺方式或者其他方式”的规定，合同订立可采取要约、承诺方式或其他方式，其中“要约、承诺”方式也是目前国际上的通用方式。

（一）要约（Offer）

1. 要约的概念及成立条件

要约又称发盘、出盘、发价、出价或报价等，是一方当事人以缔约为目的，向对方提出的订约提议。在我国，根据《民法典》第四百七十二条关于“要约是希望与他人订立合同的意思表示，该意思表示应当符合下列条件：（一）内容具体确定；（二）表明经受要约人承诺，要约人即受该意思表示约束”的规定，要约是指希望与他人订立合同的意思表示。其中，发出要约的一方为要约人（Offeror），接受要约的一方称为受要约人（Offeree）、相对人或承诺人。要约可以书面或口头形式提出。

在合同订立过程中，要约处于初始阶段。目前国际上公认，要约有效成立需满足以下构成条件：

① 要约的内容必须具体确定。“具体”指要约内容必须包含足以使合同成立的必备条款。通常，判断哪些条款是构成要约的必要条款，需要根据双方的交易背景、合同性质、习惯做法、法律规定等综合衡量。①“确定”指要约的内容必须明确而不能含糊不清、模棱两可，以免相对人因无法理解真实意思而无法作出承诺。

② 要约须具有订立合同的明确意思表示。要约人发出要约主要是为了和他人订立合同，所以需在要约中表明，一经受要约人承诺，要约人即受该意思表示约束，合同即告成立，且要约人不得再撤回要约。②

③ 要约应向要约人试图与之订立合同的相对人发出。一般情况下，相对人应是一个或数个特定人，如此才更有可能获得相对人的承诺。但如果要约人实际上更关注交易达成的利益时，也可以对不特定的人发出要约，这并不影响要约的效力。③

拓展

注意区分：要约和要约邀请

● **要约邀请的概念**：要约邀请又称要约劝诱、要约引诱，是希望他人向自己发出要约的意思表示。

---

① 谢晓尧、宋婕、陈斯：《新合同法要义》，广东旅游出版社，1999，第 52 页。

② 胡雪梅：《民法（第三版）》，清华大学出版社，2021，第 292 页。

③ 房绍坤：《民法（第五版）》，中国人民大学出版社，2020，第 218 页。

● **要约与要约邀请的区别：**

对比项	要约	要约邀请
性质	订立合同的必要阶段	订立合同的预备行为
效力	对要约人具有法律约束力	对行为人无法律约束力
对象	特定相对人	不特定多数人
内容	具备合同必要的全部条款，内容具体明确	内容简单，不具备合同必要条款
当事人目的	具有订立合同的确定意思	仅希望诱使他人发出要约

2. 要约的法律效力

要约的生效，是指要约发生法律上的效力、约束力。在我国，《民法典》第四百七十四条规定："要约生效的时间适用本法第一百三十七条的规定。"即"以对话方式作出的意思表示，相对人知道其内容时生效。以非对话方式作出的意思表示，到达相对人时生效。以非对话方式作出的采用数据电文形式的意思表示，相对人指定特定系统接收数据电文的，该数据电文进入该特定系统时生效；未指定特定系统的，相对人知道或者应当知道该数据电文进入其系统时生效。当事人对采用数据电文形式的意思表示的生效时间另有约定的，按照其约定"。在国际上，《合同通则》第2.1.3条（1）款规定："要约于到达受要约人时生效。"

要约的效力范围包括两个方面：一是对要约人的效力，即要约生效后，在存续期间内要约人不得随意变更或撤回要约。其中"要约的存续期间"是指要约具有法律效力的期间。二是对相对人的效力，即相对人在要约生效时取得承诺权利，但需在"要约存续期间"内作出承诺，超过该期限的承诺对要约人不再具有约束力。

3. 要约的撤回与撤销

强调要约的法律效力，目的之一在于明确要约的撤回与撤销规则。

要约的撤回，是指在要约生效之前，要约人使要约失去效力的意思表示。需要注意的是，虽然要约可以撤回，但撤回要约的通知应当在要约到达受要约人之前或者与要约同时到达受要约人，且要约一经撤回，即对要约人失去效力。不过，随着信息科技的发展，电子信息传递速度越来越快，通过电子信息方式传递的要约，其撤回往往难以实现。

要约的撤销，则是指要约生效之后，要约人使要约失去效力的意思表示。要约人撤销要约的通知应当在受要约人发出承诺之前到达受要约人。关于要约是否可以撤销，中国法、英美法、德国法及法国法的规定存在差异。

（1）中国法

我国《民法典》第四百七十六条规定："要约可以撤销，但是有下列情形之一的除外：(一) 要约人以确定承诺期限或者其他形式明示要约不可撤销；(二) 受要约人有理由认为要约是不可撤销的，并已经为履行合同做了合理准备工作。”要约撤销的效力具有溯及力，即撤销后，要约视为自始不生效。

(2) 英美法

在英美法中，要约原则上对要约人没有约束力，要约人在相对人承诺之前，可以随时撤销要约或更改要约内容。即使要约中规定了有效期限，要约人在法律上也可以在期限届满以前随时撤销要约。

(3) 德国法

与英美法不同，德国法中，要约原则上对要约人具有拘束力。根据《德国民法典》的规定，除非要约人在要约中明确注明不受约束的语句，否则要约人必须受要约约束。如果要约人在要约中规定了有效期限，那要约人在该有效期内不得撤回或修改要约；如果要约人没有在要约中规定有效期限，通常情况下，要约人在渴望得到答复以前，不得撤销或修改要约。这一原则同样适用于瑞士、希腊、巴西等国。

(4) 法国法

《法国民法典》对于要约的撤销问题并没有作出具体的规定，但是法国的法院判例中采取的是“要约人在要约被相对人承诺之前是可以撤销的”。具体而言，如果要约人在要约中指定了承诺期限，要约人也可以在期限届满之前撤销要约，但必须承担损害赔偿责任；如果在要约中未规定承诺期限，则根据具体情况或正常交易习惯判断，若要约应在一定期限内等待回复，则要约人不适当地撤销要约需承担损害赔偿责任。

鉴于各国法律在要约撤销规则上的分歧，同时为适应国际贸易发展的需要，1980 年联合国国际贸易法委员会通过了《销售合同公约》，其中第十六条规定：“(1) 在未订立合同之前，发价得予撤销，如果撤销通知于被发价人发出接受通知之前送达被发价人。(2) 但在下列情况下，发价不得撤销：(a) 发价写明接受发价的期限或以其他方式表示发价是不可撤销的；或 (b) 被发价人有理由信赖该项发价是不可撤销的，而且被发价人已本着对该项发价的信赖行事。”

4. 要约的失效

要约的失效，又称要约的消灭，是指要约失去法律效力，要约人和受要约人均不再受其约束。一般来说，要约失效主要有以下三种情形：① 要约期限已过；② 要约被撤回或撤销；③ 要约被承诺人拒绝。

在我国，《民法典》第四百七十八条规定：“有下列情形之一的，要约失效：(一) 要约被拒绝；(二) 要约被依法撤销；(三) 承诺期限届满，受要约人未作出承诺；(四) 受要约人对要约的内容作出实质性变更。”值得注意的是，只有已经生效的要约才存在失效可能，被撤回的要约尚未生效，不属于要约失效情形。

（二）承诺（Acceptance）

1. 承诺的概念及成立要件

承诺是指受要约人根据要约规定的方式，对要约的内容表示同意的意思表示。一旦要约被承诺，合同即告成立。

国际通说认为，一项有效的承诺必须具备以下四个条件：

（1）承诺必须由受要约人作出

一般而言，受要约人包括其本人及其授权的代理人。不过，在一些特殊情形下，大陆法与英美法的处理方式存在差异。比如，在受要约人被兼并或者死亡时，大陆法认可兼并后的法人或受要约人的继承人作出承诺；而对于受要约人欲将承诺资格转让给第三人的情况，两大法系均不予允许。

（2）承诺必须在要约的有效期限内作出

对于规定了有效期的要约，受要约人必须在该期限内作出承诺；对于未规定有效期的要约，大陆法要求在“依照常情可期待得到承诺的期间内”承诺，英美法则规定在“合理的时间内”承诺。超过规定期限作出的承诺，称为“迟到的承诺”（逾期承诺），逾期承诺不属于有效承诺，而被视为新的要约，需经原要约人承诺后合同才能成立。

（3）承诺必须与要约的内容一致

这里的“一致”并非意味着承诺与要约内容完全相同，而是指不发生实质上的变更。例如，美国《统一商法典》规定：“（b）补充条款应被解释为对合同进行补充的建议。在商人之间，这些条款构成合同的组成部分，除非：（1）要约明确规定，承诺限于要约条款；（2）补充条款严重改变了要约；或（3）已对补充条款作出过拒绝通知，或在收到补充条款通知后的合理时间内作出了拒绝通知。”《销售合同公约》也有类似规定：“（1）对发价表示接受但载有添加、限制或其他更改的答复，即为拒绝该项发价并构成还价。（2）但是，对发价表示接受但载有添加或不同条件的答复，如所载的添加或不同条件在实质上并不变更该项发价的条件，除发价人在不过分迟延的期间内以口头或书面通知反对其间的差异外，仍构成接受。如果发价人不作出这种反对，合同的条件就以该项发价的条件以及接受通知内所载的更改为准。（3）有关货物价格、付款、货物质量和数量、交货地点和时间、一方当事人对另一方当事人的赔偿责任范围或解决争端等等的添加或不同条件，均视为在实质上变更发价的条件。”我国《民法典》第四百八十九条规定：“承诺对要约的内容作出非实质性变更的，除要约人及时表示反对或者要约表明承诺不得对要约的内容作出任何变更外，该承诺有效，合同的内容以承诺的内容为准。”

（4）承诺的传递方式必须符合要约所提出的要求

若要约人在要约中对承诺的传递方式作出具体要求，受要约人必须按照规定的传递方式办理，否则承诺不成立。若要约人未规定承诺传递方式，承诺人的传递方式一般应与要约的传递方式相同，但如果承诺人采用的传递方式比要约要求或要约所采用的方式更为快捷，在法律上也可视为有效承诺，要约人不能因此而拒绝。

2. 承诺的法律效力

承诺的法律效力在于“承诺一旦生效，合同即告成立”，因此承诺的生效时间是合同成立的关键问题。在这一问题上，英美法和大陆法，特别是德国法存在很大分歧，主要涉及三种观点：“投邮主义”“到达主义”“了解主义”。

（1）投邮主义。这是英美法的主张。在英美法中，以书信或电报作出承诺时，承诺一经投邮，立即生效，合同也随之成立。

（2）到达主义。大陆法中的德国法采取此观点。德国法规定，承诺必须到达要约人方可生效。

（3）了解主义。这曾是大陆法的一种观点，即不仅要求收到对方的意思表示，而且要求证明对方是真正了解其内容，该意思表示才算生效。①

在我国，《民法典》第一百三十七条规定：“以对话方式作出的意思表示，相对人知道其内容时生效。以非对话方式作出的意思表示，到达相对人时生效。以非对话方式作出的采用数据电文形式的意思表示，相对人指定特定系统接收数据电文的，该数据电文进入该特定系统时生效；未指定特定系统的，相对人知道或者应当知道该数据电文进入其系统时生效。当事人对采用数据电文形式的意思表示的生效时间另有约定的，按照其约定。”

3. 承诺的撤回

承诺的撤回是指承诺人阻止承诺发生效力的意思表示。承诺撤回必须在其生效之前进行，一旦承诺生效，合同即告成立，承诺人便不能再撤回承诺。

根据英美法和德国法对承诺生效时间的规定，在英美法中，承诺人在发出承诺后便不能撤回；而在德国法中，承诺人原则上可以撤回承诺，但撤回承诺的通知必须先于或同时于承诺通知到达要约人。

二、当事人需具有订立合同的能力

（一）自然人订立合同的能力

自然人订立合同的能力体现为自然人的行为能力，即自然人以自己独立的行为享有民事权利、承担民事义务的能力。虽然各国法律基本都对自然人行为能力作出规定，但具体内容存在差异，例如成人的年龄标准以及对自然人精神健康状况的鉴定等。

---

① 周黎明：《国际商法理论与实务（第二版）》，北京大学出版社，2023，第 83 页。

1. 中国法

在我国，依据公民的年龄、智力状态等因素，公民可分为完全民事行为能力人、限制民事行为能力人和无民事行为能力人三类。

（1）完全民事行为能力人

完全民事行为能力是指法律赋予达到一定年龄且智力状态正常的公民，通过自己独立行为进行民事活动的能力，具备该能力的公民称为完全民事行为能力人。《民法典》第十七条规定：“十八周岁以上的自然人为成年人。不满十八周岁的自然人为未成年人。”第十八条进一步规定：“成年人为完全民事行为能力人，可以独立实施民事法律行为。”该条第（二）款规定：“十六周岁以上的未成年人，以自己的劳动收入为主要生活来源的，视为完全民事行为能力人。”因此，完全民事行为能力人可以独立订立合同。

（2）限制民事行为能力人

限制民事行为能力，又称不完全民事行为能力或部分民事行为能力，是指法律赋予已达到一定年龄但尚未成年，或虽已成年但精神不健全、不能完全辨认自己行为后果的公民，从事与自己年龄、智力和精神健康状况相适应的民事活动的能力，具有该能力的人称为限制民事行为能力人。《民法典》第十九条规定：“八周岁以上的未成年人为限制民事行为能力人，实施民事法律行为由其法定代理人代理或者经其法定代理人同意、追认；但是，可以独立实施纯获利益的民事法律行为或者与其年龄、智力相适应的民事法律行为。”第二十二条规定：“不能完全辨认自己行为的成年人为限制民事行为能力人，实施民事法律行为由其法定代理人代理或者经其法定代理人同意、追认；但是，可以独立实施纯获利益的民事法律行为或者与其智力、精神健康状况相适应的民事法律行为。”由此可知，限制民事行为能力人签订的合同除纯获利益的合同外，需经其法定代理人同意或追认。

（3）无民事行为能力人

无民事行为能力，是指完全不具有以自己的行为从事民事活动，取得民事权利和承担民事义务的资格，此类公民称为无民事行为能力人。《民法典》第二十条规定：“不满八周岁的未成年人为无民事行为能力人，由其法定代理人代理实施民事法律行为。”第二十一条规定：“不能辨认自己行为的成年人为无民事行为能力人，由其法定代理人代理实施民事法律行为。八周岁以上的未成年人不能辨认自己行为的，适用前款规定。”根据《民法典》规定，无民事行为能力人签订的合同无效。

2. 法国法

在法国法中，订约人的民事行为能力是合同有效成立的必要条件，若当事人不具有民事行为能力，其所签订的合同不产生法律效力。依照《法国民法典》的规定，无订立合同能力的人主要包括两种：一种是未解除亲权的未成年人，另一种是受法律保护的成年人，即禁治产人。对于未解除亲权的未成年人，《法国民法典》规定成年年龄为18岁，未成年人解除监护后才具有与成年人同等的民事行为能力；禁治产人则是指官能衰退者和因游手好闲、挥霍浪费以致陷入贫困者。未成年人和禁治产人签订的合同必须取得监护人或者管理人的同意，否则合同相对无效，其法定代理人和监护人可以主张合同无效。

3. 德国法

在德国法中，公民分为无民事行为能力人和限制民事行为能力人两类。

（1）无民事行为能力人

《德国民法典》第一百零四条规定：“下列之人，无行为能力：1. 未满七岁者。2. 因精神活动之病理上障碍，致陷于丧失自由决定意思之状态者。但该状态，按其性质系暂时者，不在此限。”无民事行为能力人所作出的意思表示在法律上一概无效，因此其所订立的合同也无效。

（2）限制民事行为能力人

在德国，年满7岁不满18岁的未成年人属于限制民事行为能力人。根据《德国民法典》规定，他们的行为能力在法律上受到一定限制，所作的意思表示须经得其法定代理人的同意。限制民事行为能力人未经法定代理人同意签订的合同，需经过法定代理人同意后才生效；若法定代理人不予追认，合同视为自始无效。值得注意的是，在德国法中，限制民事行为能力人达到法定年龄或依法取得完全民事行为能力后，可对先前未经法定代理人同意而订立的合同进行追认，该追认可替代法定代理人的追认，使合同生效。

拓展

● **禁治产人**

◆ 定义：禁治产人是大陆法系的术语，指的是因为精神障碍或因有酗酒成瘾而不能处理自己的事务，或存在挥霍财产可能性的自然人，经其亲属向法院提出请求，由法院宣告禁止其治理财产。

◆ 条件：

依据《德国民法典》，成为禁治产人的条件如下：

（1）心神丧失或精神耗弱，不能自行处理事务；

（2）由本人或利害关系人（配偶、近亲属等）提出禁治产申请；

（3）由法院作出禁止其处理财产的宣告。

◆ 撤销：当被宣告人心神或精神恢复后，经本人或有关人员申请，法院可经一定程序撤销禁治产宣告，恢复其民事行为能力。

4. 英美法

不同于大陆法系，英美法采用未成年人、酗酒者和精神病者等具体概念来判定不同主体订立合同的能力。

（1）未成年人

根据不同情况，可能产生以下三种结果：一类是有效合同，主要是涉及必需品和服务的合同；一类是可撤销合同，主要包括期间较长或者与不动产相关的合同，未成年人欲撤销此类合同，须在未成年时或成年后的适当时间内进行；最后一类是无效合同，非必需品买卖和借贷合同属于绝对无效合同。不过在英美法系部分国家的立法和司法实践中，对于谎报年龄的未成年人所订立的合同认可其法律效力，典型的如英国等（大陆法系的法国也是如此）。

（2）酗酒者

按照美国的判例，原则上酗酒者订立的合同具有强制执行力，但如果酗酒者在订立合同时因酗酒而失去民事行为能力，则可以要求撤销合同。

（3）精神病者

精神病者在被宣告精神错乱之后所订立的合同无效；在被宣告精神错乱之前订立的合同，则可以要求撤销。

（二）法人订立合同的能力

法人（Legal Entity）是指拥有独立财产，能够以自己的名义享受民事权利、承担民事义务，并按照法定程序成立的法律实体，最常见的法人类型是公司。法人由自然人组织而成，需通过自然人开展活动。根据各国公司法规定，公司必须通过其授权的代理人订立合同，如公司董事通常是法定代表人。同时，由于公司的行为能力、缔约能力及权力由公司章程（Memorandum of Association）设定，故其活动范围不得超出公司章程规定。

具体而言，传统公司法要求较为严格，公司的缔约能力严格受公司章程约束，超越公司章程范围的越权行为不具有法律效力。但随着国际市场经济的发展，传统“越权行为无效论”不利于保护交易安全，越来越多的现代司法实践认为，即使公司越权缔约，只要合同相对方为善意，合同依然有效。我国也有相应司法解释与此观点相呼应。此外，在美国公司法中存在特殊情况，股东对公司的越权行为享有诉权，在第三人从公司取得或向公司转移财产之前，股东可以公司为被告，公司可以董事、经理为被告，请求法院禁止越权行为，由此对第三人造成的直接损失，由公司承担赔偿责任。

三、合同必须符合法定形式

从合同形式角度，可将合同分为要式合同和不要式合同。要式合同是指必须依据法律规定的方式才能成立或生效的合同；不要式合同是指当事人订立的合同依法无须采取特定形式。在西方国家，部分合同采用要式形式主要基于两点：一是作为合同有效成立的要件，二是用作合同存在的证据。①

（一）中国法

我国《民法典》第四百六十九条第（一）款规定："当事人订立合同，可以采用书面形式、口头形式或者其他形式。"其中，书面形式包括合同书、信件和数据电文（包括电报、电传、传真、电子数据交换和电子邮件）等能有形表现所载内容的形式。此外，以电子数据交换、电子邮件等方式能够有形地表现所载内容，并可随时调取查用的数据电文，视为书面形式。其他形式是指根据当事人的行为或特定情形推定的默认形式。

拓展

◆ 电子合同（Electronic Contract）

电子合同是指以电、磁、光或相关技术手段生成的数据电文表达意思，从而产生、变更和消灭权利义务关系的协议，主要包括电子数据交换（Electronic Data Interchange，EDI）、电子邮件和计算机传真等形式。

具体而言，我国关于合同形式的要求包括以下六点：① 合同形式原则上由当事人自由选择；② 应当采取书面形式的合同主要有国际货物买卖合同、技术进出口合同、融资租赁合同、技术开发合同、技术转让合同、建设工程合同、证券承销合同等；③ 不必采取书面形式的合同主要适用于国内民事流转；④ 须经批准生效的合同，如中外合资经营合同、补偿贸易合同、涉外技术转让合同、中外合作开采自然资源合同等；⑤ 以登记作为对抗要件的合同主要包括记名股票和债券转让合同、不动产转让合同、车船转让合同；⑥ 以登记为生效要件的合同，具体包括房屋、船舶、进口物料设定抵押权的合同，记名股票、债券和知识产权的质押合同。②

（二）法国法

在法国法中，要式合同存在两种情况：一种是以法定形式作为合同有效的要件，如赠与合同、夫妻财产制合同、设立抵押权合同等少数合同属于此类；另一种是把法定形式作为证据要求，如价值超过 50 法郎的合同需采用公证文书或私署文书的形式。两种情况区分的意义在于：对于前者，法院有权不依当事人申请，主动依职权宣告不按法定形式订立的合同无效；对于后者，法定形式作为证明合同存在及其内容的证据，除法律规定形式外，法院不接受其他形式的证据。

---

① 周黎明：《国际商法理论与实务（第二版）》，北京大学出版社，2023，第 90 页。
② 周黎明：《国际商法理论与实务（第二版）》，北京大学出版社，2023，第 91 页。

（三）德国法

依据《德国民法典》，要式合同若不依法律规定形式订立，其合同无效，因为要式合同当事人的意思表示必须严肃认真。但在德国，要式合同仅适用于极少数合同类型，如赠与合同需经过公证、土地转让合同需要登记等。因此，德国法律以不要式合同为原则，不要求所有合同都具备特定形式。

（四）英美法

在英国，合同分为签字蜡封合同（Contract Under Seal）与简式合同（Simple Contract）。其中，签字蜡封合同属于要式合同，必须以特定形式订立，且无须对价；简式合同并不要求特定形式，但必须有对价。简式合同在表现形式上既可以是口头形式，也可以是书面形式，但部分合同必须采用书面形式才能成立或生效。

拓展

● 依据英国法，以下合同必须采用签字蜡封形式订立：

（1）没有对价的合同；

（2）转让地产或地产权益的合同，包括租赁土地租期超过三年的合同；

（3）转让船舶的合同。

● 依据英国诈欺法，以下简式合同须以书面形式订立作为证据：

（1）保证合同；

（2）有关土地买卖或处分土地权益的合同；

（3）金钱借贷合同。

● 依据美国诈欺法，以下简式合同须以书面形式作为证据：

（1）不动产买卖合同；

（2）从订约时起不能在一年之内履行的合同；

（3）为他人担保债务的合同；

（4）价金超过500美元的货物买卖合同。

（五）《销售合同公约》有关合同形式之规定

《销售合同公约》对合同形式未作特别规定，原则上不加限制。《销售合同公约》第十一条规定："销售合同无须以书面订立或书面证明，在形式方面也不受任何其他条件的限制。销售合同可以用包括人证在内的任何方法证明。"但我国在核准该公约时，对此条提出保留，坚持国际货物买卖合同必须采用书面形式。

四、合同必须合法

所谓"合同必须合法"是指合同内容应当不得违反法律、不得违反公共秩序或公共政策，以及不得违反善良风俗或道德三个方面。不过在各国司法实践中，对这一要件的处理方式存在差异。

（一）中国法

在我国，《民法典》及其他与合同相关的法律法规均规定了合同内容必须合法，不得违反法律、行政法规的强制性规定，不得损害社会公共利益及公序良俗。凡是违反法律、行政法规强制性规定，以及损害社会公共利益和公序良俗的合同，一律无效。

（二）大陆法

在大陆法系，各国在自身《民法典》及相关法律中，对合同内容违反法律规定、违反公共秩序和善良风俗等问题作出明确规定，总体原则是“违反法律规定、违反公序良俗的合同无效”。

《法国民法典》在总则中原则性规定，任何个人都不得以特别约定违反有关公共秩序和善良风俗的法律。随后，将违法、违反公序良俗等问题与约因、标的相联系加以规定。按照法国法，构成合同非法的主要有两种情形：一是交易的标的物不合法，如贩卖毒品等违禁品的合同；二是合同的约因不合法，即合同所追求的目的不合法。①

在德国法上，则更注重法律行为和整个合同内容是否存在违法情形。《德国民法典》在总则编第三章“法律行为”中规定“违反法律禁止规定之法律行为，除法律另有规定外，无效”，还规定，违反善良风俗的法律行为亦无效。上述规定不仅适用于合同，也适用于合同以外的其他法律行为。

（三）英美法

就英美法而言，合法性是指合同的目的必须合法。凡是合同目的非法的合同即为无效（Illegal）。这一要求强调合同不能违反成文法、普通法，不能与公共政策相抵触。

根据某些英美法学著作的分类，下列三类合同属于非法合同：

（1）违反法律的合同。此类合同涵盖范围广泛。例如，法律规定需取得执照（License）才能从业的专业人员，如医师、律师、药剂师等，无执照擅自与他人订立合同从事专业服务即属此类。此外，贷款人收取高于法定利率的高利贷合同、限制贸易的合同，均被视为违法。

（2）违反公共政策的合同（Agreement in Violation of Public Policy）。公共政策在英美法中是一个富有弹性的概念。在美国，公共政策一般包括联邦及各州的法规政策或目标，以及公众利益、社会与环保要求等。例如，不合理地限制贸易、限制竞争的合同，显失公平的合同，贿赂或扰乱政府官员的合同等，均在此列。

---

① 韩玉军：《国际商法（第三版）》，中国人民大学出版社，2023，第66页。

（3）不道德的合同（Immoral Contract）。这是指违反社会公认道德标准，若法院予以承认会引发正常人愤慨的合同。

总之，上述列举或与之类似的非法合同均属无效合同，不产生权利和义务，当事人既不能要求履行合同，也不能要求赔偿损失。同时，法院原则上不允许以无效合同作为诉讼标的提起诉讼。

五、当事人的意思表示必须真实

各国法律公认，就具有约束力的合同而言，合同当事人意思表示真实是必不可少的一项要件。对于意思表示不真实（即存在意思表示瑕疵）的合同应当如何处理，意思表示不真实的一方当事人能否以意思表示瑕疵为由主张合同无效或请求撤销该合同，各国法律的具体规定有所不同。

（一）错误

此处的“错误”是指行为人因对其行为的性质、对方当事人、标的物的性质等事实存在误解，而作出与真实意思表示不一致的意思表示。这种错误的意思表示可能会导致合同无效或可撤销。对此，各国法律有不同的规定和要求。

1. 中国法

在我国，虽无单独针对错误的法律规定，但《民法典》第一百四十七条规定的“重大误解”在内涵上涵盖“错误”和“误解”两种情形。所谓“重大误解”，是指行为人因对行为的性质，对方当事人，标的物的品种、质量、规格和数量等产生错误认识，致使行为的后果与自己的真实意愿相悖，并造成较大损失。《民法典》第一百四十七条规定：“基于重大误解实施的民事法律行为，行为人有权请求人民法院或者仲裁机构予以撤销。”

2. 法国法

《法国民法典》第1132条（原第1110条）规定：“法律上或事实上的错误，在其涉及应为之给付的根本品质或者涉及相对当事人的根本资质时，构成合同无效的原因，但不可原谅的错误除外。”由此可知，在法国法中，构成合同无效原因的错误主要有两种：一种是涉及标的物根本性质的错误；另一种是涉及缔约对方当事人根本资质的错误。对于第二种错误（涉及对方当事人的错误），法国法有严格限制：只有当缔约对象的身份本身构成订立该合同的决定性因素（即对方当事人具有特别重要性）时，因误认该对象而发生的错误，方可导致合同无效。此类合同通常包括承包合同、雇佣合同或借贷合同等，因为在这些合同中，对方当事人的身份、能力、技能或品格对当事人决定是否缔约具有决定性意义。因此，在此类合同中，对当事人身份产生错误认识的一方，可以此为由主张合同无效。除上述两种情形外，其他类型的错误（例如动机错误）通常不能构成合同无效的原因。

3. 德国法

在德国法中,《德国民法典》第一百一十九条第(一)款规定:“意思表示之内容有错误,或不欲为该内容之表示,如表意人知其情形,且依合理之判断,即可认为其不欲为该表示者,得撤销之。”据此,德国存在两种可撤销合同的“错误”:一是关于意思表示内容的错误(表意人在订约时受错误影响作出意思表示);二是关于意思表示形式上的错误。基于这两种“错误”,均可产生撤销合同的后果。但在司法实践中,对于“意思表示内容的错误”,法院会考量受错误影响的一方是否得到其真正想要的东西;对于“意思表示形式上的错误”,法院会探究表意人真实意图。

4. 英美法

英国普通法认为,订约当事人一方的错误,原则上不影响合同的有效性。只有当该项错误导致当事人之间根本未达成真正的协议,或虽已达成协议,但双方当事人在合同的某项重大问题上存在同样的错误时,才能使合同无效。美国法关于错误的法律原则与英国法相同。但在单方错误的合同中,有下列两种情形之一的,也可能导致合同无效或可撤销:一种是相对方明知错误方的认识发生错误,却将错就错地签约;另一种是一方的错误是另一方诱使的结果。

拓展

案例:瑞福斯诉维切豪斯

原告、被告签订了一份买卖从孟买出发的“皮尔莱斯号”轮船装载棉花的合同,原告瑞福斯期望出售的是12月份从孟买出发的“皮尔莱斯号”轮船装载的棉花,被告维切豪斯却期望购买的是10月份从孟买出发的“皮尔莱斯号”轮船装载的棉花。结果,原告试图以后一期运输的棉花交付给被告时遭到拒绝。英国法官认为,原、被告双方之间不存在有约束力的合同,因为双方对基本条款理解不同,属于对事实的共同误解;当双方当事人在误解的情况下签订合同时,从客观角度来看,他们合理地相信某一事实是真实的,此时任一方当事人都不受此合同约束。

(二)欺诈

欺诈,又称诈欺,是指一方当事人故意告知对方虚假情况,或故意隐瞒真实情况,诱使对方当事人作出错误意思表示的行为,即以使他人发生错误为目的的故意行为。原则上,各国法律都规定,因受欺诈而订立的合同,受欺诈的一方可以撤销合同或主张合同无效。

1. 中国法

在我国,《民法典》第一百四十八条规定:“一方以欺诈手段,使对方在违背真实意思的情况下实施的民事法律行为，受欺诈方有权请求人民法院或者仲裁机构予以撤销。”同时，《民法典》第一百四十九条规定：“第三人实施欺诈行为，使一方在违背真实意思的情况下实施的民事法律行为，对方知道或者应当知道该欺诈行为的，受欺诈方有权请求人民法院或者仲裁机构予以撤销。”

2. 大陆法

就构成欺诈的条件而言，大陆法规定有以下四点：① 必须存在欺诈行为；② 欺诈人主观上必须是故意的（德国学者甚至认为，一方有告知义务却未告知，也属于欺诈）；③ 欺诈行为与表意人所陷入的错误以及因此所作出的意思表示存在因果关系；④ 欺诈行为必须达到违背诚实信用的程度。

但在结果认定上，部分国家有所不同。如在法国，根据《法国民法典》第 1130 条“如果没有错误、欺诈和胁迫，当事人一方就不会同意缔结合同或者可能按照根本不同的条件缔结合同，于此情形，错误、欺诈和胁迫引起同意的瑕疵”，第 1131 条“同意的瑕疵是合同相对无效的一种原因”，以及第 1139 条“因受到欺诈引发的错误始终为可以原谅的错误，此种错误即使涉及给付的价值或单纯的订约动机，亦构成合同无效之原因”，即欺诈会导致合同无效；而在德国，《德国民法典》第一百二十三条规定：“Ⅰ因受恶意诈欺或不法胁迫而为意思表示者，得撤销其意思表示。Ⅱ向相对人所为之意思表示，系因第三人之诈欺而为者，以相对人明知其诈欺或应知者为限，得撤销其意思表示。相对人以外之人，因意思表示直接取得权利者，如其明知或应知诈欺情事时，表意人得对之撤销其意思表示。”

3. 英美法

在英美法上，欺诈被称为“欺骗性的错误陈述”。但英国法与美国法在具体规定上存在差异。

（1）英国法

《英国错误陈述法》把错误陈述分为两类：一类是“非故意的错误陈述”，另一类是“欺骗性的错误陈述”。前者是指作出错误陈述的人诚实地相信确有其事而作出陈述，后者则并非出于诚实的相信。据此，英国法对欺骗性的陈述规定了严厉的处理方式，即受欺诈方可以要求赔偿损失，并可以撤销合同或拒绝履行合同义务。

（2）美国法

与英国法不同，美国法区分了欺诈与错误陈述。依据美国法院的判例，在美国构成欺诈需满足三个要件：① 一方当事人故意给予对方虚假信息或对信息的真实性漠不关心；② 对方当事人基于对信息的信赖采取了行动；③ 对方因此受到了伤害。对于美国法律而言，欺诈往往仅限于事实问题，发表可能不真实的意见或吹嘘，不构成欺诈。与此同时，《美国合同法重述Ⅰ》中规定基于欺诈订立的合同，属于可以撤销的合同。

此外，在“仅对某种事实保持沉默是否构成欺诈”这一问题上，各国法律态度不一。比如，德国法认为只有当一方当事人负有对某种事实作出说明的义务却未作说明时才构成欺诈，若无此种义务，单纯的沉默不构成欺诈。而英国普通法认为，一般情况下，合同当事人没有义务向对方披露各项事实，故单纯的沉默原则上不构成欺诈。除非在以下两种情况下，当事人有披露实情的义务：一是在磋商过程中，一方当事人对某种事实的说明原本真实，但在签订合同前发现该事实已发生变化，先前的说明不再真实，此时该方当事人有义务向对方作出更正；二是在诚信合同（如保险合同）中，因往往只有一方当事人了解全部事实真相，故该方当事人有义务向对方披露实情。在这两种情形下，保持沉默构成欺诈。

拓展

案例：莱劳德诉奥根（1817 年）

原告为一烟草商，他通过特殊渠道获悉第二次独立战争的和约已经签字的消息后，乘被告对此尚无所知，向被告购买了大批烟草。几个小时后，和约签字的消息已为大众所知晓，烟草价格猛涨，被告拟取消此合同，法院认为，在交易中，任何一方均无义务将自己所掌握的情况通知对方，故判决原告胜诉。

（三）胁迫

胁迫是指以使人产生恐惧为目的的故意行为。对于一方当事人在胁迫之下订立的合同，各国法律普遍规定，受胁迫一方可以主张合同无效或撤销合同。

1. 中国法

我国《民法典》第一百五十条规定：“一方或者第三人以胁迫手段，使对方在违背真实意思的情况下实施的民事法律行为，受胁迫方有权请求人民法院或者仲裁机构予以撤销。”同时，第一百五十一条规定：“一方利用对方处于危困状态、缺乏判断能力等情形，致使民事法律行为成立时显失公平的，受损害方有权请求人民法院或者仲裁机构予以撤销。”

2. 大陆法

德国法规定，因被胁迫而为意思表示者，表意人得撤销其意思表示；但如果法律行为是乘他人贫困、无经验、缺乏判断能力或意志薄弱，使对方当事人对自己或第三人给付财产上的利益的约定或担保，且此种财产上的利益与给付明显不相称（如高利贷），法律上不予认可。

《法国民法典》第 1142 条（第 1111 条）明确规定：“由一方当事人或者第三人实施的胁迫，构成合同无效之原因”。

3. 英美法

在英美法上，胁迫包括对人身施加威吓、暴力或监禁以及不正当影响，同时包括以揭发对方的犯罪行为进行要挟的行为。按照英美法，受胁迫者不仅包括订约当事人本人，还包括该当事人的丈夫、妻子或近亲，若对后者施加威胁，迫使当事人不得不同意订立合同，也构成胁迫。对于上述情形，当事人可以撤销合同。

六、必须有对价或约因

在一些西方国家的法律中，一项在法律上有效的合同，除了当事人之间意思表示一致以外，还必须具备另一项要件。对于这一要件，英美法称之为“对价”，法国法称之为“约因”（大陆法国家中，除法国外，德国等其他国家无约因之说）。此外，英美法和法国法还以有无对价或约因作为区别有诉权合同与无强制执行力的约定或社交性协议的根本标志。

（一）英美法的对价原则

对价（Consideration）是英美法的独特概念。其定义为：“合同一方得到的某种权利、利益、利润或好处，或是他方当事人克制自己不行使某项权利或遭受某项损失或承担某项义务。”法官在解释对价时，主要强调双方当事人各有得失、相互给付（Counterpart），即“我给你某物，是为了你给我他物”。

在应用上，对价主要适用于简式合同。如前所述（本章本节“三、合同必须符合法定形式”），英美法把合同分为签字蜡封合同和简式合同两大类，前者以遵守特定的形式为合同生效条件，后者则以存在对价关系为条件。在简式合同中，对价是判断当事人双方之间有无法律上的权利和义务的主要依据。一方当事人作出许诺（Promise），另一方当事人提供了对价，法院就有了强制执行这一合同的依据。若无对价，则该合同没有法律约束力。由此可见，对价是一种将当事人粘在一起的胶合剂。①

对于有效对价应具备的条件，根据英美法判例确立的法律原则，一般包括以下六点：

① 对价必须合法。对价不能是法律所禁止的东西，这是对价有效的基本要求。

② 对价必须是待履行的对价或已履行的对价，但不能是过去的对价。待履行的对价是指双方当事人允诺在将来履行的对价；若当事人已经履行了其义务，则其提供的对价就是已履行的对价。“过去的对价不是对价”可理解为：一方当事人在对方当事人作出允诺之前已支付的对价，不能作为对方后来作出允诺的对价。但这一条件存在例外情况。对于一方应对方请求为对方提供了某种服务，日后对方作出给予

① 周黎明：《国际商法理论与实务（第二版）》，北京大学出版社，2023，第 85 页。

报酬的允诺，这项允诺具有约束力。此外，在美国，这一例外情况还被推广到某些未经对方要求的行为，只要这种行为是在紧急情况下作出的，在完成此种行为之后，如果对方允诺给予报酬，该项行为就可以作为此项报酬的对价，此项允诺即具有法律约束力，不得反悔。①

③ 对价必须具有某种价值，但不要求充足、相等。这一项条件是指对价必须是具有某种价值的东西，但在价值上不一定相称。

④ 已经存在的义务或法律上的义务不能作为对价。依据英美法的要求，法律规定的义务或者已存在的合同义务不能作为对价。

⑤ 对价必须来自受允诺人（Promisee）。

⑥ 公共义务的履行不能视为对价，但如果履行的义务超过了公共义务或合同义务的范围，则可视为对价。

然而在现阶段，英美法传统的对价理论在一些问题上已不适应当代社会生活的需要。有鉴于此，美国《统一商法典》在一些规定中，突破了传统的对价理论，作出有利于商品经济发展需要的新规定。例如，第 2. 209 条明确规定，关于改变现存合同的协议，即使没有对价也具有约束力。近年来，英国法院的少数判例也呈现出改变对价原则中不合理因素的趋势。

总而言之，英美法系对对价理论的态度正逐渐演变，总体倾向是采取更灵活的做法，以使传统法律原则适应现代商业的发展需要。

（二）法国法的约因

约因（Cause）是法国法合同有效成立的要素之一。在法国法上，债的约因是指订约当事人产生该项债务所追求的最接近和最直接的目的。事实上，约因存在两种含义：一种是当事人订立合同的理由或其所追求的最直接的目的（近因），另一种是当事人企图通过合同达到的最终、最根本的目的（远因）。对于某一方而言，同一类合同，其远因可以是多种，因为远因更像是一种动机。但无论当事人订立一项合同的动机有多少种，其近因只有一种。由此可见，这个近因最符合上述债的约因的解释。故在双务合同中，存在着两个约因，即双方当事人间存在相对给付的关系。例如，在买卖合同中，卖方的交货义务以买方付款为约因；而买方的付款义务以卖方交货为约因。

对于无约因的债、基于错误约因或不法约因的债，不发生任何法律效力。

---

① 周黎明：《国际商法理论与实务（第二版）》，北京大学出版社，2023，第 85 页。

第三节 合同的履行

一、合同履行概述

（一）合同履行的概念及原则

合同的履行（Performance），是指合同当事人实现合同内容与目的的行为。各国法律均规定，合同当事人在订立合同之后，都负有履行合同的义务；若违反应履行的合同义务，则须承担相应的法律责任。

1. 中国法

《民法典》第一百三十一条规定："民事主体行使权利时，应当履行法律规定的和当事人约定的义务。"第一百七十六条规定："民事主体依照法律规定或者按照当事人约定，履行民事义务，承担民事责任。"这些相关规定以法律形式体现了中国"重合同、守信用"的一贯立场，确立了合同对合同双方当事人的法律约束力，即双方当事人应依约履行合同。

2. 大陆法

大陆法同样强调当事人须履行合同。例如，《法国民法典》第1103条（原第1134条）明文规定："依法成立的合同对缔结该合同的人具有相当于法律的效力。"《德国民法典》第二百四十一条明确规定："债权人基于债之关系，得向债务人请求给付。不作为亦得为给付。"此处的"给付"指履行合同的内容，既可以是积极行为，也可以是消极行为。此外，德国将诚实信用作为履行合同的一项基本原则，《德国民法典》第二百四十二条规定："债务人负有依诚实及信用并考虑交易习惯为给付之义务。""诚实信用"可由法学家和法官根据具体情况作出不同解释。诚实履行原则要求当事人应当在诚实信用的基础上行使债权、履行债务，严格履行合同，不得擅自变更或解除合同，并履行依照诚实信用原则派生的协助、告知、保密、防止损失扩大等附随义务。

3. 英美法

在英美法中，众多判例形成了"严格履行合同"的原则，即要求双方当事人按照合同规定不折不扣地履行各自的义务。在此基本原则基础上，又形成了"合同义务已基本履行原则"的例外规则，使得一些违约情节不严重的案件能够得到较为公正的判决。

（二）《合同通则》中的相关规定

《合同通则》专门设立第6章"合同的履行"，包含23条规定，对有关合同履行问题作了全面具体的规范，创设了许多以前国际公约或惯例所未涉及的法律规则，对实际工作具有重大而深远的指导意义。以下简要介绍其主要规定。

1. 合同的一般履行

《合同通则》第6章第1节的20条规定可分为三部分：① 关于履行的时间、地点、顺序等的6条规定；② 有关支付的专门规定；③ 关于公共许可的4条规定。此处重点阐述①、②部分，第③部分将另作介绍。

（1）合同的履行时间、地点与顺序

《合同通则》第6.1.1条规定：如果合同约定了履行的准确时间，或依合同可确定时间，则按此约定履行。如果合同规定了或依合同可确定一个期间，则当事人可在此期间选择任何时间履行。如果合同未规定履行时间，履行应在一段合理时间内完成。《合同通则》对此进行了细化，具体如下：

① 分期履行与部分履行（第6.1.2条至第6.1.3条）。一般情况下，《合同通则》要求一次履行和全部履行，债权人有权拒绝分期履行或部分履行。但如果债权人拒绝部分履行无正当利益，则不能拒绝，因部分履行造成的额外费用应由债务人承担。

② 履行顺序（第6.1.4条）。原则上，双方当事人应同时履行合同义务。若因合同特殊性质决定仅一方当事人的义务履行需要一段时间，则该方当事人应先履行义务。

③ 提前履行（第6.1.5条）。债权人有权拒绝接受提前履行，但该权利须以有合法利益为条件。若债权人接受提前履行，由此造成的额外费用应由履行方承担，且不得损害任何其他救济方法。

④ 履行地（第6.1.6条）。如果合同未明确规定履行地，或依据合同也无法确定履行地，一般规则是当事人在自己的营业地履行合同义务；例外情况是金钱债务，债务人须在债权人的营业地履行合同义务。此外，合同订立后一方当事人营业地变更，其应承担由此造成的额外费用。

（2）合同中的付款

从第6.1.7条至第6.1.12条，《合同通则》用6条篇幅对国际商事交易中的付款作出专门规范。具体规定如下：

① 付款形式。原则上，允许以任何付款所在地通用的形式付款。如现金、支票、银行汇票、汇票、信用证等。此外，推定付款须经承兑作为接受该付款的条件。

② 转账付款。《合同通则》允许转账付款，在此情况下，债务人的义务在款项有效转至债权人的金融机构时解除。

③ 付款货币。一般规则下，债务人可选择以付款地货币支付。若债务人无法以表示金钱债务的货币支付，则债权人可要求用付款地货币支付，通常采用付款到期

的通行汇率。但如果债务人未按期履行义务，债权人可能选择以付款到期时的汇率或实际付款时的汇率结算。

④ 未规定货币。如果一项金钱债务未明确规定某一具体货币，则付款应以付款地的货币支付。

⑤ 履行的费用。每一方当事人应承担其履行义务时所发生的费用。

⑥ 指定清偿。对同一债权人负有多项付款义务的债务人，应首先偿付费用、利息，最后偿付本金。此外还规定了双方当事人均未作指定时所适用的偿还债务顺序。

2. 关于公共许可的规定

《合同通则》中的公共许可（Public Permission），涵盖依据公共性质的考虑而设立的所有许可要求，如健康、安全，或特殊的贸易政策。其与所要求的特许或许可，无论是由政府机构批准，还是由政府因特定目的而委托授权的非政府机构批准，均无关联。本通则认为应当遵守适用法律所规定的公共许可要求。

鉴于过去各国法律及国际惯例对申请公共许可的要求存在差异，为统一规范，从第 6. 1. 14 条就申请公共许可确立了如下两项原则：

① 营业地设在要求公共许可的国家的那方当事人应承担申请许可的义务。此原则反映了目前国际贸易的实践，即处在最佳位置的当事人应负责办理申请，因为其可能对申请的要求和程序更为熟悉，具备种种便利条件。

② 当双方当事人在要求公共许可的国家均无营业地或均有营业地时，有义务取得公共许可的当事人应采取必要措施以获取许可。第 6. 1. 15 条规定了申请许可的程序，强调有义务获得公共许可的当事人，必须在订约之后的合理时间内申请许可。如果许可既未获批准又未遭拒绝，则任何一方当事人均有权终止该合同。但如果许可仅影响某些条款，即使许可遭拒绝，也不得终止该合同（第 6. 1. 16 条）。当拒绝许可影响合同的效力时，则拒绝许可导致该合同无效。当拒绝许可只影响合同的部分条款的效力时，则仅该部分条款无效，除非考虑相关情况，维护合同的其余部分是合理的。此外，当拒绝许可导致合同的全部或部分履行不可能时，则适用有关部分履行的规定（第 6. 1. 17 条）。

3. 有关“艰难情形”的规定

《合同通则》在第 6 章“合同的履行”中，专门设立第 2 节“艰难情形”（Hardship），包括 3 个条文。从整体结构安排来看，本通则把艰难情形视为合同履行之中的一个问题，而将不可抗力放在第 7 章，视为不履行合同的一个问题。第 6. 2. 1 条首先强调了合同约束力的一般原则，即不管履行当事人可能承受的负担如何，都必须尽可能履行合同，艰难情形属于例外情况，可见两者之间存在本质区别。

第 6. 2. 2 条对艰难情形定义如下：“所谓艰难情形，是指发生的事件致使一方当事人的履约成本增加，或者所获履约的价值减少，因而根本改变了合同的均衡，并且（a）该事件在合同订立之后发生或为受到不利影响的当事人所知悉；（b）受到不利影响的当事人在订立合同时不能合理地预见到该事件；（c）该事件不能为受到不利影响的当事人所控制；而且（d）该事件的风险不由受到不利影响的当事人承担。”

从上述定义来看，除必须具备本条开头所述的改变双方均衡的条件外，还必须同时具备并列的四个条件，才能构成艰难情形。应当注意，艰难情形通常和长期合同相关，并且只与未完成的履行相关。一旦一方当事人已经履行了义务，该当事人不再有权对在履行之后发生的履行费用的大幅度增长或所接受的履行价值的大幅度下降声称情况发生根本改变。如果合同双方均衡的根本改变发生在只完成部分履行时，则艰难情形仅仅和将要完成的履行部分相关。《合同通则》在注释中指出，在一个具体案例中，改变均衡是否是“根本性的”，要依情况而定。但是，如果履行能够以金钱方式准确计算，则履行费用或价值的改变达到或超过50%时，很可能就构成“根本性的”改变。此处确立了定量分析的参考标准，具有较强的可操作性。这种情况不一定发生在巨大的政治、经济和社会变革的时候，较多地应用在各种危机阶段，例如，恶性通货膨胀、原材料的不正常猛涨等。在这种双方均衡遭到根本性改变的情形下，不利一方当事人有权要求重新谈判（要求谈判应毫不延迟，且应说明理由），但重新谈判的要求本身不赋予不利一方当事人停止履约的权利；如果在合理时间内不能达成协议，任何一方当事人均可诉诸法庭（包括仲裁庭，下同）；法庭若认定存在艰难情形，可判决终止合同或修改合同。

上述有关艰难情形的规定，在《销售合同公约》以及许多国家的合同法中均不存在，它恰到好处地填补了这样一个空缺，即在一方当事人履约负担变得过分沉重，但又尚未达到不可抗力事件的条件时，如何体现公平合理的原则、维持双方当事人经济利益上的均衡。《合同通则》在这方面大胆地作出了突破，确立了新的法律原则，代表了现代合同法的发展趋势，具有科学性和合理性，有利于维护遭遇不测风险当事人的正当权益。

二、违约（Breach of Contract）及其救济方法

（一）违约与违约责任的含义

违约是指合同一方当事人在缺乏正当合法理由的情况下，完全未履行或未全部履行其合同义务的行为。此时，除不可抗力等法定原因外，均属于违约行为，违约方应承担违约责任。

所谓“违约责任”，又称违反合同的民事责任，是指当事人因不履行合同义务或履行合同义务不符合约定应承担的法律责任。其一般具有以下特征：① 属于民事责任范畴；② 由合同当事人不履行合同义务所引发；③ 具有相对性，仅约束合同当事

人；④ 以补偿性为主；⑤ 在合法前提下，承担违约责任的方式可由当事人约定。

（二）违约的归责原则及构成

在违约构成问题上，各国法律存在重大差异。主要体现在英美法与大陆法在归责原则和催告制度两个方面的分歧。

归责原则是确定行为人民事责任的依据和准则，是贯穿整个民事责任制度并对责任规范起统帅作用的立法指导方针。民事责任的认定需遵循一定归责原则，违约责任同样如此，需依据归责原则确定违约责任的构成条件、举证责任、免责事由及损害赔偿范围。

在违约归责原则方面，世界各国主要存在两种法律主张：大陆法采取过错（或过失）责任原则，英美法采用无过错（或无过失）责任原则。大陆法将过错责任作为其民事责任的基本原则，按照大陆法解释，合同债务人仅在存在可归责于自身的过错时，才承担违约责任。过错责任原则源于罗马法。罗马债务法确立了过失和故意两项责任原则，凡因这两类行为致使他人财产或人身损害者，都必须承担法律责任。德国法继承了该原则，其《民法典》第 276 条规定：债务人除另有规定外，对故意或过失应负责任。无过错责任，又称严格责任，指违约发生后，确定违约当事人责任时，主要考量违约结果是否由违约方行为造成，而不考虑其主观故意或过失。也就是说，违约方不履行合同义务，无论主观是否有过错，均应承担违约责任。英美法不以当事人的过错作为构成违约责任的必要条件。其法律主张一切合同都是担保，只要债务人未达到担保结果，即构成违约，应承担损害赔偿责任。《美国合同法重述》第 314 条将“违约”定义为：“凡没有正当理由的不履行合同中的全部或部分允诺者，构成违约。”

此外，关于催告债权人是否负有催告义务方面，两大法系也存在差异。所谓催告，是指债权人向债务人请求履行合同的一种通知。大陆法认为，如果合同没有明确履行日期，债权人必须进行催告。英美法则没有催告这一概念，采用严格责任，即合同若无明确履行期限，债务人应在合理期限内履行，否则构成违约。

然而从实际案例处理结果来看，大陆法与英美法在违约归责原则上的差异，并不像表面看到的那样大。法国法院和学者把合同分为“提供成果合同”和“采取措施合同”。在“提供成果合同”中，只要债务人没有履行义务，未交付承诺成果，就可推定其有过失，需承担违约责任，除非能证明不履约是因不可归责于自身的外部原因；在“采取措施合同”中，如果债务人的行为达不到一个正常谨慎之应有的水准，即构成过失，需承担责任。所以，许多案件实际处理结果显示，大陆法与英美法两大法系在违约问题处理上有异曲同工之处。

在违约归责原则方面，《合同通则》与《销售合同公约》一致，均采取无过错责任原则。《合同通则》第 7. 1. 4 条“损害赔偿的权利”注释明确指出：“本条重申像其他救济手段一样，损害赔偿的权利产生于不履行这个唯一事实。受损害方当事人仅仅证明不履行，即他没有得到被（对方）承诺的履行就足够了。尤其没有必要另外去证明，不履行是由不履行方当事人的过错引起的。”在国际商事合同领域采取无过错责任原则，简便易行，有助于维护合同严肃性和商业秩序，避免举证对方过错的困难，在实践中得到广泛运用。

我国《民法典》第五百七十七条规定：“当事人一方不履行合同义务或者履行合同义务不符合约定的，应当承担继续履行、采取补救措施或者赔偿损失等违约责任。”由此可见，我国将无过错责任原则确立为一般的归责原则，仅在特定情形下适用过错责任原则。

（三）违约的形式

大部分国家的合同法以及国际公约、惯例，将违约主要分为两大类。这种分类的根本目的在于明确受损害方在何种情形下有权解除（终止）合同。国际上总体趋势是限制解约权行使，一般违约情况下，优先通过非解约救济方法进行补救，仅当违约达到严重程度时，才赋予当事人解除合同的权利。

1. 中国法

根据履行期限是否届至，我国将违约行为分为预期违约和实际违约。其中，预期违约包括明示毁约和默示毁约；实际违约主要表现为拒绝履行、迟延履行、不适当履行、部分履行等情形。

拓展

案例：甲商场与乙公司订立500台电视机买卖合同，约定乙公司先供货、甲商场后付款。后乙发现甲经营不善，产品积压价值达1000万元，且已无法向众多供货商付款。基于此，乙拒绝先行交付500台电视机。乙的行为是否构成违约？

注意比较预期违约和不安抗辩权：

（1）预期违约，是指一方当事人在合同规定的履行期到来之前，明确表示届时将不履行合同，这种表示既可以通过行为显现，也可以借助言词或文字表达。

我国《民法典》第五百七十八条规定：“当事人一方明确表示或者以自己的行为表明不履行合同义务的，对方可以在履行期限届满前请求其承担违约责任。”

（2）不安抗辩权，又称先履行抗辩权，是指在双务合同中，当事人互负债务且有先后履行顺序时，先履行的一方若有确切证据证明另一方丧失履行债务能力，在对方没有履行或者没有提供担保之前，有中止合同履行的权利。我国《民法典》第五百二十七条规定：“应当先履行债务的当事人，有确切证据证明对方有下列情形之一的，可以中止履行：

（一）经营状况严重恶化；
（二）转移财产、抽逃资金，以逃避债务；
（三）丧失商业信誉；
（四）有丧失或者可能丧失履行债务能力的其他情形。
当事人没有确切证据中止履行的，应当承担违约责任。”

2. 大陆法

（1）法国法

在法国，违约主要表现为不履行债务与延迟履行债务。《法国民法典》第 1147 条规定，债务人对其不履行或延迟履行债务，应承担损害赔偿责任。对于双务合同，如果一方当事人不履行合同义务，对方有权解除合同。但合同并非自动解除，债权人可以作如下选择：① 合同仍可履行时，可要求债务人继续履行；② 合同已无法履行时，可请求法院解除合同并要求损害赔偿。

除此之外，法国法还承认“不可能时无义务”的原则。《法国民法典》第 1601 条规定，买卖合同中，若标的物在出售时已全部灭失，买卖合同无效，因为此时合同已无法履行。不过，法国判例对该条款的适用进行了限制：如果债务人在订立合同时已经知道或应该知道其承诺无法履行，债权人可基于侵权请求损害赔偿。

（2）德国法

与法国不同，德国法将违约分为给付不能和给付延迟两类，具体如下：

① 给付不能。给付不能是指债务人因各种原因无法履行合同义务，并非有能力履行却故意不履行。给付不能存在“自始不能”和“嗣后不能”两种情形：前者指合同成立时该合同就不可能履行；后者指合同成立时具有履行可能，但在合同成立后，由于出现了某些阻碍合同履行的情况，致使合同不能履行。对于这两种情况，依据《德国民法典》会产生不同的法律后果。前者依据该民法典的规定，凡是以不可能履行的东西为合同标的者，该合同无效。换言之，自始不能的合同在法律上是无效的。除非一方当事人在订约时已经知道或可能知道该标的是不可能履行的，则对于对方当事人因信任合同有效而蒙受的损害，其应负赔偿责任。

至于嗣后不能，则需根据是否有可以归责于债务人的事由具体分析：

第一种类型是非因债务人的过失引起的给付不能。依《德国民法典》规定，在债务关系发生后，非因债务人的过失而引起给付不能者，债务人得免除给付的义务。最典型的例子便是因不可抗力导致的合同履行不能。

第二种类型是由于债务人的过失引起的给付不能。依《德国民法典》规定，因债务人的过失而引起给付不能者，债务人应当承担损害赔偿责任。如果不是全部不能履行，只是部分不能履行，但部分履行对债权人无利益时，债权人可拒绝部分履行而请求全部债务不履行的损害赔偿责任。

第三种类型是不可归责于任何一方引起的给付不能。依《德国民法典》规定，合同双方当事人因不可归责于双方当事人的事由，致使自己不能履行应履行的给付者，双方均可以免除其义务。

② 给付延迟。给付延迟是指债务已届履行期且可能履行，但债务人没有按期履行其合同义务。此种情况同样存在两种可能性：一种是债务人没有过失的履行延迟，另一种是债务人有过失的履行延迟。对此，《德国民法典》区别规定了其法律后果。

《德国民法典》规定，凡在履行期届满后，经债权人催告仍不为给付者，债务人自催告时起应负迟延责任。但是，非由于债务人的过失而未为给付者，债务人不负迟延责任。此外，对于迟延责任，《德国民法典》还规定，债务人在迟延履约中，不但要对一切过失承担责任，而且对因不可抗力而发生的给付不能亦应负责，除非债务人能证明即使没有迟延履约，仍不可避免地会发生损害，他才能免除责任。部分国家对类似情形持相同态度。

值得注意的是，在德国，迟延履行责任的承担，以债权人向债务人提出催告为前提，即债权人必须向债务人提出催告，才能使债务人承担延迟履行的责任，除非当事人在合同中另有约定。同时，《德国民法典》还规定，在双务合同中，一方当事人延迟履行其合同义务时，对方必须指定一个相当的期限，并表示逾期就拒绝受领给付的意思。在这种情况下，如果合同没有在指定的期限内履行，对方在期限届满后可以请求不履行的损害赔偿或解除合同。

除了上述给付不能和给付延迟之外，随着贸易的发展，在德国司法实践中出现了另外一种违约形式——积极违约。此种违约形式是指债务人做了不应该做的事情而造成了违约的后果。对此，《德国民法典》虽没有明文规定，但在实践中，德国法院都类推适用有关给付不能与给付延迟的规定作出处理，即违约的一方如果有过失，则应赔偿对方因其违约而造成的损失。

3. 英美法

(1) 英国法的违反条件与违反担保

英国法区分违反条件（Breach of Condition）和违反担保（Breach of Warranty）。违反条件是指违反合同的重要条款、主要条款。在商务合同中，关于履约时间、货物品质和数量等条款，都属于条件条款。违反担保是指违反合同的次要条款或随附条款。例如在货物买卖合同中，买方支付货款的时间通常视为担保条款。当一方当事人违反条件时，受损害方也可选择将其作为违反担保处理，即不行使解约权，仅主张对方违反担保。例如，货物买卖中的买方收下有缺陷的货物，只向卖方索赔差价，而不解除合同。英国法传统对违约的“两分法”，主要是从违约条款的类别区分，未能完全契合实际生活中的各种复杂情况。于是，近年来英国法院通过判例发展出一种新的违约种类，称为违反中间性条款（Intermediate Term）。当一方当事人违反此类条款时，对方是否有权解除合同，须视违约的性质及其后果是否严重而定。

（2）美国法的重大违约与轻微违约

美国合同法将违约分为重大违约（Material Breach）和轻微违约（Minor Breach）。前者指由于债务人未履行合同或履行合同存在缺陷，致使债权人不能获得该项交易的主要利益；后者指债务人在履约中尽管存在一些不足，但债权人已从中获得了该项交易的主要利益。从实际结果来看，美国法的重大违约、轻微违约分别相当于英国法的违反条件、违反担保。

拓展

案例：杰克波斯公司诉肯特案

双方签订租赁房屋的合同，规定所有的钢管必须是电镀完好、复合焊接的“瑞定”标准管。原告杰克波斯公司实际安装的却是实质上相似的替代管。被告得知真相后，要求原告全部更换为原定的钢管；原告则认为更换工程不仅困难，而且费用高昂，且其所用的替代钢管在质量、外表、价值和成本方面与标准管并无差异，因此要求被告付款。美国法院认为，只有当事人未全面履行义务时，才能解除合同；在此案中，原告已实质性履行了合同义务，仅存在轻微违反合同的行为，因此被告不能解除合同，而只能获得少量赔偿。

4.《销售合同公约》的根本违反合同与非根本违反合同

《销售合同公约》第二十五条对“根本违反合同”（Fundamental Breach）的定义是：“一方当事人违反合同的结果，如使另一方当事人蒙受损害，以致于实际上剥夺了他根据合同规定有权期待得到的东西，即为根本违反合同，除非违反合同一方并不预知而且一个同等资格、通情达理的人处于相同情况中也没有理由预知会发生这种结果。”此处的判断标准主要考量违约的性质、严重程度以及违约后果的可预见性，当事人的利润等经济利益是否被剥夺，则需依据合同的具体情况作出判定。如果违约未达到上述严重程度，即视为非根本违反合同。

由于《销售合同公约》对根本违反合同和非根本违反合同的定义较为抽象，在具体适用时，还需根据不同的案情作出决定。

拓展

美国有一位法学家曾假设以下两个不同的案例，试图对何种情况构成根本违反合同作出符合《销售合同公约》精神的解释：

案例1：圣诞火鸡案

买方从外国进口一批用于圣诞节出售的火鸡，卖方交货时间比合同规定的期限晚了一个星期。由于圣诞节已过，火鸡难以销售，使买方遭受重大损失。在这种情况下，卖方延迟交货可被认为是根本违反合同，买方有权撤销合同，拒收迟交的货物，同时可要求损害赔偿。

案例2：普通火鸡案

一份国际货物买卖合同规定，卖方应于7月至8月装运一批普通肉鸡（冻鸡），但实际上卖方的装运日期比合同规定的期限晚了一星期。在此时间，普通肉鸡的市场价格并没有发生明显变化，销售情况正常。在这种情况下，卖方延迟交货就不能被认为是根本违反合同，而应视为非根本违反合同，其法律后果是买方不得撤销合同、退货，但可以就卖方延迟交货造成的损失（例如买方被迫进行替代交易的费用）要求赔偿。

以上两个案例的重大区别在于：前者中卖方违约剥夺了买方期待的利润，后者中卖方只是轻微影响了买方的利益（例如使买方转售给下家的时间推迟等），但并未剥夺买方期待的利润。由此可以更具体地理解《销售合同公约》对根本违反合同和非根本违反合同的定义。

5.《合同通则》的根本不履行与非根本不履行

根本不履行（Fundamental Non-Performance）是《合同通则》设立的一个重要概念，它是一方当事人行使终止合同权利的一种主要依据。第7.3.1条（2）款规定了判断是否构成根本不履行应特别考虑的5个因素，其中（a）项内容源自《销售合同公约》第25条："不履行实质上剥夺了受损害方根据合同有权期待的利益，除非另一方当事人并未预见而且也不可能合理地预见到此结果"。应当看到，《合同通则》并未仅停留在对《销售合同公约》的继承上，它同时还进一步完善和发展了相关法律规则，提升到更高层面。此处的（b）（c）（d）（e）共四项新增内容便体现了这种发展，包括对未履行义务的严格遵守是否为合同项下的实质内容，不履行是有意所致还是疏忽所致，能否信赖未来履行等。这些新增内容意义重大，它使考量范围更加广泛，有利于更全面、充分地保护受损害方的利益。如果一方当事人违约的后果尚未达到上述严重程度，即为非根本不履行（Non-Fundamental Non-Performance）。

综上所述，凡属第一类违约，即英国法的违反条件、美国法的重大违约、《销售合同公约》的根本违反合同、《合同通则》的根本不履行，其法律后果是一致的：受损害方有权解除合同，同时可要求损害赔偿。而相对应的第二类违约，即违反担保、轻微违约、非根本违反合同、非根本不履行，其法律后果也是一致的：受损害方有权要求损害赔偿，但不得解除合同。

6.《合同通则》的预期不履行（Anticipatory Non-Performance）

《合同通则》第 7.3.3 条对预期不履行作如下规定："如果在一方当事人履行合同日期之前，情况表明该方当事人将根本不履行其合同义务，则另一方当事人可终止合同。"本条确立了一条原则：预期不履行等同于履行到期时不履行。此处终止合同需满足三个条件：① 将会发生不履行的情况是明显的；② 不履行是根本性的；③ 应得到履行的当事人发出了终止合同的通知（第 7.3.2 条）。

预期不履行的概念来源于英美法的提前违约（Anticipatory Breach），《销售合同公约》也有预期违反合同的概念，虽然它们各自的含义不尽相同，但基本意思相近。在英美法中，当一方当事人提前违约时，对方有两种选择：一是解除自己的合同义务，并立即要求违约方提前给予损害赔偿；二是拒绝接受对方提前违约的表示，坚持认为合同仍然有效，待合同履行期届满时，再采取救济措施。在这两种选择中，以前者更为稳妥，因为后者需承担直至合同期届满这段时间的风险。

拓展

案例：Avery 诉 Bowden（1855 年）

英国船方 Avery（A）与俄国货方 Bowden（B）订立一租船合同，其中规定 A 应把船舶开到敖德萨港口，并在若干天内装载一批货物。船到敖德萨港口后，B 拒绝提供货物装船。当时，装载期限尚未届满，A 拒绝接受 B 的提前违约表示，继续坚持要求 B 装货。但是过了几天，在装货期限届满以前，英国与俄国爆发了战争，履行合同在法律上已成为不可能。事后，船方 A 以货方 B 违反租船合同为由提起诉讼，要求货方 B 赔偿损失。英国法院认为，在两国爆发战争之前，还不存在实际不履行合同的行为，因为装货期限尚未届满，既然船方 A 拒绝接受货方 B 提前毁约的表示，B 就有权因宣战而获得解除合同的权利。

（四）违约的救济方法（Remedies）

违约的救济方法又称为违约的补救方法，是指一个人的合法权利被他人侵害时，法律给予受损害方的补救措施。在各国的法律规定中，存在多种多样的违约救济方法，它们是长期商业活动和法院审判实践的成果，指引人们在其合法权利被侵害时，如何有序地采取适当的步骤和措施，以维护自身的合法权益。如果不依法行事，则有可能遭受更大的损失。下面以阐述《合同通则》第七章第二、三、四节规定的救济方法为主线，结合对照西方国家两大法系的有关法律原则和规定，以求对相关问题进行较全面的讲解。

1. 实际履行（Specific Performance）

实际履行，又称具体履行或依约履行，是指债权人要求债务人按照合同原本的规定履行其义务。一般而言，实际履行具有两种含义：一种是债权人要求债务人按照合同规定履行合同；另一种是债权人向法院提起实际履行之诉，由国家机关强制合同的债务人按照合同的规定履行合同。但关于实际履行的具体规定和要求，各国法律存在差异。

（1）中国法

我国《民法典》第五百七十七条规定："当事人一方不履行合同义务或者履行合同义务不符合约定的，应当承担继续履行、采取补救措施或者赔偿损失等违约责任。"同时，第五百八十一条规定："当事人一方不履行债务或者履行债务不符合约定，根据债务的性质不得强制履行的，对方可以请求其负担由第三人替代履行的费用。"此外，第五百八十三条规定："当事人一方不履行合同义务或者履行合同义务不符合约定的，在履行义务或者采取补救措施后，对方还有其他损失的，应当赔偿损失。"由此可知，我国规定的违约救济方法包括继续履行、采取补救措施、赔偿损失以及解除合同。同时，从这些规定可以看出，我国鼓励实际履行，将赔偿损失作为补充选择。

（2）法国法

依据《法国民法典》第 1184 条规定，双方契约当事人的一方不履行其债务时，债权人有选择权：或者在合同的履行尚属可能时，请求他方当事人履行合同；或者解除合同并请求损害赔偿。由此可见，在法国法中，实际履行是一种可供选择的救济方式，即在债务人不履行合同的情况下，债权人可以请求实际履行，或者请求解除合同并要求赔偿损失，二者择其一。但值得注意的是，只有在债务人履行合同尚属可能时，债权人才能提起实际履行之诉。

（3）德国法

德国法将实际履行视为对不履行合同的一种救济方式。只要债务人不履行合同，债权人即有权要求债务人实际履行。《德国民法典》第二百四十一条规定："债权人基于债之关系，得向债务人请求给付。不作为亦得为给付。"这意味着债权人可以请求法院判令债务人实际履行合同。不过，与法国法类似，法院只有在债务人履行合同尚属可能时，才会作出实际履行合同的判决；若属于履行不可能的情形，则不会作出实际履行的判决。有时，债务人延迟履约也可能致使履行成为不可能，在此种情况下，如果要求实际履行已无意义，债权人可以要求损害赔偿。但在双务合同中存在例外，若债务人延迟履约，债权人可指定一个合理期限，并告知债务人在该期限届满后，将拒绝接受其履行；若期限届满后，债务人仍未履行，债权人可要求损害赔偿或解除合同，但不得要求实际履行。

虽然德国法以实际履行作为不履约的主要救济方法，但在德国司法实践中，提起实际履行之诉的情况并不多见。通常，当债务人不履行合同时，多数债权人会选择要求损害赔偿或解除合同，只有当债权人的诉求无法通过金钱赔偿得到满足时，才会提出实际履行之诉。从理论上讲，如果合同仍有可能履行，且当事人提出请求，德国法院应当作出实际履行的判决。

（4）英美法

普通法系将实际履行视为一种例外的救济方法，仅在特殊情况下允许对非金钱债务进行强制执行，例如土地买卖、公司债务交易，以及涉及特别名贵和罕见物品（如独一无二的古董、名画等）的交易。在英美法系国家，损害赔偿是最基本的救济方法。

（5）《合同通则》

此处的履行涵盖金钱债务的履行（第 7.2.1 条）和非金钱债务的履行（第 7.2.2 条）。如前文所述，各国国内法对应的术语是实际履行，其具有双重含义：一是指债权人要求债务人完全按合同规定履行有关义务，例如在土地买卖中，卖方必须交付合同约定的土地，不能以金钱赔偿替代；二是指债权人向法院提起实际履行之诉，由执行机关借助国家的强制力，促使债务人按照合同规定履行其义务。例如，在上述土地买卖案例中，若卖方拒绝交付合同约定的土地，买方通过诉讼获胜后，可依据判决请求执行机关强制执行。《合同通则》的具体规定如下：

① 关于金钱债务的履行，《合同通则》第 7.2.1 条规定：“如果有义务付款的一方当事人未履行其付款义务，则另一方当事人可以要求付款。”

②关于要求履行，《合同通则》设立了“法庭判决的罚金”规定（第 7.2.4 条），对不执行判决的当事人可实施司法惩罚，责令其支付罚金。同时，根据《合同通则》第 1.10 条规定，“法庭”包括仲裁庭。

2. 损害赔偿（Damages）

损害赔偿是商事领域应用最为广泛的补救方法，直接关系到当事人的经济利益，既可单独使用，也可与其他补救方法结合使用。

（1）损害赔偿的条件

大陆法系国家规定，承担损害赔偿责任需满足三个条件：① 存在损害事实；② 债务人存在可归责原因；③ 损害发生的原因与损害结果之间存在因果关系，即损害是由债务人应负责的原因导致的。

不同于大陆法，英美法规定，只要一方当事人违反合同，对方即可提起损害赔偿之诉，不以违约方存在过失责任为前提，也无须证明发生实际损害。在违约未造成实际损害的情况下，债权人虽无权要求实质性损害赔偿，但可请求名义上的损害赔偿，以确认其合法权益受到侵犯。

在我国，虽然“当事人有无过失”并非损害赔偿责任的认定原则，但要求有实际损害发生。

（2）损害赔偿的方法

损害赔偿的方法一般包含两种：恢复原状和金钱赔偿。

恢复原状是指使受损状态恢复到损害发生前的情形。从损害赔偿的目的来看，这种方法虽具有合理性，但在实践操作中存在诸多困难，甚至难以实现。

金钱赔偿是指通过支付金钱来弥补对方所受到的损害。此种方法的优点在于便于实施，但其缺点在于未必能完全契合损害赔偿的宗旨。

从各国法律规定和司法实践来看，德国以恢复原状为原则，金钱赔偿为例外；法国则以金钱赔偿为原则，恢复原状为例外。英美法采用金钱赔偿的方式，也被称为金钱上的恢复原状。

（3）损害赔偿的范围

确定损害赔偿范围的原则通常有两种情形：一是由双方当事人自行约定，称为约定损害赔偿；二是在双方当事人未作约定时，由法律作出规定，称为法定损害赔偿。

《德国民法典》规定，损害赔偿的范围应涵盖违约造成的实际损失与所失利益两个方面。其中，实际损失是指因可归责于债务人的事由，致使合同规定的合法利益遭受损害；所失利益是指若债务人未违反合同，债权人本应能够取得，但因债务人违约而丧失的利益。

在法国，《法国民法典》第1231-2条（原第1149条）规定：“应当给予债权人的损害赔偿一般为其已受到的损失和丧失的可得利益，以下例外与限制除外。”由此可见，在损害赔偿范围方面，德法两国的规定基本相似。

英美法确定损害赔偿的基本原则是，使因债务人违约而蒙受损害的一方在经济上处于合同得到履行时的同等地位。一般来说，其损害赔偿范围与德、法两国规定相似，包括已遭受的损失和本可获得的利益。不过，对于非欺诈性违约，仅以订约时可预见的损失为赔偿上限。在无实际损害的情况下，英美法院有时会判决违约方进行名义上的赔偿。而在违约与侵权竞合的案件中，美国法院有时还会考虑判处惩罚性赔偿。

我国《民法典》第五百八十四条规定：“当事人一方不履行合同义务或者履行合同义务不符合约定，造成对方损失的，损失赔偿额应当相当于因违约所造成的损失，包括合同履行后可以获得的利益；但是，不得超过违约一方订立合同时预见到或者应当预见到的因违约可能造成的损失。”由此可见，我国对于违约损害赔偿的范围采用完全赔偿原则和可预见性原则。

《合同通则》通过三个条文对此作出规范：① 完全赔偿（Full Compensation）。第7.4.2条确立完全赔偿原则，规定受损害方有权就因合同不履行导致的损害获得完全赔偿。② 损害的肯定性（Certainty of Harm）。第7.4.3条重申损害肯定性条件，允许对未来损害进行赔偿，对机会损失性赔偿根据其可能性程度确定。③ 损害的可预见性（Foreseeability of Harm）。在国际商事活动中，损害赔偿不是毫无限制的。《合同通则》第7.4.4条确立“可预见”上限：“不履行方仅对在订立合同时他已经预见到的或应当合理预见到的、因其不履行可能产生的损失承担责任。”该原则与《销售合同公约》第七十四条一致。损害的可预见性原则旨在防止受损害方“狮子开大口”，提出不合理的损害赔偿要求，维护国际贸易中的诚信和公平交易原则。此外，对于一方当事人因违约造成另一方的精神损失，只要是可预见的，违约方也应予以赔偿。需要注意的是，某些国际公约，例如运输领域的国际公约，规定即使不可预见也需完全赔偿，《合同通则》和《销售合同公约》在此方面采取了不同原则。

此外，为体现公平、合理原则，许多国家在民商法中包含“减轻损害学说”。《合同通则》第7.4.8条对“损害的减轻”作出规定，不履行方当事人对受损害方当事人本可采取措施减少的那部分损害不承担责任。该条款旨在避免受损害方消极等待，促使其采取合理措施减轻损害。当然，受损害方因采取措施减少损害而发生的合理费用，有权要求赔偿。

3. 解除合同（Rescission）

解除合同是指在合同有效成立后，当解除条件具备时，因当事人一方或双方的意思表示，使合同自始或仅向将来消灭的行为。在国际上，大多数国家规定，在一方违约时，另一方有权解除合同。但就具体规定而言却存在一定的差异。

（1）解除权的发生

① 法国：根据《法国民法典》的规定，双务合同的一方当事人不履行其约定义务时，应视为存在解除条件。但在司法实践中，法国法院认为，解除合同的真正依据并非默示的解除条件，而是缺乏约因。对此，法国最高法院曾指出：“在双务合同中，一方当事人的义务就是对方的义务的约因，如果一方不履行义务，对方的义务就缺乏约因。”因此，对方有权要求解除合同。即根据法国法的解释，当双务合同的一方当事人不履行其义务时，对方就有解除合同的权利。①

② 德国：德国法同样规定，债务人不履行合同时，债权人有权解除合同。不履

① 曹祖平：《新编国际商法（第六版）》，中国人民大学出版社，2020，第139页。

行合同的行为主要包括四类：履行不能、履行延迟、拒绝履行和不完全履行。根据《德国民法典》的规定，一方当事人出现履行不能或履行延迟情形时，对方有权解除合同。对于拒绝履行或不完全履行的情况，该民法典虽没有明文规定，但德国法学界普遍认为，此种情形下对方当事人有权解除合同。

③ 英美：不同于大陆法系，英国法把违约分为违约条件与违反担保两种类型。只有当一方当事人违反条件时，对方才可以要求解除合同；若仅违反担保，对方只能请求损害赔偿，无权要求解除合同。美国法则把违约分为重大违约与轻微违约，只有当一方当事人构成重大违约时，对方才可以要求解除合同；轻微违约行为下，对方只能请求损害赔偿，不能解除合同。由此可见，在英美法中，仅在违反合同条件或构成重大违约时，才可以解除合同。

④ 中国：在我国，解除合同并不是违约的救济方法，而是作为合同权利义务终止的情形之一。

⑤《合同通则》：根据《合同通则》第 7.3 条规定，如果一方当事人根本不履行或预期不履行合同，另一方当事人有权书面通知该方当事人终止合同，且行使合同终止权利不影响另一方当事人对不履行行为要求损害赔偿的权利。

（2）解除权的行使

各国法律规定，解除权的行使方式主要有两种：一种是由主张解除合同的一方当事人向法院起诉，由法院判决解除合同；另一种是无须经过法院，只需向对方作出解除合同的意思表示即可。具体采用何种方式，各国规定有所不同。

① 法国：采取第一种方式。《法国民法典》规定，债权人解除合同必须向法院提起诉讼，除非合同双方当事人在合同中明确约定了解除条款。

② 德国：采取第二种方式。《德国民法典》规定，解除合同应向对方当事人作出意思表示。即主张解除合同的一方当事人只需将解除合同的意思表示通知对方，无须经过法院判决。

③ 英美：在英美法中，解除合同是一方当事人因对方违约行为而产生的权利，该方当事人可宣告不再受合同约束，且认定合同终止，无须经过法院判决。

④ 中国：《民法典》第五百六十五条规定：“当事人一方依法主张解除合同的，应当通知对方。合同自通知到达对方时解除；通知载明债务人在一定期限内不履行债务则合同自动解除，债务人在该期限内未履行债务的，合同自通知载明的期限届满时解除。对方对解除合同有异议的，任何一方当事人均可以请求人民法院或者仲裁机构确认解除行为的效力。当事人一方未通知对方，直接以提起诉讼或者申请仲裁的方式依法主张解除合同，人民法院或者仲裁机构确认该主张的，合同自起诉状副本或者仲裁申请书副本送达对方时解除。”由此可知，我国法律在赋予一方当事人解除合同权利的同时，也保障了对方当事人的知情权和异议权。

⑤《合同通则》：受损方应在合理时间内，向违约方发出终止合同的通知。

（3）解除合同与损害赔偿

关于解除合同与损害赔偿能否同时适用的问题，各国规定存在差异。

① 法国：根据《法国民法典》规定，合同一方当事人不履行债务时，债权人可以解除合同并请求损害赔偿。

② 日本：根据《日本民法典》规定，解除权的行使不影响损害赔偿请求权。

③ 英美：当一方当事人违反合同条件或构成重大违约时，对方可以解除合同并请求损害赔偿。

④ 德国：与上述三个国家不同，《德国民法典》规定，债权人只能在解除权和损害赔偿请求权中选择其一，不能就同一债务关系同时行使两种权利。即债权人若选择解除合同，则不能要求损害赔偿；反之，若要求损害赔偿，则不能解除合同。

⑤ 中国：《民法典》第五百六十六条规定："合同解除后，尚未履行的，终止履行；已经履行的，根据履行情况和合同性质，当事人可以请求恢复原状或者采取其他补救措施，并有权请求赔偿损失。合同因违约解除的，解除权人可以请求违约方承担违约责任，但是当事人另有约定的除外。主合同解除后，担保人对债务人应当承担的民事责任仍应当承担担保责任，但是担保合同另有约定的除外。"由此可知，我国法律允许解除权与损害赔偿权同时行使。

（4）解除合同的后果

解除合同的后果是使合同效力消灭。不过，合同效力消灭是溯及既往还是面向未来，各国法律规定存在差异。

① 大陆法：在这一点上，法国法与德国法所规定的处理方法基本相同。法国法认为，解除合同使合同效力溯及既往地消灭，未履行的债务不再履行，已履行的债务因缺乏法律依据产生恢复原状的问题。《法国民法典》规定，当解除条件成就时，债的关系归于消灭，事物恢复至缔约以前的状态，仿佛从来没有订立过合同一样。因此，解除合同时，各方当事人应返还从对方取得的财物。若应返还的物品因毁损、消耗等原因无法返还时，则应偿还其价额。《德国民法典》规定，在解除合同时，各方当事人互负返还其受领的给付的义务。若已经履行的给付是劳务的提供或以自己的物品供对方使用，因无法恢复原状，则应补偿其相应代价。

② 英美法：与大陆法不同，英国法和美国法在此问题上的规定存在较大差异。在英国法中，因违约导致的合同解除，并不使合同自始无效，而是仅对未来产生效力。即合同解除后，只有解除时尚未履行的债务不再履行，对于已经履行的债务原则上不涉及返还问题，任何一方当事人原则上都无权要求取回已经交付的财产或金钱。解除合同是一方当事人因对方违约行为产生的权利，基于此权利，该方当事人可以不再受合同的约束，认定合同终止，并可以对全部违约请求损害赔偿。然而，

英国法规定，在解除合同时，当事人可提起“按所交价值偿还之诉”，以收回已提供财物或服务的代价。美国法则与大陆法观点相同，认为解除合同应产生恢复原状的效果，各方当事人应返还从对方取得的财物，尽可能恢复到合同订立前的状态。

4. 禁令（Injunction）

禁令是英、美衡平法上的一种违约救济方法，即通过法院禁止违约方从事某种行为。

拓展

案例：某演员与甲剧院订立为期一年的合同，约定仅在该剧院演出。但在此期间，该演员与乙剧院订立演出合同。这种情况下，法院可根据甲剧院的请求颁发禁令，禁止该演员在乙剧院演出。

英美国家的法官通常仅在不颁发禁令不足以防止违约损失时才发布禁令，其主要适用于违反竞业禁止合同等情形。不过，英、美等国家的法院在决定是否发布禁令及确定禁令内容时，也会充分考虑对违约方是否公平合理。若违约方不从事与另一方当事人相竞争的事业就无合理生活来源，法官更倾向于仅判决损害赔偿或仅发布较短时间的禁令。20世纪90年代，由于国外不法分子利用信用证对我国企业进行高额诈骗的情况时有发生，我国部分地方法院需在特殊情况下向办理议付业务的中国银行发布禁止付款的禁令。但截至目前，我国法律尚未对禁令这种违约救济方法作出明文规定。

5. 违约金（Liquidated Damages）

违约金是以保证合同履行为目的，由双方当事人事先约定，当债务人违反合同时，应向债权人支付的金钱。在国际商事合同实践中，违约金条款主要有两种规定方法：一是约定一笔固定金额，任何一方违约即需支付对方该金额；二是规定一个特定百分比（如合同金额的5%），规定任何一方履约时间推迟若干（如一周），则须按此比例支付违约金。使用违约金条款简便易行，但由于受损害方无须举证对方违约所造成的实际损害，有时会出现违约金过分高于实际损害的情况。以下从两大法系角度详细分析违约金的具体规则。

（1）中国法

《民法典》第五百八十五条规定：“当事人可以约定一方违约时应当根据违约情况向对方支付一定数额的违约金，也可以约定因违约产生的损失赔偿额的计算方法。约定的违约金低于造成的损失的，人民法院或者仲裁机构可以根据当事人的请求予以增加；约定的违约金过分高于造成的损失的，人民法院或者仲裁机构可以根据当事人的请求予以适当减少。当事人就迟延履行约定违约金的，违约方支付违约金后，还应当履行债务。”据此，违约金低于或高于实际损失时，当事人可以向法院或仲裁机构申请调整。此外，第五百八十八条还规定："当事人既约定违约金，又约定定金的，一方违约时，对方可以选择适用违约金或者定金条款。定金不足以弥补一方违约造成的损失的，对方可以请求赔偿超过定金数额的损失。"由此可见，违约金与定金不能并用，一方违约时，对方只能择一请求，该规定旨在避免两者并用给违约方带来过重负担。

（2）大陆法

在大陆法中，依据性质可将违约金分为两种：一种是具有惩罚性质的违约金，如德国法将违约金视为对债务人不履行合同的制裁，具有惩罚性；另一种是作为预定损害赔偿总额的违约金，法国法认为违约金的性质属于预先约定的损害赔偿金额。

关于违约金的增减问题，德国法和法国法均认为，法院有权对违约金进行调整。即在大陆法系国家，当违约金过高或过低时，允许对其进行调整。

（3）英美法

不同于大陆法，英美法对于违约的一般观点是：一方违约时，对方只能就违约要求赔偿，不能请求惩罚。因此在英美法司法实践中，对于双方当事人在合同中约定的一方违约时应向对方支付一定金额的条款，法院首先要判定其是否具有惩罚性质，即确定该金额是罚款还是预先约定的损害赔偿金。若被法院认定为罚款，即使一方违约，另一方也无法获得该笔金额；若被认定为预先约定的损害赔偿金，一方违约时，另一方则可获得这笔金额。

（4）《合同通则》

鉴于国际商事合同实践中经常出现对不履行的约定付款，《合同通则》第7.1.13条（1）款原则上承认，任何规定不履行方当事人需向受损害方当事人支付一笔特定金额的条款有效，受损害方有权获得这笔约定金额，无论实际遭受的损害大小。不履行方当事人不能以受损害方当事人遭受的损害较小，或根本没有受到损害为由拒绝付款。同时，针对违约金金额远超因不履行及其他情况造成的损害之情形，《合同通则》第7.4.13条（2）款明确规定，可将约定金额减少至合理数额，且不考虑任何相反约定。

（5）《关于在不履行合同时支付约定金额的合同条款的统一规则》（以下简称《统一规则》）

该规则适用于当事人约定一方不履行合同时，另一方有权取得约定金额的国际合同，无论此项约定金额是作为罚金还是赔偿金。

《统一规则》的主要内容如下：① 若债务人对不履行合同没有责任，债权人无权取得约定金额；② 若合同规定延迟履行时债权人有权取得约定的金额，债权人在取得约定金额的同时，还有权要求债务人履行合同义务；③ 若合同规定除延迟履行外的不履约情况，债权人有权取得约定金额，则债权人有权要求履行合同，或者要求支付约定金额。但若约定金额不能合理补偿不履约造成的损失，债权人有权在要求履行合同的同时，支付约定金额；④ 若债权人有权取得约定金额，在该金额可抵偿范围内的损失，债权人不能请求损害赔偿。但如果损失远超约定金额，对于约定的金额不能抵偿的部分，债权人仍可以请求损害赔偿；⑤ 除非约定的金额与债权人遭受的损失严重不相称，否则法院或仲裁机构均不得减少或增加合同约定的金额。

三、情势变迁、合同落空和不可抗力

一般而言，在订立合同之后，一方当事人若不履行合同或者不适当地履行合同，都需要承担违约责任。但是，如果在合同订立之后发生了某些阻碍当事人履行合同义务的情况，且这些事件的发生根据订约当事人的意思不属于当事人应当承担的风险范畴，对此，则应当作为例外情况进行处理。综合各国法律对此类事件的规定，可归纳以下几种类型并详述之。

（一）情势变迁

所谓情势变迁（又称情事变迁或情事变更），是指在法律关系成立后，作为该项法律关系基础的情事，由于不可归责于当事人，发生了非当初所能预料的变化。若继续履行合同，将会产生显失公平的结果，有悖于诚实信用的原则，因此应当允许变更或解除合同。情势变迁原则是大陆法系的特殊原则，其理论依据是“合同基础论”，即认为合同的有效性应以合同成立时所处的环境继续存在为条件；若在合同成立之后，当初订约时所依据的环境条件已发生重大变化或不复存在，则该合同的效力也应随之变更，而不能继续履行原有的合同。

然而值得一提的是，虽然大陆法系规定了情势变迁这一特殊原则，但对于其效力却并没有明确的条文规定。如《德国民法典》未直接对情势变迁作出明确规定；《瑞士债务法典》第 373 条虽提及情势变迁所涉及的情形，但该条规定仅适用于承揽合同，对其他类型的合同并不具有普适性；在法国，法国法院对于以情事变更为由要求免除履行合同义务的抗辩请求十分严格，一般不予接受。法国法院在判例中认为，只有出现不可归责于债务人、不可预料且使债务人在相当长的时间内不可能履行合同的障碍，才能免除债务人的履行义务。即使对于发生罢工、进出口限制与政府征用等意外事故，也需考虑具体情况，只有当这些情况使债务人无法履行合同时，法院才会允许免除当事人的相关合同义务。

（二）合同落空

合同落空是英美法的术语，它与大陆法上的情势变迁原则相类似。合同落空是指在合同成立以后，非由于当事人自身的过失，而是由于事后发生的意外情况，使当事人在订约时所谋求的商业目标受到挫折。在这种情况下，对于未履行的合同义务，当事人得以免除责任。按照英国法的解释，并非在订立合同之后发生任何意外都符合合同落空的标准，而是必须是情况已完全改变，以至于在一个通情达理的人看来，合同的当事人倘若事先知道会发生这种变化，就不会签订合同，或者会把合同订得不一样，只有达到这种程度，才能按合同落空处理。英国著名法官西蒙（Simon）在一个判例中指出："一个有效的合同的当事人，在履行合同的过程中，往往面临着一系列完全预料不到的情况变化，如极不正常的价格涨落，货币突然贬值，履行合同的意外障碍，或其他类似的事件，然而，这些事都不能影响他们已经签订的合同的效力。但另一方面，如果参照订立合同时的情况来考虑合同的各项条款，能够发现当事人从未同意过在这样一种预料不到且完全不同的情况下仍受合同拘束，这时合同就失掉拘束力了。"英国有些判例表明，在订立合同之后，价格上涨了20%~30%，并不能构成合同落空，买方不能免除履约义务。按照英国的法律和判例，下列情况可以作为合同落空处理：

① 标的物灭失。如果合同的履行取决于某一特定的人或物的继续存在，但在合同订立之后，该特定的人或物已经灭失，在这种情况下，履行合同已属不可能，当事人可以免除履约义务。例如，在特定物的买卖中，订立合同后非由于卖方或买方的过失，该特定物在风险转移于买方之前灭失，合同即告落空，双方当事人均无履行合同的义务。

② 违法。违法有各种不同的情况。例如，在国际贸易中，不同国家的当事人订立合同后，两国发生战争，如继续履约将构成同敌人贸易而成为违法行为，在这种情况下，合同可作为落空处理。

③ 情况发生根本性变化。如果在订立合同之后，情况发生了根本性的变化，致使合同失去了基础，该合同可作为落空合同论处。但是，要确定情况发生变化到何种程度才能构成合同落空，往往比确定标的物灭失或违法行为困难得多。因为在情况发生根本变化时，合同并非完全不能履行，而是还有履行的可能，但因意外地发生出现了完全不同的情况，致使合同失去了约束力。对此，英国法院往往坚持"契约神圣不可侵犯"的原则，而不愿轻易地把一个尚能履行的合同视为落空。只有当情况的变化十分严重，使合同失去了基础时，才能作为合同落空处理。

④ 政府实行封锁禁运和进出口许可证制度。在遇到政府实行封锁禁运、实行进出口许可证及配额制度时，也可能会引起合同落空的问题，但并非一旦出现这类情况就能造成合同落空，而必须根据具体案件作出具体分析。

此外，凡属于一方当事人的过失而造成履约不可能者，均不得作为合同落空处理。

美国法院对于情况变化对合同效力所产生的影响并没有形成一个总的原则。但美国的《合同法重述》中有一项关于合同履行不可能的条文，根据《合同法重述》，履行不可能并非严格意义上的不可能，也包括由于发生各种意外事件，使合同履行不现实的情况。美国也以“合同基础论”作为合同落空的依据。美国《合同法重述》也对“落空”作出界定：凡以任何一方应取得某种预定的目标或效力的假设的可能性作为双方订立合同的基础时，如这种目标或效力已经落空或肯定会落空，则对于这种落空没有过失或受落空损害的一方，得解除其履行合同的责任。除非发现当事人另有相反的意思。

美国《统一商法典》对在何种情况下，卖方对迟延交货或不交货免除责任的问题作了规定。根据该法典的规定，未能按时交货或不交货的卖方在下列情况下，不负违约责任：① 如果由于发生了某种意外事件使履行合同变得不现实，而这种意外事件按照当事人订立合同时的“基本假定”（Basic Assumption）是不会发生的；② 由于卖方恪守外国政府或本国政府的规章而使得合同履行不现实。

上述规定中采用了“不现实”（Impracticable）而非“不可能”（Impossible）的措辞。法院在实践中并没有严格地要求意外事件对履约的阻碍须达到使履约不可能的程度，而只是要求该履行变得“不现实”或“极不现实”（Highly Impracticable）。在 Wasserman Theatrical Enterprise V. Harris 案中，一个演员在登台演出之前感到喉咙发紧和发痒，于是拒绝表演。法院判决，这种担心是合情合理的，他可以被免除履约义务。

此外，美国法院通常认为，履约成本的增加不能成为免责的理由，因为额外的支出尽管是由不测事件所致，但是未达到不能履约的程度。还有一种情况是，通过使用替代的履约手段可以克服履约的障碍。此时，法院对于免除当事人的合同义务也会持谨慎态度。

拓展

案例 1：Tsakiroglou & Co. Ltd. V. Noblee Thorl GMBH

双方当事人在 1956 年 10 月 4 日订立买卖合同，卖方出售 300 吨苏丹花生，价格条件为汉堡到岸价 CIF（Hamburg），卖方依合同规定应在 1956 年 11 月至 12 月间于苏丹发运花生。1956 年 11 月 2 日，苏伊士运河因中东战争爆发而关闭，致使货物无法通过运河运往目的港。然而，这批货物可通过绕航，即从非洲中南端好望角绕行运往汉堡，这将使航程较原预期航线延长 3 倍，卖方需支付的运费也将大大增加。卖方因此主张，该合同因运河关闭而落空。上议院在终审判决中指出：尽管当事人双方已预见到货物将经苏伊士运河运输，且该运河关闭会导致该履约方式变化，但这种变化并非对合同根本义务的改变（Fundamental change），因而未使合同受挫。法院认为，卖方承担的义务是，当习惯航线（指经苏伊士运河）无法使用时，应采取合理且切实可行的航线运送货物，经好望角航行便属于这样的航线。由此可见，当事人若想援引合同落空原则摆脱自身责任，极难成功。

案例 2：英王爱德华七世登基典礼案

原告同意于 1902 年 6 月 26 日和 27 日将自家房子的阳台出租给被告。被告租赁阳台的目的是观看该日举行的英王爱德华七世加冕典礼。因英王生病，当日典礼取消，被告拒绝支付尚未付给原告的 2/3 租金。英国上诉法院判决，合同因典礼取消而目的落空。虽然合同并未载明租房目的是观看登基典礼，但从相关背景能够判断这是该合同的基础。而随着登基典礼被取消，该合同的基础也不复存在。

（三）不可抗力

由于情事变更和合同落空在司法实践中的适用十分困难，合同双方当事人可在合同中订立一项条款，旨在事先约定当发生双方所不能控制的某些意外情况时，不论该种情况从法律角度是否构成情事变更或者合同落空，双方均可以延迟履行合同或解除合同义务，且任何一方均不得请求损害赔偿，该条款即为不可抗力条款。所谓不可抗力，是指在合同成立之后，非因一方当事人的过失，由于发生了当事人不能预见、不能避免且不能克服的意外事件，在此情况下，当事人可以迟延履行合同或解除合同义务。

就不可抗力的内涵而言，主要包括两种情况：一种是由自然原因引起的，另一种是由社会原因引起的。至于一个合同中的不可抗力具体涵盖哪些情形，需由双方当事人在订立合同时自行商定。

一旦发生不可抗力事件，其法律后果主要有两种：一种是解除合同，另一种是延迟履行合同。至于触发哪种法律后果，一方面取决于该事件对合同履行的影响程度，另一方面也可由双方当事人在合同中作出具体规定。若合同对此没有明确约定，一般而言，当因不可抗力事件致使合同履行成为不可能时，可以解除合同；若不可抗力事件只是暂时阻碍合同履行，则只能延迟履行合同。

为避免各国法律规定不一致可能引发的纠纷，国际上通常主张在国际贸易合同订立时约定不可抗力条款，以规避不可抗力事件可能带来的影响。

与此同时，《合同通则》也对不可抗力作出了详细规定，具体内容如下：

① 不可抗力是一方当事人不履行合同的抗辩事由。构成不可抗力需同时具备四个条件：a. 因非该方当事人所能控制的障碍所致；b. 无法合理预见；c. 无法合理避免；d. 无法克服该障碍及其影响。若一方当事人能证明上述事项，则应免除其责任。

② 若上述障碍造成的不可抗力只是暂时的，免责效力仅在合理期限内有效。

③ 主张因不可抗力免除履行义务的一方当事人，必须将障碍及其对履约能力的影响通知另一方当事人。若另一方当事人在合理时间内未收到该通知，则由此而导

致的损害，应由未履行通知义务的一方当事人承担赔偿责任。

④ 不可抗力规定不妨碍一方当事人行使终止合同、拒绝履行或对到期应付款项要求支付利息的权利。

第四节　合同的变更与转让

一、合同的变更

此处所言合同的变更，是指在合同成立之后、尚未履行完毕之前，当事人就合同的内容进行修改或补充。

合同的变更具有以下特征：① 合同的主体不变，即原来的当事人保持不变；② 合同的变更须经合同双方（或多方）当事人协商一致；③ 合同的变更仅是对合同内容的部分变更，例如履行的时间、数量、方式等，并非全部内容或合同性质的变更。

合同的变更通常是因合同订立后某些情况发生变化，依据当事人协商或法律规定而作出。法律规定允许一方当事人变更合同的事由主要包括不可抗力、情势变迁等。合同的变更一般不溯及既往，对已履行的合同部分不产生效力。

从各国法律实践来看，普遍允许当事人通过协议或出现法律规定的事由时变更合同。传统普通法存在“对价理论”要求，变更合同时同样需有对价关系，缺乏对价则不得改变合同。美国《统一商法典》突破这一不适应现代商事交往需要的原则，其第 2. 209 条明确规定：关于改变现存合同的协议，即使没有对价也具有约束力。

《合同通则》允许在一定条件下变更合同。根据其第 2. 18 条、第 3. 2 条规定，合同的修改除需当事人达成协议外，无其他要求；若合同规定对合同的任何变更必须以书面形式作出，则该合同不得以其他形式变更。此外，《合同通则》还将重大失衡和艰难情形作为一方当事人主张变更合同的理由。其第 3. 10 条规定，在重大失衡的情形下，依有权宣告合同无效一方当事人，或受到宣告合同无效通知的另一方当事人的请求，法庭可修改合同或其条款，以符合公平交易的合理商业标准。《合同通则》第 6. 2. 3 条规定，如出现艰难情形，处于不利地位的当事人有权要求重新谈判；若合同各方不能在合理时间内达成协议，任何一方均可诉诸法庭，法庭则可在认定存在艰难情形的条件下，为恢复合同的均衡而修改合同。

在我国，根据《民法典》第五百四十三条规定，当事人协商一致，可以变更合同。值得注意的是，《民法典》出台后，合同的可变更情形仅有这一种。

二、合同转让

（一）合同转让的概念

合同的转让（Assignment），又称合同的让与，是指合同当事人一方将其合同的权利和义务全部或部分转让给第三人。合同的转让实际上是合同主体发生变更，即合同权利的受让人成为合同之债的新债权人，合同义务的受让人成为合同之债的新债务人，而合同的内容保持不变。由此可知，合同转让具有以下三点特征：① 合同的转让实际上是合同主体的变更；② 合同的转让不改变原合同的权利义务关系；③ 合同的转让不仅涉及转让方与受让方的关系，还涉及受让方与原合同另一方的关系。

一般而言，合同的转让包括两种情形：一种是债权转让；另一种是债务转让。下面将分别展开详细论述。

（二）合同权利的转让

合同权利的转让是指合同债权人将合同的权利全部或部分转让给第三人。从各国实践来看，绝大多数合同权利都可以转让，但对于下列三种合同权利，许多国家的法律一般不允许任意转让：①根据合同权利的性质不能转让的权利，即合同只能在特定当事人之间成立，转让给第三人会影响合同内容的履行，违背当事人的订约目的。这类合同权利包括信托权利、表演或出版权利、受聘权利；②法律禁止转让的权利；③合同当事人约定不得转让的权利。

合同权利转让中最重要的问题，是该转让是否须经债务人同意。对此，各国立法作出三种不同规定：

① 转让合同权利不必征得债务人的同意。此主张认为，债权人转让其合同权利仅依据原债权人与新债权人之间的合同即可成立，不必征得债务人的同意，也不必通知债务人。若未通知债务人，而债务人仍向原债权人作出清偿，则债务人已清偿的债务可告解除；若债务人被通知或知悉合同权利的转让，不论从何处得悉该转让，都不应向原债权人履行义务，否则不能解除其义务。采取此种法律主张的国家有德国、英国、美国等。《德国民法典》第三百九十八条规定："债权得由债权人与第三人制定之契约，移转该第三人（让与）。契约制定，新债权人即取代原债权人。"英美法也认为债权人可以自由转让其权利，只要这些合同权利不是某种具有个人特色的权利。美国《统一商法典》规定，除非另有协议，或此种让与将实质性地改变另一方的义务，或实质性增加另一方由合同所带来的负担或风险，或实质性地损害另一方获得对等履约的机会，否则卖方或买方的全部权利均可让与。一方在对方违反整个合同后所获得的要求赔偿的权利，或一方在适当履行自己之全部义务后所获得的权利，不论是否另有协议，均可让与。

② 转让合同权利必须通知债务人。此主张认为，债权人转让其债权虽不必征得

债务人的同意，但必须将债权转让的事实及时通知债务人，只有在债务人接到债权转让的通知或者对债权转让作出承诺后，债权转让才对其发生效力，债权受让方才能享有受让的权利。采取此种法律主张的有法国、日本等国家。《法国民法典》第1323条规定：“在当事人之间，现在的或将来的债权，于文书作成之日发生转移(Le transfert)。债权的转移自此时起，对第三人产生对抗效力；在有争议的情况下，关于债权让与日期的证据，由受让人负责举证，受让人得以任何方法（Moyen）提出有关债权让与日期的证据。”《日本民法典》也有类似规定。按照《法国民法典》的解释，债权转让合同须以通知债务人或债务人在公证文书上作出承诺作为对第三人发生效力的必要条件，第三人即包括债务人。法国的判例认为，债务人不得以知道债权转让为理由，径行向受让方清偿债务，并以此为依据对抗原债权人。债务人必须在接到债权转让的通知或在公证文书上对债权转让作出承诺后，方可向债权受让方清偿债务。在我国，《民法典》第五百四十六条也规定：“债权人转让债权，未通知债务人的，该转让对债务人不发生效力。债权转让的通知不得撤销，但是经受让人同意的除外。”由此表明合同权利的转让无须债务人同意，但必须通知债务人。

③ 转让合同权利必须经债务人同意。此主张认为，合同权利的转让必须经过债务人的同意才能生效。

(三) 合同义务的转让

合同义务的转让，是指债权人或债务人与第三人之间达成转让债务的协议，由第三人取代原债务人承担债务。由此可见，债务的转让有两种方式：一是通过债权人与第三人之间的协议；二是通过债务人与第三人之间的协议。在债权人与第三人之间订立债务转让协议的情况下，通常转让协议一经成立即生效，无须经过债务人的同意，债务人可借此免除自己的合同义务。从一定意义上来说，债权人与受让人之间的这种协议，事实上是一种为第三人即原债务人创设权益的合同。有鉴于此，各国法律基本上都不要求这种合同须经债务人同意。

债务人与第三人之间协议转让债务的情况与前述情况有所不同。由于义务是合同义务人必须作出的行为或不行为，且义务的履行直接关系到权利人权利的实现，具有不同履约能力或信用的义务人会对合同履行的程度和质量产生直接影响。因此，对于债务人与第三人达成的转让债务协议，一般都要求经过债权人的同意。债务人与第三人达成转让债务协议，一经债权人同意即发生效力；若债权人拒绝同意，则债务人与第三人订立的债务转让协议无效。对此，各国的具体规定汇总如下：

(1) 中国

我国《民法典》第五百五十一条规定：“债务人将债务的全部或者部分转移给第三人的，应当经债权人同意。债务人或者第三人可以催告债权人在合理期限内予以同意，债权人未作表示的，视为不同意。”此外，第五百五十二条还规定：“第三人与债务人约定加入债务并通知债权人，或者第三人向债权人表示愿意加入债务，债权人未在合理期限内明确拒绝的，债权人可以请求第三人在其愿意承担的债务范围内和债务人承担连带债务。”对于债务转移过程中存在的抗辩和主从债务，我国《民法典》也作出了明确规定，如第五百五十三条规定：“债务人转移债务的，新债务人可以主张原债务人对债权人的抗辩；原债务人对债权人享有债权的，新债务人不得向债权人主张抵销。”第五百五十四条规定：“债务人转移债务的，新债务人应当承担与主债务有关的从债务，但是该从债务专属于原债务人自身的除外。”

（2）德国

《德国民法典》第四百一十五条规定：“第三人与债务人为债务承担之约定者，应经债权人之承认，始生效力。该承认仅于债务人或第三人为债务承担之通知后，始得为之。承认前，当事人得变更或解消契约。”

（3）法国

《法国民法典》将变更债务人的权利赋予债权人，该法典第 1327 条规定，经债权人同意，债务人可以转移其债务，且债务转移应当采用书面形式，否则无效。

（4）英国

英国普通法也认为，非经债权人同意，合同的债务不得转移。按照英国法的解释，债务转移只能通过更新的方法并经债权人的同意而实现。债务更新是债权人应债务人的请求，同意以新的债务人代替原债务人的一种新的合同。更新的效力是解除原债务人的债务，并将这些债务加之于新债务人。

（5）美国

美国法虽然也认为合同的债务非经债权人同意不能转让，但允许在某些情况下的代行债务（Delegation of Duties），即允许他人代替原债务人履行债务，但原债务人不能因此而解除自己的义务。美国《统一商法典》第 2. 210 条第（1）款规定：“一方可以委托他人代为履行义务，除非当事方另有协议，或除非另一方有重大理由，需要其原始许诺人履行或控制合同所要求的活动。当事方委托履约，并不解除自己的履约义务或违约责任。”此条款的后一句话强调，如果受委托履行合同义务的第三人在履约过程中有任何瑕疵，委托当事人仍须承担违约责任。

第五节　合同的消灭

一、合同消灭的概念

所谓合同的消灭（Discharge of Contract），指合同由于某种原因而归于消灭，当事人之间的权利义务关系随之消灭。合同的消灭是英美法的概念，大陆法将其归于债的消灭范畴。大陆法系各国在其民法典或债务法典中，对债的消灭作出规定，其中包括合同的消灭，因为合同是债的一个种类。中国法律将合同的消灭称为合同的权利义务终止。大多数国家把诉讼时效的完成作为消灭合同和其他债的关系的原因之一，故本节在各部分末尾介绍这方面的法律规定。

二、中国法关于合同消灭的规定

《民法典》第五百五十七条规定："有下列情形之一的，债权债务终止：（一）债务已经履行；（二）债务相互抵销；（三）债务人依法将标的物提存；（四）债权人免除债务；（五）债权债务同归于一人；（六）法律规定或者当事人约定终止的其他情形。合同解除的，该合同的权利义务关系终止。"

三、大陆法关于债的消灭的规定

大陆法系各国法律主张，除合同的解除、撤销以及履行不可能可作为消灭债的原因外，清偿、抵销等各种原因也会导致债的消灭。在这方面，大陆法各国的规定大同小异，以下简要介绍其主要规定：

（一）清偿（Payment）

清偿是指债务人向债权人履行债务。大陆法各国法律一致认为，清偿是消灭债务的主要原因之一，当债权人接受债务人的清偿时，债的关系即告消灭。例如在货物买卖合同中，卖方向买方交货，买方向卖方支付货款，都属于清偿。清偿的标的物一般应当依照合同规定。但是，经债权人同意，债务人也可用合同规定的标的物之外的物品来清偿，这就是所谓代物清偿。德国、日本等国法律均规定，允许代物清偿产生消灭债的效力。

（二）提存（Deposit）

提存是指债务人履行债务时，由于债权人受领延迟，或者无法确定债权人，遂将应给付的物品或金钱寄托于法定的提存所，从而使债的关系归于消灭。提存的程序一般包括：先呈交提存书，再向提存所交付提存物，最后通知债权人。标的物被提存后，将发生以下三方面的效力：① 债务人免除责任；② 风险转移至债权人；③ 费用由债权人承担。

（三）抵销（Set-off）

抵销是指双方当事人互负债务，且债务种类相同、均已届清偿期，依据法律规定或合同规定，在等额范围内消灭各自的债务。抵销具有手续方便、避免双方相互履行，以及在一方当事人破产时可避免因相互履行所引起的不公平结果等优点。

（四）免除（Release）

免除是指债权人免除债务人的债务，即债权人自愿放弃其债权。这是债的消灭的原因之一。关于“免除是否需要债务人同意才能生效”，各国法律规定不同。法国法和德国法认为，免除是双方的法律行为，必须经过债务人同意才能成立；德国法还认为，免除是抽象的法律行为，与其原因相互独立。《日本民法典》则认为，免除是债权人的单独行为，只要债权人作出免除债务的意思表示，无须经债务人同意，债的关系即可归于消灭。

（五）混同（Merger）

混同是指债权与债务同归一人而使债的关系消灭。产生混同的情况主要有：死亡的自然人是债权人或债务人，由其债务人或债权人继承其债权或债务；作为债权人的公司与作为债务人的公司合并；因债权转让或债务承担而使债权、债务集中于一人。但是，以下两种混同情形不能消灭债：

① 债权已被作为他人权利的标的。例如，A 把对 B 的债权出质于 C，成为 C 的质权的标的，后来即便 C 继承了 A 的债权，债权债务发生混同，但其出质的债权并不因此而消灭。该规定旨在保护第三人的利益。

② 票据流通中的特殊混同。票据债务人通过背书流通的票据，其票据的债权即便发生混同，依据各国票据法规定，在票据未到期以前仍可流通，并不消灭，以确保票据的流通性。

（六）时效完成

时效是指依照法律规定，在一定期间内，由于一定事实状态的持续存在，而引起民事法律关系消灭或发生的一种法律制度。时效制度主要有两方面的作用：一是保持社会关系的稳定；二是避免在举证问题上发生困难。

大陆法系各国把时效分为取得时效和消灭时效。前者是关于取得物的所有权的制度，即占有人在取得时效期满后即可取得该物的所有权。后者是关于诉权的制度，即债权人在诉讼时效期间内不行使有关权利，其诉权即归于消灭。大陆法各国法律都把时效消灭作为债的消灭的一种原因，并把消灭时效分为普通期间与特别期间，前者较长，后者较短。关于普通消灭时效期间，德国、法国规定为 30 年，日本规定为 20 年，瑞士规定为 10 年。关于特别消灭时效期间，《法国民法典》规定，教师的讲课报酬权、工人对工资的请求权为 6 个月，律师、医师等对其报酬及费用的请求权为 2 年。

四、英美法有关合同的消灭的判例

关于合同的消灭，根据英美法长期司法实践中的判例可归纳为下述几种情形：

（一）因双方当事人的协议

英美法主张，合同通过双方当事人的协议成立，因而也可依照双方当事人的协议解除。在简式合同中，如果双方当事人达成协议终止合同，实际上是各自放弃了在尚待履行的合同中的权利，这本身就是对价，故可消灭合同。通过协议而消灭合同，包括以新的合同代替原合同、更新合同、依照合同规定的条件解除合同、一方当事人弃权等情况。

（二）因履行

履行是合同消灭的主要原因。合同一经履行，当事人之间的权利义务关系即自行终止。因前文已作详述，此处不再赘述。

（三）因违约

在一方当事人违约涉及“合同的根基”（The Root of the Contract），即英国法中的违反条件的情况下，受损害方有权解除合同，并可请求损害赔偿。

（四）依据法律

当一方当事人宣告破产时，依据有关破产法的规定，经过破产清算程序，法院发出解除令后，破产人即解除一切债务和责任，其未履行的合同全部依法消灭。此外，法院依法判决混同（Merger），例如合同的权利和义务最后归属于同一人时，合同即告消灭。

（五）超过法定时效

英美法系的一些国家把诉讼时效（Limitation of Action）完成作为合同消灭的一个重要原因。

英国1939年时效法（Limitation Act 1939）第2条规定，简式合同的时效期间为6年，签字蜡封合同的时效期间为12年。美国没有全国统一的时效法律，由各州以成文法作出规定。对于因违反合同而引起的诉讼时效期间，各州大多区分口头合同和书面合同，口头合同多数规定为5~6年，书面合同多数规定为10年。此外，美国《统一商法典》规定货物买卖合同的时效期间为4年。

附件一：

中华人民共和国民法典（节选）

（2020 年 5 月 28 日第十三届全国人民代表大会第三次会议通过，
现予公布，自 2021 年 1 月 1 日起施行。）

第三编　合　　同

第一分编　通　　则

第一章　一般规定

第四百六十三条　本编调整因合同产生的民事关系。

第四百六十四条　合同是民事主体之间设立、变更、终止民事法律关系的协议。

婚姻、收养、监护等有关身份关系的协议，适用有关该身份关系的法律规定；没有规定的，可以根据其性质参照适用本编规定。

第四百六十五条　依法成立的合同，受法律保护。

依法成立的合同，仅对当事人具有法律约束力，但是法律另有规定的除外。

第四百六十六条　当事人对合同条款的理解有争议的，应当依据本法第一百四十二条第一款的规定，确定争议条款的含义。

合同文本采用两种以上文字订立并约定具有同等效力的，对各文本使用的词句推定具有相同含义。各文本使用的词句不一致的，应当根据合同的相关条款、性质、目的以及诚信原则等予以解释。

第四百六十七条　本法或者其他法律没有明文规定的合同，适用本编通则的规定，并可以参照适用本编或者其他法律最相类似合同的规定。

在中华人民共和国境内履行的中外合资经营企业合同、中外合作经营企业合同、中外合作勘探开发自然资源合同，适用中华人民共和国法律。

第四百六十八条　非因合同产生的债权债务关系，适用有关该债权债务关系的法律规定；没有规定的，适用本编通则的有关规定，但是根据其性质不能适用的除外。

第二章　合同的订立

第四百六十九条　当事人订立合同，可以采用书面形式、口头形式或者其他形式。

书面形式是合同书、信件、电报、电传、传真等可以有形地表现所载内容的形式。

以电子数据交换、电子邮件等方式能够有形地表现所载内容，并可以随时调取查用的数据电文，视为书面形式。

第四百七十条　合同的内容由当事人约定，一般包括下列条款：

（一）当事人的姓名或者名称和住所；

（二）标的；

（三）数量；

（四）质量；

（五）价款或者报酬；

（六）履行期限、地点和方式；

（七）违约责任；

（八）解决争议的方法。

当事人可以参照各类合同的示范文本订立合同。

第四百七十一条　当事人订立合同，可以采取要约、承诺方式或者其他方式。

第四百七十二条　要约是希望与他人订立合同的意思表示，该意思表示应当符合下列条件：

（一）内容具体确定；

（二）表明经受要约人承诺，要约人即受该意思表示约束。

第四百七十三条　要约邀请是希望他人向自己发出要约的表示。拍卖公告、招标公告、招股说明书、债券募集办法、基金招募说明书、商业广告和宣传、寄送的价目表等为要约邀请。

商业广告和宣传的内容符合要约条件的，构成要约。

第四百七十四条　要约生效的时间适用本法第一百三十七条的规定。

第四百七十五条　要约可以撤回。要约的撤回适用本法第一百四十一条的规定。

第四百七十六条　要约可以撤销，但是有下列情形之一的除外：

（一）要约人以确定承诺期限或者其他形式明示要约不可撤销；

（二）受要约人有理由认为要约是不可撤销的，并已经为履行合同做了合理准备工作。

第四百七十七条 撤销要约的意思表示以对话方式作出的，该意思表示的内容应当在受要约人作出承诺之前为受要约人所知道；撤销要约的意思表示以非对话方式作出的，应当在受要约人作出承诺之前到达受要约人。

第四百七十八条 有下列情形之一的，要约失效：

（一）要约被拒绝；

（二）要约被依法撤销；

（三）承诺期限届满，受要约人未作出承诺；

（四）受要约人对要约的内容作出实质性变更。

第四百七十九条 承诺是受要约人同意要约的意思表示。

第四百八十条 承诺应当以通知的方式作出；但是，根据交易习惯或者要约表明可以通过行为作出承诺的除外。

第四百八十一条 承诺应当在要约确定的期限内到达要约人。

要约没有确定承诺期限的，承诺应当依照下列规定到达：

（一）要约以对话方式作出的，应当即时作出承诺；

（二）要约以非对话方式作出的，承诺应当在合理期限内到达。

第四百八十二条 要约以信件或者电报作出的，承诺期限自信件载明的日期或者电报交发之日开始计算。信件未载明日期的，自投寄该信件的邮戳日期开始计算。要约以电话、传真、电子邮件等快速通讯方式作出的，承诺期限自要约到达受要约人时开始计算。

第四百八十三条 承诺生效时合同成立，但是法律另有规定或者当事人另有约定的除外。

第四百八十四条 以通知方式作出的承诺，生效的时间适用本法第一百三十七条的规定。

承诺不需要通知的，根据交易习惯或者要约的要求作出承诺的行为时生效。

第四百八十五条 承诺可以撤回。承诺的撤回适用本法第一百四十一条的规定。

第四百八十六条 受要约人超过承诺期限发出承诺，或者在承诺期限内发出承诺，按照通常情形不能及时到达要约人的，为新要约；但是，要约人及时通知受要约人该承诺有效的除外。

第四百八十七条 受要约人在承诺期限内发出承诺，按照通常情形能够及时到达要约人，但是因其他原因致使承诺到达要约人时超过承诺期限的，除要约人及时通知受要约人因承诺超过期限不接受该承诺外，该承诺有效。

第四百八十八条 承诺的内容应当与要约的内容一致。受要约人对要约的内容作出实质性变更的，为新要约。有关合同标的、数量、质量、价款或者报酬、履行期限、履行地点和方式、违约责任和解决争议方法等的变更，是对要约内容的实质性变更。

第四百八十九条 承诺对要约的内容作出非实质性变更的，除要约人及时表示反对或者要约表明承诺不得对要约的内容作出任何变更外，该承诺有效，合同的内容以承诺的内容为准。

第四百九十条 当事人采用合同书形式订立合同的，自当事人均签名、盖章或者按指印时合同成立。在签名、盖章或者按指印之前，当事人一方已经履行主要义务，对方接受时，该合同成立。

法律、行政法规规定或者当事人约定合同应当采用书面形式订立，当事人未采用书面形式但是一方已经履行主要义务，对方接受时，该合同成立。

第四百九十一条 当事人采用信件、数据电文等形式订立合同要求签订确认书的，签订确认书时合同成立。

当事人一方通过互联网等信息网络发布的商品或者服务信息符合要约条件的，对方选择该商品或者服务并提交订单成功时合同成立，但是当事人另有约定的除外。

第四百九十二条 承诺生效的地点为合同成立的地点。

采用数据电文形式订立合同的，收件人的主营业地为合同成立的地点；没有主营业地的，其住所地为合同成立的地点。当事人另有约定的，按照其约定。

第四百九十三条 当事人采用合同书形式订立合同的，最后签名、盖章或者按指印的地点为合同成立的地点，但是当事人另有约定的除外。

第四百九十四条 国家根据抢险救灾、疫情防控或者其他需要下达国家订货任务、指令性任务的，有关民事主体之间应当依照有关法律、行政法规规定的权利和义务订立合同。

依照法律、行政法规的规定负有发出要约义务的当事人，应当及时发出合理的要约。

依照法律、行政法规的规定负有作出承诺义务的当事人，不得拒绝对方合理的订立合同要求。

第四百九十五条 当事人约定在将来一定期限内订立合同的认购书、订购书、预订书等，构成预约合同。

当事人一方不履行预约合同约定的订立合同义务的，对方可以请求其承担预约合同的违约责任。

第四百九十六条 格式条款是当事人为了重复使用而预先拟定，并在订立合同时未与对方协商的条款。

采用格式条款订立合同的，提供格式条款的一方应当遵循公平原则确定当事人之间的权利和义务，并采取合理的方式提示对方注意免除或者减轻其责任等与对方有重大利害关系的条款，按照对方的要求，对该条款予以说明。提供格式条款的一方未履行提示或者说明义务，致使对方没有注意或者理解与其有重大利害关系的条款的，对方可以主张该条款不成为合同的内容。

第四百九十七条 有下列情形之一的，该格式条款无效：

（一）具有本法第一编第六章第三节和本法第五百零六条规定的无效情形；

（二）提供格式条款一方不合理地免除或者减轻其责任、加重对方责任、限制对方主要权利；

（三）提供格式条款一方排除对方主要权利。

第四百九十八条 对格式条款的理解发生争议的，应当按照通常理解予以解释。对格式条款有两种以上解释的，应当作出不利于提供格式条款一方的解释。格式条款和非格式条款不一致的，应当采用非格式条款。

第四百九十九条 悬赏人以公开方式声明对完成特定行为的人支付报酬的，完成该行为的人可以请求其支付。

第五百条 当事人在订立合同过程中有下列情形之一，造成对方损失的，应当承担赔偿责任：

（一）假借订立合同，恶意进行磋商；

（二）故意隐瞒与订立合同有关的重要事实或者提供虚假情况；

（三）有其他违背诚信原则的行为。

第五百零一条 当事人在订立合同过程中知悉的商业秘密或者其他应当保密的信息，无论合同是否成立，不得泄露或者不正当地使用；泄露、不正当地使用该商业秘密或者信息，造成对方损失的，应当承担赔偿责任。

第三章 合同的效力

第五百零二条 依法成立的合同，自成立时生效，但是法律另有规定或者当事人另有约定的除外。

依照法律、行政法规的规定，合同应当办理批准等手续的，依照其规定。未办理批准等手续影响合同生效的，不影响合同中履行报批等义务条款以及相关条款的效力。应当办理申请批准等手续的当事人未履行义务的，对方可以请求其承担违反该义务的责任。

依照法律、行政法规的规定，合同的变更、转让、解除等情形应当办理批准等手续的，适用前款规定。

第五百零三条 无权代理人以被代理人的名义订立合同，被代理人已经开始履行合同义务或者接受相对人履行的，视为对合同的追认。

第五百零四条 法人的法定代表人或者非法人组织的负责人超越权限订立的合同，除相对人知道或者应当知道其超越权限外，该代表行为有效，订立的合同对法人或者非法人组织发生效力。

第五百零五条 当事人超越经营范围订立的合同的效力，应当依照本法第一编第六章第三节和本编的有关规定确定，不得仅以超越经营范围确认合同无效。

第五百零六条 合同中的下列免责条款无效：

（一）造成对方人身损害的；

（二）因故意或者重大过失造成对方财产损失的。

第五百零七条 合同不生效、无效、被撤销或者终止的，不影响合同中有关解决争议方法的条款的效力。

第五百零八条 本编对合同的效力没有规定的，适用本法第一编第六章的有关规定。

第四章 合同的履行

第五百零九条 当事人应当按照约定全面履行自己的义务。

当事人应当遵循诚信原则，根据合同的性质、目的和交易习惯履行通知、协助、保密等义务。

当事人在履行合同过程中，应当避免浪费资源、污染环境和破坏生态。

第五百一十条 合同生效后，当事人就质量、价款或者报酬、履行地点等内容没有约定或者约定不明确的，可以协议补充；不能达成补充协议的，按照合同相关条款或者交易习惯确定。

第五百一十一条 当事人就有关合同内容约定不明确，依据前条规定仍不能确定的，适用下列规定：

（一）质量要求不明确的，按照强制性国家标准履行；没有强制性国家标准的，按照推荐性国家标准履行；没有推荐性国家标准的，按照行业标准履行；没有国家标准、行业标准的，按照通常标准或者符合合同目的的特定标准履行。

（二）价款或者报酬不明确的，按照订立合同时履行地的市场价格履行；依法应当执行政府定价或者政府指导价的，依照规定履行。

（三）履行地点不明确，给付货币的，在接受货币一方所在地履行；交付不动产的，在不动产所在地履行；其他标的，在履行义务一方所在地履行。

（四）履行期限不明确的，债务人可以随时履行，债权人也可以随时请求履行，但是应当给对方必要的准备时间。

（五）履行方式不明确的，按照有利于实现合同目的的方式履行。

（六）履行费用的负担不明确的，由履行义务一方负担；因债权人原因增加的履行费用，由债权人负担。

第五百一十二条　通过互联网等信息网络订立的电子合同的标的为交付商品并采用快递物流方式交付的，收货人的签收时间为交付时间。电子合同的标的为提供服务的，生成的电子凭证或者实物凭证中载明的时间为提供服务时间；前述凭证没有载明时间或者载明时间与实际提供服务时间不一致的，以实际提供服务的时间为准。

电子合同的标的物为采用在线传输方式交付的，合同标的物进入对方当事人指定的特定系统且能够检索识别的时间为交付时间。

电子合同当事人对交付商品或者提供服务的方式、时间另有约定的，按照其约定。

第五百一十三条　执行政府定价或者政府指导价的，在合同约定的交付期限内政府价格调整时，按照交付时的价格计价。逾期交付标的物的，遇价格上涨时，按照原价格执行；价格下降时，按照新价格执行。逾期提取标的物或者逾期付款的，遇价格上涨时，按照新价格执行；价格下降时，按照原价格执行。

第五百一十四条　以支付金钱为内容的债，除法律另有规定或者当事人另有约定外，债权人可以请求债务人以实际履行地的法定货币履行。

第五百一十五条　标的有多项而债务人只需履行其中一项的，债务人享有选择权；但是，法律另有规定、当事人另有约定或者另有交易习惯的除外。

享有选择权的当事人在约定期限内或者履行期限届满未作选择，经催告后在合理期限内仍未选择的，选择权转移至对方。

第五百一十六条　当事人行使选择权应当及时通知对方，通知到达对方时，标的确定。标的确定后不得变更，但是经对方同意的除外。

可选择的标的发生不能履行情形的，享有选择权的当事人不得选择不能履行的标的，但是该不能履行的情形是由对方造成的除外。

第五百一十七条　债权人为二人以上，标的可分，按照份额各自享有债权的，为按份债权；债务人为二人以上，标的可分，按照份额各自负担债务的，为按份债务。

按份债权人或者按份债务人的份额难以确定的，视为份额相同。

第五百一十八条　债权人为二人以上，部分或者全部债权人均可以请求债务人履行债务的，为连带债权；债务人为二人以上，债权人可以请求部分或者全部债务人履行全部债务的，为连带债务。

连带债权或者连带债务，由法律规定或者当事人约定。

第五百一十九条　连带债务人之间的份额难以确定的，视为份额相同。

实际承担债务超过自己份额的连带债务人，有权就超出部分在其他连带债务人未履行的份额范围内向其追偿，并相应地享有债权人的权利，但是不得损害债权人的利益。其他连带债务人对债权人的抗辩，可以向该债务人主张。

被追偿的连带债务人不能履行其应分担份额的，其他连带债务人应当在相应范围内按比例分担。

第五百二十条 部分连带债务人履行、抵销债务或者提存标的物的，其他债务人对债权人的债务在相应范围内消灭；该债务人可以依据前条规定向其他债务人追偿。

部分连带债务人的债务被债权人免除的，在该连带债务人应当承担的份额范围内，其他债务人对债权人的债务消灭。

部分连带债务人的债务与债权人的债权同归于一人的，在扣除该债务人应当承担的份额后，债权人对其他债务人的债权继续存在。

债权人对部分连带债务人的给付受领迟延的，对其他连带债务人发生效力。

第五百二十一条 连带债权人之间的份额难以确定的，视为份额相同。

实际受领债权的连带债权人，应当按比例向其他连带债权人返还。

连带债权参照适用本章连带债务的有关规定。

第五百二十二条 当事人约定由债务人向第三人履行债务，债务人未向第三人履行债务或者履行债务不符合约定的，应当向债权人承担违约责任。

法律规定或者当事人约定第三人可以直接请求债务人向其履行债务，第三人未在合理期限内明确拒绝，债务人未向第三人履行债务或者履行债务不符合约定的，第三人可以请求债务人承担违约责任；债务人对债权人的抗辩，可以向第三人主张。

第五百二十三条 当事人约定由第三人向债权人履行债务，第三人不履行债务或者履行债务不符合约定的，债务人应当向债权人承担违约责任。

第五百二十四条 债务人不履行债务，第三人对履行该债务具有合法利益的，第三人有权向债权人代为履行；但是，根据债务性质、按照当事人约定或者依照法律规定只能由债务人履行的除外。

债权人接受第三人履行后，其对债务人的债权转让给第三人，但是债务人和第三人另有约定的除外。

第五百二十五条 当事人互负债务，没有先后履行顺序的，应当同时履行。一方在对方履行之前有权拒绝其履行请求。一方在对方履行债务不符合约定时，有权拒绝其相应的履行请求。

第五百二十六条 当事人互负债务，有先后履行顺序，应当先履行债务一方未履行的，后履行一方有权拒绝其履行请求。先履行一方履行债务不符合约定的，后履行一方有权拒绝其相应的履行请求。

第五百二十七条　应当先履行债务的当事人，有确切证据证明对方有下列情形之一的，可以中止履行：

（一）经营状况严重恶化；

（二）转移财产、抽逃资金，以逃避债务；

（三）丧失商业信誉；

（四）有丧失或者可能丧失履行债务能力的其他情形。

当事人没有确切证据中止履行的，应当承担违约责任。

第五百二十八条　当事人依据前条规定中止履行的，应当及时通知对方。对方提供适当担保的，应当恢复履行。中止履行后，对方在合理期限内未恢复履行能力且未提供适当担保的，视为以自己的行为表明不履行主要债务，中止履行的一方可以解除合同并可以请求对方承担违约责任。

第五百二十九条　债权人分立、合并或者变更住所没有通知债务人，致使履行债务发生困难的，债务人可以中止履行或者将标的物提存。

第五百三十条　债权人可以拒绝债务人提前履行债务，但是提前履行不损害债权人利益的除外。

债务人提前履行债务给债权人增加的费用，由债务人负担。

第五百三十一条　债权人可以拒绝债务人部分履行债务，但是部分履行不损害债权人利益的除外。

债务人部分履行债务给债权人增加的费用，由债务人负担。

第五百三十二条　合同生效后，当事人不得因姓名、名称的变更或者法定代表人、负责人、承办人的变动而不履行合同义务。

第五百三十三条　合同成立后，合同的基础条件发生了当事人在订立合同时无法预见的、不属于商业风险的重大变化，继续履行合同对于当事人一方明显不公平的，受不利影响的当事人可以与对方重新协商；在合理期限内协商不成的，当事人可以请求人民法院或者仲裁机构变更或者解除合同。

人民法院或者仲裁机构应当结合案件的实际情况，根据公平原则变更或者解除合同。

第五百三十四条　对当事人利用合同实施危害国家利益、社会公共利益行为的，市场监督管理和其他有关行政主管部门依照法律、行政法规的规定负责监督处理。

第五章　合同的保全

第五百三十五条　因债务人怠于行使其债权或者与该债权有关的从权利，影响债权人的到期债权实现的，债权人可以向人民法院请求以自己的名义代位行使债务人对相对人的权利，但是该权利专属于债务人自身的除外。

代位权的行使范围以债权人的到期债权为限。债权人行使代位权的必要费用，由债务人负担。

相对人对债务人的抗辩，可以向债权人主张。

第五百三十六条 债权人的债权到期前，债务人的债权或者与该债权有关的从权利存在诉讼时效期间即将届满或者未及时申报破产债权等情形，影响债权人的债权实现的，债权人可以代位向债务人的相对人请求其向债务人履行、向破产管理人申报或者作出其他必要的行为。

第五百三十七条 人民法院认定代位权成立的，由债务人的相对人向债权人履行义务，债权人接受履行后，债权人与债务人、债务人与相对人之间相应的权利义务终止。债务人对相对人的债权或者与该债权有关的从权利被采取保全、执行措施，或者债务人破产的，依照相关法律的规定处理。

第五百三十八条 债务人以放弃其债权、放弃债权担保、无偿转让财产等方式无偿处分财产权益，或者恶意延长其到期债权的履行期限，影响债权人的债权实现的，债权人可以请求人民法院撤销债务人的行为。

第五百三十九条 债务人以明显不合理的低价转让财产、以明显不合理的高价受让他人财产或者为他人的债务提供担保，影响债权人的债权实现，债务人的相对人知道或者应当知道该情形的，债权人可以请求人民法院撤销债务人的行为。

第五百四十条 撤销权的行使范围以债权人的债权为限。债权人行使撤销权的必要费用，由债务人负担。

第五百四十一条 撤销权自债权人知道或者应当知道撤销事由之日起一年内行使。自债务人的行为发生之日起五年内没有行使撤销权的，该撤销权消灭。

第五百四十二条 债务人影响债权人的债权实现的行为被撤销的，自始没有法律约束力。

第六章 合同的变更和转让

第五百四十三条 当事人协商一致，可以变更合同。

第五百四十四条 当事人对合同变更的内容约定不明确的，推定为未变更。

第五百四十五条 债权人可以将债权的全部或者部分转让给第三人，但是有下列情形之一的除外：

（一）根据债权性质不得转让；

（二）按照当事人约定不得转让；

（三）依照法律规定不得转让。

当事人约定非金钱债权不得转让的，不得对抗善意第三人。当事人约定金钱债权不得转让的，不得对抗第三人。

第五百四十六条 债权人转让债权，未通知债务人的，该转让对债务人不发生效力。

债权转让的通知不得撤销，但是经受让人同意的除外。

第五百四十七条 债权人转让债权的，受让人取得与债权有关的从权利，但是该从权利专属于债权人自身的除外。

受让人取得从权利不因该从权利未办理转移登记手续或者未转移占有而受到影响。

第五百四十八条 债务人接到债权转让通知后，债务人对让与人的抗辩，可以向受让人主张。

第五百四十九条 有下列情形之一的，债务人可以向受让人主张抵销：

（一）债务人接到债权转让通知时，债务人对让与人享有债权，且债务人的债权先于转让的债权到期或者同时到期；

（二）债务人的债权与转让的债权是基于同一合同产生。

第五百五十条 因债权转让增加的履行费用，由让与人负担。

第五百五十一条 债务人将债务的全部或者部分转移给第三人的，应当经债权人同意。

债务人或者第三人可以催告债权人在合理期限内予以同意，债权人未作表示的，视为不同意。

第五百五十二条 第三人与债务人约定加入债务并通知债权人，或者第三人向债权人表示愿意加入债务，债权人未在合理期限内明确拒绝的，债权人可以请求第三人在其愿意承担的债务范围内和债务人承担连带债务。

第五百五十三条 债务人转移债务的，新债务人可以主张原债务人对债权人的抗辩；原债务人对债权人享有债权的，新债务人不得向债权人主张抵销。

第五百五十四条 债务人转移债务的，新债务人应当承担与主债务有关的从债务，但是该从债务专属于原债务人自身的除外。

第五百五十五条 当事人一方经对方同意，可以将自己在合同中的权利和义务一并转让给第三人。

第五百五十六条 合同的权利和义务一并转让的，适用债权转让、债务转移的有关规定。

第七章 合同的权利义务终止

第五百五十七条 有下列情形之一的，债权债务终止：

（一）债务已经履行；

（二）债务相互抵销；

（三）债务人依法将标的物提存；

（四）债权人免除债务；

（五）债权债务同归于一人；

（六）法律规定或者当事人约定终止的其他情形。

合同解除的，该合同的权利义务关系终止。

第五百五十八条 债权债务终止后，当事人应当遵循诚信等原则，根据交易习惯履行通知、协助、保密、旧物回收等义务。

第五百五十九条 债权债务终止时，债权的从权利同时消灭，但是法律另有规定或者当事人另有约定的除外。

第五百六十条 债务人对同一债权人负担的数项债务种类相同，债务人的给付不足以清偿全部债务的，除当事人另有约定外，由债务人在清偿时指定其履行的债务。

债务人未作指定的，应当优先履行已经到期的债务；数项债务均到期的，优先履行对债权人缺乏担保或者担保最少的债务；均无担保或者担保相等的，优先履行债务人负担较重的债务；负担相同的，按照债务到期的先后顺序履行；到期时间相同的，按照债务比例履行。

第五百六十一条 债务人在履行主债务外还应当支付利息和实现债权的有关费用，其给付不足以清偿全部债务的，除当事人另有约定外，应当按照下列顺序履行：

（一）实现债权的有关费用；

（二）利息；

（三）主债务。

第五百六十二条 当事人协商一致，可以解除合同。

当事人可以约定一方解除合同的事由。解除合同的事由发生时，解除权人可以解除合同。

第五百六十三条 有下列情形之一的，当事人可以解除合同：

（一）因不可抗力致使不能实现合同目的；

（二）在履行期限届满前，当事人一方明确表示或者以自己的行为表明不履行主要债务；

（三）当事人一方迟延履行主要债务，经催告后在合理期限内仍未履行；

（四）当事人一方迟延履行债务或者有其他违约行为致使不能实现合同目的；

（五）法律规定的其他情形。

以持续履行的债务为内容的不定期合同，当事人可以随时解除合同，但是应当在合理期限之前通知对方。

第五百六十四条 法律规定或者当事人约定解除权行使期限，期限届满当事人不行使的，该权利消灭。

法律没有规定或者当事人没有约定解除权行使期限，自解除权人知道或者应当知道解除事由之日起一年内不行使，或者经对方催告后在合理期限内不行使的，该权利消灭。

第五百六十五条 当事人一方依法主张解除合同的，应当通知对方。合同自通知到达对方时解除；通知载明债务人在一定期限内不履行债务则合同自动解除，债务人在该期限内未履行债务的，合同自通知载明的期限届满时解除。对方对解除合同有异议的，任何一方当事人均可以请求人民法院或者仲裁机构确认解除行为的效力。

当事人一方未通知对方，直接以提起诉讼或者申请仲裁的方式依法主张解除合同，人民法院或者仲裁机构确认该主张的，合同自起诉状副本或者仲裁申请书副本送达对方时解除。

第五百六十六条 合同解除后，尚未履行的，终止履行；已经履行的，根据履行情况和合同性质，当事人可以请求恢复原状或者采取其他补救措施，并有权请求赔偿损失。

合同因违约解除的，解除权人可以请求违约方承担违约责任，但是当事人另有约定的除外。

主合同解除后，担保人对债务人应当承担的民事责任仍应当承担担保责任，但是担保合同另有约定的除外。

第五百六十七条 合同的权利义务关系终止，不影响合同中结算和清理条款的效力。

第五百六十八条 当事人互负债务，该债务的标的物种类、品质相同的，任何一方可以将自己的债务与对方的到期债务抵销；但是，根据债务性质、按照当事人约定或者依照法律规定不得抵销的除外。

当事人主张抵销的，应当通知对方。通知自到达对方时生效。抵销不得附条件或者附期限。

第五百六十九条 当事人互负债务，标的物种类、品质不相同的，经协商一致，也可以抵销。

第五百七十条 有下列情形之一，难以履行债务的，债务人可以将标的物提存：

（一）债权人无正当理由拒绝受领；

（二）债权人下落不明；

（三）债权人死亡未确定继承人、遗产管理人，或者丧失民事行为能力未确定监护人；

（四）法律规定的其他情形。

标的物不适于提存或者提存费用过高的，债务人依法可以拍卖或者变卖标的物，提存所得的价款。

第五百七十一条 债务人将标的物或者将标的物依法拍卖、变卖所得价款交付提存部门时，提存成立。

提存成立的，视为债务人在其提存范围内已经交付标的物。

第五百七十二条 标的物提存后，债务人应当及时通知债权人或者债权人的继承人、遗产管理人、监护人、财产代管人。

第五百七十三条 标的物提存后，毁损、灭失的风险由债权人承担。提存期间，标的物的孳息归债权人所有。提存费用由债权人负担。

第五百七十四条 债权人可以随时领取提存物。但是，债权人对债务人负有到期债务的，在债权人未履行债务或者提供担保之前，提存部门根据债务人的要求应当拒绝其领取提存物。

债权人领取提存物的权利，自提存之日起五年内不行使而消灭，提存物扣除提存费用后归国家所有。但是，债权人未履行对债务人的到期债务，或者债权人向提存部门书面表示放弃领取提存物权利的，债务人负担提存费用后有权取回提存物。

第五百七十五条 债权人免除债务人部分或者全部债务的，债权债务部分或者全部终止，但是债务人在合理期限内拒绝的除外。

第五百七十六条 债权和债务同归于一人的，债权债务终止，但是损害第三人利益的除外。

第八章 违约责任

第五百七十七条 当事人一方不履行合同义务或者履行合同义务不符合约定的，应当承担继续履行、采取补救措施或者赔偿损失等违约责任。

第五百七十八条 当事人一方明确表示或者以自己的行为表明不履行合同义务的，对方可以在履行期限届满前请求其承担违约责任。

第五百七十九条 当事人一方未支付价款、报酬、租金、利息，或者不履行其他金钱债务的，对方可以请求其支付。

第五百八十条 当事人一方不履行非金钱债务或者履行非金钱债务不符合约定的，对方可以请求履行，但是有下列情形之一的除外：

（一）法律上或者事实上不能履行；

（二）债务的标的不适于强制履行或者履行费用过高；

（三）债权人在合理期限内未请求履行。

有前款规定的除外情形之一，致使不能实现合同目的的，人民法院或者仲裁机构可以根据当事人的请求终止合同权利义务关系，但是不影响违约责任的承担。

第五百八十一条　当事人一方不履行债务或者履行债务不符合约定，根据债务的性质不得强制履行的，对方可以请求其负担由第三人替代履行的费用。

第五百八十二条　履行不符合约定的，应当按照当事人的约定承担违约责任。对违约责任没有约定或者约定不明确，依据本法第五百一十条的规定仍不能确定的，受损害方根据标的的性质以及损失的大小，可以合理选择请求对方承担修理、重作、更换、退货、减少价款或者报酬等违约责任。

第五百八十三条　当事人一方不履行合同义务或者履行合同义务不符合约定的，在履行义务或者采取补救措施后，对方还有其他损失的，应当赔偿损失。

第五百八十四条　当事人一方不履行合同义务或者履行合同义务不符合约定，造成对方损失的，损失赔偿额应当相当于因违约所造成的损失，包括合同履行后可以获得的利益；但是，不得超过违约一方订立合同时预见到或者应当预见到的因违约可能造成的损失。

第五百八十五条　当事人可以约定一方违约时应当根据违约情况向对方支付一定数额的违约金，也可以约定因违约产生的损失赔偿额的计算方法。

约定的违约金低于造成的损失的，人民法院或者仲裁机构可以根据当事人的请求予以增加；约定的违约金过分高于造成的损失的，人民法院或者仲裁机构可以根据当事人的请求予以适当减少。

当事人就迟延履行约定违约金的，违约方支付违约金后，还应当履行债务。

第五百八十六条　当事人可以约定一方向对方给付定金作为债权的担保。定金合同自实际交付定金时成立。

定金的数额由当事人约定；但是，不得超过主合同标的额的百分之二十，超过部分不产生定金的效力。实际交付的定金数额多于或者少于约定数额的，视为变更约定的定金数额。

第五百八十七条　债务人履行债务的，定金应当抵作价款或者收回。给付定金的一方不履行债务或者履行债务不符合约定，致使不能实现合同目的的，无权请求返还定金；收受定金的一方不履行债务或者履行债务不符合约定，致使不能实现合同目的的，应当双倍返还定金。

第五百八十八条　当事人既约定违约金，又约定定金的，一方违约时，对方可以选择适用违约金或者定金条款。

定金不足以弥补一方违约造成的损失的，对方可以请求赔偿超过定金数额的损失。

第五百八十九条 债务人按照约定履行债务，债权人无正当理由拒绝受领的，债务人可以请求债权人赔偿增加的费用。

在债权人受领迟延期间，债务人无须支付利息。

第五百九十条 当事人一方因不可抗力不能履行合同的，根据不可抗力的影响，部分或者全部免除责任，但是法律另有规定的除外。因不可抗力不能履行合同的，应当及时通知对方，以减轻可能给对方造成的损失，并应当在合理期限内提供证明。

当事人迟延履行后发生不可抗力的，不免除其违约责任。

第五百九十一条 当事人一方违约后，对方应当采取适当措施防止损失的扩大；没有采取适当措施致使损失扩大的，不得就扩大的损失请求赔偿。

当事人因防止损失扩大而支出的合理费用，由违约方负担。

第五百九十二条 当事人都违反合同的，应当各自承担相应的责任。

当事人一方违约造成对方损失，对方对损失的发生有过错的，可以减少相应的损失赔偿额。

第五百九十三条 当事人一方因第三人的原因造成违约的，应当依法向对方承担违约责任。当事人一方和第三人之间的纠纷，依照法律规定或者按照约定处理。

第五百九十四条 因国际货物买卖合同和技术进出口合同争议提起诉讼或者申请仲裁的时效期间为四年。

第二分编 典型合同

第九章 买卖合同

第五百九十五条 买卖合同是出卖人转移标的物的所有权于买受人，买受人支付价款的合同。

第五百九十六条 买卖合同的内容一般包括标的物的名称、数量、质量、价款、履行期限、履行地点和方式、包装方式、检验标准和方法、结算方式、合同使用的文字及其效力等条款。

第五百九十七条 因出卖人未取得处分权致使标的物所有权不能转移的，买受人可以解除合同并请求出卖人承担违约责任。

法律、行政法规禁止或者限制转让的标的物，依照其规定。

第五百九十八条 出卖人应当履行向买受人交付标的物或者交付提取标的物的单证，并转移标的物所有权的义务。

第五百九十九条 出卖人应当按照约定或者交易习惯向买受人交付提取标的物单证以外的有关单证和资料。

第六百条 出卖具有知识产权的标的物的，除法律另有规定或者当事人另有约定外，该标的物的知识产权不属于买受人。

第六百零一条 出卖人应当按照约定的时间交付标的物。约定交付期限的，出卖人可以在该交付期限内的任何时间交付。

第六百零二条 当事人没有约定标的物的交付期限或者约定不明确的，适用本法第五百一十条、第五百一十一条第四项的规定。

第六百零三条 出卖人应当按照约定的地点交付标的物。

当事人没有约定交付地点或者约定不明确，依据本法第五百一十条的规定仍不能确定的，适用下列规定：

（一）标的物需要运输的，出卖人应当将标的物交付给第一承运人以运交给买受人；

（二）标的物不需要运输，出卖人和买受人订立合同时知道标的物在某一地点的，出卖人应当在该地点交付标的物；不知道标的物在某一地点的，应当在出卖人订立合同时的营业地交付标的物。

第六百零四条 标的物毁损、灭失的风险，在标的物交付之前由出卖人承担，交付之后由买受人承担，但是法律另有规定或者当事人另有约定的除外。

第六百零五条 因买受人的原因致使标的物未按照约定的期限交付的，买受人应当自违反约定时起承担标的物毁损、灭失的风险。

第六百零六条 出卖人出卖交由承运人运输的在途标的物，除当事人另有约定外，毁损、灭失的风险自合同成立时起由买受人承担。

第六百零七条 出卖人按照约定将标的物运送至买受人指定地点并交付给承运人后，标的物毁损、灭失的风险由买受人承担。

当事人没有约定交付地点或者约定不明确，依据本法第六百零三条第二款第一项的规定标的物需要运输的，出卖人将标的物交付给第一承运人后，标的物毁损、灭失的风险由买受人承担。

第六百零八条 出卖人按照约定或者依据本法第六百零三条第二款第二项的规定将标的物置于交付地点，买受人违反约定没有收取的，标的物毁损、灭失的风险自违反约定时起由买受人承担。

第六百零九条 出卖人按照约定未交付有关标的物的单证和资料的，不影响标的物毁损、灭失风险的转移。

第六百一十条 因标的物不符合质量要求，致使不能实现合同目的的，买受人可以拒绝接受标的物或者解除合同。买受人拒绝接受标的物或者解除合同的，标的物毁损、灭失的风险由出卖人承担。

第六百一十一条 标的物毁损、灭失的风险由买受人承担的，不影响因出卖人履行义务不符合约定，买受人请求其承担违约责任的权利。

第六百一十二条 出卖人就交付的标的物，负有保证第三人对该标的物不享有任何权利的义务，但是法律另有规定的除外。

第六百一十三条 买受人订立合同时知道或者应当知道第三人对买卖的标的物享有权利的，出卖人不承担前条规定的义务。

第六百一十四条 买受人有确切证据证明第三人对标的物享有权利的，可以中止支付相应的价款，但是出卖人提供适当担保的除外。

第六百一十五条 出卖人应当按照约定的质量要求交付标的物。出卖人提供有关标的物质量说明的，交付的标的物应当符合该说明的质量要求。

第六百一十六条 当事人对标的物的质量要求没有约定或者约定不明确，依据本法第五百一十条的规定仍不能确定的，适用本法第五百一十一条第一项的规定。

第六百一十七条 出卖人交付的标的物不符合质量要求的，买受人可以依据本法第五百八十二条至第五百八十四条的规定请求承担违约责任。

第六百一十八条 当事人约定减轻或者免除出卖人对标的物瑕疵承担的责任，因出卖人故意或者重大过失不告知买受人标的物瑕疵的，出卖人无权主张减轻或者免除责任。

第六百一十九条 出卖人应当按照约定的包装方式交付标的物。对包装方式没有约定或者约定不明确，依据本法第五百一十条的规定仍不能确定的，应当按照通用的方式包装；没有通用方式的，应当采取足以保护标的物且有利于节约资源、保护生态环境的包装方式。

第六百二十条 买受人收到标的物时应当在约定的检验期限内检验。没有约定检验期限的，应当及时检验。

第六百二十一条 当事人约定检验期限的，买受人应当在检验期限内将标的物的数量或者质量不符合约定的情形通知出卖人。买受人怠于通知的，视为标的物的数量或者质量符合约定。

当事人没有约定检验期限的，买受人应当在发现或者应当发现标的物的数量或者质量不符合约定的合理期限内通知出卖人。买受人在合理期限内未通知或者自收到标的物之日起二年内未通知出卖人的，视为标的物的数量或者质量符合约定；但是，对标的物有质量保证期的，适用质量保证期，不适用该二年的规定。

出卖人知道或者应当知道提供的标的物不符合约定的，买受人不受前两款规定的通知时间的限制。

第六百二十二条 当事人约定的检验期限过短，根据标的物的性质和交易习惯，买受人在检验期限内难以完成全面检验的，该期限仅视为买受人对标的物的外观瑕疵提出异议的期限。

约定的检验期限或者质量保证期短于法律、行政法规规定期限的，应当以法律、行政法规规定的期限为准。

第六百二十三条　当事人对检验期限未作约定，买受人签收的送货单、确认单等载明标的物数量、型号、规格的，推定买受人已经对数量和外观瑕疵进行检验，但是有相关证据足以推翻的除外。

第六百二十四条　出卖人依照买受人的指示向第三人交付标的物，出卖人和买受人约定的检验标准与买受人和第三人约定的检验标准不一致的，以出卖人和买受人约定的检验标准为准。

第六百二十五条　依照法律、行政法规的规定或者按照当事人的约定，标的物在有效使用年限届满后应予回收的，出卖人负有自行或者委托第三人对标的物予以回收的义务。

第六百二十六条　买受人应当按照约定的数额和支付方式支付价款。对价款的数额和支付方式没有约定或者约定不明确的，适用本法第五百一十条、第五百一十一条第二项和第五项的规定。

第六百二十七条　买受人应当按照约定的地点支付价款。对支付地点没有约定或者约定不明确，依据本法第五百一十条的规定仍不能确定的，买受人应当在出卖人的营业地支付；但是，约定支付价款以交付标的物或者交付提取标的物单证为条件的，在交付标的物或者交付提取标的物单证的所在地支付。

第六百二十八条　买受人应当按照约定的时间支付价款。对支付时间没有约定或者约定不明确，依据本法第五百一十条的规定仍不能确定的，买受人应当在收到标的物或者提取标的物单证的同时支付。

第六百二十九条　出卖人多交标的物的，买受人可以接收或者拒绝接收多交的部分。买受人接收多交部分的，按照约定的价格支付价款；买受人拒绝接收多交部分的，应当及时通知出卖人。

第六百三十条　标的物在交付之前产生的孳息，归出卖人所有；交付之后产生的孳息，归买受人所有。但是，当事人另有约定的除外。

第六百三十一条　因标的物的主物不符合约定而解除合同的，解除合同的效力及于从物。因标的物的从物不符合约定被解除的，解除的效力不及于主物。

第六百三十二条　标的物为数物，其中一物不符合约定的，买受人可以就该物解除。但是，该物与他物分离使标的物的价值显受损害的，买受人可以就数物解除合同。

第六百三十三条　出卖人分批交付标的物的，出卖人对其中一批标的物不交付或者交付不符合约定，致使该批标的物不能实现合同目的的，买受人可以就该批标的物解除。

出卖人不交付其中一批标的物或者交付不符合约定，致使之后其他各批标的物的交付不能实现合同目的的，买受人可以就该批以及之后其他各批标的物解除。

买受人如果就其中一批标的物解除，该批标的物与其他各批标的物相互依存的，可以就已经交付和未交付的各批标的物解除。

第六百三十四条 分期付款的买受人未支付到期价款的数额达到全部价款的五分之一，经催告后在合理期限内仍未支付到期价款的，出卖人可以请求买受人支付全部价款或者解除合同。

出卖人解除合同的，可以向买受人请求支付该标的物的使用费。

第六百三十五条 凭样品买卖的当事人应当封存样品，并可以对样品质量予以说明。出卖人交付的标的物应当与样品及其说明的质量相同。

第六百三十六条 凭样品买卖的买受人不知道样品有隐蔽瑕疵的，即使交付的标的物与样品相同，出卖人交付的标的物的质量仍然应当符合同种物的通常标准。

第六百三十七条 试用买卖的当事人可以约定标的物的试用期限。对试用期限没有约定或者约定不明确，依据本法第五百一十条的规定仍不能确定的，由出卖人确定。

第六百三十八条 试用买卖的买受人在试用期内可以购买标的物，也可以拒绝购买。试用期限届满，买受人对是否购买标的物未作表示的，视为购买。

试用买卖的买受人在试用期内已经支付部分价款或者对标的物实施出卖、出租、设立担保物权等行为的，视为同意购买。

第六百三十九条 试用买卖的当事人对标的物使用费没有约定或者约定不明确的，出卖人无权请求买受人支付。

第六百四十条 标的物在试用期内毁损、灭失的风险由出卖人承担。

第六百四十一条 当事人可以在买卖合同中约定买受人未履行支付价款或者其他义务的，标的物的所有权属于出卖人。

出卖人对标的物保留的所有权，未经登记，不得对抗善意第三人。

第六百四十二条 当事人约定出卖人保留合同标的物的所有权，在标的物所有权转移前，买受人有下列情形之一，造成出卖人损害的，除当事人另有约定外，出卖人有权取回标的物：

（一）未按照约定支付价款，经催告后在合理期限内仍未支付；

（二）未按照约定完成特定条件；

（三）将标的物出卖、出质或者作出其他不当处分。

出卖人可以与买受人协商取回标的物；协商不成的，可以参照适用担保物权的实现程序。

第六百四十三条 出卖人依据前条第一款的规定取回标的物后，买受人在双方约定或者出卖人指定的合理回赎期限内，消除出卖人取回标的物的事由的，可以请求回赎标的物。

买受人在回赎期限内没有回赎标的物，出卖人可以以合理价格将标的物出卖给第三人，出卖所得价款扣除买受人未支付的价款以及必要费用后仍有剩余的，应当返还买受人；不足部分由买受人清偿。

第六百四十四条 招标投标买卖的当事人的权利和义务以及招标投标程序等，依照有关法律、行政法规的规定。

第六百四十五条 拍卖的当事人的权利和义务以及拍卖程序等，依照有关法律、行政法规的规定。

第六百四十六条 法律对其他有偿合同有规定的，依照其规定；没有规定的，参照适用买卖合同的有关规定。

第六百四十七条 当事人约定易货交易，转移标的物的所有权的，参照适用买卖合同的有关规定。

第十章 供用电、水、气、热力合同

第六百四十八条 供用电合同是供电人向用电人供电，用电人支付电费的合同。

向社会公众供电的供电人，不得拒绝用电人合理的订立合同要求。

第六百四十九条 供用电合同的内容一般包括供电的方式、质量、时间，用电容量、地址、性质，计量方式，电价、电费的结算方式，供用电设施的维护责任等条款。

第六百五十条 供用电合同的履行地点，按照当事人约定；当事人没有约定或者约定不明确的，供电设施的产权分界处为履行地点。

第六百五十一条 供电人应当按照国家规定的供电质量标准和约定安全供电。供电人未按照国家规定的供电质量标准和约定安全供电，造成用电人损失的，应当承担赔偿责任。

第六百五十二条 供电人因供电设施计划检修、临时检修、依法限电或者用电人违法用电等原因，需要中断供电时，应当按照国家有关规定事先通知用电人；未事先通知用电人中断供电，造成用电人损失的，应当承担赔偿责任。

第六百五十三条 因自然灾害等原因断电，供电人应当按照国家有关规定及时抢修；未及时抢修，造成用电人损失的，应当承担赔偿责任。

第六百五十四条 用电人应当按照国家有关规定和当事人的约定及时支付电费。

用电人逾期不支付电费的，应当按照约定支付违约金。经催告用电人在合理期限内仍不支付电费和违约金的，供电人可以按照国家规定的程序中止供电。

供电人依据前款规定中止供电的，应当事先通知用电人。

第六百五十五条 用电人应当按照国家有关规定和当事人的约定安全、节约和计划用电。用电人未按照国家有关规定和当事人的约定用电，造成供电人损失的，应当承担赔偿责任。

第六百五十六条 供用水、供用气、供用热力合同，参照适用供用电合同的有关规定。

第十一章 赠与合同

第六百五十七条 赠与合同是赠与人将自己的财产无偿给予受赠人，受赠人表示接受赠与的合同。

第六百五十八条 赠与人在赠与财产的权利转移之前可以撤销赠与。

经过公证的赠与合同或者依法不得撤销的具有救灾、扶贫、助残等公益、道德义务性质的赠与合同，不适用前款规定。

第六百五十九条 赠与的财产依法需要办理登记或者其他手续的，应当办理有关手续。

第六百六十条 经过公证的赠与合同或者依法不得撤销的具有救灾、扶贫、助残等公益、道德义务性质的赠与合同，赠与人不交付赠与财产的，受赠人可以请求交付。

依据前款规定应当交付的赠与财产因赠与人故意或者重大过失致使毁损、灭失的，赠与人应当承担赔偿责任。

第六百六十一条 赠与可以附义务。

赠与附义务的，受赠人应当按照约定履行义务。

第六百六十二条 赠与的财产有瑕疵的，赠与人不承担责任。附义务的赠与，赠与的财产有瑕疵的，赠与人在附义务的限度内承担与出卖人相同的责任。

赠与人故意不告知瑕疵或者保证无瑕疵，造成受赠人损失的，应当承担赔偿责任。

第六百六十三条 受赠人有下列情形之一的，赠与人可以撤销赠与：

（一）严重侵害赠与人或者赠与人近亲属的合法权益；

（二）对赠与人有扶养义务而不履行；

（三）不履行赠与合同约定的义务。

赠与人的撤销权，自知道或者应当知道撤销事由之日起一年内行使。

第六百六十四条　因受赠人的违法行为致使赠与人死亡或者丧失民事行为能力的，赠与人的继承人或者法定代理人可以撤销赠与。

赠与人的继承人或者法定代理人的撤销权，自知道或者应当知道撤销事由之日起六个月内行使。

第六百六十五条　撤销权人撤销赠与的，可以向受赠人请求返还赠与的财产。

第六百六十六条　赠与人的经济状况显著恶化，严重影响其生产经营或者家庭生活的，可以不再履行赠与义务。

第十二章　借款合同

第六百六十七条　借款合同是借款人向贷款人借款，到期返还借款并支付利息的合同。

第六百六十八条　借款合同应当采用书面形式，但是自然人之间借款另有约定的除外。

借款合同的内容一般包括借款种类、币种、用途、数额、利率、期限和还款方式等条款。

第六百六十九条　订立借款合同，借款人应当按照贷款人的要求提供与借款有关的业务活动和财务状况的真实情况。

第六百七十条　借款的利息不得预先在本金中扣除。利息预先在本金中扣除的，应当按照实际借款数额返还借款并计算利息。

第六百七十一条　贷款人未按照约定的日期、数额提供借款，造成借款人损失的，应当赔偿损失。

借款人未按照约定的日期、数额收取借款的，应当按照约定的日期、数额支付利息。

第六百七十二条　贷款人按照约定可以检查、监督借款的使用情况。借款人应当按照约定向贷款人定期提供有关财务会计报表或者其他资料。

第六百七十三条　借款人未按照约定的借款用途使用借款的，贷款人可以停止发放借款、提前收回借款或者解除合同。

第六百七十四条　借款人应当按照约定的期限支付利息。对支付利息的期限没有约定或者约定不明确，依据本法第五百一十条的规定仍不能确定，借款期间不满一年的，应当在返还借款时一并支付；借款期间一年以上的，应当在每届满一年时支付，剩余期间不满一年的，应当在返还借款时一并支付。

第六百七十五条　借款人应当按照约定的期限返还借款。对借款期限没有约定或者约定不明确，依据本法第五百一十条的规定仍不能确定的，借款人可以随时返还；贷款人可以催告借款人在合理期限内返还。

第六百七十六条 借款人未按照约定的期限返还借款的，应当按照约定或者国家有关规定支付逾期利息。

第六百七十七条 借款人提前返还借款的，除当事人另有约定外，应当按照实际借款的期间计算利息。

第六百七十八条 借款人可以在还款期限届满前向贷款人申请展期；贷款人同意的，可以展期。

第六百七十九条 自然人之间的借款合同，自贷款人提供借款时成立。

第六百八十条 禁止高利放贷，借款的利率不得违反国家有关规定。

借款合同对支付利息没有约定的，视为没有利息。

借款合同对支付利息约定不明确，当事人不能达成补充协议的，按照当地或者当事人的交易方式、交易习惯、市场利率等因素确定利息；自然人之间借款的，视为没有利息。

第十三章 保证合同

第一节 一般规定

第六百八十一条 保证合同是为保障债权的实现，保证人和债权人约定，当债务人不履行到期债务或者发生当事人约定的情形时，保证人履行债务或者承担责任的合同。

第六百八十二条 保证合同是主债权债务合同的从合同。主债权债务合同无效的，保证合同无效，但是法律另有规定的除外。

保证合同被确认无效后，债务人、保证人、债权人有过错的，应当根据其过错各自承担相应的民事责任。

第六百八十三条 机关法人不得为保证人，但是经国务院批准为使用外国政府或者国际经济组织贷款进行转贷的除外。

以公益为目的的非营利法人、非法人组织不得为保证人。

第六百八十四条 保证合同的内容一般包括被保证的主债权的种类、数额，债务人履行债务的期限，保证的方式、范围和期间等条款。

第六百八十五条 保证合同可以是单独订立的书面合同，也可以是主债权债务合同中的保证条款。

第三人单方以书面形式向债权人作出保证，债权人接收且未提出异议的，保证合同成立。

第六百八十六条　保证的方式包括一般保证和连带责任保证。

当事人在保证合同中对保证方式没有约定或者约定不明确的，按照一般保证承担保证责任。

第六百八十七条　当事人在保证合同中约定，债务人不能履行债务时，由保证人承担保证责任的，为一般保证。

一般保证的保证人在主合同纠纷未经审判或者仲裁，并就债务人财产依法强制执行仍不能履行债务前，有权拒绝向债权人承担保证责任，但是有下列情形之一的除外：

（一）债务人下落不明，且无财产可供执行；

（二）人民法院已经受理债务人破产案件；

（三）债权人有证据证明债务人的财产不足以履行全部债务或者丧失履行债务能力；

（四）保证人书面表示放弃本款规定的权利。

第六百八十八条　当事人在保证合同中约定保证人和债务人对债务承担连带责任的，为连带责任保证。

连带责任保证的债务人不履行到期债务或者发生当事人约定的情形时，债权人可以请求债务人履行债务，也可以请求保证人在其保证范围内承担保证责任。

第六百八十九条　保证人可以要求债务人提供反担保。

第六百九十条　保证人与债权人可以协商订立最高额保证的合同，约定在最高债权额限度内就一定期间连续发生的债权提供保证。

最高额保证除适用本章规定外，参照适用本法第二编最高额抵押权的有关规定。

第二节　保 证 责 任

第六百九十一条　保证的范围包括主债权及其利息、违约金、损害赔偿金和实现债权的费用。当事人另有约定的，按照其约定。

第六百九十二条　保证期间是确定保证人承担保证责任的期间，不发生中止、中断和延长。

债权人与保证人可以约定保证期间，但是约定的保证期间早于主债务履行期限或者与主债务履行期限同时届满的，视为没有约定；没有约定或者约定不明确的，保证期间为主债务履行期限届满之日起六个月。

债权人与债务人对主债务履行期限没有约定或者约定不明确的，保证期间自债权人请求债务人履行债务的宽限期届满之日起计算。

第六百九十三条 一般保证的债权人未在保证期间对债务人提起诉讼或者申请仲裁的，保证人不再承担保证责任。

连带责任保证的债权人未在保证期间请求保证人承担保证责任的，保证人不再承担保证责任。

第六百九十四条 一般保证的债权人在保证期间届满前对债务人提起诉讼或者申请仲裁的，从保证人拒绝承担保证责任的权利消灭之日起，开始计算保证债务的诉讼时效。

连带责任保证的债权人在保证期间届满前请求保证人承担保证责任的，从债权人请求保证人承担保证责任之日起，开始计算保证债务的诉讼时效。

第六百九十五条 债权人和债务人未经保证人书面同意，协商变更主债权债务合同内容，减轻债务的，保证人仍对变更后的债务承担保证责任；加重债务的，保证人对加重的部分不承担保证责任。

债权人和债务人变更主债权债务合同的履行期限，未经保证人书面同意的，保证期间不受影响。

第六百九十六条 债权人转让全部或者部分债权，未通知保证人的，该转让对保证人不发生效力。

保证人与债权人约定禁止债权转让，债权人未经保证人书面同意转让债权的，保证人对受让人不再承担保证责任。

第六百九十七条 债权人未经保证人书面同意，允许债务人转移全部或者部分债务，保证人对未经其同意转移的债务不再承担保证责任，但是债权人和保证人另有约定的除外。

第三人加入债务的，保证人的保证责任不受影响。

第六百九十八条 一般保证的保证人在主债务履行期限届满后，向债权人提供债务人可供执行财产的真实情况，债权人放弃或者怠于行使权利致使该财产不能被执行的，保证人在其提供可供执行财产的价值范围内不再承担保证责任。

第六百九十九条 同一债务有两个以上保证人的，保证人应当按照保证合同约定的保证份额，承担保证责任；没有约定保证份额的，债权人可以请求任何一个保证人在其保证范围内承担保证责任。

第七百条 保证人承担保证责任后，除当事人另有约定外，有权在其承担保证责任的范围内向债务人追偿，享有债权人对债务人的权利，但是不得损害债权人的利益。

第七百零一条 保证人可以主张债务人对债权人的抗辩。债务人放弃抗辩的，保证人仍有权向债权人主张抗辩。

第七百零二条 债务人对债权人享有抵销权或者撤销权的，保证人可以在相应范围内拒绝承担保证责任。

第十四章　租 赁 合 同

第七百零三条　租赁合同是出租人将租赁物交付承租人使用、收益，承租人支付租金的合同。

第七百零四条　租赁合同的内容一般包括租赁物的名称、数量、用途、租赁期限、租金及其支付期限和方式、租赁物维修等条款。

第七百零五条　租赁期限不得超过二十年。超过二十年的，超过部分无效。

租赁期限届满，当事人可以续订租赁合同；但是，约定的租赁期限自续订之日起不得超过二十年。

第七百零六条　当事人未依照法律、行政法规规定办理租赁合同登记备案手续的，不影响合同的效力。

第七百零七条　租赁期限六个月以上的，应当采用书面形式。当事人未采用书面形式，无法确定租赁期限的，视为不定期租赁。

第七百零八条　出租人应当按照约定将租赁物交付承租人，并在租赁期限内保持租赁物符合约定的用途。

第七百零九条　承租人应当按照约定的方法使用租赁物。对租赁物的使用方法没有约定或者约定不明确，依据本法第五百一十条的规定仍不能确定的，应当根据租赁物的性质使用。

第七百一十条　承租人按照约定的方法或者根据租赁物的性质使用租赁物，致使租赁物受到损耗的，不承担赔偿责任。

第七百一十一条　承租人未按照约定的方法或者未根据租赁物的性质使用租赁物，致使租赁物受到损失的，出租人可以解除合同并请求赔偿损失。

第七百一十二条　出租人应当履行租赁物的维修义务，但是当事人另有约定的除外。

第七百一十三条　承租人在租赁物需要维修时可以请求出租人在合理期限内维修。出租人未履行维修义务的，承租人可以自行维修，维修费用由出租人负担。因维修租赁物影响承租人使用的，应当相应减少租金或者延长租期。

因承租人的过错致使租赁物需要维修的，出租人不承担前款规定的维修义务。

第七百一十四条　承租人应当妥善保管租赁物，因保管不善造成租赁物毁损、灭失的，应当承担赔偿责任。

第七百一十五条　承租人经出租人同意，可以对租赁物进行改善或者增设他物。

承租人未经出租人同意，对租赁物进行改善或者增设他物的，出租人可以请求承租人恢复原状或者赔偿损失。

第七百一十六条 承租人经出租人同意，可以将租赁物转租给第三人。承租人转租的，承租人与出租人之间的租赁合同继续有效；第三人造成租赁物损失的，承租人应当赔偿损失。

承租人未经出租人同意转租的，出租人可以解除合同。

第七百一十七条 承租人经出租人同意将租赁物转租给第三人，转租期限超过承租人剩余租赁期限的，超过部分的约定对出租人不具有法律约束力，但是出租人与承租人另有约定的除外。

第七百一十八条 出租人知道或者应当知道承租人转租，但是在六个月内未提出异议的，视为出租人同意转租。

第七百一十九条 承租人拖欠租金的，次承租人可以代承租人支付其欠付的租金和违约金，但是转租合同对出租人不具有法律约束力的除外。

次承租人代为支付的租金和违约金，可以充抵次承租人应当向承租人支付的租金；超出其应付的租金数额的，可以向承租人追偿。

第七百二十条 在租赁期限内因占有、使用租赁物获得的收益，归承租人所有，但是当事人另有约定的除外。

第七百二十一条 承租人应当按照约定的期限支付租金。对支付租金的期限没有约定或者约定不明确，依据本法第五百一十条的规定仍不能确定，租赁期限不满一年的，应当在租赁期限届满时支付；租赁期限一年以上的，应当在每届满一年时支付，剩余期限不满一年的，应当在租赁期限届满时支付。

第七百二十二条 承租人无正当理由未支付或者迟延支付租金的，出租人可以请求承租人在合理期限内支付；承租人逾期不支付的，出租人可以解除合同。

第七百二十三条 因第三人主张权利，致使承租人不能对租赁物使用、收益的，承租人可以请求减少租金或者不支付租金。

第三人主张权利的，承租人应当及时通知出租人。

第七百二十四条 有下列情形之一，非因承租人原因致使租赁物无法使用的，承租人可以解除合同：

（一）租赁物被司法机关或者行政机关依法查封、扣押；

（二）租赁物权属有争议；

（三）租赁物具有违反法律、行政法规关于使用条件的强制性规定情形。

第七百二十五条 租赁物在承租人按照租赁合同占有期限内发生所有权变动的，不影响租赁合同的效力。

第七百二十六条 出租人出卖租赁房屋的，应当在出卖之前的合理期限内通知承租人，承租人享有以同等条件优先购买的权利；但是，房屋按份共有人行使优先购买权或者出租人将房屋出卖给近亲属的除外。

出租人履行通知义务后，承租人在十五日内未明确表示购买的，视为承租人放弃优先购买权。

第七百二十七条　出租人委托拍卖人拍卖租赁房屋的，应当在拍卖五日前通知承租人。承租人未参加拍卖的，视为放弃优先购买权。

第七百二十八条　出租人未通知承租人或者有其他妨害承租人行使优先购买权情形的，承租人可以请求出租人承担赔偿责任。但是，出租人与第三人订立的房屋买卖合同的效力不受影响。

第七百二十九条　因不可归责于承租人的事由，致使租赁物部分或者全部毁损、灭失的，承租人可以请求减少租金或者不支付租金；因租赁物部分或者全部毁损、灭失，致使不能实现合同目的的，承租人可以解除合同。

第七百三十条　当事人对租赁期限没有约定或者约定不明确，依据本法第五百一十条的规定仍不能确定的，视为不定期租赁；当事人可以随时解除合同，但是应当在合理期限之前通知对方。

第七百三十一条　租赁物危及承租人的安全或者健康的，即使承租人订立合同时明知该租赁物质量不合格，承租人仍然可以随时解除合同。

第七百三十二条　承租人在房屋租赁期限内死亡的，与其生前共同居住的人或者共同经营人可以按照原租赁合同租赁该房屋。

第七百三十三条　租赁期限届满，承租人应当返还租赁物。返还的租赁物应当符合按照约定或者根据租赁物的性质使用后的状态。

第七百三十四条　租赁期限届满，承租人继续使用租赁物，出租人没有提出异议的，原租赁合同继续有效，但是租赁期限为不定期。

租赁期限届满，房屋承租人享有以同等条件优先承租的权利。

第十五章　融资租赁合同

第七百三十五条　融资租赁合同是出租人根据承租人对出卖人、租赁物的选择，向出卖人购买租赁物，提供给承租人使用，承租人支付租金的合同。

第七百三十六条　融资租赁合同的内容一般包括租赁物的名称、数量、规格、技术性能、检验方法，租赁期限，租金构成及其支付期限和方式、币种，租赁期限届满租赁物的归属等条款。

融资租赁合同应当采用书面形式。

第七百三十七条　当事人以虚构租赁物方式订立的融资租赁合同无效。

第七百三十八条　依照法律、行政法规的规定，对于租赁物的经营使用应当取得行政许可的，出租人未取得行政许可不影响融资租赁合同的效力。

第七百三十九条 出租人根据承租人对出卖人、租赁物的选择订立的买卖合同，出卖人应当按照约定向承租人交付标的物，承租人享有与受领标的物有关的买受人的权利。

第七百四十条 出卖人违反向承租人交付标的物的义务，有下列情形之一的，承租人可以拒绝受领出卖人向其交付的标的物：

（一）标的物严重不符合约定；

（二）未按照约定交付标的物，经承租人或者出租人催告后在合理期限内仍未交付。

承租人拒绝受领标的物的，应当及时通知出租人。

第七百四十一条 出租人、出卖人、承租人可以约定，出卖人不履行买卖合同义务的，由承租人行使索赔的权利。承租人行使索赔权利的，出租人应当协助。

第七百四十二条 承租人对出卖人行使索赔权利，不影响其履行支付租金的义务。但是，承租人依赖出租人的技能确定租赁物或者出租人干预选择租赁物的，承租人可以请求减免相应租金。

第七百四十三条 出租人有下列情形之一，致使承租人对出卖人行使索赔权利失败的，承租人有权请求出租人承担相应的责任：

（一）明知租赁物有质量瑕疵而不告知承租人；

（二）承租人行使索赔权利时，未及时提供必要协助。

出租人怠于行使只能由其对出卖人行使的索赔权利，造成承租人损失的，承租人有权请求出租人承担赔偿责任。

第七百四十四条 出租人根据承租人对出卖人、租赁物的选择订立的买卖合同，未经承租人同意，出租人不得变更与承租人有关的合同内容。

第七百四十五条 出租人对租赁物享有的所有权，未经登记，不得对抗善意第三人。

第七百四十六条 融资租赁合同的租金，除当事人另有约定外，应当根据购买租赁物的大部分或者全部成本以及出租人的合理利润确定。

第七百四十七条 租赁物不符合约定或者不符合使用目的的，出租人不承担责任。但是，承租人依赖出租人的技能确定租赁物或者出租人干预选择租赁物的除外。

第七百四十八条 出租人应当保证承租人对租赁物的占有和使用。

出租人有下列情形之一的，承租人有权请求其赔偿损失：

（一）无正当理由收回租赁物；

（二）无正当理由妨碍、干扰承租人对租赁物的占有和使用；

（三）因出租人的原因致使第三人对租赁物主张权利；

（四）不当影响承租人对租赁物占有和使用的其他情形。

第七百四十九条　承租人占有租赁物期间，租赁物造成第三人人身损害或者财产损失的，出租人不承担责任。

第七百五十条　承租人应当妥善保管、使用租赁物。

承租人应当履行占有租赁物期间的维修义务。

第七百五十一条　承租人占有租赁物期间，租赁物毁损、灭失的，出租人有权请求承租人继续支付租金，但是法律另有规定或者当事人另有约定的除外。

第七百五十二条　承租人应当按照约定支付租金。承租人经催告后在合理期限内仍不支付租金的，出租人可以请求支付全部租金；也可以解除合同，收回租赁物。

第七百五十三条　承租人未经出租人同意，将租赁物转让、抵押、质押、投资入股或者以其他方式处分的，出租人可以解除融资租赁合同。

第七百五十四条　有下列情形之一的，出租人或者承租人可以解除融资租赁合同：

（一）出租人与出卖人订立的买卖合同解除、被确认无效或者被撤销，且未能重新订立买卖合同；

（二）租赁物因不可归责于当事人的原因毁损、灭失，且不能修复或者确定替代物；

（三）因出卖人的原因致使融资租赁合同的目的不能实现。

第七百五十五条　融资租赁合同因买卖合同解除、被确认无效或者被撤销而解除，出卖人、租赁物系由承租人选择的，出租人有权请求承租人赔偿相应损失；但是，因出租人原因致使买卖合同解除、被确认无效或者被撤销的除外。

出租人的损失已经在买卖合同解除、被确认无效或者被撤销时获得赔偿的，承租人不再承担相应的赔偿责任。

第七百五十六条　融资租赁合同因租赁物交付承租人后意外毁损、灭失等不可归责于当事人的原因解除的，出租人可以请求承租人按照租赁物折旧情况给予补偿。

第七百五十七条　出租人和承租人可以约定租赁期限届满租赁物的归属；对租赁物的归属没有约定或者约定不明确，依据本法第五百一十条的规定仍不能确定的，租赁物的所有权归出租人。

第七百五十八条　当事人约定租赁期限届满租赁物归承租人所有，承租人已经支付大部分租金，但是无力支付剩余租金，出租人因此解除合同收回租赁物，收回的租赁物的价值超过承租人欠付的租金以及其他费用的，承租人可以请求相应返还。

当事人约定租赁期限届满租赁物归出租人所有，因租赁物毁损、灭失或者附合、混合于他物致使承租人不能返还的，出租人有权请求承租人给予合理补偿。

第七百五十九条　当事人约定租赁期限届满，承租人仅需向出租人支付象征性价款的，视为约定的租金义务履行完毕后租赁物的所有权归承租人。

第七百六十条 融资租赁合同无效，当事人就该情形下租赁物的归属有约定的，按照其约定；没有约定或者约定不明确的，租赁物应当返还出租人。但是，因承租人原因致使合同无效，出租人不请求返还或者返还后会显著降低租赁物效用的，租赁物的所有权归承租人，由承租人给予出租人合理补偿。

第十六章 保理合同

第七百六十一条 保理合同是应收账款债权人将现有的或者将有的应收账款转让给保理人，保理人提供资金融通、应收账款管理或者催收、应收账款债务人付款担保等服务的合同。

第七百六十二条 保理合同的内容一般包括业务类型、服务范围、服务期限、基础交易合同情况、应收账款信息、保理融资款或者服务报酬及其支付方式等条款。

保理合同应当采用书面形式。

第七百六十三条 应收账款债权人与债务人虚构应收账款作为转让标的，与保理人订立保理合同的，应收账款债务人不得以应收账款不存在为由对抗保理人，但是保理人明知虚构的除外。

第七百六十四条 保理人向应收账款债务人发出应收账款转让通知的，应当表明保理人身份并附有必要凭证。

第七百六十五条 应收账款债务人接到应收账款转让通知后，应收账款债权人与债务人无正当理由协商变更或者终止基础交易合同，对保理人产生不利影响的，对保理人不发生效力。

第七百六十六条 当事人约定有追索权保理的，保理人可以向应收账款债权人主张返还保理融资款本息或者回购应收账款债权，也可以向应收账款债务人主张应收账款债权。保理人向应收账款债务人主张应收账款债权，在扣除保理融资款本息和相关费用后有剩余的，剩余部分应当返还给应收账款债权人。

第七百六十七条 当事人约定无追索权保理的，保理人应当向应收账款债务人主张应收账款债权，保理人取得超过保理融资款本息和相关费用的部分，无需向应收账款债权人返还。

第七百六十八条 应收账款债权人就同一应收账款订立多个保理合同，致使多个保理人主张权利的，已经登记的先于未登记的取得应收账款；均已经登记的，按照登记时间的先后顺序取得应收账款；均未登记的，由最先到达应收账款债务人的转让通知中载明的保理人取得应收账款；既未登记也未通知的，按照保理融资款或者服务报酬的比例取得应收账款。

第七百六十九条 本章没有规定的，适用本编第六章债权转让的有关规定。

第十七章 承揽合同

第七百七十条 承揽合同是承揽人按照定作人的要求完成工作，交付工作成果，定作人支付报酬的合同。

承揽包括加工、定作、修理、复制、测试、检验等工作。

第七百七十一条 承揽合同的内容一般包括承揽的标的、数量、质量、报酬，承揽方式，材料的提供，履行期限，验收标准和方法等条款。

第七百七十二条 承揽人应当以自己的设备、技术和劳力，完成主要工作，但是当事人另有约定的除外。

承揽人将其承揽的主要工作交由第三人完成的，应当就该第三人完成的工作成果向定作人负责；未经定作人同意的，定作人也可以解除合同。

第七百七十三条 承揽人可以将其承揽的辅助工作交由第三人完成。承揽人将其承揽的辅助工作交由第三人完成的，应当就该第三人完成的工作成果向定作人负责。

第七百七十四条 承揽人提供材料的，应当按照约定选用材料，并接受定作人检验。

第七百七十五条 定作人提供材料的，应当按照约定提供材料。承揽人对定作人提供的材料应当及时检验，发现不符合约定时，应当及时通知定作人更换、补齐或者采取其他补救措施。

承揽人不得擅自更换定作人提供的材料，不得更换不需要修理的零部件。

第七百七十六条 承揽人发现定作人提供的图纸或者技术要求不合理的，应当及时通知定作人。因定作人怠于答复等原因造成承揽人损失的，应当赔偿损失。

第七百七十七条 定作人中途变更承揽工作的要求，造成承揽人损失的，应当赔偿损失。

第七百七十八条 承揽工作需要定作人协助的，定作人有协助的义务。定作人不履行协助义务致使承揽工作不能完成的，承揽人可以催告定作人在合理期限内履行义务，并可以顺延履行期限；定作人逾期不履行的，承揽人可以解除合同。

第七百七十九条 承揽人在工作期间，应当接受定作人必要的监督检验。定作人不得因监督检验妨碍承揽人的正常工作。

第七百八十条 承揽人完成工作的，应当向定作人交付工作成果，并提交必要的技术资料和有关质量证明。定作人应当验收该工作成果。

第七百八十一条 承揽人交付的工作成果不符合质量要求的，定作人可以合理选择请求承揽人承担修理、重作、减少报酬、赔偿损失等违约责任。

第七百八十二条 定作人应当按照约定的期限支付报酬。对支付报酬的期限没有约定或者约定不明确，依据本法第五百一十条的规定仍不能确定的，定作人应当在承揽人交付工作成果时支付；工作成果部分交付的，定作人应当相应支付。

第七百八十三条 定作人未向承揽人支付报酬或者材料费等价款的，承揽人对完成的工作成果享有留置权或者有权拒绝交付，但是当事人另有约定的除外。

第七百八十四条 承揽人应当妥善保管定作人提供的材料以及完成的工作成果，因保管不善造成毁损、灭失的，应当承担赔偿责任。

第七百八十五条 承揽人应当按照定作人的要求保守秘密，未经定作人许可，不得留存复制品或者技术资料。

第七百八十六条 共同承揽人对定作人承担连带责任，但是当事人另有约定的除外。

第七百八十七条 定作人在承揽人完成工作前可以随时解除合同，造成承揽人损失的，应当赔偿损失。

第十八章 建设工程合同

第七百八十八条 建设工程合同是承包人进行工程建设，发包人支付价款的合同。

建设工程合同包括工程勘察、设计、施工合同。

第七百八十九条 建设工程合同应当采用书面形式。

第七百九十条 建设工程的招标投标活动，应当依照有关法律的规定公开、公平、公正进行。

第七百九十一条 发包人可以与总承包人订立建设工程合同，也可以分别与勘察人、设计人、施工人订立勘察、设计、施工承包合同。发包人不得将应当由一个承包人完成的建设工程支解成若干部分发包给数个承包人。

总承包人或者勘察、设计、施工承包人经发包人同意，可以将自己承包的部分工作交由第三人完成。第三人就其完成的工作成果与总承包人或者勘察、设计、施工承包人向发包人承担连带责任。承包人不得将其承包的全部建设工程转包给第三人或者将其承包的全部建设工程支解以后以分包的名义分别转包给第三人。

禁止承包人将工程分包给不具备相应资质条件的单位。禁止分包单位将其承包的工程再分包。建设工程主体结构的施工必须由承包人自行完成。

第七百九十二条 国家重大建设工程合同，应当按照国家规定的程序和国家批准的投资计划、可行性研究报告等文件订立。

第七百九十三条　建设工程施工合同无效，但是建设工程经验收合格的，可以参照合同关于工程价款的约定折价补偿承包人。

建设工程施工合同无效，且建设工程经验收不合格的，按照以下情形处理：

（一）修复后的建设工程经验收合格的，发包人可以请求承包人承担修复费用；

（二）修复后的建设工程经验收不合格的，承包人无权请求参照合同关于工程价款的约定折价补偿。

发包人对因建设工程不合格造成的损失有过错的，应当承担相应的责任。

第七百九十四条　勘察、设计合同的内容一般包括提交有关基础资料和概预算等文件的期限、质量要求、费用以及其他协作条件等条款。

第七百九十五条　施工合同的内容一般包括工程范围、建设工期、中间交工工程的开工和竣工时间、工程质量、工程造价、技术资料交付时间、材料和设备供应责任、拨款和结算、竣工验收、质量保修范围和质量保证期、相互协作等条款。

第七百九十六条　建设工程实行监理的，发包人应当与监理人采用书面形式订立委托监理合同。发包人与监理人的权利和义务以及法律责任，应当依照本编委托合同以及其他有关法律、行政法规的规定。

第七百九十七条　发包人在不妨碍承包人正常作业的情况下，可以随时对作业进度、质量进行检查。

第七百九十八条　隐蔽工程在隐蔽以前，承包人应当通知发包人检查。发包人没有及时检查的，承包人可以顺延工程日期，并有权请求赔偿停工、窝工等损失。

第七百九十九条　建设工程竣工后，发包人应当根据施工图纸及说明书、国家颁发的施工验收规范和质量检验标准及时进行验收。验收合格的，发包人应当按照约定支付价款，并接收该建设工程。

建设工程竣工经验收合格后，方可交付使用；未经验收或者验收不合格的，不得交付使用。

第八百条　勘察、设计的质量不符合要求或者未按照期限提交勘察、设计文件拖延工期，造成发包人损失的，勘察人、设计人应当继续完善勘察、设计，减收或者免收勘察、设计费并赔偿损失。

第八百零一条　因施工人的原因致使建设工程质量不符合约定的，发包人有权请求施工人在合理期限内无偿修理或者返工、改建。经过修理或者返工、改建后，造成逾期交付的，施工人应当承担违约责任。

第八百零二条　因承包人的原因致使建设工程在合理使用期限内造成人身损害和财产损失的，承包人应当承担赔偿责任。

第八百零三条　发包人未按照约定的时间和要求提供原材料、设备、场地、资金、技术资料的，承包人可以顺延工程日期，并有权请求赔偿停工、窝工等损失。

第八百零四条 因发包人的原因致使工程中途停建、缓建的，发包人应当采取措施弥补或者减少损失，赔偿承包人因此造成的停工、窝工、倒运、机械设备调迁、材料和构件积压等损失和实际费用。

第八百零五条 因发包人变更计划，提供的资料不准确，或者未按照期限提供必需的勘察、设计工作条件而造成勘察、设计的返工、停工或者修改设计，发包人应当按照勘察人、设计人实际消耗的工作量增付费用。

第八百零六条 承包人将建设工程转包、违法分包的，发包人可以解除合同。

发包人提供的主要建筑材料、建筑构配件和设备不符合强制性标准或者不履行协助义务，致使承包人无法施工，经催告后在合理期限内仍未履行相应义务的，承包人可以解除合同。

合同解除后，已经完成的建设工程质量合格的，发包人应当按照约定支付相应的工程价款；已经完成的建设工程质量不合格的，参照本法第七百九十三条的规定处理。

第八百零七条 发包人未按照约定支付价款的，承包人可以催告发包人在合理期限内支付价款。发包人逾期不支付的，除根据建设工程的性质不宜折价、拍卖外，承包人可以与发包人协议将该工程折价，也可以请求人民法院将该工程依法拍卖。建设工程的价款就该工程折价或者拍卖的价款优先受偿。

第八百零八条 本章没有规定的，适用承揽合同的有关规定。

第十九章 运输合同

第一节 一般规定

第八百零九条 运输合同是承运人将旅客或者货物从起运地点运输到约定地点，旅客、托运人或者收货人支付票款或者运输费用的合同。

第八百一十条 从事公共运输的承运人不得拒绝旅客、托运人通常、合理的运输要求。

第八百一十一条 承运人应当在约定期限或者合理期限内将旅客、货物安全运输到约定地点。

第八百一十二条 承运人应当按照约定的或者通常的运输路线将旅客、货物运输到约定地点。

第八百一十三条 旅客、托运人或者收货人应当支付票款或者运输费用。承运人未按照约定路线或者通常路线运输增加票款或者运输费用的，旅客、托运人或者收货人可以拒绝支付增加部分的票款或者运输费用。

第二节　客运合同

第八百一十四条　客运合同自承运人向旅客出具客票时成立，但是当事人另有约定或者另有交易习惯的除外。

第八百一十五条　旅客应当按照有效客票记载的时间、班次和座位号乘坐。旅客无票乘坐、超程乘坐、越级乘坐或者持不符合减价条件的优惠客票乘坐的，应当补交票款，承运人可以按照规定加收票款；旅客不支付票款的，承运人可以拒绝运输。

实名制客运合同的旅客丢失客票的，可以请求承运人挂失补办，承运人不得再次收取票款和其他不合理费用。

第八百一十六条　旅客因自己的原因不能按照客票记载的时间乘坐的，应当在约定的期限内办理退票或者变更手续；逾期办理的，承运人可以不退票款，并不再承担运输义务。

第八百一十七条　旅客随身携带行李应当符合约定的限量和品类要求；超过限量或者违反品类要求携带行李的，应当办理托运手续。

第八百一十八条　旅客不得随身携带或者在行李中夹带易燃、易爆、有毒、有腐蚀性、有放射性以及可能危及运输工具上人身和财产安全的危险物品或者违禁物品。

旅客违反前款规定的，承运人可以将危险物品或者违禁物品卸下、销毁或者送交有关部门。旅客坚持携带或者夹带危险物品或者违禁物品的，承运人应当拒绝运输。

第八百一十九条　承运人应当严格履行安全运输义务，及时告知旅客安全运输应当注意的事项。旅客对承运人为安全运输所作的合理安排应当积极协助和配合。

第八百二十条　承运人应当按照有效客票记载的时间、班次和座位号运输旅客。承运人迟延运输或者有其他不能正常运输情形的，应当及时告知和提醒旅客，采取必要的安置措施，并根据旅客的要求安排改乘其他班次或者退票；由此造成旅客损失的，承运人应当承担赔偿责任，但是不可归责于承运人的除外。

第八百二十一条　承运人擅自降低服务标准的，应当根据旅客的请求退票或者减收票款；提高服务标准的，不得加收票款。

第八百二十二条　承运人在运输过程中，应当尽力救助患有急病、分娩、遇险的旅客。

第八百二十三条　承运人应当对运输过程中旅客的伤亡承担赔偿责任；但是，

伤亡是旅客自身健康原因造成的或者承运人证明伤亡是旅客故意、重大过失造成的除外。

前款规定适用于按照规定免票、持优待票或者经承运人许可搭乘的无票旅客。

第八百二十四条 在运输过程中旅客随身携带物品毁损、灭失，承运人有过错的，应当承担赔偿责任。

旅客托运的行李毁损、灭失的，适用货物运输的有关规定。

第三节 货运合同

第八百二十五条 托运人办理货物运输，应当向承运人准确表明收货人的姓名、名称或者凭指示的收货人，货物的名称、性质、重量、数量，收货地点等有关货物运输的必要情况。

因托运人申报不实或者遗漏重要情况，造成承运人损失的，托运人应当承担赔偿责任。

第八百二十六条 货物运输需要办理审批、检验等手续的，托运人应当将办理完有关手续的文件提交承运人。

第八百二十七条 托运人应当按照约定的方式包装货物。对包装方式没有约定或者约定不明确的，适用本法第六百一十九条的规定。

托运人违反前款规定的，承运人可以拒绝运输。

第八百二十八条 托运人托运易燃、易爆、有毒、有腐蚀性、有放射性等危险物品的，应当按照国家有关危险物品运输的规定对危险物品妥善包装，做出危险物品标志和标签，并将有关危险物品的名称、性质和防范措施的书面材料提交承运人。

托运人违反前款规定的，承运人可以拒绝运输，也可以采取相应措施以避免损失的发生，因此产生的费用由托运人负担。

第八百二十九条 在承运人将货物交付收货人之前，托运人可以要求承运人中止运输、返还货物、变更到达地或者将货物交给其他收货人，但是应当赔偿承运人因此受到的损失。

第八百三十条 货物运输到达后，承运人知道收货人的，应当及时通知收货人，收货人应当及时提货。收货人逾期提货的，应当向承运人支付保管费等费用。

第八百三十一条 收货人提货时应当按照约定的期限检验货物。对检验货物的期限没有约定或者约定不明确，依据本法第五百一十条的规定仍不能确定的，应当在合理期限内检验货物。收货人在约定的期限或者合理期限内对货物的数量、毁损等未提出异议的，视为承运人已经按照运输单证的记载交付的初步证据。

第八百三十二条 承运人对运输过程中货物的毁损、灭失承担赔偿责任。但是，承运人证明货物的毁损、灭失是因不可抗力、货物本身的自然性质或者合理损耗以及托运人、收货人的过错造成的，不承担赔偿责任。

第八百三十三条　货物的毁损、灭失的赔偿额，当事人有约定的，按照其约定；没有约定或者约定不明确，依据本法第五百一十条的规定仍不能确定的，按照交付或者应当交付时货物到达地的市场价格计算。法律、行政法规对赔偿额的计算方法和赔偿限额另有规定的，依照其规定。

第八百三十四条　两个以上承运人以同一运输方式联运的，与托运人订立合同的承运人应当对全程运输承担责任；损失发生在某一运输区段的，与托运人订立合同的承运人和该区段的承运人承担连带责任。

第八百三十五条　货物在运输过程中因不可抗力灭失，未收取运费的，承运人不得请求支付运费；已经收取运费的，托运人可以请求返还。法律另有规定的，依照其规定。

第八百三十六条　托运人或者收货人不支付运费、保管费或者其他费用的，承运人对相应的运输货物享有留置权，但是当事人另有约定的除外。

第八百三十七条　收货人不明或者收货人无正当理由拒绝受领货物的，承运人依法可以提存货物。

第四节　多式联运合同

第八百三十八条　多式联运经营人负责履行或者组织履行多式联运合同，对全程运输享有承运人的权利，承担承运人的义务。

第八百三十九条　多式联运经营人可以与参加多式联运的各区段承运人就多式联运合同的各区段运输约定相互之间的责任；但是，该约定不影响多式联运经营人对全程运输承担的义务。

第八百四十条　多式联运经营人收到托运人交付的货物时，应当签发多式联运单据。按照托运人的要求，多式联运单据可以是可转让单据，也可以是不可转让单据。

第八百四十一条　因托运人托运货物时的过错造成多式联运经营人损失的，即使托运人已经转让多式联运单据，托运人仍然应当承担赔偿责任。

第八百四十二条　货物的毁损、灭失发生于多式联运的某一运输区段的，多式联运经营人的赔偿责任和责任限额，适用调整该区段运输方式的有关法律规定；货物毁损、灭失发生的运输区段不能确定的，依照本章规定承担赔偿责任。

第二十章　技术合同

第一节　一般规定

第八百四十三条　技术合同是当事人就技术开发、转让、许可、咨询或者服务订立的确立相互之间权利和义务的合同。

第八百四十四条　订立技术合同，应当有利于知识产权的保护和科学技术的进步，促进科学技术成果的研发、转化、应用和推广。

第八百四十五条　技术合同的内容一般包括项目的名称，标的的内容、范围和要求，履行的计划、地点和方式，技术信息和资料的保密，技术成果的归属和收益的分配办法，验收标准和方法，名词和术语的解释等条款。

与履行合同有关的技术背景资料、可行性论证和技术评价报告、项目任务书和计划书、技术标准、技术规范、原始设计和工艺文件，以及其他技术文档，按照当事人的约定可以作为合同的组成部分。

技术合同涉及专利的，应当注明发明创造的名称、专利申请人和专利权人、申请日期、申请号、专利号以及专利权的有效期限。

第八百四十六条　技术合同价款、报酬或者使用费的支付方式由当事人约定，可以采取一次总算、一次总付或者一次总算、分期支付，也可以采取提成支付或者提成支付附加预付入门费的方式。

约定提成支付的，可以按照产品价格、实施专利和使用技术秘密后新增的产值、利润或者产品销售额的一定比例提成，也可以按照约定的其他方式计算。提成支付的比例可以采取固定比例、逐年递增比例或者逐年递减比例。

约定提成支付的，当事人可以约定查阅有关会计账目的办法。

第八百四十七条　职务技术成果的使用权、转让权属于法人或者非法人组织的，法人或者非法人组织可以就该项职务技术成果订立技术合同。法人或者非法人组织订立技术合同转让职务技术成果时，职务技术成果的完成人享有以同等条件优先受让的权利。

职务技术成果是执行法人或者非法人组织的工作任务，或者主要是利用法人或者非法人组织的物质技术条件所完成的技术成果。

第八百四十八条　非职务技术成果的使用权、转让权属于完成技术成果的个人，完成技术成果的个人可以就该项非职务技术成果订立技术合同。

第八百四十九条　完成技术成果的个人享有在有关技术成果文件上写明自己是

技术成果完成者的权利和取得荣誉证书、奖励的权利。

第八百五十条　非法垄断技术或者侵害他人技术成果的技术合同无效。

第二节　技术开发合同

第八百五十一条　技术开发合同是当事人之间就新技术、新产品、新工艺、新品种或者新材料及其系统的研究开发所订立的合同。

技术开发合同包括委托开发合同和合作开发合同。

技术开发合同应当采用书面形式。

当事人之间就具有实用价值的科技成果实施转化订立的合同，参照适用技术开发合同的有关规定。

第八百五十二条　委托开发合同的委托人应当按照约定支付研究开发经费和报酬，提供技术资料，提出研究开发要求，完成协作事项，接受研究开发成果。

第八百五十三条　委托开发合同的研究开发人应当按照约定制定和实施研究开发计划，合理使用研究开发经费，按期完成研究开发工作，交付研究开发成果，提供有关的技术资料和必要的技术指导，帮助委托人掌握研究开发成果。

第八百五十四条　委托开发合同的当事人违反约定造成研究开发工作停滞、延误或者失败的，应当承担违约责任。

第八百五十五条　合作开发合同的当事人应当按照约定进行投资，包括以技术进行投资，分工参与研究开发工作，协作配合研究开发工作。

第八百五十六条　合作开发合同的当事人违反约定造成研究开发工作停滞、延误或者失败的，应当承担违约责任。

第八百五十七条　作为技术开发合同标的的技术已经由他人公开，致使技术开发合同的履行没有意义的，当事人可以解除合同。

第八百五十八条　技术开发合同履行过程中，因出现无法克服的技术困难，致使研究开发失败或者部分失败的，该风险由当事人约定；没有约定或者约定不明确，依据本法第五百一十条的规定仍不能确定的，风险由当事人合理分担。

当事人一方发现前款规定的可能致使研究开发失败或者部分失败的情形时，应当及时通知另一方并采取适当措施减少损失；没有及时通知并采取适当措施，致使损失扩大的，应当就扩大的损失承担责任。

第八百五十九条　委托开发完成的发明创造，除法律另有规定或者当事人另有约定外，申请专利的权利属于研究开发人。研究开发人取得专利权的，委托人可以依法实施该专利。

研究开发人转让专利申请权的，委托人享有以同等条件优先受让的权利。

第八百六十条 合作开发完成的发明创造，申请专利的权利属于合作开发的当事人共有；当事人一方转让其共有的专利申请权的，其他各方享有以同等条件优先受让的权利。但是，当事人另有约定的除外。

合作开发的当事人一方声明放弃其共有的专利申请权的，除当事人另有约定外，可以由另一方单独申请或者由其他各方共同申请。申请人取得专利权的，放弃专利申请权的一方可以免费实施该专利。

合作开发的当事人一方不同意申请专利的，另一方或者其他各方不得申请专利。

第八百六十一条 委托开发或者合作开发完成的技术秘密成果的使用权、转让权以及收益的分配办法，由当事人约定；没有约定或者约定不明确，依据本法第五百一十条的规定仍不能确定的，在没有相同技术方案被授予专利权前，当事人均有使用和转让的权利。但是，委托开发的研究开发人不得在向委托人交付研究开发成果之前，将研究开发成果转让给第三人。

第三节 技术转让合同和技术许可合同

第八百六十二条 技术转让合同是合法拥有技术的权利人，将现有特定的专利、专利申请、技术秘密的相关权利让与他人所订立的合同。

技术许可合同是合法拥有技术的权利人，将现有特定的专利、技术秘密的相关权利许可他人实施、使用所订立的合同。

技术转让合同和技术许可合同中关于提供实施技术的专用设备、原材料或者提供有关的技术咨询、技术服务的约定，属于合同的组成部分。

第八百六十三条 技术转让合同包括专利权转让、专利申请权转让、技术秘密转让等合同。

技术许可合同包括专利实施许可、技术秘密使用许可等合同。

技术转让合同和技术许可合同应当采用书面形式。

第八百六十四条 技术转让合同和技术许可合同可以约定实施专利或者使用技术秘密的范围，但是不得限制技术竞争和技术发展。

第八百六十五条 专利实施许可合同仅在该专利权的存续期限内有效。专利权有效期限届满或者专利权被宣告无效的，专利权人不得就该专利与他人订立专利实施许可合同。

第八百六十六条 专利实施许可合同的许可人应当按照约定许可被许可人实施专利，交付实施专利有关的技术资料，提供必要的技术指导。

第八百六十七条 专利实施许可合同的被许可人应当按照约定实施专利，不得许可约定以外的第三人实施该专利，并按照约定支付使用费。

第八百六十八条　技术秘密转让合同的让与人和技术秘密使用许可合同的许可人应当按照约定提供技术资料，进行技术指导，保证技术的实用性、可靠性，承担保密义务。

前款规定的保密义务，不限制许可人申请专利，但是当事人另有约定的除外。

第八百六十九条　技术秘密转让合同的受让人和技术秘密使用许可合同的被许可人应当按照约定使用技术，支付转让费、使用费，承担保密义务。

第八百七十条　技术转让合同的让与人和技术许可合同的许可人应当保证自己是所提供的技术的合法拥有者，并保证所提供的技术完整、无误、有效，能够达到约定的目标。

第八百七十一条　技术转让合同的受让人和技术许可合同的被许可人应当按照约定的范围和期限，对让与人、许可人提供的技术中尚未公开的秘密部分，承担保密义务。

第八百七十二条　许可人未按照约定许可技术的，应当返还部分或者全部使用费，并应当承担违约责任；实施专利或者使用技术秘密超越约定的范围的，违反约定擅自许可第三人实施该项专利或者使用该项技术秘密的，应当停止违约行为，承担违约责任；违反约定的保密义务的，应当承担违约责任。

让与人承担违约责任，参照适用前款规定。

第八百七十三条　被许可人未按照约定支付使用费的，应当补交使用费并按照约定支付违约金；不补交使用费或者支付违约金的，应当停止实施专利或者使用技术秘密，交还技术资料，承担违约责任；实施专利或者使用技术秘密超越约定的范围的，未经许可人同意擅自许可第三人实施该专利或者使用该技术秘密的，应当停止违约行为，承担违约责任；违反约定的保密义务的，应当承担违约责任。

受让人承担违约责任，参照适用前款规定。

第八百七十四条　受让人或者被许可人按照约定实施专利、使用技术秘密侵害他人合法权益的，由让与人或者许可人承担责任，但是当事人另有约定的除外。

第八百七十五条　当事人可以按照互利的原则，在合同中约定实施专利、使用技术秘密后续改进的技术成果的分享办法；没有约定或者约定不明确，依据本法第五百一十条的规定仍不能确定的，一方后续改进的技术成果，其他各方无权分享。

第八百七十六条　集成电路布图设计专有权、植物新品种权、计算机软件著作权等其他知识产权的转让和许可，参照适用本节的有关规定。

第八百七十七条　法律、行政法规对技术进出口合同或者专利、专利申请合同另有规定的，依照其规定。

第四节　技术咨询合同和技术服务合同

第八百七十八条　技术咨询合同是当事人一方以技术知识为对方就特定技术项目提供可行性论证、技术预测、专题技术调查、分析评价报告等所订立的合同。

技术服务合同是当事人一方以技术知识为对方解决特定技术问题所订立的合同，不包括承揽合同和建设工程合同。

第八百七十九条　技术咨询合同的委托人应当按照约定阐明咨询的问题，提供技术背景材料及有关技术资料，接受受托人的工作成果，支付报酬。

第八百八十条　技术咨询合同的受托人应当按照约定的期限完成咨询报告或者解答问题，提出的咨询报告应当达到约定的要求。

第八百八十一条　技术咨询合同的委托人未按照约定提供必要的资料，影响工作进度和质量，不接受或者逾期接受工作成果的，支付的报酬不得追回，未支付的报酬应当支付。

技术咨询合同的受托人未按期提出咨询报告或者提出的咨询报告不符合约定的，应当承担减收或者免收报酬等违约责任。

技术咨询合同的委托人按照受托人符合约定要求的咨询报告和意见作出决策所造成的损失，由委托人承担，但是当事人另有约定的除外。

第八百八十二条　技术服务合同的委托人应当按照约定提供工作条件，完成配合事项，接受工作成果并支付报酬。

第八百八十三条　技术服务合同的受托人应当按照约定完成服务项目，解决技术问题，保证工作质量，并传授解决技术问题的知识。

第八百八十四条　技术服务合同的委托人不履行合同义务或者履行合同义务不符合约定，影响工作进度和质量，不接受或者逾期接受工作成果的，支付的报酬不得追回，未支付的报酬应当支付。

技术服务合同的受托人未按照约定完成服务工作的，应当承担免收报酬等违约责任。

第八百八十五条　技术咨询合同、技术服务合同履行过程中，受托人利用委托人提供的技术资料和工作条件完成的新的技术成果，属于受托人。委托人利用受托人的工作成果完成的新的技术成果，属于委托人。当事人另有约定的，按照其约定。

第八百八十六条　技术咨询合同和技术服务合同对受托人正常开展工作所需费用的负担没有约定或者约定不明确的，由受托人负担。

第八百八十七条　法律、行政法规对技术中介合同、技术培训合同另有规定的，依照其规定。

第二十一章　保管合同

第八百八十八条　保管合同是保管人保管寄存人交付的保管物，并返还该物的合同。

寄存人到保管人处从事购物、就餐、住宿等活动，将物品存放在指定场所的，视为保管，但是当事人另有约定或者另有交易习惯的除外。

第八百八十九条　寄存人应当按照约定向保管人支付保管费。

当事人对保管费没有约定或者约定不明确，依据本法第五百一十条的规定仍不能确定的，视为无偿保管。

第八百九十条　保管合同自保管物交付时成立，但是当事人另有约定的除外。

第八百九十一条　寄存人向保管人交付保管物的，保管人应当出具保管凭证，但是另有交易习惯的除外。

第八百九十二条　保管人应当妥善保管保管物。

当事人可以约定保管场所或者方法。除紧急情况或者为维护寄存人利益外，不得擅自改变保管场所或者方法。

第八百九十三条　寄存人交付的保管物有瑕疵或者根据保管物的性质需要采取特殊保管措施的，寄存人应当将有关情况告知保管人。寄存人未告知，致使保管物受损失的，保管人不承担赔偿责任；保管人因此受损失的，除保管人知道或者应当知道且未采取补救措施外，寄存人应当承担赔偿责任。

第八百九十四条　保管人不得将保管物转交第三人保管，但是当事人另有约定的除外。

保管人违反前款规定，将保管物转交第三人保管，造成保管物损失的，应当承担赔偿责任。

第八百九十五条　保管人不得使用或者许可第三人使用保管物，但是当事人另有约定的除外。

第八百九十六条　第三人对保管物主张权利的，除依法对保管物采取保全或者执行措施外，保管人应当履行向寄存人返还保管物的义务。

第三人对保管人提起诉讼或者对保管物申请扣押的，保管人应当及时通知寄存人。

第八百九十七条　保管期内，因保管人保管不善造成保管物毁损、灭失的，保管人应当承担赔偿责任。但是，无偿保管人证明自己没有故意或者重大过失的，不承担赔偿责任。

第八百九十八条　寄存人寄存货币、有价证券或者其他贵重物品的，应当向保管人声明，由保管人验收或者封存；寄存人未声明的，该物品毁损、灭失后，保管人可以按照一般物品予以赔偿。

第八百九十九条 寄存人可以随时领取保管物。

当事人对保管期限没有约定或者约定不明确的，保管人可以随时请求寄存人领取保管物；约定保管期限的，保管人无特别事由，不得请求寄存人提前领取保管物。

第九百条 保管期限届满或者寄存人提前领取保管物的，保管人应当将原物及其孳息归还寄存人。

第九百零一条 保管人保管货币的，可以返还相同种类、数量的货币；保管其他可替代物的，可以按照约定返还相同种类、品质、数量的物品。

第九百零二条 有偿的保管合同，寄存人应当按照约定的期限向保管人支付保管费。

当事人对支付期限没有约定或者约定不明确，依据本法第五百一十条的规定仍不能确定的，应当在领取保管物的同时支付。

第九百零三条 寄存人未按照约定支付保管费或者其他费用的，保管人对保管物享有留置权，但是当事人另有约定的除外。

第二十二章 仓储合同

第九百零四条 仓储合同是保管人储存存货人交付的仓储物，存货人支付仓储费的合同。

第九百零五条 仓储合同自保管人和存货人意思表示一致时成立。

第九百零六条 储存易燃、易爆、有毒、有腐蚀性、有放射性等危险物品或者易变质物品的，存货人应当说明该物品的性质，提供有关资料。

存货人违反前款规定的，保管人可以拒收仓储物，也可以采取相应措施以避免损失的发生，因此产生的费用由存货人负担。

保管人储存易燃、易爆、有毒、有腐蚀性、有放射性等危险物品的，应当具备相应的保管条件。

第九百零七条 保管人应当按照约定对入库仓储物进行验收。保管人验收时发现入库仓储物与约定不符合的，应当及时通知存货人。保管人验收后，发生仓储物的品种、数量、质量不符合约定的，保管人应当承担赔偿责任。

第九百零八条 存货人交付仓储物的，保管人应当出具仓单、入库单等凭证。

第九百零九条 保管人应当在仓单上签名或者盖章。仓单包括下列事项：

（一）存货人的姓名或者名称和住所；

（二）仓储物的品种、数量、质量、包装及其件数和标记；

（三）仓储物的损耗标准；

（四）储存场所；

（五）储存期限；

（六）仓储费；

（七）仓储物已经办理保险的，其保险金额、期间以及保险人的名称；

（八）填发人、填发地和填发日期。

第九百一十条　仓单是提取仓储物的凭证。存货人或者仓单持有人在仓单上背书并经保管人签名或者盖章的，可以转让提取仓储物的权利。

第九百一十一条　保管人根据存货人或者仓单持有人的要求，应当同意其检查仓储物或者提取样品。

第九百一十二条　保管人发现入库仓储物有变质或者其他损坏的，应当及时通知存货人或者仓单持有人。

第九百一十三条　保管人发现入库仓储物有变质或者其他损坏，危及其他仓储物的安全和正常保管的，应当催告存货人或者仓单持有人作出必要的处置。因情况紧急，保管人可以做出必要的处置；但是，事后应当将该情况及时通知存货人或者仓单持有人。

第九百一十四条　当事人对储存期限没有约定或者约定不明确的，存货人或者仓单持有人可以随时提取仓储物，保管人也可以随时请求存货人或者仓单持有人提取仓储物，但是应当给予必要的准备时间。

第九百一十五条　储存期限届满，存货人或者仓单持有人应当凭仓单、入库单等提取仓储物。存货人或者仓单持有人逾期提取的，应当加收仓储费；提前提取的，不减收仓储费。

第九百一十六条　储存期限届满，存货人或者仓单持有人不提取仓储物的，保管人可以催告其在合理期限内提取；逾期不提取的，保管人可以提存仓储物。

第九百一十七条　储存期内，因保管不善造成仓储物毁损、灭失的，保管人应当承担赔偿责任。因仓储物本身的自然性质、包装不符合约定或者超过有效储存期造成仓储物变质、损坏的，保管人不承担赔偿责任。

第九百一十八条　本章没有规定的，适用保管合同的有关规定。

第二十三章　委托合同

第九百一十九条　委托合同是委托人和受托人约定，由受托人处理委托人事务的合同。

第九百二十条　委托人可以特别委托受托人处理一项或者数项事务，也可以概括委托受托人处理一切事务。

第九百二十一条 委托人应当预付处理委托事务的费用。受托人为处理委托事务垫付的必要费用，委托人应当偿还该费用并支付利息。

第九百二十二条 受托人应当按照委托人的指示处理委托事务。需要变更委托人指示的，应当经委托人同意；因情况紧急，难以和委托人取得联系的，受托人应当妥善处理委托事务，但是事后应当将该情况及时报告委托人。

第九百二十三条 受托人应当亲自处理委托事务。经委托人同意，受托人可以转委托。转委托经同意或者追认的，委托人可以就委托事务直接指示转委托的第三人，受托人仅就第三人的选任及其对第三人的指示承担责任。转委托未经同意或者追认的，受托人应当对转委托的第三人的行为承担责任；但是，在紧急情况下受托人为了维护委托人的利益需要转委托第三人的除外。

第九百二十四条 受托人应当按照委托人的要求，报告委托事务的处理情况。委托合同终止时，受托人应当报告委托事务的结果。

第九百二十五条 受托人以自己的名义，在委托人的授权范围内与第三人订立的合同，第三人在订立合同时知道受托人与委托人之间的代理关系的，该合同直接约束委托人和第三人；但是，有确切证据证明该合同只约束受托人和第三人的除外。

第九百二十六条 受托人以自己的名义与第三人订立合同时，第三人不知道受托人与委托人之间的代理关系的，受托人因第三人的原因对委托人不履行义务，受托人应当向委托人披露第三人，委托人因此可以行使受托人对第三人的权利。但是，第三人与受托人订立合同时如果知道该委托人就不会订立合同的除外。

受托人因委托人的原因对第三人不履行义务，受托人应当向第三人披露委托人，第三人因此可以选择受托人或者委托人作为相对人主张其权利，但是第三人不得变更选定的相对人。

委托人行使受托人对第三人的权利的，第三人可以向委托人主张其对受托人的抗辩。第三人选定委托人作为其相对人的，委托人可以向第三人主张其对受托人的抗辩以及受托人对第三人的抗辩。

第九百二十七条 受托人处理委托事务取得的财产，应当转交给委托人。

第九百二十八条 受托人完成委托事务的，委托人应当按照约定向其支付报酬。

因不可归责于受托人的事由，委托合同解除或者委托事务不能完成的，委托人应当向受托人支付相应的报酬。当事人另有约定的，按照其约定。

第九百二十九条 有偿的委托合同，因受托人的过错造成委托人损失的，委托人可以请求赔偿损失。无偿的委托合同，因受托人的故意或者重大过失造成委托人损失的，委托人可以请求赔偿损失。

受托人超越权限造成委托人损失的，应当赔偿损失。

第九百三十条　受托人处理委托事务时，因不可归责于自己的事由受到损失的，可以向委托人请求赔偿损失。

第九百三十一条　委托人经受托人同意，可以在受托人之外委托第三人处理委托事务。因此造成受托人损失的，受托人可以向委托人请求赔偿损失。

第九百三十二条　两个以上的受托人共同处理委托事务的，对委托人承担连带责任。

第九百三十三条　委托人或者受托人可以随时解除委托合同。因解除合同造成对方损失的，除不可归责于该当事人的事由外，无偿委托合同的解除方应当赔偿因解除时间不当造成的直接损失，有偿委托合同的解除方应当赔偿对方的直接损失和合同履行后可以获得的利益。

第九百三十四条　委托人死亡、终止或者受托人死亡、丧失民事行为能力、终止的，委托合同终止；但是，当事人另有约定或者根据委托事务的性质不宜终止的除外。

第九百三十五条　因委托人死亡或者被宣告破产、解散，致使委托合同终止将损害委托人利益的，在委托人的继承人、遗产管理人或者清算人承受委托事务之前，受托人应当继续处理委托事务。

第九百三十六条　因受托人死亡、丧失民事行为能力或者被宣告破产、解散，致使委托合同终止的，受托人的继承人、遗产管理人、法定代理人或者清算人应当及时通知委托人。因委托合同终止将损害委托人利益的，在委托人作出善后处理之前，受托人的继承人、遗产管理人、法定代理人或者清算人应当采取必要措施。

第二十四章　物业服务合同

第九百三十七条　物业服务合同是物业服务人在物业服务区域内，为业主提供建筑物及其附属设施的维修养护、环境卫生和相关秩序的管理维护等物业服务，业主支付物业费的合同。

物业服务人包括物业服务企业和其他管理人。

第九百三十八条　物业服务合同的内容一般包括服务事项、服务质量、服务费用的标准和收取办法、维修资金的使用、服务用房的管理和使用、服务期限、服务交接等条款。

物业服务人公开作出的有利于业主的服务承诺，为物业服务合同的组成部分。

物业服务合同应当采用书面形式。

第九百三十九条　建设单位依法与物业服务人订立的前期物业服务合同，以及业主委员会与业主大会依法选聘的物业服务人订立的物业服务合同，对业主具有法律约束力。

第九百四十条 建设单位依法与物业服务人订立的前期物业服务合同约定的服务期限届满前，业主委员会或者业主与新物业服务人订立的物业服务合同生效的，前期物业服务合同终止。

第九百四十一条 物业服务人将物业服务区域内的部分专项服务事项委托给专业性服务组织或者其他第三人的，应当就该部分专项服务事项向业主负责。

物业服务人不得将其应当提供的全部物业服务转委托给第三人，或者将全部物业服务支解后分别转委托给第三人。

第九百四十二条 物业服务人应当按照约定和物业的使用性质，妥善维修、养护、清洁、绿化和经营管理物业服务区域内的业主共有部分，维护物业服务区域内的基本秩序，采取合理措施保护业主的人身、财产安全。

对物业服务区域内违反有关治安、环保、消防等法律法规的行为，物业服务人应当及时采取合理措施制止、向有关行政主管部门报告并协助处理。

第九百四十三条 物业服务人应当定期将服务的事项、负责人员、质量要求、收费项目、收费标准、履行情况，以及维修资金使用情况、业主共有部分的经营与收益情况等以合理方式向业主公开并向业主大会、业主委员会报告。

第九百四十四条 业主应当按照约定向物业服务人支付物业费。物业服务人已经按照约定和有关规定提供服务的，业主不得以未接受或者无需接受相关物业服务为由拒绝支付物业费。

业主违反约定逾期不支付物业费的，物业服务人可以催告其在合理期限内支付；合理期限届满仍不支付的，物业服务人可以提起诉讼或者申请仲裁。

物业服务人不得采取停止供电、供水、供热、供燃气等方式催交物业费。

第九百四十五条 业主装饰装修房屋的，应当事先告知物业服务人，遵守物业服务人提示的合理注意事项，并配合其进行必要的现场检查。

业主转让、出租物业专有部分、设立居住权或者依法改变共有部分用途的，应当及时将相关情况告知物业服务人。

第九百四十六条 业主依照法定程序共同决定解聘物业服务人的，可以解除物业服务合同。决定解聘的，应当提前六十日书面通知物业服务人，但是合同对通知期限另有约定的除外。

依据前款规定解除合同造成物业服务人损失的，除不可归责于业主的事由外，业主应当赔偿损失。

第九百四十七条 物业服务期限届满前，业主依法共同决定续聘的，应当与原物业服务人在合同期限届满前续订物业服务合同。

物业服务期限届满前，物业服务人不同意续聘的，应当在合同期限届满前九十日书面通知业主或者业主委员会，但是合同对通知期限另有约定的除外。

第九百四十八条 物业服务期限届满后，业主没有依法作出续聘或者另聘物业服务人的决定，物业服务人继续提供物业服务的，原物业服务合同继续有效，但是服务期限为不定期。

当事人可以随时解除不定期物业服务合同，但是应当提前六十日书面通知对方。

第九百四十九条 物业服务合同终止的，原物业服务人应当在约定期限或者合理期限内退出物业服务区域，将物业服务用房、相关设施、物业服务所必需的相关资料等交还给业主委员会、决定自行管理的业主或者其指定的人，配合新物业服务人做好交接工作，并如实告知物业的使用和管理状况。

原物业服务人违反前款规定的，不得请求业主支付物业服务合同终止后的物业费；造成业主损失的，应当赔偿损失。

第九百五十条 物业服务合同终止后，在业主或者业主大会选聘的新物业服务人或者决定自行管理的业主接管之前，原物业服务人应当继续处理物业服务事项，并可以请求业主支付该期间的物业费。

第二十五章 行纪合同

第九百五十一条 行纪合同是行纪人以自己的名义为委托人从事贸易活动，委托人支付报酬的合同。

第九百五十二条 行纪人处理委托事务支出的费用，由行纪人负担，但是当事人另有约定的除外。

第九百五十三条 行纪人占有委托物的，应当妥善保管委托物。

第九百五十四条 委托物交付给行纪人时有瑕疵或者容易腐烂、变质的，经委托人同意，行纪人可以处分该物；不能与委托人及时取得联系的，行纪人可以合理处分。

第九百五十五条 行纪人低于委托人指定的价格卖出或者高于委托人指定的价格买入的，应当经委托人同意；未经委托人同意，行纪人补偿其差额的，该买卖对委托人发生效力。

行纪人高于委托人指定的价格卖出或者低于委托人指定的价格买入的，可以按照约定增加报酬；没有约定或者约定不明确，依据本法第五百一十条的规定仍不能确定的，该利益属于委托人。

委托人对价格有特别指示的，行纪人不得违背该指示卖出或者买入。

第九百五十六条 行纪人卖出或者买入具有市场定价的商品，除委托人有相反的意思表示外，行纪人自己可以作为买受人或者出卖人。

行纪人有前款规定情形的，仍然可以请求委托人支付报酬。

第九百五十七条 行纪人按照约定买入委托物，委托人应当及时受领。经行纪人催告，委托人无正当理由拒绝受领的，行纪人依法可以提存委托物。

委托物不能卖出或者委托人撤回出卖，经行纪人催告，委托人不取回或者不处分该物的，行纪人依法可以提存委托物。

第九百五十八条 行纪人与第三人订立合同的，行纪人对该合同直接享有权利、承担义务。

第三人不履行义务致使委托人受到损害的，行纪人应当承担赔偿责任，但是行纪人与委托人另有约定的除外。

第九百五十九条 行纪人完成或者部分完成委托事务的，委托人应当向其支付相应的报酬。委托人逾期不支付报酬的，行纪人对委托物享有留置权，但是当事人另有约定的除外。

第九百六十条 本章没有规定的，参照适用委托合同的有关规定。

第二十六章 中介合同

第九百六十一条 中介合同是中介人向委托人报告订立合同的机会或者提供订立合同的媒介服务，委托人支付报酬的合同。

第九百六十二条 中介人应当就有关订立合同的事项向委托人如实报告。

中介人故意隐瞒与订立合同有关的重要事实或者提供虚假情况，损害委托人利益的，不得请求支付报酬并应当承担赔偿责任。

第九百六十三条 中介人促成合同成立的，委托人应当按照约定支付报酬。对中介人的报酬没有约定或者约定不明确，依据本法第五百一十条的规定仍不能确定的，根据中介人的劳务合理确定。因中介人提供订立合同的媒介服务而促成合同成立的，由该合同的当事人平均负担中介人的报酬。

中介人促成合同成立的，中介活动的费用，由中介人负担。

第九百六十四条 中介人未促成合同成立的，不得请求支付报酬；但是，可以按照约定请求委托人支付从事中介活动支出的必要费用。

第九百六十五条 委托人在接受中介人的服务后，利用中介人提供的交易机会或者媒介服务，绕开中介人直接订立合同的，应当向中介人支付报酬。

第九百六十六条 本章没有规定的，参照适用委托合同的有关规定。

第二十七章 合伙合同

第九百六十七条 合伙合同是两个以上合伙人为了共同的事业目的，订立的共享利益、共担风险的协议。

第九百六十八条　合伙人应当按照约定的出资方式、数额和缴付期限，履行出资义务。

第九百六十九条　合伙人的出资、因合伙事务依法取得的收益和其他财产，属于合伙财产。

合伙合同终止前，合伙人不得请求分割合伙财产。

第九百七十条　合伙人就合伙事务作出决定的，除合伙合同另有约定外，应当经全体合伙人一致同意。

合伙事务由全体合伙人共同执行。按照合伙合同的约定或者全体合伙人的决定，可以委托一个或者数个合伙人执行合伙事务；其他合伙人不再执行合伙事务，但是有权监督执行情况。

合伙人分别执行合伙事务的，执行事务合伙人可以对其他合伙人执行的事务提出异议；提出异议后，其他合伙人应当暂停该项事务的执行。

第九百七十一条　合伙人不得因执行合伙事务而请求支付报酬，但是合伙合同另有约定的除外。

第九百七十二条　合伙的利润分配和亏损分担，按照合伙合同的约定办理；合伙合同没有约定或者约定不明确的，由合伙人协商决定；协商不成的，由合伙人按照实缴出资比例分配、分担；无法确定出资比例的，由合伙人平均分配、分担。

第九百七十三条　合伙人对合伙债务承担连带责任。清偿合伙债务超过自己应当承担份额的合伙人，有权向其他合伙人追偿。

第九百七十四条　除合伙合同另有约定外，合伙人向合伙人以外的人转让其全部或者部分财产份额的，须经其他合伙人一致同意。

第九百七十五条　合伙人的债权人不得代位行使合伙人依照本章规定和合伙合同享有的权利，但是合伙人享有的利益分配请求权除外。

第九百七十六条　合伙人对合伙期限没有约定或者约定不明确，依据本法第五百一十条的规定仍不能确定的，视为不定期合伙。

合伙期限届满，合伙人继续执行合伙事务，其他合伙人没有提出异议的，原合伙合同继续有效，但是合伙期限为不定期。

合伙人可以随时解除不定期合伙合同，但是应当在合理期限之前通知其他合伙人。

第九百七十七条　合伙人死亡、丧失民事行为能力或者终止的，合伙合同终止；但是，合伙合同另有约定或者根据合伙事务的性质不宜终止的除外。

第九百七十八条　合伙合同终止后，合伙财产在支付因终止而产生的费用以及清偿合伙债务后有剩余的，依据本法第九百七十二条的规定进行分配。

第三分编　准　合　同

第二十八章　无 因 管 理

第九百七十九条　管理人没有法定的或者约定的义务，为避免他人利益受损失而管理他人事务的，可以请求受益人偿还因管理事务而支出的必要费用；管理人因管理事务受到损失的，可以请求受益人给予适当补偿。

管理事务不符合受益人真实意思的，管理人不享有前款规定的权利；但是，受益人的真实意思违反法律或者违背公序良俗的除外。

第九百八十条　管理人管理事务不属于前条规定的情形，但是受益人享有管理利益的，受益人应当在其获得的利益范围内向管理人承担前条第一款规定的义务。

第九百八十一条　管理人管理他人事务，应当采取有利于受益人的方法。中断管理对受益人不利的，无正当理由不得中断。

第九百八十二条　管理人管理他人事务，能够通知受益人的，应当及时通知受益人。管理的事务不需要紧急处理的，应当等待受益人的指示。

第九百八十三条　管理结束后，管理人应当向受益人报告管理事务的情况。管理人管理事务取得的财产，应当及时转交给受益人。

第九百八十四条　管理人管理事务经受益人事后追认的，从管理事务开始时起，适用委托合同的有关规定，但是管理人另有意思表示的除外。

第二十九章　不 当 得 利

第九百八十五条　得利人没有法律根据取得不当利益的，受损失的人可以请求得利人返还取得的利益，但是有下列情形之一的除外：

（一）为履行道德义务进行的给付；

（二）债务到期之前的清偿；

（三）明知无给付义务而进行的债务清偿。

第九百八十六条　得利人不知道且不应当知道取得的利益没有法律根据，取得的利益已经不存在的，不承担返还该利益的义务。

第九百八十七条　得利人知道或者应当知道取得的利益没有法律根据的，受损失的人可以请求得利人返还其取得的利益并依法赔偿损失。

第九百八十八条　得利人已经将取得的利益无偿转让给第三人的，受损失的人可以请求第三人在相应范围内承担返还义务。

第三章

国际货物买卖法

广义的买卖法，一般涵盖调整动产和不动产买卖法律关系的法律规范。本章采用狭义的买卖法概念，专门阐述调整货物（动产）买卖法律关系的法律规范，尤其侧重于国际货物买卖领域。

第一节　国际货物买卖法概述

一、国际货物买卖法的概念与特征

（一）国际货物买卖法的概念

国际货物买卖法是指调整跨越一国国境（Transnational）的货物买卖关系的原则、规则及规章制度的总体。其内容既包括国际条约、国际贸易惯例，也包含各国有关货物买卖方面的法律规范。

（二）国际货物买卖法的特征

国际货物买卖法具有以下六个特征：

① 当事人位于不同国家，彼此间缺乏了解与信任的基础；

② 当事人所处国家法律制度各异，导致双方依据各自国内法享有的权利义务不同，争议解决方式有别，进而使争议解决耗时长、难度大；

③ 国际货物买卖需要经历长距离运输，货物长时间处于第三人（运输方）控制之下，相关程序增多，风险相应增大；

④ 货物与相关单据多分别处理，因而具有不同的法律效力；

⑤ 贷款支付通常难以及时结清；

⑥ 货物交付一般不直接由买卖双方交接，通常需要通过第三人转交，转交过程中货物质量可能发生变化。

二、调整国际货物买卖关系的法律规范

（一）有关国际货物买卖的国际条约

由于各国买卖法存在差异而引发法律冲突，给国际货物买卖活动带来诸多不便。国际上一些法律界、贸易界人士，很早就致力于通过国际条约来统一国际货物买卖法律。目前，已生效的货物买卖条约有三个，即 1964 年《国际货物买卖统一法公约》《国际货物买卖合同成立统一法公约》以及 1980 年《销售合同公约》。

1.《国际货物买卖统一法公约》和《国际货物买卖合同成立统一法公约》

这两个公约由国际统一私法协会拟定，于 1964 年海牙会议通过，前者于 1972 年 8 月 18 日生效，后者于同年 8 月 23 日生效。公约内容繁杂，部分概念晦涩难懂，且偏向大陆法传统。截至目前，批准或参加的国家仅有比利时、冈比亚、德国、以色列、意大利、荷兰、圣马力诺和英国 8 国，在国际上影响力有限，未能实现统一国际货物买卖规范的目标。

2.《销售合同公约》

该公约由联合国国际贸易法委员会起草，于 1980 年维也纳外交会议通过，并于 1988 年 1 月 1 日生效。截至 2008 年 5 月，已有 66 个国家核准和参加。它是近半个世纪以来国际贸易统一法运动的重要成果，对国际贸易产生了积极而深远的影响。以下介绍除实体规定外，关于公约适用问题的相关规定。

（1）《销售合同公约》的宗旨

以建立新的国际贸易秩序为目标，在平等互利基础上发展国际贸易，促进各国间友好关系。

（2）《销售合同公约》的结构

《销售合同公约》开篇为序文，随后是 101 条规定，分为四个部分：第一部分是适用范围和总则；第二部分是合同的订立；第三部分为货物的销售，包括总则、卖方的义务、买方的义务、风险转移、卖方和买方义务的一般规定五章；第四部分是最后条款，规定了公约的批准、接受、核准、加入、保留及生效等问题。

（3）《销售合同公约》适用的合同当事人

《销售合同公约》适用于营业地在不同国家的当事人之间订立的国际货物销售合同［《销售合同公约》第一条（1）款］，具体有两种情况：① 双方营业地所在国均为《销售合同公约》缔约国，那么《销售合同公约》将予以适用；② 双方或一方营业地所在国虽不是《销售合同公约》缔约国，但依据国际私法规则导致适用某一缔约国法律时，《销售合同公约》同样适用，此类双方即为《销售合同公约》所指的合同当事人。例如，营业地在中国的某公司与营业地在伦敦的某公司订立买卖合同，如果依据国际私法规则该合同应适用中国法，尽管英国不是《销售合同公约》缔约

国，但因中国是缔约国，该合同仍可适用《销售合同公约》。根据《销售合同公约》，营业地是否在不同国家是判定合同“国际性”的唯一标准，当事人国籍等因素不予考虑［《销售合同公约》第一条（3）款］。

（4）《销售合同公约》不适用的货物买卖

《销售合同公约》第二条规定，以下 6 种货物销售不适用该公约：① 供私人、家人或家庭使用而购买的货物销售。这类销售往往受制于各国的消费者保护法，有许多特别的、强制性的规定，因此《销售合同公约》将其排除在外。② 经由拍卖的销售，这类销售往往由拍卖法规范。③ 根据法律执行令状或其他令状的销售。④ 公债、股票、投资证券、流通票据或货币的销售，这类销售属于证券买卖范畴，在各国由证券交易法等特殊法律调整。⑤ 船舶、气垫船或飞机的销售，一般适用不动产销售相关法律。⑥ 电力的销售。

（5）《销售合同公约》不适用的事项

根据《销售合同公约》第四条，该公约仅适用于销售合同的订立以及买卖双方因合同产生的权利和义务，尤其不适用于下列事项：① 合同的效力或其他任何条款的效力，或任何惯例的效力。② 合同对所售货物所有权可能产生的影响。各国合同法在上述两方面规定差异较大，《销售合同公约》并未试图统一这些内容，相关问题由各国国内法调整。

（6）《销售合同公约》适用的任意性

根据《销售合同公约》第六条，营业地在《销售合同公约》缔约国的当事人可以约定不适用该公约，也可以减损该公约的任何规定或改变其效力，但需尊重营业地所在国已经作出的保留。

此外，我国于 1987 年成为《销售合同公约》的缔约国，该公约也适用于中国。但需注意，中国在批准该公约时提出了两项保留条件：

① 关于书面形式的保留。

《销售合同公约》第十一条规定，国际货物销售合同无须特定形式，不受任何条件限制，即无论口头或书面形式订立合同均有效。这与我国当时《涉外经济合同法》中涉外经济合同（包括国际货物买卖合同）必须采用书面形式订立的规定不一致，因此我国在核准公约时对此提出保留。然而，我国新《合同法》第十条不再强制要求合同采用书面形式，已经与公约第十一条规定一致，有学者建议，我国政府应撤回这一保留。

② 关于《销售合同公约》适用范围的保留。

公约第一条（b）项规定，如果合同双方当事人营业地处于不同国家，即便其营业地所在国不是公约缔约国，但依照国际私法规则导致适用某一缔约国的法律时，公约将适用于这些当事人订立的国际货物销售合同。此规定旨在扩大公约适用范围，使其不仅适用于营业地在缔约国的当事人之间的买卖合同，还适用于营业地在非缔约国但依国际私法规则适用缔约国法律的买卖合同。中国政府对此提出保留意见，认为公约适用范围应仅限于双方营业地分处不同缔约国的当事人所订立的货物销售合同。

（二）有关国际货物买卖的国际惯例

国际贸易惯例是商人们在长期贸易实践中经过反复使用而逐渐形成的习惯做法和规则，不具有法律强制性，由当事人自主约定是否采用。一旦当事人采用，这些惯例在当事人之间便产生相当于法律的效力。由于其源于商人实践，很容易为商人们所接受，因而在国际贸易中应用广泛。但这些惯例往往存在不完整、不明确，缺乏统一性和规范性的问题，因此一些非政府国际组织开展了贸易惯例编纂工作。在国际货物买卖领域，最重要的惯例是国际商会制定的《国际贸易术语解释通则》。该通则最早于 1936 年制定，此后多次修订，现行版本为 2000 年修订本，对 FOB、CIF、CFR 等 13 种价格术语进行了详细解释。此外，国际法协会制定的《1932 年华沙-牛津规则》对 CIF 合同进行了详细的解释，在国际上也具有较大的影响力。美国 1941 年修订的《对外贸易定义》（Revised American Foreign Trade Definition，1941）在美洲各国曾有一定影响。

（三）有关货物买卖的国内法

西方各国有关货物买卖的法律，通常也适用于国际货物买卖，但其法律形式有所不同。在大陆法系国家，买卖法大多以独立章节形式编入民法典，如《法国民法典》第三篇第六章，《德国民法典》第二编第二章，《日本民法典》第二章第三节，这些内容专门针对买卖中的法律关系作出具体规定，是民法典不可或缺的组成部分。部分大陆法系国家除民法典外，还设有专门商法典，对商行为、海商、保险、票据和公司等方面的法律关系分别作出规定。商法典虽未专门规定买卖法律，但商业买卖活动（买卖双方都是商人）除受民法的调整之外，还需遵循商法规定，如《法国商法典》第一编、《德国商法典》第三编、《日本商法典》第七编的规定，可适用于商人之间的买卖合同。

英美法系国家既没有民法典，也不存在大陆法意义上的商法典，其买卖法由两部分构成：一是普通法，体现为法院司法判例中形成的买卖法律规则；二是成文法（制定法），即立法机构制定的货物买卖法律。其中，具有代表性的成文法是英国《货物买卖法》和美国《统一商法典》。英国《货物买卖法》是在总结了几个世纪以来货物买卖司法判例的基础上制定的，历经多次修订，现行版本为 1979 年修订版，为英美法系国家制定货物买卖法提供了范本。美国《统一商法典》由美国统一州法委员会和美国法学会编制，于 1952 年公布并多次修订，最新版本是 1998 年版，新增了 2A、4A 等内容，但目前美国各州大多使用 1977 年公布的文本。该法典第二篇对货物买卖作出详细规定，其内容是在资本主义各国买卖法中是最为详尽的。不过，该法典并非由立法机关制定，需经美国各州议会采用才能成为该州法律。目前，除路易斯安那州部分接受该法典外，美国各州议会都通过立法程序采用了《统一商法典》。

我国《民法典》于2020年5月28日通过并颁布，自2021年1月1日起施行。其中第三编（合同）第二分编（典型合同）第九章（买卖合同第五百九十五条至第六百四十七条）规定了货物买卖相关法律内容。与此同时，《民法典》第一编（总则）中有关民事权利和民事法律行为的规定，以及第二编（物权）的相关规定，都与货物买卖密切相关。我国未制定单独的买卖法。

第二节　国际贸易术语

一、国际贸易术语的概念、分类与解释通则

（一）国际贸易术语的内涵

国际贸易术语又称为价格术语、交货条件、贸易条件，是在国际贸易长期实践中形成的，用于确定买方和卖方在交货中的责任、费用、风险负担的国际贸易惯例。它是进出口商品价格的重要组成部分，通过一个简洁表述或三个字母缩写（如FOB），明确价格构成，买卖双方费用负担，手续承办和风险的划分等内容。① 其中，价格构成是指有关交易价格是如何计算出来的，除货物本身的价值外，还包括从属费用；手续包括洽租运输工具、装货、卸货、办理货运手续、申领进出口许可证及报关纳税等；费用涉及装卸费、运费、保险费、税捐及其他杂项费用；风险指货物在整个交易过程中发生损坏或灭失的可能性。②

由此可见，国际贸易术语能够在双方当事人之间划分风险、责任与费用。在国际贸易中，买卖双方在磋商交易和订立合同时，选用合适的贸易术语，便可确定彼此的责任与义务，无须逐项磋商。所以国际贸易术语的广泛采用为买卖双方提供了很大的方便，它简化了交易的程序，缩短了磋商的时间，并且可以节省交易的费用。③

（二）《国际贸易术语解释通则》

《国际贸易术语解释通则》是国际商会为统一对各种贸易术语的解释而制定的。

---

① 左海聪：《国际商法（第三版）》，法律出版社，2023，第137页。
② 左海聪：《国际商法（第三版）》，法律出版社，2023，第137页。
③ 曹祖平：《新编国际商法（第六版）》，中国人民大学出版社，2020，第190页。

该通则于1936年首次公布，此后历经1953年、1967年、1976年、1980年、1990年、2000年、2010年、2020年8次修订，现行版本为2020年文本。

在有关贸易术语的国际惯例中，《国际贸易术语解释通则》应用范围最广、影响力最大。其广泛采用消除或减少了不同国家对贸易术语进行不同解释所造成的不确定性，使贸易术语的解释达到国际意义上的统一，从而促进了国际商事交易的发展。①

二、2000年《国际贸易术语解释通则》(INCOTERMS 2000)

2000年的《国际贸易术语解释通则》将13种贸易术语分为四组，以英文字母E、F、C、D进行排列（表3-1），并就各贸易术语进行综合比较（表3-2），其交货地点与风险转移界限的对应关系可通过示意图（图3-1）直观展现从卖方到买方的全过程。

表3-1 2000年《国际贸易术语解释通则》关于贸易术语的分组

组别	贸易术语	含义
E组 (Departure)（起运）	EXW	Ex Work (...named place) 工厂交货（指定地点）
F组 (Main Carriage Unpaid) (主要运费未付)	FCA	Free Carrier (...named place) 货交承运人（指定地点）
	FAS	Free Alongside Ship (...named port of shipment) 船边交货（指定装运港）
	FOB	Free on Board (...named port of shipment) 船上交货（指定装运港）
C组 (Main Carriage paid) (主要运费已付)	CFR	Cost and Freight (...named port of destination) 成本加运费（指定目的港）
	CIF	Cost, Insurance and Freight (...named port of destination) 成本、保险费加运费（指定目的港）
	CPT	Carriage Paid To (...named place of destination) 运费付至（指定目的地）
	CIP	Carriage and Insurance Paid To (...named place of destination) 运费和保险费付至（指定目的地）

① 左海聪：《国际商法（第三版）》，法律出版社，2023，第138页。

续表

组别	贸易术语	含义
D组 (Arrival) (到达)	DAF	Delivered at Frontier (...named place) 边境交货(指定地点)
	DES	Delivered Ex Ship (...named port of destination) 目的港船上交货(指定目的港)
	DEQ	Delivered Ex Quay (...named port of destination) 目的港码头交货(指定目的港)
	DDU	Delivered Duty Unpaid (...named place of destination) 未完税交货(指定目的地)
	DDP	Delivered Duty Paid (...named place of destination) 完税后交货(指定目的地)

表 3-2 贸易术语综合比较

组别	贸易术语	卖方义务	运输方式	交货地点	风险转移	不能使用此术语的条件
E组 (起运)	EXW	最小	任何方式	卖方所在地 (工厂或仓库)	交买方起	买方不能办理出口手续
F组 (主要运费交付)	FCA		任何方式	至买方指定承运人	交承运人起	
	FAS		海运和内河	规定装运港指定船边	以船边为界	买方不能办理出口手续
	FOB		海运和内河	规定装运港指定船上	越过船舷	采用集装箱和滚装/卸
C组 (主要运费已付)	CFR		海运和内河	规定装运港指定船上	越过船舷	采用集装箱和滚装/卸
	CIF		海运和内河	规定装运港指定船上	越过船舷	采用集装箱和滚装/卸
	CPT		任何方式	交承运人	交承运人起	
	CIP		任何方式	交承运人	交承运人起	
D组 (到达)	DAF		任何方式	相邻国家关境前	交买方支配起	
	DES		海运和内河	指定目的港船上	交买方支配起	
	DEQ		海运和内河	指定目的港码头	交买方支配起	买方不能取得进口许可证
	DDU		任何方式	在进口国指定地点	交买方支配起	

续表

组别	贸易术语	卖方义务	运输方式	交货地点	风险转移	不能使用此术语的条件
D 组（到达）	DDP	最大	任何方式	在进口国指定地点	交买方支配起	买方不能取得进口许可证

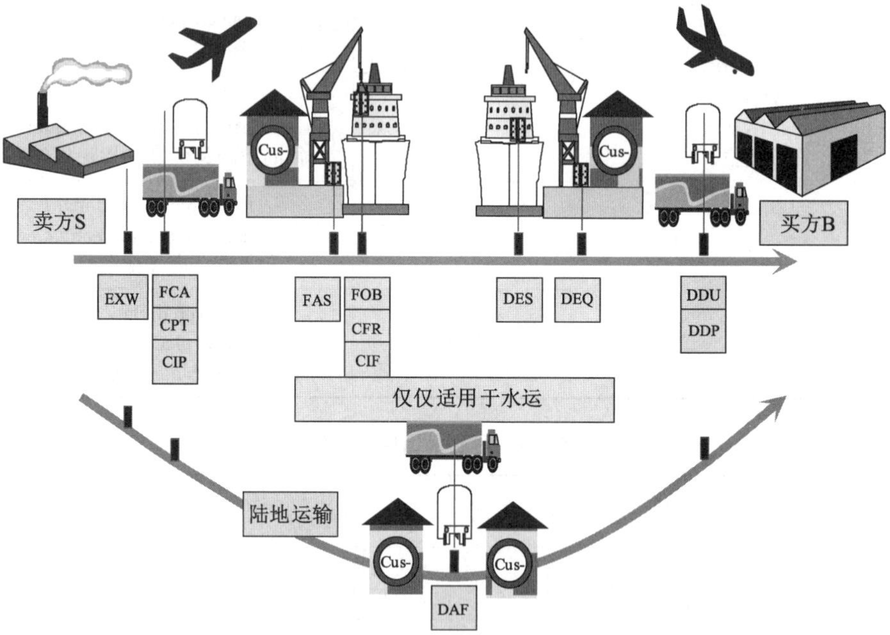

图 3-1　交货与风险转移示意图

拓展

几种主要国际贸易术语使用中应注意的问题

（一）使用 FOB 术语应注意的问题

1. 买卖双方承担的责任、风险和费用如下：

（1）卖方必须：① 提供合同规定的货物和单证，或与之等效的电子单证；

②自负费用及风险办理一切出口手续；

③ 将货物装船并给予买方充分通知；

④ 承担在装运港货物越过船舷以前的风险和费用。

（2）买方必须：① 支付货款并接受货物和单证，或与之等效的电子单证；

② 自负费用及风险办理一切进口手续；

③ 自费租船并给予卖方充分通知；

④ 承担在装运港货物越过船舷以后的风险和费用。

2. 通知问题：

(1) 派船通知：买方必须将所派船舶的名称、到达时间及时通知卖方；

(2) 装船通知：卖方在货物装船时必须通知买方。

3. 个别国家对 FOB 的不同解释：

例如，美国将 FOB 解释为六种，其中只有 FOB vessel（named port of shipment）与 FOB 术语相似。在对美贸易中，除必须注明装运港地点外，还须加上“vessel”字样，如：FOB vessel（New York）。

4. FOB 的变形：

主要包括：FOB Liner Term（班轮条件）、FOB under Tackle（吊钩下交货）、FOB Stowed（理舱费在内）、FOB Trimmed（平舱费在内）。

（二）使用 CIF 术语应注意的问题

1. 买卖双方承担的责任、风险和费用如下：

(1) 卖方必须：① 提供合同规定的货物和单证，或与之等效的电子单证；

② 负责按通常条件租船订舱，支付至目的港运费；

③ 将货物装船并给予买方充分通知；

④ 负责办理从装运港到目的港的海运货物保险；

⑤ 承担在装运港货物越过船舷以前的风险和费用。

(2) 买方必须：① 支付货款并接受货物和单证，或与之等效的电子单证；

② 自负费用及风险办理一切进口手续；

③ 承担在装运港货物越过船舷后的风险和除运费、保险费以外的费用。

2. CIF 术语变形：

主要有：CIF Liner Term（班轮条件）、CIF Landed（卸至岸上）、CIF Ex Ship's Hold（舱底交接）。

三、2010 年《国际贸易术语解释通则》（INCOTERMS ® 2010）

随着国际贸易的发展，2000 年《国际贸易术语解释通则》中的许多规定已难以适应新形势的需求，在此背景下，2010 年《国际贸易术语解释通则》应运而生。2010 年版本的“前言”指出，该通则考虑了免税贸易区的不断增加，电子通信在商务中的应用不断增多，以及货物运输中更加重视的安全和变化等问题。加之原来存在一些争议悬而未决，为与时俱进，其修订势在必行。

相较于 2000 年版本，2010 年版《国际贸易术语解释通则》主要在以下方面作出调整：一是贸易术语数量从 13 种缩减至 11 种；二是贸易术语重新集中分类；三是进行了其他调整与变动。

（一）贸易术语数量发生变化

2010年《国际贸易术语解释通则》中贸易术语数量的变化主要集中在D组：一个是DAT取代了2000年版本中的DEQ；另一个是DAP取代了2000年的DAF、DES、DDU。

1. DAT（Delivered at Terminal）

2010年《国际贸易术语解释通则》对DAT的规定为：卖方需自行承担费用和风险订立运输合同，按惯常路线和方式，在规定日期和期限内，将货物从出口国运至进口国指定的目的地或目的地终点（如目的地的港口码头、仓库、集装箱堆场或铁路、公路、航空货运站等），完成卸货并将货物置于买方支配下，才算完成交货；卖方还需要承担在目的地或目的港把货物从运输工具上卸下的费用。在DAT中，“T”代表的“Terminal”可指目的地的任何地点。

2. DAP（Delivered at Place）

2010年《国际贸易术语解释通则》对DAP的规定为：卖方自行承担费用和风险订立运输合同，按惯常路线和方式，在规定的日期和期限内，将货物从出口国运到进口国指定的目的地，并将货物置于买方支配下，即完成交货；卖方不需要在目的地卸货。在DAP中，“P”所代表的“Place”可以是港口，也可以是陆地地名。

拓展

关于2010年《国际贸易术语解释通则》中的“地点”

● 所指“地点”为交货地点（同时风险也从卖方转移至买方）的7个贸易术语：

◆ EXW，工厂交货（……指定地点）
◆ FCA，货交承运人（……指定地点）
◆ DAT，终点交货（……指定目的地）
◆ DAP，地点交货（……指定目的地）
◆ DDP，完税后交货（……指定目的地）
◆ FAS，船边交货（……指定装运港）
◆ FOB，船上交货（……指定装运港）

● 所指“地点”随交货地不同而不同（所指地点为运费付至地）的4个贸易术语：

◆ CPT，运费付至（……指定目的地）
◆ CIP，运费和保险费付至（……指定目的地）
◆ CFR，成本加运费（……指定目的港）
◆ CIF，成本、保险费加运费（……指定目的港）

关于使用 2010 年《国际贸易术语解释通则》中贸易术语的格式要求[①]

2010 年通则强调，为避免疑问和争议，指定地点或目的地应进一步明确为准确地点。国际商会将 Incoterms 注册为商标（®），并对使用 2010 年《国际贸易术语解释通则》中的贸易术语提出格式要求：只有当双方当事人选定某一特定的收货地或港口时，所选术语才能发挥作用。使用任何贸易术语时，需将“Incoterms（®）2010”或“国际贸易术语解释通则（®）2010”作为后缀，或在合同中明确所选贸易术语的必要构成要件，并尽可能详细说明地点和港口。例如，FCA Tianjin International Port Zone Incoterms（®）2010，其中 FCA 是贸易术语，Tianjin International Port Zone 是地点，Incoterms（®）2010 表明所选贸易术语为最新版本，注册商标符号“®”是其必备组成部分。

（二）贸易术语重新分类

2000 年《国际贸易术语解释通则》按照卖方责任递增、买方责任递减的顺序，将贸易术语分为 E、F、C、D 四组。而 2010 年版本则依据运输方式，将 11 种贸易术语分为两类：一类适用于任何单一运输方式或多种运输方式，包括 EXW、FCA、CPT、CIP、DAT、DAP、DDP；另一类适用于海上和内陆水上运输方式，包括 FAS、FOB、CFR、CIF。

（三）其他调整与变化

1. 调整义务项目

与 2000 年版本相比，2010 年《国际贸易术语解释通则》不再将卖方在每一项目中的具体义务与买方在同一项目中的相应义务“对应”表述，而是分别进行描述，且各项目内容也有所调整。

2. 新增“指导性注释”[②]

2010 年通则为每个术语新增“指导性注释”，用于解释：① 该术语的适用情形；② 在何种情况下适用其他术语；③ 本术语合同中货物风险负担的转移时间；④ 买卖双方之间成本、费用及清关手续的划分；⑤ 买卖双方应当明确的交货具体地点及未规定时费用的负担等问题。

在“指导性注释”中，2010 年通则通常要求双方当事人自行确定风险转移的临界点，而不是由通则本身规定。这就要求买卖双方在订立合同时考虑该问题，必要时可另行商定双方认可的风险临界点。

---

① 曹祖平：《新编国际商法（第六版）》，中国人民大学出版社，2020，第 194 页。

② 曹祖平：《新编国际商法（第六版）》，中国人民大学出版社，2020，第 195 页。

值得注意的是，“指导性注释”并不是2010年通则的正式内容，但有助于使用者更准确有效地在特定贸易中选用合适的贸易术语。

3. 首提连环买卖

连环买卖又称路货交易、多次买卖，是指在海上货物运输过程中，卖方将已装船货物转售给其他买方的交易模式。订立连环买卖合同时，货物已经脱离了卖方控制，因此卖方无须承担此后运输途中的货损责任。并且，卖方将货物交付运输时，通常会对货物投保，有关在途货物的单据及保险单会在签订买卖合同时一并转移给买方。《联合国国际货物买卖合同公约》第68条规定，在运输途中出售的货物，风险在买卖合同订立时转移至买方。

2010年通则对此作出相应调整，在FAS、FOB、CFR和CIF等适用于水上运输的贸易术语的“指导性注释”中，首次在国际贸易术语解释层面提及连环买卖，并细分了连环买卖模式下卖方的交货义务，弥补了之前版本在此问题上的不足。此外，连环买卖在CPT和CIP中也有所提及。

4. 改变划分风险的传统规定

在2010年《国际贸易术语解释通则》中，以“装上船”（Place on Board）取代了2000年版本的“船舷”概念。原规定中卖方承担货物越过船舷为止的一切风险，在新术语体系下改为“卖方承担货物装上船为止的一切风险，买方承担货物自装运港装上船后的一切风险”。这一改变主要影响FOB、CFR和CIF三种贸易术语，因为它们在2000年版本中的交货标准是“货物装运越过船舷”。

5. 调整适用范围

2000年《国际贸易术语解释通则》仅适用于国际货物买卖合同，而2010年通则明确所有贸易术语既可用于国际贸易，也可用于国内贸易。2010年通则还在部分条款中明确，只有在适当情况下，当事人才有义务办理进口或出口手续。

值得一提的是，尽管2010年《国际贸易术语解释通则》于2011年1月1日生效，但2000年版本并未自动失效，当事人仍可根据实际需求灵活选用。

四、2020年《国际贸易术语解释通则》（INCOTERMS ® 2020）①

2019年9月10日，国际商会在成立100周年之际，于法国巴黎正式发布《国际贸易术语解释通则》2020年版本，该通则于2020年1月1日正式生效。

与2010年版本相比，2020年版本进一步明确了买卖双方的责任，充分考虑了FCA规则下部分融资性销售情形中银行对装船提单的需求、不同货物及运输性质对保险承保范围灵活性的需求，以及对货物运输方便性和安全性的普遍要求等因素。

---

① 曹祖平：《新编国际商法（第六版）》，中国人民大学出版社，2020，第196页。

总体而言，2020年通则的变化不大，主要体现在以下几个方面：

① 将DAT修改为DPU：这一变化将交货地点从单一的“码头”扩展为更具普遍性的“卸货地”，目的在于满足买卖双方对于约定交付地点多样化的需求。

② 为FCA规则增加签发装船提单选项（货交承运人+装船提单选项）：若双方约定卖方按照FCA要求将货物交付至集装箱码头，买方可以指示承运人在卸货时向卖方签发已装船提单，有助于卖方更好地防范卸货期间的风险。

③ 调整CIP保险条款：CIP保险条款调整为必须符合《协会货物保险条款》中的条款（A）的承保范围。鉴于CIF通常用于制成品交易，出于商品属性和费率的考量，2020年通则要求卖方购买更高级别的保险，需适用伦敦保险协会所制定的《协会货物保险条款》中条款（A）或相似条款支付保险费，该条款可以覆盖一切风险，属于最高保险级别。

④ 允许特定情况下使用自有运输工具：2020年通则考虑到并不是所有货物贸易都存在独立第三方承运人，在FCA、DAP、DPU及DDP术语下，允许卖方或买方使用自己的运输工具。具体而言，在D组规则DAP、DPU和DDP下，允许卖方使用自有运输工具运输货物；在FCA下，允许买方使用自有运输工具收货并运输至买方场所。

⑤ 在运输责任和费用划分条款中增加安保要求：随着对运输安全性的要求越来越普遍，2020年通则将与之相关的安保要求明确规定在了各个术语的A4“运输合同”条款和A7“出口清关”条款中，因安保要求增加的成本也在A9/B9“费用划分”条款中作出更明确的规定。这一举措既可被视为对国际贸易中更严格的安全监管规则作出的反应，又可防范可能产生的费用纠纷，特别是在港口或交货地点产生的费用纠纷。①

第三节　国际货物买卖合同

一、国际货物买卖合同的含义

货物买卖合同是指一方为取得货款，将有形动产及其所有权转移给另一方而订立的协议。与国内货物买卖合同相比，国际货物买卖合同更为复杂，原因在于其具有“国际性”或“涉外因素”。关于“国际性”的判断标准多样，常见的有：① 以当事人国籍为标准；② 以当事人营业地为标准；③ 以行为地为标准；④ 以货物是

① 曹祖平：《新编国际商法（第六版）》，中国人民大学出版社，2020，第198页。

否跨越国境或关境为标准等。例如，《销售合同公约》便是以营业地来确定合同的国际性。此外，国际货物买卖合同作为众多合同类型之一，同时受合同法与买卖法的规范和约束。

二、国际货物买卖合同的形式

许多国家的法律对货物买卖合同的形式未作特殊要求，当事人既可以采取书面形式、口头形式，也可以通过行为方式订立合同。德国、英国、瑞士、奥地利等国法律多有此类规定。在我国，《民法典》第四百六十九条明确规定："当事人订立合同，可以采用书面形式、口头形式或者其他形式。书面形式是合同书、信件、电报、电传、传真等可以有形地表现所载内容的形式。以电子数据交换、电子邮件等方式能够有形地表现所载内容，并可以随时调取查用的数据电文，视为书面形式。"

在国际公约层面，《销售合同公约》的规定颇具代表性。其第十一条规定："销售合同无须以书面订立或书面证明，在形式方面也不受任何其他条件的限制。销售合同可以用包括人证在内的任何方法证明。"由此可知，在《销售合同公约》框架下，口头证据可被采纳，且在司法程序中具有法律效力。

不过，也有一些国家对买卖合同形式有所要求。例如，美国《统一商法典》规定，价金超过 500 美元的货物买卖合同必须采用书面形式，否则该合同无法在法院获得强制执行。需注意的是，此类未采用书面形式的合同属于不可强制执行合同（Unenforceable Contract），并非无效合同，若双方当事人自愿履行约定，合同在当事人之间依然有效。又如《法国民法典》中规定，所有价值在 5000 法郎以上的交易，必须采用书面形式才有效，货物买卖合同也不例外。在此情形下，非书面合同属于无效合同，即书面形式是合同生效的构成要件之一。

三、国际货物买卖中的要约

在国际贸易活动中，各国之间存在的法律差异与冲突给贸易往来带来诸多不便与障碍。为推动国际贸易顺利开展，制定统一的国际贸易法律规则势在必行，《销售合同公约》由此诞生。通过确立统一的国际贸易法律规则，能够降低国际贸易中的法律风险，提升贸易效率，进而促进国际贸易的发展。

在本章后续对国际买卖合同的阐述中，将主要以该公约的规定为依据。需要说明的是，公约中文本将"Offer"译为"发价"，将"Acceptance"译为"接受"，国内众多学者对此持有不同意见，在实践中仍普遍译为"要约"和"承诺"，本书也采取"要约"和"承诺"的表述方式。

（一）要约应具备的条件

货物买卖中的要约既要符合合同法的一般性规定，也要满足买卖法的特殊要求。

一般说来，货物买卖中的要约需同时符合以下条件才具有法律效力：

第一，要约必须清楚表明要约人愿受要约内容约束，并具有与对方订立买卖合同的真实意愿，即一旦要约被对方接受，要约人就必须与对方订立买卖合同。在国际贸易中，发盘人经常在其发盘中附加保留条件，如“须以我方最后确认为准（Subject to Our Final Confirmation）”“有权先售（Subject to Our Prior Sale）”或注明“仅供参考（For Reference Only）”等表述，此类发盘未明确表示受发盘条件约束，不构成具有法律效力的要约，仅属于邀请要约。在实际业务中，卖方寄送价目单、商品目录，买方向卖方询价等行为，都不构成要约。

第二，要约的内容必须十分确定、清楚。即要约必须包括拟订立买卖合同的主要条款，如商品的名称、价格、数量、品质或规格、交货期、交货地、付款方式等。缺少主要条款会导致买卖合同内容难以确定，给合同履行带来困难，此类要约会被各国法律视为无效。不过，要约人无须详尽列出合同的所有条款，只要具备最主要的条款使合同内容得以确定即可。至于哪些条款属于主要条款，各国买卖法及《销售合同公约》的规定存在差异。

大陆法系各国通常对要约须具备的条款要求较为严格，倾向于要求尽可能详细地列出各项条款。而根据《销售合同公约》，一个要约一般具备以下三项主要条款才视为内容确定：① 载明货物名称；② 明示或默示规定货物数量或确定数量的方法；③ 明示或默示规定货物价格或确定价格的方法。英美法国家对买卖合同主要条款的要求相对较低，如美国《统一商法典》第 2. 204 条规定：“即使买卖合同的一项或多项条款存在空缺，只要当事方有意订立合同，且存在比较确定的方法用以提供适当救济，合同即不因缺乏确定性而不能成立。”第 2. 305 条进一步规定合同的价格条款留空（Open）时的确定方法，第 2. 308 和 2. 309 条还分别对合同未明确规定交货时间、交货地点时的处理方法作出规定。

第三，要约必须向一个或一个以上特定的人发出。《销售合同公约》第十四条（1）、（2）款明确规定“（1）向一个或一个以上特定的人提出的订立合同的建议，如果十分确定并且表明发价人在得到接受时承受约束的意旨，即构成发价。一个建议如果写明货物并且明示或暗示地规定数量和价格或规定如何确定数量和价格，即为十分确定。（2）非向一个或一个以上特定的人提出的建议，仅应视为邀请做出发价，除非提出建议的人明确地表示相反的意向。”这一规定主要采纳了北欧一些国家的法律原则。

第四，各国法律一致规定，要约必须送达受要约人才能生效。《销售合同公约》第十五条（1）款明确规定：“发价于送达被发价人时生效。”

（二）要约的撤回和撤销

《销售合同公约》第十五条、第十六条对要约的撤回与撤销问题作出规定。其中，第十五条规定：“（1）发价于送达被发价人时生效。（2）一项发价，即使是不可撤销的，得予撤回，如果撤回通知于发价送达被发价人之前或同时，送达被发价人。”第十六条规定：“（1）在未订立合同之前，发价得予撤销，如果撤销通知于被发价人发出接受通知之前送达被发价人。（2）但在下列情况下，发价不得撤销：（a）发价写明接受发价的期限或以其他方式表示发价是不可撤销的；或（b）被发价人有理由信赖该项发价是不可撤销的，而且被发价人已本着对该项发价的信赖行事。”上述规定与《合同通则》完全一致，本书第二章“《民法典》之‘合同编’”部分已作详细阐述，此处不再赘述。

四、国际货物买卖中的承诺

（一）承诺须具备的条件

根据各国法律及《销售合同公约》，有效的承诺需满足以下条件：

第一，由受要约人作出：本书第二章“《民法典》之‘合同编’”已有详细阐述。

第二，内容与要约一致：按照多数国家法律，承诺不得对要约内容进行更改、扩充或限制，否则构成对要约的拒绝。不过，美国《统一商法典》和《销售合同公约》对此态度更为灵活。《销售合同公约》第十九条第（2）款规定，若承诺中包含对要约的添加或不同条件，且在实质上未变更要约条件，除要约人在不过分迟延的期限内以口头或书面形式提出异议外，仍可构成承诺，合同有效成立，合同条件以要约条件及承诺添加或更改后的条件为准。公约第十九条第（3）款明确界定“实质性的变更”：“有关货物价格、付款、货物质量和数量、交货地点和时间、一方当事人对另一方当事人的赔偿责任范围或解决争端等等的添加或不同条件，均视为在实质上变更发价的条件。”即涉及上述六个方面的变更，承诺无效且构成反要约；而对这六个方面之外的条款作出的变更，如包装条款、单据条款等，通常不视为实质性变更。

第三，在要约有效期内作出：各国法律和《销售合同公约》都规定，承诺应在要约的有效期内作出。《销售合同公约》第二十条对承诺期限计算作出明确规定：第（1）款指出：“发价人在电报或信件内规定的接受期间，从电报交发时刻或信上载明的发信日期起算，如信上未载明发信日期，则从信封上所载日期起算。发价人以电话、电传或其他快速通讯方法规定的接受期间，从发价送达被发价人时起算。”其第（2）款规定：“在计算接受期间时，接受期间内的正式假日或非营业日应计算在内。但是如果接受通知在接受期间的最后一天未能送到发价人地址，因为那天在发价人营业地是正式假日或非营业日，则接受期间应顺延至下一个营业日。”

根据各国法律，承诺若未在要约有效期内送达要约人，则该承诺无效，合同不能成立。但《销售合同公约》第二十一条对逾期承诺的效力作出灵活规定（该规定与《合同通则》第二、九条规定完全相同），即："（1）逾期接受仍有接受的效力，如果发价人毫不迟延地用口头或书面将此种意见通知被发价人。（2）如果载有逾期接受的信件或其他书面文件表明，它是在传递正常、能及时送达发价人的情况下寄发的，则该项逾期接受具有接受的效力，除非发价人毫不迟延地用口头或书面通知被发价人：他认为他的发价已经失效。"

（二）承诺的生效时间

在书面承诺生效时间方面，《销售合同公约》采用到达生效原则。其第十八条（2）款规定："接受发价于表示同意的通知送达发价人时生效。"同时规定："如果表示同意的通知在发价人所规定的时间内，如未规定时间，在一段合理的时间内，未曾送达发价人，接受就成为无效，但须适当地考虑到交易的情况，包括发价人所使用的通讯方法的迅速程度。对口头发价必须立即接受，但情况有别者不在此限。"由此可见，《销售合同公约》在承诺生效时间上基本遵循德国法的到达生效原则，但也存在例外情况。《销售合同公约》第十八条（3）款规定，"但是，如果根据该项发价或依照当事人之间确立的习惯作法或惯例，被发价人可以做出某种行为，例如与发运货物或支付价款有关的行为，来表示同意，而无须向发价人发出通知，则接受于该项行为做出时生效，但该项行为必须在上一款所规定的期间内做出。"在此情形下，承诺生效不以货物运抵要约人为条件。

（三）承诺的撤回

《销售合同公约》第二十二条规定，如果撤回通知于承诺原应生效之前或同时送达要约人，承诺得以撤回。这项规定与《合同通则》完全一致。

五、国际货物买卖合同的内容

（一）前言

前言又称约首、首部，是合同的起始部分，主要涵盖合同名称、编号、订立日期和地点、当事人双方全称与地址、订立合同的原因和目的，以及执行合同的保证等内容。

（二）合同主要条款

1. 标的物条款

（1）标的物的品质规格条款

品质规格条款是合同的主要条款，主要包括品名、规格和牌号。由于国际货物买卖双方分处不同国家，合同中对货物品质的约定尤为关键。依照部分国家的法律规定，买卖合同中有关货物品质的说明属于合同要件，如果卖方交付货物品质与约定的不符，买方有权拒收并要求损害赔偿。

在国际货物买卖中，不同种类的货物有不同的品质表示方法：

① 凭样品确定货物品质的买卖。指交易双方以样品作为品质依据。根据《销售合同公约》第三十五条，货物的质量应与卖方向买方提供的货物的样品或样式相同，否则，即为与合同不符，卖方须承担此种不符合同的责任。由于凭样品的买卖多属于品质难以规范化或标准化的货物，有时很难做到货物的品质与样品完全相同，因此合同中也有约定交货品质与样品大致相符的情况。

② 凭规格、等级或标准确定货物品质的买卖。规格反映商品主要指标，如重量、长短、大小、纯度、强度、拉力等。等级是对同类商品进行的级别分类，如一级、二级、特级等。标准是企业、行业、政府或国际组织对某类商品的规格和等级进行的规范化规定。卖方交付货物需符合合同规定的规格、等级或标准，否则构成违约。

③ 凭商标或牌名确定货物品质的买卖。在国际贸易中，对于某些品质稳定并树立了良好信誉的商品，可以采用凭商标或牌名来确定货物的品质。一般来说，知名商标或品牌代表了一定规格的商品品质，因此，此种买卖可以不再订明具体标准或提供样品。但由于同一商标或牌名的产品可能在不同的国家生产，存在规格差异，部分此类买卖除规定牌名或商标外，还会明确产品具体规格。

④ 凭商品说明书确定货物品质的买卖。商品说明书用于阐述商品性能、构造等。在买卖复杂设备时，常需凭详细的说明书具体说明其构造、用材、性能和使用方法等。在凭说明书的买卖中，有的合同除说明书外，还包含规定品质保证的条款，用以保证卖方出售的货物品质在一定期限内符合说明书上的技术指标，如买方在保证期限内发现品质与说明书不符，则可以要求退货。

货物的品质条款一定要明确，并应依合同约定的品质履行，有时超出约定标准也可能引发争议，特别是在买方对货物有特殊要求时，过高品质可能不符合其市场策略。

（2）数量条款

国际货物买卖合同中的数量通常以重量、体积、长度、面积、个数等为单位，主要包括交货数量、计量单位与计量方法。由于各国度量衡制度不同，同一计量单位所代表的数量可能也会有差异，因此合同中必须明确规定计量单位和计量方法。数量条款是确定卖方交货数量的依据。对于农产品、矿产品等，由于货物本身的特性，或受包装和运输工具的限制，或由于蒸发的原因等，货物的重量和数量很难与合同规定的数量相同，对于此类货物，国际惯例也允许在合同规定的数量与实际交货的数量之间有一定的机动幅度。通常有两种规定机动幅度的方法：

① 在合同中规定“溢短装条款”，允许卖方按一定的机动幅度多交或少交一定数量的货物。

② 在货物的数量上规定一个约数，如规定“约 1000 吨”，货物数量可以在一定

范围内浮动。

此外，合同通常会规定对超过约定数量货物的计价方式，如果双方当事人对此没有规定，一般按合同价格支付。

（3）包装条款

包装条款主要包括包装的种类和性质、方式和规格、包装材料、包装尺寸、包装费用和运输标志等内容。国际贸易中，多数货物需要包装。包装费用计入成本。货物包装主要分为两类：

① 运输包装：又称大包装或外包装，主要用于保护货物安全运输，便于装卸和储存。

② 销售包装：又称小包装或内包装，除保护商品质量和数量外，还具有商品宣传作用。

制定包装条款时，需结合货物性质，同时还应考虑对方国家的习惯和法律规定，例如部分国家对陶瓷包装货物课以重税，或禁用稻草等作为包装材料。

2. 价格条款

价格条款主要规定货物的计价货币、计价单位、单位价格金额、指定交货地点、贸易术语与商品的作价方法等。国际贸易中常用贸易术语表示货物单价，例如“每公吨 500 美元 CIF 纽约”，其中重量单位是公吨，计价货币是美元，单位价格金额为 500 美元，目的港是纽约，价格构成涵盖货物成本、运费与保险费。货物买卖合同的总价是通过单价乘以交易商品数量得出，价格条款是确定买方支付义务的主要依据。

在国际货物买卖中，合同作价通常采用以下方法：

① 固定价格：适用于短期交货合同，即双方商定在合同有效期内价格不得变更。

② 滑动价格：针对长期交货合同，如大型成套设备、机器的买卖合同，为避免商品受国际市场价格波动影响，双方先在合同中暂定价格，交货时再依据行情及生产成本增减情况进行调整。

③后定价格：合同中不规定商品价格，仅明确确定价格的时间和方法，例如规定“以某年某月某日伦敦商品交易所价格计价”。

④ 混合定价：对于分批交货合同，可采用部分固定价格、部分滑动价格的方式，近期交货部分采用固定价格，远期交货部分按交货时行情或另行协议作价。

此外，为防止商品价格受汇率波动影响，可在合同中增加外汇保值条款，明确计价货币币值变动时价格的相应调整方式。

3. 运输条款

装运指将货物装上运输工具。装运条款主要规定装运时间、运输方式、装运港（地）与目的港（地）、装运方式（分批、转船）及装运通知等事项（详见第四节）。

4. 商检条款

商检条款通常规定商品检验所依据的标准、检验机构、检验期间及商检权等内容，其作用是作为判定卖方所交货物是否符合合同约定的依据，关系到合同履行、索赔、诉讼等诸多法律问题。商检条款主要包含下列内容：

（1）商检权。关系到买卖双方哪一方有权决定商品品质、数量或包装是否符合合同约定。国际贸易中，商检权一般有三种规定方法：

① 以离岸品质、重量为准。在此条款下，买方在货物到达后原则上不能对货物品质和数量提出异议，对卖方较为有利。

② 以到岸品质、重量为准。买方可以依据目的港检验机构签发的商检证书，就品质、数量问题向卖方提出异议，对买方有利。

③ 以装运港的检验证书作为议付贷款依据，同时允许买方在货到目的港后有复验权。若复验发现货物品质、数量与合同不符，买方可凭复验结果向卖方索赔。这种做法较为公平合理，兼顾买卖双方的利益，在国际贸易中应用广泛。

（2）商检机构。国际贸易中，商品检验机构主要有以下三类：① 由国家设立的商品检验机构，在我国是中华人民共和国海关总署负责进出口商品检验检疫工作；② 由私人或同业公会、协会开设的公证行；③ 生产、制造厂商或产品的使用部门设立的检验机构。

（3）商检期限。商检时间通常就是品质、数量索赔期限。检验条款中常规定，买方必须于货物到达目的港后若干天内（如 60 天内）进行检验；或规定买方应在货物于目的港卸货后若干天内进行检验，如果超过规定期限不进行检验，买方将丧失检验权利。

（4）商检标准和方法。各国对同一商品的品质标准规定不尽相同，而且每个国家的标准（包括各同业公会的标准）在不同年份发布的版本中也可能存在差异。国际贸易实践中，通常采用以下方法：① 按买卖双方商定的标准和方法；② 按生产国标准及方法；③ 按进口国标准及方法；④ 按国际标准或国际习惯标准和方法。

因此，在签订合同时，若按标准确定商品品质，不仅要明确采用哪个国家的标准，而且还需规定该标准的具体版本。部分商品因检验方法不同会得出不同结果。所以在签订合同时，对于可能适用几种检验方法进行检验的商品，应明确所采用的具体检验方法。

（5）商检证书。由商品检验机构出具，用于证明商品品质、数量等是否符合合同要求的书面文件。根据商品性质及检验要求，主要有品质检验证、重量检验证、卫生（健康）检验证、产地证、验残检验证，以及根据某些国家特殊法律或规定要求的特殊证书等。商检证书的法律效力主要体现在：① 作为货物进出海关的凭证；② 是征收或减免关税的必备证件；③ 是买卖双方履行合同义务、交接、结算的有效凭证；④ 是计算运费的凭证；⑤ 作为索赔、证明情况、明确责任归属的法律依据。

5. 支付条款

支付条款是合同中关于买方支付货款的相关条款，包括以下内容：

① 支付与结算使用的货币币种；

② 支付工具，通常采用票据中的汇票，也可能是货币；

③ 支付方式，如汇付、托收或信用证，合同中经常采用的是跟单信用证付款方式，有些情况下也采用托收的方式；

④ 支付时间与地点，以及卖方为获取贷款应提供的单证等各项规定。

6. 保险条款

合同中的保险条款具体规定由哪方承担货物运输保险责任，以及应投保的险别等内容，其目的在于把保险责任具体分配（详见第四节）。

7. 不可抗力条款

（1）概念

不可抗力（Force Majeure，Act of God）条款规定，合同订立后发生当事人签订合同时不能预见、不能避免且不可控制的意外事故，致使不能履行合同或不能如期履行合同，遭受不可抗力的一方可以免除履行合同的责任。

（2）构成条件

① 意外事故发生于合同签订之后。

② 意外事故是当事人所不能预见、不能避免和不可控制的。不可抗力事故主要包括两种情况，一种是由于自然力量引起的，如水灾、风灾、旱灾、地震等；另一种是社会原因导致的，如战争、封锁、政府禁令等。

③ 意外事故的发生不存在当事人疏忽或过失等主观因素。

（3）法律后果

依据 1980 年《销售合同公约》，遭受不可抗力的一方可解除合同或延迟履行且不承担责任。只有在不可抗力因素与当事人的过失同时存在的情况下，当事人才需承担相应的赔偿责任。遭受不可抗力后合同的处理主要有：

① 解除合同。一般来说，如果不可抗力事故使合同的履行成为不可能，则可解除合同。例如买卖特种粮食交易中，产地因水灾失收，在这种情况下，可以解除合同。

② 延迟履行。如不可抗力只是暂时阻碍合同的履行，则只能延迟履行。如因不可抗力导致交通受阻，可能延迟履行，待交通恢复后继续履行。

8. 仲裁条款

仲裁条款又称仲裁协议，是双方当事人同意将争议提交第三者裁定的意思表示。仲裁是国际贸易中解决争议最常用的方法，以双方签订的仲裁协议为前提。

国际货物买卖合同通常规定，如发生与合同有关的争议，应先友好协商；协商不能解决时，应将争议提交某仲裁机构进行仲裁。合同的仲裁条款中应明确仲裁地点、仲裁机构、仲裁规则及仲裁裁决的效力等内容。

9. 法律适用条款

法律适用条款是当事人依据意思自治原则经过双方的协商选择适用于合同的法律。我国司法解释要求当事人对法律的选择应明示，且选择一般应与合同存在一定联系。当事人可以选择适用某国的国内法，也可以选择适用国际公约或国际惯例。无论如何，当事人的自由选择必须是善意的、合法的，并不得与公共利益相违背。

以上是国际货物买卖合同正文部分的主要条款，条款的多寡繁简通常依据货物性质、交易量大小、当事人关系、签约当事人法律知识与水平等因素协商确定。

（三）合同结尾

合同结尾又称“约尾”，主要规定合同文字、正本与副本份数，合同附件及其效力，双方当事人签名（盖章）等内容。

第四节　国际货物运输与保险

一、国际海上货物运输

（一）班轮运输

1. 班轮运输的概念

班轮运输是由航运公司以固定航线、固定船期、固定运费率、固定挂靠港口，组织将托运人的货物运往目的地的运输方式。由于班轮运输的书面凭证多以提单形式呈现，因此这种运输方式又被称为提单运输。班轮运输的固定性使其适合运输件杂货物，即将不同托运人运输量较小的货物集中运输。在班轮运输中，承运人与托运人的谈判地位是不平等的，且提单往往会转移到并非订立运输合同当事方的第三方手中，即会对第三方产生约束力，因此各国法律一般对班轮运输进行强制性规范。国际上调整提单运输的国际公约主要有三个：《海牙规则》《维斯比规则》《汉堡规则》。

2. 班轮运输的当事人

班轮运输的当事人包括承运人和托运人。承运人是承担运输工作的航运公司，托运人是与承运人订立海上货物运输合同的当事人。此外，海上运输合同还会涉及实际承运人和收货人。当订约承运人将部分或全部运输工作交由另一航运公司完成时，该航运公司即为实际承运人。尽管实际承运人不是运输合同的当事人，但也需对其承运期间货物的损坏承担责任，并享有运费请求权。由于班轮运输的书面凭证提单会转让给第三人（如收货人），收货人虽不是运输合同当事人，但货物在运输中受损时有权索赔；在运输合同约定运费到付的情况下，收货人负有支付运费的义务。可见，合同效力常及于合同当事人以外的第三人，这是运输合同的特点之一，除承运人和托运人外，合同效力还会涉及实际承运人和收货人等。

（二）提单（Bill of Lading，B/L）

1. 提单的概念及其法律特征

（1）提单是海上运输合同的证明

提单是运输合同的证明，而非运输合同本身。从理论上看，合同成立以双方当事人意思表示一致为主要条件，而提单仅由一方当事人签发；从时间顺序来说，运输合同是在提单签发之前成立的。提单作为运输合同的证明，仅适用于承运人与托运人之间的关系。提单受让人没有参与运输合同订立，对托运人与承运人订舱时的约定并不知晓，因此对于运输合同内容只能依提单记载。各国法律及学说普遍认为，在承运人与提单受让人之间，提单不仅是运输合同的证明，更是运输合同本身。

（2）提单是承运人出具的接收货物的收据

提单是承运人收到托运货物后向托运人签发的凭证，其正面记载诸多收据性内容，如货物标志、货物包装、数量、重量及表面状况等。提单的证明作用在托运人手中和第三方持有人手中效力不同。提单在托运人手中时只是初步证据，所谓初步证据是指如承运人有确实的证据证明其收到的货物与提单上的记载不符，可向托运人提出异议。但在托运人将提单背书转让给第三人的情况下，对于提单受让人来说，提单就成了最终证据。因为提单受让人根据提单记载受让提单，对货物实际情况并不知情，即便提单记载不实由托运人误述导致，承运人可向托运人抗辩，但不得以此对抗提单受让人，以此保障提单的流通性。

（3）提单是承运人凭以交付货物的具有物权特性的凭证

提单的流通性决定其具有物权凭证特性。提单签发后，货物控制权与提单紧密关联，只有持有提单才能控制货物。由于提单流通性使最终持有人处于不确定状态，承运人只有在货物到达目的港时，才能知道交付对象。为了避免错交货物，承运人只能采用谁持有提单就向谁交货的做法。可见，赋予提单物权凭证的特性是国际贸易流通环节的必然需求。

2. 提单的种类

① 按货物是否已装船划分：可分为已装船提单（Shipped B/L 或 on Board B/L）和收货待运提单（Received for Shipment B/L）。已装船提单由船长或承运人的代理人在货物装上指定船舶后签发，注明船名及装船日期，银行一般仅接受已装船提单；收货待运提单是船方在收到货物、实际装船前签发的表明货物已收管待运的提单，

主要适用于集装箱运输。

② 按收货人抬头划分：可分为记名提单、不记名提单和指示提单。记名提单正面载明收货人名称，承运人只能向该收货人交付货物，一般不能通过背书方式转让，故也称作“不可转让提单”；不记名提单正面不具体指定收货人名称，收货人一栏填写“交与持票人”（To Bearer），也称“空白提单”。这种提单的转让十分简便，无须背书，只要将提单交给受让人即可，在国际贸易中因风险太大而很少使用；指示提单正面载明凭指示交付货物，收货人一栏填写“凭指示”（To Order）或“凭某人指示”（To Order of...），经背书后可转让，又称“可转让提单”，在国际贸易中得到普遍使用。

③ 按提单有无批注划分：可分为清洁提单（Clean B/L）和不清洁提单（Unclean B/L 或 Foul B/L）。清洁提单是指提单上无明显声明货物及（或）包装存在缺陷的附加条文或批注，承运人签发清洁提单即表明所接收货物表面或包装完好，事后不得以货物包装不良等为由推卸运输责任，银行在结汇时一般只接受清洁提单。不清洁提单是指在提单上批注货物表面有缺陷的提单。银行一般会拒绝接受不清洁提单办理结汇，除非信用证规定可以接受该类提单。

④ 按运输方式划分：可分为直达提单、转船提单和联运提单。直达提单（Direct B/L）指表明中途不经转船直接将货物运往目的港的提单。转船提单是指当货物的运输不是由一条船直接运到目的港，而是在中途需转换另一船舶运往目的港时，船方签发的包括全程的提单。联运提单是指货物由海运和另外一种或两种以上不同方式运输时签发的提单。

⑤ 按运费支付方式划分：可分为运费预付提单和运费到付提单（Freight Payable at Destination B/L）。运费预付提单指载明托运人在装货港已向承运人支付运费的提单，承运人在提单中载明“运费付讫”，在 CIF 和 CFR 合同中要求运费预付提单。运费到付提单是指载明收货人在目的港提货时向承运人支付运费的提单，提单上载明“运费到付”。

3. 提单的内容

（1）提单正面的记载事项

关于提单正面的记载事项，各航运公司拟制的提单大致相同，一般包括下列各项：

① 承运人的名称和主营业所；

② 托运人的名称；

③ 收货人的名称；

④ 通知方；

⑤ 船舶名称；

⑥ 装货港和卸货港；

⑦ 货物的品名、标志、包数或者件数、重量或者体积；

⑧ 提单的签发日期、地点和份数；

⑨ 运费的支付；

⑩ 承运人或者其代表的签字。

（2）提单背面条款

海运提单的背面通常载有关于双方当事人权利和义务的条款。各种提单格式的条款虽不尽相同，但主要内容基本上是一致的：

① 管辖权和法律适用条款；

② 承运人责任条款；

③ 承运人的免责条款；

④ 承运人责任期间条款；

⑤ 赔偿责任限额条款；

⑥ 特殊货物条款；

⑦ 留置权条款；

⑧ 共同海损和新杰森条款；

⑨ 双方有责碰撞条款。

此外，提单中还有关于战争、检疫、冰冻、罢工、拥挤、转运等内容的相关规定。

拓展

新杰森条款

Jason Clause / New Jason Clause 即杰森条款/新杰森条款。美国判例认为：根据哈特法（Harter Act 1893）的规定，对于驾驶船舶的过失，船东可以免责，但不能请求货方分摊共同海损的损失。因此，美国提单中普遍订立共同海损疏忽条款（General Average Negligence Clause），在承运人有过失，但根据 1893 年哈特法或 COGSA 无须对货物灭失或损坏负责时，允许承运人从货物所有人处收取共同海损分摊。该名称起源于美国最高法院在 *The Jason* 225 U. S. 32（1912）案的判例，该条款根据哈特法得到支持，因而成为杰森条款。该条款在 1936 年 COGSA 出现后演变为“新杰森条款”，补充规定：当船舶因船长、船员或引航员的过失发生事故而采取救助措施时，即使救助船与被救助船同属于一个船公司，被救船仍需支付救助报酬，该项救助报酬可作为共同海损费用。美国法院已确认上述条款在租船合同中的效力，而上述条款在班轮运输中的效力尚未明确。

（三）关于提单运输的三个国际公约

1.《海牙规则》（Hague Rules）

全称《1924年统一提单的若干法律规则的国际公约》，1924年8月25日订立于布鲁塞尔，1931年6月2日生效。共有16条，主要规定了承运人的最低限度责任与义务、权利与豁免，责任起讫，最低赔偿限额，托运人义务及索赔与诉讼时效等。我国没有加入该公约，但在1993年7月1日实施的《海商法》和我国航运公司制定的提单中吸纳了《海牙规则》中关于承运人责任和豁免的规定。

（1）承运人最低限度的义务

《海牙规则》规定了承运人的两项最低限度的义务，这两项义务是强制性的，在提单中解除或降低承运人的这两项义务的条款均属无效。

第一项是适航义务，公约第3条规定：承运人在开航前与开航时必须谨慎处理，以便：① 使船舶具有适航性；② 适当地配备船员、设备和船舶供应品；③ 使货舱、冷藏舱和该船其他运载货物的部位适宜并能安全地收受、运送和保管货物。《海牙规则》并不要求船舶在任何时间都必须处于适航状态，仅要求在“开航前和开航时”。因为海上风险太大，船舶在航行中可能由于各种原因而变得不适航，如要求承运人在整个航程中均保证船舶适航，则会使承运人所负的责任与其享受的利益产生不平衡，同时在政策上也考虑到了对海上货运业的倾斜。关于“谨慎处理”不仅包括承运人的“谨慎处理”，还应包括其雇员或代理人的“谨慎处理”。关于适航，《海牙规则》没有明确的定义。在司法实践中认为适航是指船舶的各个方面可经得起预定航线中可能遭遇的一般风险。

第二项是管货的义务，指承运人应适当和谨慎地装载、操作、积载、运送、保管、照料和卸载所承运的货物。承运人在上述七个阶段均应做到“适当和谨慎”，“谨慎”就是要认真，“适当”则带有技术性及业务水平。“积载”指承运人应适当地配载货物。对由于积载不当造成的损失，承运人应负责赔偿。“运送”指承运人应尽快、直接、安全地将货物运至目的地，不得进行不合理的绕航。

（2）承运人的责任期间

承运人的货物运输责任期间为从货物装上船起至卸完船为止的期间。在实践中，多将其理解为“钩至钩”责任。在使用岸吊的情况下，以船舷为责任期间的起止点。

（3）承运人的免责

《海牙规则》规定的承运人的免责共有18项，依第4条第2款和第4款规定，对由于下列原因引起或造成货物的灭失或损害，承运人不负责任：

A. 船长、船员、领航员或承运人的其他雇用人在驾驶或管理船舶中的行为、疏忽或不履行职责；

B. 火灾，但由于承运人实际过失或私谋所造成者除外；

C. 海难；

D. 天灾，海上或其他可航水域的风险、危险或意外事故；

E. 战争行为；

F. 公敌行为；

G. 政府或主管部门的行为；

H. 检疫限制、扣押；

I. 不论由于何种原因引起的局部或全面的罢工、关厂、停工或劳动力受到限制；

J. 暴动和骚乱；

K. 海上救助或企图救助海上人命或财产；

L. 货物托运人或货主、其代理人或代表的行为或不行为；

M. 由于货物的固有瑕疵、性质或缺陷所造成的容积或重量的损失，或任何其他灭失或损害；

N. 包装不当；

O. 唛头不清或不当；

P. 尽适当的谨慎所不能发现的潜在缺陷；

Q. 不是由于承运人的实际过失或私谋，或是承运人的代理人或受雇人员的过失或疏忽所引起的任何其他原因；

R. 合理绕航。

（4）赔偿责任限额

公约第 4 条第 5 款规定，承运人对货物的灭失或损坏的赔偿责任，在任何情况下每件或每单位不得超过 100 英镑，但托运人于装货前已申明该货物的性质和价值，并在提单上注明者不在此限。

（5）托运人的义务和责任

公约规定托运人应对其所提供的资料不正确所造成的损失负赔偿责任。对于危险品，如托运人隐瞒货物的危险性，承运人只要发现后可立即将货物抛弃而无须负责，且托运人还应赔偿船东及受害的第三方因载此货而引起的损失。如托运人已表明了货物的危险性，则承运人只有在面临危险的情况下，才可抛弃货物而无须负责，此时，托运人也无须对由运输此货物而引起的损失负责。

（6）索赔通知与诉讼时效

公约第 3 条第 6 款规定，收货人在提货时应检查货物，如发现短卸或残损，应立即向承运人提出索赔通知。如残损不明显，则在 3 日内提出索赔通知。如在提货时或提货后 3 日内没有提出索赔通知，就是交货时货物的表面状况良好的初步证据。在联合检验的情况下，无须出具索赔通知。关于诉讼时效，公约第 3 条第 6 款规定，货方对承运人或船舶提起货物灭失或损害索赔的诉讼时效为 1 年，自货物交付之日起算，在货物灭失的情况下，自货物应交付之日起算。

（7）公约的适用范围

《海牙规则》第10条规定：本公约各项规定，适用于在任何缔约国所签发的一切提单。第5条规定：本规则中的各项规定不适用于租船合同，但如果提单是在船舶出租情况下签发，则应符合本规则中的各项规定。

2.《维斯比规则》（Visby Rules）

全称为《修改统一提单的若干法律规则的国际公约的议定书》。1968年2月23日签订于布鲁塞尔，1977年6月23日生效。我国未加入该规则，但其中关于提单对善意第三者的最终证据作用的规定、承运人的责任限制和赔偿额的规定、其代理人及雇员的规定、拼装货的计算等，以及诉讼时效的修改在我国《海商法》的有关规定中得到反映。

（1）明确规定提单对于善意受让人是最终证据

依《海牙规则》的规定，提单记载的内容为该提单所载货物的初步证据。初步证据是相对于最终证据而言的，提单的记载事项如仅仅是初步证据，承运人就有提出反证否定提单记载真实性的余地。提单记载对托运人而言是所载货物的初步证据这一点一般无争议，因为提单上的记载是托运人提供的。但提单对于受让人来说是否也是初步证据却存在着分歧。以往的一些案例多判提单对于提单受让人来说也是初步证据。受让人并不知道提单记载的货物的实情，如提单中记载的内容对他来说仅仅是初步证据，就会降低受让人对提单的信任程度，减弱提单的流通性。有鉴于此，《维斯比规则》第1条对《海牙规则》第3条第4款的内容进行了补充，规定提单对托运人来说是初步证据，而对善意的提单受让人来说则是最终的证据。

（2）承运人的责任限制

《维斯比规则》采用了双重责任限额制，即承运人对货物的灭失或损害责任以每件或每单位1万金法郎或每公斤30金法郎为限，两者以高者计。在采用货币币种的问题上，《维斯比规则》吸取了《海牙规则》因采用某国货币而引起贬值问题的教训，未使用某国的货币单位，而是采用了金法郎。金法郎并非法国货币单位，而是一种含金量的计算单位，为含纯度为900/1000的黄金65.5毫克的计算单位。关于成组运输工具的责任限制问题，《海牙规则》并未涉及，因为当时还没有这种方式的运输。为了适应使用集装箱等成组运输工具运输的发展，《维斯比规则》增加了关于在该类运输中件数的确定方法的规定。该规则规定如果货物是以集装箱、托盘或类似的运输工具集装的，则提单中载明的内装件数就是计算赔偿限额的件数。如提单上未注明内装件数，则以成组运输工具的件数为计算赔偿限额的件数。

由于金法郎是以金作为定值标准的，承运人的责任限制金额可能随着黄金价格的涨落而无法保持稳定。有鉴于此，1979年12月21日在布鲁塞尔的外交会议上通过了修订《海牙-维斯比规则》的议定书，该议定书于1984年4月生效。该议定书旨在将承运人的责任限制计算单位由金法郎改为特别提款权。按15金法郎等于1特别提款权计算。依议定书的规定，承运人的责任限制金额为每件或每单位666.67特别提款权，或按货物毛重每公斤2特别提款权计算，两者之中以较高者为准。

拓展

特别提款权

特别提款权（Special Drawing Right，SDR）是国际货币基金组织创设的一种储备资产和记账单位，亦称"纸黄金"（Paper Gold）。它是基金组织分配给会员国的一种使用资金的权利。作为国际货币基金组织提供给全体会员国的一种国际货币储备单位，其最早发行于1970年，是成员国在货币基金体系内的资产储备。最初发行时，每一单位特别提款权等于0.888克黄金，与当时的美元等值。发行特别提款权旨在补充黄金及可自由兑换货币，以保持外汇市场的稳定。

（3）承运人的雇用人或代理人的责任限制

《海牙规则》未明确规定承运人的雇用人或代理人是否也能享受责任限制的保护。此外，损害赔偿的请求可以通过两个途径进行，即违约之诉和侵权之诉。货方为了避开合同中有关承运人责任限制的规定，在损失由承运人的雇用人或代理人引起时，往往不诉承运人，而是通过侵权之诉告雇用人或代理人。对此，《维斯比规则》进行了明确规定：① 对承运人提起的货损索赔诉讼，无论是以合同为依据，还是以侵权行为为依据，均可以适用责任限制的规定；② 承运人的雇用人或代理人也可以享受责任限制的保护。

（4）诉讼时效

在诉讼时效方面，《维斯比规则》对《海牙规则》的第6条作了两点修改：① 规定诉讼时效为1年，但经双方协商一致可以延长时效；② 就对第三者的追偿诉讼而言，在1年的诉讼时效期满后，仍有3个月的宽限期。

（5）公约的适用范围

相较于《海牙规则》仅适用于在缔约国签发的提单，《维斯比规则》的适用范围明显扩大。《维斯比规则》规定，有下列情况之一即可适用该公约：① 提单在缔约国签发；② 从一个缔约国的港口起运；③ 提单中列有首要条款（首要条款就是法律选择条款，即合同双方当事人合意选择适用该公约）。

3.《汉堡规则》（Hamburg Rules）

全称为《1978年联合国海上货物运输公约》，1978年3月在汉堡会议上通过，1992年11月1日生效。该公约按照船方和货方合理分担风险的原则，适当加重了承运人的责任，使双方权利义务趋于合理平等。我国不是《汉堡规则》的缔约国，但在《海商法》中采纳了其中的诸多规定。

（1）承运人的责任基础

《汉堡规则》在承运人的责任基础上采用了完全的过失责任制。《海牙规则》和《汉堡规则》规定的承运人的责任均为过失责任，但由于《海牙规则》存在关于承运人航行过失免责的规定，因此是一种不完全的过失责任制。《汉堡规则》取消了承运人对航行过失的免责，因而是完全的过失责任制。同时，《汉堡规则》还采用了推定过失责任制，即在发生货损后，先推定承运人有过失，如承运人主张自己无过失，则必须承担相应的举证责任。

（2）承运人的免责

《汉堡规则》取消了承运人对船长、船员等在驾驶船舶或管理船舶及火灾中的过失免责，但在火灾的举证责任上进行了妥协。依据《汉堡规则》的规定：承运人对火灾所引起的灭失、损坏或延迟交付负赔偿责任，但索赔人需证明承运人、其受雇人或代理人有过失。然而，由于货物在承运人的掌管之下，特别是当船舶在航行途中发生的火灾，货方很难举证。因而可以说承运人仍然可以间接享受到火灾的免责。

（3）承运人延迟交货的责任

《海牙规则》没有规定延迟交货的责任，而《汉堡规则》明确规定了承运人应对延迟交货负责。延迟交货是指未在约定时间内交付，或在无约定的情况下，未在合理的时间内交付。承运人对延迟交货的赔偿责任限额为迟交货物应付运费的 2.5 倍，但不应超过应付运费的总额。

（4）承运人的责任期间

《海牙规则》规定的责任期间一般理解为“钩至钩”期间。有时承运人在陆上收受货物，并在陆上仓库向收货人交货，在收受货物至装船及卸下货物至交付这两个期间中，货物处于承运人的掌管之下，而依《海牙规则》，承运人对装船前和卸货后的货损不负责任。为此，《汉堡规则》规定承运人的责任期间为货物在装货港、运送途中和卸货港在承运人掌管下的全部期间。

（5）承运人的责任限额

《汉堡规则》提高了承运人的最高赔偿限额，规定承运人对货物灭失或损坏的赔偿责任限额为每件或每单位 835 特别提款权（SDR），或每公斤 2.5 特别提款权（为解决货币贬值问题，《汉堡规则》采用特别提款权为计算责任限额的单位），两者以高者为准。此外，公约还规定，如货损是由于承运人、其雇用人或代理人故意造成的，则将失去责任限制的权利。

（6）关于保函的效力

保函是托运人为了换取清洁提单而向承运人出具的保证赔偿承运人因此而遭受

损失的书面文书。由于保函常常带有欺诈的意图，以往的惯例通常判定保函无效，但《汉堡规则》第一次在一定范围内承认了保函的效力。作出这一改变主要是考虑到在托运人与承运人对货物的数量等有分歧，而又无从查验时，出具保函可以免去许多麻烦，这也是商业上的一种习惯的变通做法。然而为了遏制保函的滥用，公约还规定：托运人为了换取清洁提单可向承运人出具保函，但保函只在托运人与承运人之间有效。如保函有欺诈意图，则保函无效，承运人应赔偿第三者的损失，且不能享受责任限制。

（7）《汉堡规则》关于货物的范围

就《海牙规则》而言，其关于货物的规定不适用于舱面货和活牲畜，但《汉堡规则》对两者都作出了规定。关于舱面货，《汉堡规则》规定，依照双方协议、交易惯例及相关法律的规定，承运人有权在舱面装货，否则承运人应对将货物装在舱面上造成的损失负赔偿责任。关于活牲畜，《汉堡规则》规定，活牲畜的受损如是因其固有的特殊风险造成的，承运人可以免责，但承运人须证明自己已按托运人的特别指示处理了与货物有关的事务。

（8）关于索赔通知和诉讼时效

《汉堡规则》规定，索赔通知应在收货后的第一个工作日内提交。如果损害不明显，收货人则需在收货后 15 日内提交。此外，对于延迟交付的索赔通知，《汉堡规则》规定收货人应在收到货后连续 60 天内提交。

对于诉讼时效，《汉堡规则》规定为 2 年。此外，涉及承运人向收货人赔付后再向第三方追偿时，可以协议延长时效，即此时允许突破 2 年的诉讼时效期限。

（9）有关《汉堡规则》的适用范围

依据《汉堡规则》第 2 条的规定，公约适用于两个不同国家之间的海上运输合同，并且：① 提单或作为海上运输合同证明的其他单证在某一缔约国签发；② 提单或作为海上运输合同证明的其他单证中载有适用《汉堡规则》或采纳该规则的任何国内法的首要条款；③ 装货港或卸货港或备选卸货港位于缔约国；④ 公约不适用于租船合同，但适用于租船合同项下的提单。

（四）租船合同

1. 航次租船合同

航次租船合同是指为完成特定航次运输，由船舶出租人向承租人提供船舶或船舶的部分舱位来装运约定的货物，从一港运至另一港，并由承租人支付约定运费的合同。

在格式上，航次租船合同多以标准格式出现，常见的有波罗的海国际航运公会（The Baltic and International Maritime Conference，BIMCO）制订的《统一杂货租船合同》（Uniform General Charter），简称“金康”（Gencon）合同以及《澳大利亚谷物租船合同》（Chamber of Shipping Australian Grain Charter），简称“奥斯特拉尔”（Austral）等。

2. 定期租船合同

定期租船合同是指出租人在一定期限内把配备船员的船舶出租给承租人，并供其按照约定的用途使用的书面协议。在定期租船合同中，出租人出租整个船舶，承租人按日或月支付租金。国际上常见的定期租船标准合同有纽约物产交易所（New York Produce Exchange，NYPE）制订的《定期租船合同》（Time Charter）；波罗的海国际航运公会（BIMCO）制订的《统一定期租船合同》（Uniform Time Charter）以及我国租船公司制订的《中外定期租船合同》（Sino Time Charter）等。

3. 光船租赁合同

光船租赁合同是指由船舶所有人提供不配备船员的船舶，再由租船人雇用船员，在约定期限内占有、使用船舶，并支付约定租金的租船合同。从上述定义可以看出，光船租赁合同下，出租人只提供船舶，并不配备船员。

就性质而言，光船租赁合同具有财产租赁合同的性质。在光船租赁合同中，船舶出租人只保留船舶的所有权，而将船舶的占有权、使用权和营运权均转移给了承租人。之后再由承租人雇用船员，并在合同规定的范围内进行船舶的经营，而对于经营中发生的风险和责任，也将由承租人承担。由此可知，承租人从出租人那里获得的是对船舶的“占有”和“使用”权，而不是出租人提供的劳务服务。因此，光船租赁合同具有财产租赁合同的性质。此外，基于光船租赁合同的财产租赁性质，船东的责任与一般运输合同中的责任有很大的不同。如在光船租赁合同中，船东除了提供适航船舶和有关船舶的文件外，不再承担其他的责任，即他只对其提供的财产负责，不对运输业务中产生的风险、问题负责。

在合同内容上，光船租赁合同通常是在事先拟订的格式基础上达成的，其主要内容应包括：出租人和承租人的名称、船名、船籍、船级、吨位、容积、航区、用途、租船期间、交船和还船的时间和地点，以及条件、船舶检验、船舶的保养维修、租金及其支付、船舶保险、合同解除的时间和条件等其他有关事项。

二、其他方式货物运输

（一）国际航空货物运输

国际航空运输是一种现代化的运输方式，它不受地面条件的限制，具有运输速度快、航行时间短，运输途中受损率低等特点。因此，对于一些急需物资、鲜活商品、易损货物和贵重商品来说，航空运输是一种适宜的运输方式。而且由于运输速度快，还可以省去很多辗转运输的成本和损耗，其运输费用有时反而会降低。

国际航空运输的方式主要有班机运输和包机运输两种。其中，班机运输是指飞机按固定的时间、航线、始发站和目的站进行定期航行的货物运输，适用于载运数量较少的货物；包机运输是指包租整架飞机进行运输，可分为整包机和部分包机，适用于运载数量较大、有急需或有特殊需求的货物运输。

目前，国际上关于航空货物运输的公约主要有《华沙公约》《海牙议定书》以及《瓜达拉哈拉公约》。在我国实践中，与《华沙公约》成员国之间的航空运输，适用《华沙公约》的规定；与《海牙议定书》成员国之间的航空运输，适用《海牙议定书》的规定；我国至今未加入《瓜达拉哈拉公约》。

（二）国际铁路货物运输

在国际货物运输中，铁路运输占有重要地位（地位仅次于海运），具有速度较快（仅次于空运）、载运量大（仅次于海运）、不易受气候条件影响（能常年正常运输）、运输途中风险较低、连续性强等特点。

当前，关于国际铁路货物运输的国际协定主要有两个：一个是《国际铁路货物运输公约》（以下简称《国际货约》）；另一个是《国际铁路货物联合运输协定》（以下简称《国际货协》）。我国于 1954 年 1 月加入《国际货协》，开办了国际铁路联运。目前，我国对朝鲜、俄罗斯的大部分货物进出口和东欧一些国家的小部分货物进出口的铁路运输，大多按照《国际货协》的有关规定进行。

（三）国际货物多式联运

国际货物多式联运是指按照多式联运合同，以至少两种不同的运输方式，由多式联运经营人将货物从一国境内接管货物的地点运到另一国境内指定交付货物的地点。其构成要件包括：① 必须具有一份多式联运合同；② 由一个多式联运经营人对货物运输的全程负责；③ 必须以至少两种不同的运输方式连续进行运输；④ 必须是国际货物运输。值得注意的是，为履行单一方式运输合同而进行的该合同所规定的货物接送业务，不属于国际多式联运。

截至目前，国际上虽然在 1980 年通过了《联合国国际货物多式联运公约》，但因种种原因尚未生效，故对于多式联运的规定多以国内法为准据法。除日本等国外，多数国家对于多式联运都有国内法规定。在我国，关于多式联运的法律规定主要分布在《海商法》和《民法典》合同编的相关规定中，其中，只有《海商法》对多式联运的定义作出规定。《海商法》第一百零二条第一款规定："本法所称多式联运合同，是指多式联运经营人以两种以上的不同运输方式，其中一种是海上运输方式，负责将货物从接收地运至目的地交付收货人，并收取全程运费的合同。"在适用过程中，根据特别法优于一般法的原则，包括海运在内的多式联运合同优先适用《海商法》，不包括海运的多式联运合同则由《民法典》合同编相关规定规范。

三、国际货物运输保险

（一）国际货物运输保险概述

1. 国际货物运输保险的基本原则

（1）保险利益原则

保险利益是指被保险人对保险标的所具有的合法利害关系，可表现为现有利益、期待利益或责任利益。依据我国《保险法》第十一条的规定，投保人对保险标的应当具有保险利益，投保人对保险标的不具有保险利益的，保险合同无效。该原则可防止被保险人通过不具有保险利益的保险合同获得额外利益，避免保险合同沦为赌博合同。

（2）最大诚实信用原则

最大诚实信用原则是指国际货物运输保险合同的当事人应以诚实信用为基础订立和履行保险合同，主要体现在订立合同时的告知义务和在履行合同时的保证义务上。告知义务在保险人一方表现为说明义务。在我国，依照《保险法》第十六条规定，订立保险合同时，保险人应向投保人说明保险合同的条款内容；依据我国《海商法》第二百二十二条的规定，合同订立前，被保险人应将其知道的或在通常业务中应当知道的有关影响保险人据以确定保险费率或确定是否承保的重要情况，如实告知保险人，违反告知义务可能导致保险合同无效，保险人有权解除保险合同。

（3）损失补偿原则

损失补偿原则是指在保险事故发生使被保险人遭受损失时，保险人必须在责任范围内对被保险人所受的实际损失进行补偿。国际货物运输保险合同属于补偿性的财产保险合同，因此在发生超额保险和重复保险的情况下，保险人只需赔偿实际损失，因为保险的目的是补偿损失，而非通过保险获利。

（4）近因原则

近因原则是指保险人只对保险风险直接引起的损失负责赔偿，对非承保风险直接引起的损失不承担责任。目前我国《保险法》及《海商法》均未对近因原则进行明文规定，但在国际货物运输保险实践中，近因原则是确定保险人对保险标的的损失是否负保险责任以及负何种保险责任的重要原则。

2. 国际货物运输保险合同的订立

国际货物运输保险合同的订立是由被保险人以填写投保单的形式向保险人提出保险要求（即要约），经保险人同意承保，并就货物运输保险合同的条款达成协议（即承诺）后，保险合同即成立。投保单中须列明货物名称、保险金额、运输路线、运输工具及投保险别等事项。保险人应当及时向被保险人签发保险单或者其他保险单证，并在保险单或其他保险单证中载明当事人双方约定的合同内容。

3. 国际货物运输保险合同的内容

（1）国际货物运输保险合同的当事人

国际货物运输保险合同的当事人为保险人和被保险人。保险人是保险合同中收取保险费，并在合同约定的保险事故发生时，对被保险人因此而遭受的约定范围内的损失进行补偿的一方当事人；被保险人指在保险范围内的保险事故发生时遭受损失的一方当事人。国际货物运输保险合同中的投保人一般也是被保险人。

（2）国际货物运输保险合同的保险标的

国际货物运输保险合同的保险标的主要是货物，包括贸易货物和非贸易货物。

（3）保险价值

保险价值是指被保险人投保财产的实际价值。由于准确确定标的的实际价值较为困难，投保人在投保时需说明所要投保标的的价值，保险价值通常由被保险人与保险人协商确定。该价值为估算值，可能与实际价值存在一定差异。

（4）保险金额

保险金额是指保险合同约定的保险人的最高赔偿数额。当保险金额等于保险价值时为足额保险；小于保险价值时为不足额保险；大于保险价值时为超额保险。财产保险中的保险金额通常以投保财产可能遭遇损失的金额为限，原则上不允许超额保险，因为保险以损失补偿为原则，超额保险意味着被保险人可能通过保险获利。因此，法律规定保险金额不得超过保险价值，超过部分无效。

（5）承保风险与损失

国际货物运输中会遇到各种意外事故，具体可以分为以下几种：

① 自然灾害：指与运输有关的海啸、地震、飓风、雷电等自然灾害；

② 意外事故：指与运输有关的触礁、颠覆、碰撞、失踪等；

③ 外来风险：指由于外来原因如偷窃、受潮、串味、钩损、玷污等，以及战争、暴动、罢工等造成货物损失、灭失的特殊原因。

由这些原因造成的货物损失可分为两类：货物本身遭受的全部损失和部分损失，以及为营救货物支出的费用。

全部损失包括实际全损和推定全损：

① 实际全损：指保险标的发生保险事故后灭失，或者受到严重损坏而完全失去原有形体、效用，或者已不能再归被保险人所拥有；

② 推定全损：指货物发生保险事故后，经认定实际全损已经不可避免，或者为避免发生实际全损所需支付的费用与继续将货物运抵目的地的费用之和超过保险价值。

对于实际全损，保险人应赔偿；对推定全损，由被保险人选择：若选择按实际全损进行索赔，则必须向保险人发出委付通知（Notice of Abandonment）；否则按部分损失进行索赔。部分损失即除全部损失以外的一切损失。在海上货物运输保险中，部分损失分为共同海损、单独海损和单独费用：

① 共同海损：是指在同一海上航程中，船舶、货物和其他财产遭遇共同危险，为了共同安全，有意地和合理地采取措施所直接造成的特殊牺牲、支付的特殊费用。保险公司对共同海损牺牲和费用以及共同海损分摊都给予赔偿；

② 单独海损：是指货物因承保风险引起的不属于共同海损的部分损失，该损失只能由受损方自己承担，被保险人能否从保险公司得到补偿取决于其投保的险别及保险单的条款规定；

③ 单独费用：是指为防止货物遭受承保风险造成的损失或灭失而支出的费用。由于保险单上通常载有“诉讼与营救条款”（Sue and Labour Clause），因此，单独费用一般都可以从保险公司得到补偿。

（6）保险责任和除外责任

保险责任是保险人对约定的危险事故造成的损失所承担的赔偿责任。“约定的危险事故”即保险人承保的风险。保险人承保的风险可以分为保险单上所列举的风险和附加条款加保的风险两大类，前者为主要险别承保的风险，后者为附加险别承保的风险。

除外责任即保险人不承保的风险。保险所承保的是一种可能发生也可能不发生的风险。对于必然发生的风险如自然损耗，保险人通常不予承保；市价跌落引起的损失属于间接损失，也往往被列入除外责任的范围。此外，被保险人的故意行为或过失造成的损失，发货人责任引起的损失等并非因自然灾害、意外事故或约定的人为风险引起的损失，保险人也不予承保。

（7）保险期间

保险期间即保险责任的存续期间，有三种确定方法：

① 以时间确定，如规定保险期间为一年，自某年、某月、某日起至某年、某月、某日止；

② 以空间确定，如规定保险责任自货物离开起运地仓库起至抵达目的地仓库止；

③ 以空间和时间两方面限定，如规定自货物离开起运地仓库起至货物抵达目的地仓库止，但如在全部货物卸离海轮后 60 天内未抵达上述地点，则以 60 天期满为止。

（8）保险费和保险费率

保险费率是计算保险费的百分率，有逐个计算法和同类计算法之分。船舶保险的保险费率通常采用逐个计算法确定，每条船舶的保险费率由保险公司根据该船舶的危险性大小、损失率高低及经营费用多少来确定；同类计算法是指对于某类标的，保险人均采用统一保险费率的方法。保险费是投保人向保险人支付的费用，其数额为保险金额乘以保险费率。

4. 国际货物运输保险合同的变更

国际货物运输保险合同的变更指在货物运输保险合同主体不变的情况下，对合同中原约定的某些内容进行的改变。当国际货物运输保险合同的内容需要修改时，被保险人可以向保险人提出申请，由保险人出具保险批单，保险批单的效力大于保险单正文的效力。

5. 国际货物运输保险合同的终止

保险合同的终止可由各种原因引起，国际货物运输保险合同终止的情况主要有：

① 自然终止，指保险单的有效期限已届满；

② 义务已履行而终止，保险人依保险单的规定已履行了赔偿责任，保险单的责任即告终止；

③ 违约终止，指保险人因被保险人的违约行为而终止保险合同；

④ 因危险发生变动而终止；

⑤ 保险标的因保险事故之外的原因而灭失，从而使保险合同终止。

6. 委付与代位求偿权

（1）委付

委付发生在保险标的出现推定全损的情况下，当保险标的出现推定全损时，被保险人可以选择按部分损失向保险人求偿或按全部损失求偿。当被保险人选择按全部损失求偿时，则须将保险标的的权利转让给保险人，由保险人赔付全部保险金额，这种转让保险标的权利的做法称为委付。对于保险人来说，可以接受委付，也可以不接受委付。

（2）代位求偿权

如果保险标的的损失是由于第三者的疏忽或过失造成的，在保险人依保险合同向被保险人支付了约定的赔偿后，即取得由被保险人转让的对第三者的损害赔偿请求权，也就是代位求偿权。我国保险法和海商法均规定了被保险人在保险人行使代位求偿权时应履行的义务，如提供必要的文件、协助保险人向第三者追偿、不得因放弃或过失而妨碍保险人行使代位求偿权等。

（二）国际海洋货物运输保险条款

1. 我国海洋货物运输保险的主要险别

（1）平安险（Free from Particular Average，FPA）

平安险的英文意思为“单独海损不赔”，其保险人责任最小。其责任范围主要包括：

① 被保险货物在运输途中由于雷电、海啸、地震、洪水等自然灾害造成的整批货物的全部损失或推定全损。

② 由于运输工具遭受搁浅、触礁、沉没、互撞、与流冰或其他物体碰撞以及失火、爆炸等意外事故造成货物的全部或部分损失。

③ 在运输工具已经发生搁浅、触礁、沉没、焚毁等意外事故的情况下，货物在此前后又在海上遭受雷电、海啸等自然灾害所造成的部分损失。

④ 在装卸或转运时由于一件或数件整件货物落海造成的全部或部分损失。

⑤ 被保险人对遭受承保责任内危险的货物采取抢救、防止或减少货损的措施而支付的合理费用，但以不超过该批被救货物的保险金额为限。

⑥ 运输工具遭遇海难后，在避难港由于卸货所引起的损失以及在中途港、避难港由于卸货、存仓以及运送货物所产生的特别费用。

⑦ 共同海损的牺牲、分摊和救助费用。

⑧ 运输合同中订有“船舶互撞责任”条款，根据该条款规定应由货方偿还船方的损失。

（2）水渍险（With Particular Average，WPA）

原为“单独海损负责”。该险的责任范围除平安险的各项责任外，还包括被保险货物由于雷电、海啸、地震、洪水等自然灾害所造成的部分损失。

（3）一切险（All Risks）

该险除包括水渍险的责任范围外，还负责赔偿被保险货物在运输途中由于外来原因所致的全部或部分损失。所谓外来原因是指由一般附加险所承保的损失，而不包括特别附加险和特殊附加险。

2. 我国海洋货物运输保险的附加险别

（1）一般附加险

一般附加险承保各种外来原因造成的货物全损或部分损失。外来原因指不必与海水的因素或运输工具联系起来的原因。附加险不能单独承保，它必须附于主险项下，包括：① 偷窃、提货不着险；② 淡水雨淋险；③ 短量险；④ 混杂、沾污险；⑤ 渗漏险；⑥ 碰损、破碎险；⑦ 串味异味险；⑧ 受潮受热险；⑨ 钩损险；⑩ 包装破裂险；⑪ 锈损险。

（2）特别附加险

特别附加险是指必须附属于主要险别项下，对因特殊风险造成的保险标的的损失承担赔偿责任的附加险。特别附加险与一般附加险的区别在于，一般附加险属于一切险的承保范围，投保了一切险，就不必再附加任何一般附加险；而特别附加险所承保的责任已超出了一切险的范围。特别附加险包括：① 交货不到险；② 进口关税险；③ 舱面险；④ 拒收险；⑤ 黄曲霉毒素险；⑥ 出口货物到香港（九龙）或澳门存仓火险责任扩展险；⑦ 卖方利益险。

（3）特殊附加险

特殊附加险主要有以下两种：① 战争险：专门承保由于战争、敌对行为、武装冲突、使用各种常规武器所引起的损失以及由于上述行为引起的共同海损分摊和救助费用的损失。② 罢工险：承保罢工者、被迫停工工人或者参加工潮、暴动、民众斗争的人员的行为，或者任何人在罢工期间的故意行为所造成的损失，以及由于上述行为所引起的共同海损、救助费用等损失。

3. 我国海洋运输货物保险的保险期限

保险期限是保险人承担对海洋运输货物赔偿责任的期间。中国人民保险公司海运货物保险条款主要以“仓至仓条款”“扩展责任条款”“航程终止条款”“驳运条款”来确定保险人的责任起讫。

4. 我国海洋运输货物保险的除外责任

除外责任是保险单中规定的保险人不负责赔偿的海洋运输货物损失。中国人民保险公司海洋运输货物保险的除外责任包括：① 被保险人的故意行为或过失所造成的损失；② 属于发货人责任引起的损失；③ 在保险责任开始前，被保险货物已存在的品质不良或数量短差所造成的损失；④ 被保险货物的自然损耗、本质缺陷、特性以及市价跌落、运输延迟引起的损失和费用；⑤ 海洋运输货物战争险条款和货物运输罢工险条款规定的责任范围和除外责任。

5. 索赔时效

海洋运输货物保险的索赔时效为 2 年，自被保险货物在最后卸货港全部卸离运输工具之日起算。

（三）其他国际货物运输保险条款

1. 陆上运输货物保险条款

（1）陆运险的责任范围

① 保险人负责赔偿被保险货物在运输途中遭受暴风、雷电、洪水、地震等自然灾害或由于运输工具遭受碰撞、倾覆、出轨或在驳运过程中因驳运工具遭受搁浅、触礁、沉没、碰撞，或由于隧道坍塌、崖崩或失火、爆炸等意外事故造成的全部损失或部分损失。

② 被保险人对遭受承保责任内危险的货物采取抢救，防止或减少货损的措施而支付的合理费用，其赔偿金额以不超过该被救货物的保险金额为限。

（2）陆运一切险的责任范围

陆运一切险的责任范围除了包含陆运险的责任外，保险人还负责赔偿被保险货物在运输途中因外来原因所致的全部损失或部分损失。

（3）除外责任

陆运险对于下列损失不负责赔偿：

① 被保险人的故意行为或过失所造成的损失；

② 属于因发货人责任所引起的损失；

③ 在保险责任开始前，被保险货物已经存在的品质不良或数量短差所造成的损失；

④ 被保险货物的自然损耗、本质缺陷、特性及市价跌落、运输延迟所引起的损失和费用；

⑤ 陆上运输货物战争险条款和货物运输罢工险条款规定的责任范围和除外责任。

（4）责任起讫

陆上运输货物保险的责任起讫采用“仓至仓”责任条款。

（5）索赔时效

陆上运输货物保险的索赔时效为 2 年，从被保险货物在最后目的地车站全部卸离车辆后开始计算。

2. 航空运输货物保险条款

（1）航空运输险的责任范围

航空运输险负责赔偿下列损失和费用：① 被保险货物在运输途中遭受雷电、火灾、爆炸或由于飞机遭受恶劣气候或其他危难事故而被抛弃或由于飞机遭受碰撞、倾覆、坠落或失踪等意外事故所造成的全部或部分损失。② 被保险人对遭受承保责任内危险的货物采取抢救，防止或减少货损的措施而支付的合理费用，其赔偿金额以不超过该批被救货物的保险金额为限。

（2）除外责任

航空运输险对下列损失不负赔偿责任：

① 被保险人的故意行为或过失所造成的损失；

② 属于因发货人责任引起的损失；

③ 保险责任开始前，被保险货物已存在的品质不良或数量短缺所造成的损失；

④ 被保险货物的自然损耗、本质缺陷、特性以及市价跌落、运输延迟所引起的损失和费用；

⑤ 航空运输货物战争险条款和货物运输罢工险条款规定的责任范围和除外责任。

（3）航空运输一切险的责任范围

航空运输一切险除了承担航空运输险的责任外，还负责赔偿被保险货物由于外来原因所致的全部或部分损失。

（4）航空运输险的责任期间

航空运输险的责任起讫采用“仓至仓”责任条款。

（5）索赔时效

航空运输货物保险的索赔时效为 2 年，从被保险货物在最后卸载地卸离飞机后开始计算。

第五节 卖方和买方的义务

买卖合同通常会对买卖双方的权利和义务作出规定，双方需依据合同中的条款履行义务。《销售合同公约》以及各国买卖法，也对买卖双方的义务作出了具体规定。这类规定大多属于任意性规范，当事人在合同中可以作出与这些规定不同的约定。只有当买卖合同对某些事项未作出规定或规定不明确时，才适用《销售合同公约》或有关国家的买卖法来确定当事人的权利和义务。但这些法律中的强制性规定必须适用，即买卖合同的条款不得与强制性规定相抵触。

一、卖方的义务

在国际货物买卖中，卖方的义务主要有以下三项：① 按合同规定交货；② 交付与货物有关的单据；③ 转移货物的所有权。在第一项交货义务中，主要涉及交货的时间与地点，以及卖方对货物的品质担保、权利担保等重要事宜。

以下根据《销售合同公约》和各国买卖法，阐述上述几方面的主要法律原则：

（一）交货的地点与时间

1. 交货地点

如果合同规定了交货地点，卖方应在合同规定的地点交货。当合同未规定交货地点时，则应根据适用法律来确定交货地。各国法律通常将其区分为特定物买卖和非特定物买卖两种情况：① 如果买卖合同的标的物是特定物，各国法律一般规定，卖方应在订约时该特定物所在地交货；② 如果买卖合同的标的物是非特定物，根据法国、德国、瑞士、英国等国法律，卖方应在其营业地交货。但《日本民法典》规定，卖方应在买方营业地交货。

《销售合同公约》第三十一条对卖方交货地点作了如下规定：

① 如果合同没有规定具体的交货地点，且合同涉及货物的运输，卖方应把货物交给第一承运人，以运交买方。这里所说的运输，是指买方、卖方之外的承运人的运输，不包括卖方自行送货或买方自行派车取货的情形。当运输需由两个以上承运人来完成时，卖方只需将货物交给第一承运人，即履行了交货义务。

② 如果合同没有规定交货地点，且无须承运人运输，根据《销售合同公约》，如果该合同出售的货物是特定物，或从特定存货中提取的，或尚待制造或生产的未经特定化的货物，且双方当事人订立合同时已知这些货物在某一特定地点，或将在某一特定地点制造或生产，卖方应在该地点把货物交给买方处置。

③ 在其他情况下，卖方应在订立合同时的营业地把货物交给买方处置。“交给

买方处置”（At the Buyer's Disposal）是指卖方采取一切必要措施，如做好交货前的准备工作、适当包装货物、标注必要的标志，并通知买方提取货物等，让买方能够取得货物。

在我国，《民法典》第六百零三条规定：“出卖人应当按照约定的地点交付标的物。当事人没有约定交付地点或者约定不明确，依据本法第五百一十条的规定仍不能确定的，适用下列规定：（一）标的物需要运输的，出卖人应当将标的物交付给第一承运人以运交给买受人；（二）标的物不需要运输，出卖人和买受人订立合同时知道标的物在某一地点的，出卖人应当在该地点交付标的物；不知道标的物在某一地点的，应当在出卖人订立合同时的营业地交付标的物。”

2. 交货时间

如果买卖合同对交货时间作了规定，卖方应按合同规定的时间交货。如果合同没有规定交货时间：根据大陆法系国家的法律，买方有权要求卖方即时交货，卖方也有权在合同成立后立即交货。中国《民法典》第五百一十一条第（四）项也有类似规定：“履行期限不明确的，债务人可以随时履行，债权人也可以随时请求履行，但是应当给对方必要的准备时间。”根据英美法，合同没有规定交货时间时，卖方应在合理的时间内交货。

此外，《销售合同公约》还对交货时间作了如下规定：

（1）如果合同中规定了交货日期，或从合同中可以确定交货的日期，则卖方应在该日期交货。

（2）如果合同中规定了一段交货时间（如：7 月至 8 月），或从合同中可以确定一段时间（如：收到信用证后 1 个月内），则除情况表明买方有权选定一个具体日期外，卖方有权决定在这段时间内任何一天交货。

（3）在其他情况下，卖方应在订立合同后一段合理的时间内交货。

（二）提交有关货物的单据

在国际货物买卖中，装运单据（Shipping Documents）至关重要，是买方提取货物、办理报关手续、转售货物以及向承运人或保险公司请求赔偿必不可少的文件。在象征性交货中，卖方将代表货物所有权的单据交给买方时即完成交货，交单的时间和地点即为交货的时间和地点。因此，有些学者将 CIF 交易称为“单据买卖”，移交有关货物的单据是卖方的一项重要义务。

各国国内法对卖方的交单义务一般未作具体规定，因为各国买卖法主要针对国内交易制定，而在国内货物买卖中，单据的作用不如国际贸易中突出。《销售合同公约》明确规定，提交与货物有关的单据是卖方的重要义务。但公约并没有具体规定卖方应提交哪些单据，这取决于买卖合同的规定和有关国际贸易惯例的要求。一般来说，这类单据主要包括提单、保险单、商业发票等，有时还可能有领事发票、原产地证书、重量证书、品质检验证书等。

《销售合同公约》第三十四条规定，如果卖方有义务移交与货物有关的单据，他必须按照合同所规定的交单时间、地点和方式移交这些单据。如果合同对卖方交单的时间、地点和方式未作出规定，那就只能按照惯例和诚信原则来处理。《销售合同公约》还规定，如果卖方在合同规定的交单时间以前已经移交了单据，他可以在这个时间届满之前对单据中任何不符合合同之处加以修改。但卖方行使这项权利不得使买方遭受不合理的不便或承担不合理的开支，而且买方有权保留按照《销售合同公约》请求损害赔偿的权利。

（三）卖方的品质担保义务

对货物的品质担保义务，是指卖方对其出售货物的质量、用途、性能及特征等方面的担保。这种担保，当事人可以在合同中作出规定。各国买卖法及《销售合同公约》也有具体的规定，如果买卖合同在品质方面无具体规定，则应适用相关法律规定，其中部分规定当事人不能通过合同排除或变更。

1. 大陆法系国家法律的规定

大陆法系国家在民法典、债务法典中对卖方的品质担保义务作出了规定，较为原则、简单，将卖方的这种担保义务称为对货物的瑕疵担保义务，要求卖方保证所出售的货物不存在瑕疵。这种瑕疵一般指隐藏缺陷，对于明显的、买方自己能发现的瑕疵，卖方一般不承担担保责任。关于瑕疵的界定，德国法律认为以货物是否适合买卖双方在订立合同时所指明的用途而定，若按合同规定用途使用货物产生不利和有害影响，则货物存在瑕疵；法国则以货物能否满足该类产品的通常使用目的而定，不能满足通常使用目的的货物存在瑕疵。有些国家法律规定，卖方对某些瑕疵不承担担保责任，如《德国民法典》规定，若买卖标的是根据质权以公开拍卖的方式出售的，则卖方对货物的瑕疵不负担保责任。

2. 英国法的规定

英国《货物买卖法》（1979 年修订本）第十三条至第十五条对卖方的品质担保义务作了规定，要求卖方所出售的货物必须符合下列默示条件：

① 凡是凭说明（Discription）进行的交易，卖方所交的货物必须与说明相符；如兼用凭样品买卖和凭说明书买卖，所交货物只与样品相符是不够的，还必须与说明相符。

② 在凭样品买卖（Sale by Sample）的交易中，应包含下列默示条件：a. 所交货物在质量上与样品相符；b. 买方应有合理的机会把货物与样品进行比较；c. 所交货物不应存在导致不合商销的缺陷，且这种缺陷在合理检验样品时应当能够发现。

③ 如果卖方是在营业中出售货物，则应包含一项默示条件，即卖方依据合同提供的货物应具有商销品质（Merchantable Quality），但下列情况除外：a. 有关货物的

各种缺陷在订约之前已特别提醒买方注意；b. 买方在订约之前已对货物进行过检验，且货物所存在的缺陷经过检验本应能够发现。

④ 如果卖方是在营业中出售货物，且买方已经明示或默示地让卖方知道其要求货物须适合某种特定用途，在这种情况下，合同就包含一项默示条件，即卖方依据合同所提供的货物应合理地适合于这种特定用途，除非情况表明买方并不信赖也没有理由信赖卖方的技能和判断力。

以上这些默示条件是成文法规定的，只要买卖双方在合同中没有相反规定，这些默示条件就依法适用于他们之间的买卖合同。卖方须严格遵守这些默示条件，违反这些默示条件会产生严重后果，甚至导致买方拒收货物。不过，买方也可以把违反条件当作违反担保来处理，即不解除合同而请求损害赔偿。根据英国法，在国际贸易中，上述默示条件可由双方当事人通过合同约定排除；在国内交易中，对于供私人使用的消费交易（Consumer Sale），卖方不得在合同中排除上述默示条件；至于非消费交易（Non-Consumer Sale），法律虽然允许卖方在合同中排除上述默示条件，但不能超出“公平合理”的限度，否则法院将不予强制执行。

3. 美国法的规定

美国《统一商法典》对卖方的品质担保义务作出规定，分为明示担保和默示担保：

（1）明示担保

卖方明白、直接地对其货物所作出的担保，是合同的组成部分，可通过下列三种方式产生：① 如果卖方对买方就有关货物在事实方面作出了确认或许诺，并作为交易基础（Basis of the Bargain）的一部分，就构成一项明示担保，保证所出售的货物与其作出的确认和许诺相符。这种对事实的确认和许诺既可以使用货物的标签、商品说明及目录等方式表示，也可以记载在合同中。② 卖方对货物所作的任何说明，只要是作为交易基础的一部分，就构成一项明示担保，卖方所交的货物必须与该项说明相符。③ 作为交易基础一部分的样品、模型，也是一种明示担保，卖方所交货物应与样品和模型相符。

（2）默示担保

《统一商法典》规定的卖方的品质担保义务，不是由双方当事人在合同中规定的条款，而是法律要求卖方应当达到的最低标准。如果买卖双方在合同中没有作出相反的规定，这些法律上的规定将适用于他们之间的买卖合同。根据《统一商法典》，卖方有两项默示担保：① 适销性的担保。美国《统一商法典》规定，如果卖方是经营某种商品的商人，则在这类商品的买卖合同中，卖方应保证所出售的货物具有适销品质，该法进一步规定，适销品质至少要满足以下要求：第一，合同项下的货物在该行业中可以无异议地通过检查；第二，如果所出售的货物是种类物，则卖方所交的货物在该规格范围内具有平均良好品质；第三，货物应适合该商品的一般用途；第四，除合同允许有差异外，所有货物的每一单位在品种、品质和数量方面都应当相同；第五，在合同有要求时，应把货物适当地装入容器，加上包装和标签；第六，货物应与容器或标签上所许诺或确认的事实相一致。② 关于货物适合特定用途的担保。《统一商法典》规定，如果卖方在订立合同时有理由知道货物将要用于某种特定用途，而且买方相信卖方具有挑选或提供适合该用途的商品的技能和判断力，则卖方应承担所售货物必须适合这种特定用途的默示担保。

美国法允许当事人在合同中排除上述各项明示担保和默示担保（产品责任除外），但必须依照法律规定进行。排除默示担保的条款如果载于合同，必须醒目、显眼，并用大号字、黑体字或不同颜色书写或印刷，以引起买方注意。排除或限制适销性的默示担保时，措辞上必须使用“适销性”（Merchantability）一词。明示担保的排除较为困难，在交易中，如果既有明示担保又有否定或限制这种担保的言辞或行动，根据《统一商法典》，应尽可能作一致的解释。如果二者有矛盾，明示担保的效力优先于与其相抵触的排除或限制担保的条款。

根据《统一商法典》，在下列三种情况下，可以认为卖方排除了对货物品质的担保：① 在交易时卖方使用了“依现状”（As is），“含有各种残损”（With all Faults）或其他能引起买方注意的措辞，以表明卖方不承担任何默示担保义务的；② 如果买方在订立合同以前，已经检验过货物或样品、模型等，或者买方拒绝进行检验，则卖方对于通过此项检验本应发现的缺陷，不承担任何默示担保义务；③ 根据双方当事人过去的交易做法、履约做法或行业惯例，也可以排除卖方的默示担保义务。

4.《销售合同公约》的有关规定

《销售合同公约》未采用“担保”表述，而是采用货物与合同相符（Conformity）的说法。根据《销售合同公约》第三十五条的规定，卖方交付的货物必须符合下列要求，否则即认为所交货物与合同不符：① 货物应适用于同一规格货物通常使用的用途。② 货物应适用于订立合同时买方已明示或默示地通知卖方的任何特定的用途，除非情况表明买方并不依赖卖方的技能和判断力，或者这种依赖对卖方来说是不合理的。③ 货物的质量应与卖方向买方提供的样品或模型相同。④ 货物应按同类货物通用的方式装入容器或包装，如无此种通用方式，则应按足以保全和保护货物的方式装入容器或包装。如果当事人没有其他约定，以上四项义务适用于卖方，不过，根据《销售合同公约》，双方可以在合同中以相反的约定来排除或改变上述义务。《销售合同公约》第三十五条（3）款还规定，如果买方在订立合同时已经知道或者不可能不知道货物是与合同不符的，则卖方无须承担货物与合同不符的责任。

5. 中国《民法典》的规定

《民法典》第六百一十五条规定：“出卖人应当按照约定的质量要求交付标的物。

出卖人提供有关标的物质量说明的，交付的标的物应当符合该说明的质量要求。”同时，对于当事人在合同中就标的物的质量要求没有约定或约定不明确的情况，《民法典》第六百一十六条规定：“当事人对标的物的质量要求没有约定或者约定不明确，依据本法第五百一十条的规定仍不能确定的，适用本法第五百一十一条第一项的规定。”

（四）卖方的权利担保义务

对货物的权利担保，是指卖方保证对其所出售的货物拥有完全的权利，不存在法律上的障碍，主要包括三方面内容：① 卖方保证对其出售的货物享有合法的权利；② 卖方保证在其出售的货物上不存在任何未曾向买方透露的担保物权，如抵押权、留置权等；③ 卖方应保证其所出售的货物没有侵犯他人的权利，如担保物权、知识产权等。上述权利担保义务在各国法律中均有规定，是卖方的法定义务，即使买卖合同中对此没有规定，卖方仍须依法承担这些义务。不过，《法国民法典》和美国《统一商法典》规定，当事人一般可以通过合同增加或减少卖方依法应承担的权利担保义务，但英国《货物买卖法》规定买卖合同中的此类规定均无效。

在《销售合同公约》中，第四十一条、第四十二条对卖方的权利担保义务作了如下规定：

① 卖方所交付的货物，必须是第三方不能提出任何权利或要求的货物，除非买方同意在这种权利或请求的条件下，收取货物。这里的权利或请求，是指与货物本身财产权有关的权利或请求，如所有权、担保权益等，不包括政府当局关于货物违反健康或安全规章等方面的主张。根据该项规定，只要第三方对买方就货物提出权利或请求，即便因法律依据不足败诉，卖方仍须向买方承担责任。《销售合同公约》认为卖方有义务保证第三方不能对货物提出任何请求，此规定主要是为了充分保护善意买方的利益，因为买方的本意是购买货物，而非陷入纠纷。当第三方对货物提出请求时，卖方须赔偿买方因该请求产生的费用和损失，也可以直接与第三方交涉或应诉。如果卖方的责任构成根本违反合同，买方甚至可以解除合同。

② 卖方所交付的货物，必须是第三方不能根据买卖双方在订立合同时预期货物将在其境内转售或做其他使用的国家的法律，或在其他情况下，根据买方营业地所在国家的法律提出工业产权或其他任何知识产权要求的货物。不过，这项担保义务受以下情况限制：a. 卖方在订立合同时已知道或不可能不知道该权利或请求时才承担责任；b. 买方在订立合同时已知道或不可能不知道此项权利或请求时，卖方不承担责任；c. 此项权利或请求的发生，是由于卖方要遵照买方所提供的技术图样、图案、程式或其他规格，卖方不承担责任。此外，《销售合同公约》还规定，买方在已经知道或理应知道第三方对货物的权利或请求后，应在合理时间内通知卖方，否则，买方就会丧失援引上述第四十一条和第四十二条所规定的权利，除非买方对未及时

通知卖方能提出合理的理由。

在中国，《民法典》第六百一十二条规定：“出卖人就交付的标的物，负有保证第三人对该标的物不享有任何权利的义务，但是法律另有规定的除外。”

二、买方的义务

买方的义务主要有两项：一是支付货款；二是受领货物。各国法律关于这两项义务的规定较为简单，以下主要介绍《销售合同公约》在这方面的详细规定：

（一）支付货款

1. 履行必要的付款手续

《销售合同公约》要求买方必须根据合同或有关法律规章的规定，采取必要的步骤和手续，以支付货款。根据一般贸易实践，这些步骤主要包括向政府机关或银行登记合同；向政府有关部门申请进口许可证，获取所需的外汇；申请官方核准向国外汇款；向银行申请信用证或银行付款保函等。这些步骤和手续是买方付款的前提和保障，尤其是在国际贸易中，付款程序远比国内贸易复杂，如果买方不履行这些手续，届时可能无法付款。因此，《销售合同公约》将履行这些手续作为买方的合同义务，买方若不依合同或法律规章履行有关手续，则构成违反付款义务。

2. 付款地点

如果双方在买卖合同中对付款地点已有明确规定，买方应在合同规定的地点付款。如果双方没有约定付款地点，根据《销售合同公约》，买方应在下列地点付款：① 在卖方营业地付款。如果卖方有一个以上的营业地，则买方应在与该合同及合同的履行关系最为密切的营业地付款。② 如果支付货款以移交货物或单据为条件，买方应在移交货物或单据的地点付款。此外，《销售合同公约》还规定，如果卖方营业地在订立合同之后发生变动，则卖方应承担增加的因该变动引起的支付方面的有关费用。

3. 付款时间及条件

《销售合同公约》第五十八条就买方付款的时间和付款条件作了如下规定：① 如果买卖合同没有规定买方应当在什么时间付款，则买方应当在卖方按合同和公约，把货物或代表货物所有权的单据移交给自己处置时，支付货款。卖方可以把支付货款作为移交单据的条件，如果买方不付款，则卖方没有义务把货物或单据交给买方；反之，如果卖方不把货物或单据交给买方，买方也没有义务支付货款。② 如果合同涉及货物的运输，卖方可以在发货时订明条件，规定必须在买方付款时，方可把货物或代表货物所有权的装运单据交给买方。③《销售合同公约》规定，买方在未有机会检验货物之前，没有义务支付货款，除非这种检验的机会与双方当事人约定的交货或支付程序相抵触。美国《统一商法典》也有类似规定。在国际贸易中，买方往往在有机会检验货物之前就已付款，如在最常见的按 CIF、FOB、CFR 条件成交时便是如此。此时买方不能把检验作为付款的条件，但这并不意味着买方放弃对货物的检验权和发现货物与合同不符时行使各种补救办法的权利。即使买方付了款，货到目的地之后，买方仍有复验权，如果发现货物与合同不符，买方有权要求卖方赔偿损失，或采取《销售合同公约》所规定的其他补救办法。

此外，需注意公约规定的买方到期付款的义务是自动执行的，无须卖方催告或办理任何手续。如果买方不按时付款，就应负延迟履约的责任。

（二）收取货物

根据《销售合同公约》，买方收取货物的义务包括以下两个方面：

1. 配合卖方交货

采取一切理应采取的行动，以便卖方能够交付货物。例如，买方应为卖方指定确切的发货地点，派人到现场接收货物，根据贸易惯例（如采用 FOB 价格术语时）安排货物的运输，申报按本国规定进口所需的证件等。如果买方没有采取理应采取的行动配合卖方，致使卖方无法履行其交货义务，买方须承担违约责任。

2. 接收货物

买方有义务在卖方交货时及时接收货物。

大陆法系国家一般将接受货物视为买方的从属性义务。仅在少数情况下，如煤炭和粮食等体积很大的货物买卖中，卖方会因买方不及时接收货物而遭受巨额的仓储损失时，提起实际履行之诉，要求买方取走货物。

英美法系国家关于买方接收货物的规定较为具体。例如，美国《统一商法典》规定，出现下列三种情况之一的，即视为买方接受了货物：① 买方拥有合理机会检验货物之后向卖方明确表示接受货物；② 买方拥有合理机会检验货物之后在合理的时间内未表示拒绝接收货物；③ 卖方交货后，买方对货物采取了与卖方的所有权不相称的行为。不过，在货物确实与合同约定不符而买方以上述三种方式之一接受了货物时，买方一般只是不能要求解除合同，买方因货物与合同不符而产生的降价权或索赔权不受影响。

（三）关于保全货物

控制了货物的当事人在对方当事人违反国际货物买卖合同时，采取保全货物的措施，既具备便利条件，又可以减轻对方当事人的损失，并且在某些情况下能够保障自己的违约救济权利。因此，《销售合同公约》第八十五条至第八十八条规定了控制货物的当事人在对方违约时采取合理措施保全货物的义务，同时，为偿还所付的合理费用，当事人也有权保有其控制下的货物。不过，根据《销售合同公约》第八十六条第（2）款，卖方违约时，若保全货物要使买方支付价款或承担不合理费用，或者卖方或其代理人也在目的地，则买方没有义务保全货物。保全货物的措施包括以合理费用存仓，对易腐品和不能以合理费用存仓货物的出售（在可能的范围内应将出售的打算通知对方）等。保全货物的费用由对方当事人承担，对方当事人不合理延迟收取货物或支付价款或保全货物费用的，保全货物的当事人可以采取适当方法将货物出售，并可以从销售所得中扣除保全货物的费用，但事先应向对方发出出售意向的合理通知。

第六节　违反货物买卖合同的救济方法

货物买卖合同有效订立后，在当事人之间产生了法律约束力。对于违反买卖合同的行为，各国法律以及《销售合同公约》规定了很多救济方法，以保护权利受损害一方的利益。

一、卖方违约时买方可以采取的救济方法

卖方违约主要包括不交货、延迟交货、所交货物与合同不符等情况。针对这些违约情形，各国法律和《销售合同公约》规定了买方相应的救济方法。

（一）大陆法国家的规定

（1）卖方不交货

如果卖方不交货，买方可以请求法院强制卖方交货，或者解除合同并要求损害赔偿。德国法较为特殊，规定解除合同与损害赔偿两种救济方法不得同时使用，买方只能择其一；而法国法及其他国家法律规定允许两种救济方法并行使用。

（2）卖方延迟交货

根据大陆法，原则上卖方仅在经买方催告后仍不履行合同义务时才承担责任。但在以下情况下，卖方无须买方催告即应承担延迟交货责任：① 合同规定了具体交货日期；② 合同规定无须买方通知或催告。当卖方延迟交货时，根据《法国民法典》的规定，买方可选择解除合同或请求交付标的物的救济方法，卖方还应承担损害赔偿的责任；根据《德国民法典》的规定，买方可请求损害赔偿或解除合同。

（3）卖方所交货物与合同不符

卖方需承担货物的瑕疵担保责任。大陆法中，卖方对货物瑕疵担保属于严格责任，即使卖方对货物的瑕疵没有过错，也须承担责任。根据《法国民法典》规定，买方可以选择返还原物并要求返还价金，或保留货物并按鉴定人评价要求退回部分价金；根据《德国民法典》规定，买方可以请求解除合同、减价或请求不履行的损害赔偿。德国法对买方解除合同有限制，只有当卖方因过失致使货物不符合同且对买方无利益时，买方才有权解除合同。

（二）英美法国家的规定

（1）卖方不交货

根据英国法，买方可采取两种救济方法：① 若卖方错误或疏忽地拒绝发货，买方可对卖方提起不履行交货义务的损害赔偿诉讼；② 当合同货物为特定物或已特定化货物，且金钱赔偿不足以弥补损失时，买方可请求法院判令卖方履行交货义务。

根据美国《统一商法典》，卖方不交货时，买方可以采取以下补救办法：① 解除合同。买方解除合同并不妨碍其采用其他补救办法，仍有权要求损害赔偿。② 损害赔偿。买方可以通过补进（Cover）和市场差价的方式，向卖方要求损害赔偿。补进是指买方在市场上购进同样货物替代原货物。在采取这种方法时，损害赔偿额应按合同价格与补进价格之间的差价，加上附带损失或间接损失（Incidental or Consequential Damages），减去由于卖方违约所节省的费用来计算。市场差价方式则按合同价格与买方得知卖方违约时货物所在地（Place of Tender）的市场价格的差价计算。③ 请求实际履行。当合同货物为特定物或特定化货物，金钱赔偿不足且无法在市场补进时，买方可以提起实际履行之诉，这点与英国法的规定一致。

（2）卖方延迟交货

英国《货物买卖法》规定，交货时间是否为合同的要素依合同条款而定，但英国法院通常将交货时间视为合同条件，若卖方延迟交货则构成违反合同条件，买方有权解除合同并要求损害赔偿。不过，该法第 8 条也允许买方将卖方违反条件视为违反担保，仅提出损害赔偿而不解除合同。美国《统一商法典》规定，若货物或交付不符合合同规定，除非当事人另有约定，否则买方可以全部拒收或接受货物，即卖方延迟交货时，买方有拒收或接受的选择权。

（3）卖方所交货物与合同不符

按照英国法，如果卖方所交付的货物与合同不符，构成违反条件的，买方可以拒收货物、解除合同并要求损害赔偿。构成违反条件的情况主要有：货物不具备商销品质、与合同说明不一致、不符合约定特定用途、与样品不符、与合同规定品种不符等。在这些情况下，买方也可以把违反条件当作违反担保来处理，即不解除合同而只要求损害赔偿。当卖方交付货物的数量少于约定的数量时，买方可以拒收货物；如果买方已接受了货物，买方就应按约定的价格付款；如果卖方交付数量多于约定数量，买方可以只接受约定部分或全部接受，并按约定单价支付货款。但出现以下情况时，卖方违反条件时买方不能解除合同，只能当作违反担保处理：① 如果该项买卖合同是一个不可分割的合同，而买方已接受了其中一部分货物；② 如果该合同的标的物是特定物，货物的所有权也已转移于买方。

在美国《统一商法典》中，针对卖方所交货物与合同不符的情形，规定的救济方法因买方是否已接受货物而有所不同。① 买方在接受货物之前发现货物与合同不符，此时买方可以采取以下救济方法：a. 接受货物，并请求损害赔偿；b. 拒收货物，解除合同并请求损害赔偿；c. 如果买卖标的物具有独特且不可替代的性质，同时上述办法不足以弥补买方所受损失，买方可以向法院请求判令实际履行。② 如果买方已经接受了货物，通常情况下买方不能拒收货物和解除合同，而只能请求损害赔偿。不过美国法允许买方在一定条件下撤回其接受，这些条件包括：第一，货物与合同不符；第二，这种不符严重损害了货物的价值；第三，买方接受货物是基于以下原因：① 买方合理期望与合同不符之处能够得到及时矫正，但事实上并未得到及时矫正；② 买方接受该货物是由于缺陷难以发现，或者卖方曾作出货物符合合同的保证。买方撤回接受后，其地位等同于接受货物之前，可以拒收货物、解除合同并请求损害赔偿。

（三）《销售合同公约》的规定

《销售合同公约》第二章第三节专门规定了卖方违约时买方的救济方法：

（1）要求卖方履行合同义务

《销售合同公约》第四十六条规定，如果卖方不履行合同义务，买方有权要求其履行合同或《销售合同公约》中的义务。但依据《销售合同公约》第二十八条，当事人一方要求另一方履行其某项义务时，法院没有义务作出判决要求具体履行此项义务，除非法院依照其本国的法律，对不属于公约范围的类似销售合同愿意作出此类判决。《销售合同公约》之所以作出这样的规定，是为了缩小英美法系与大陆法系在实际履行问题上的差别。大陆法系将实际履行作为一种重要的、主要的救济方法，而英美法系则将其视为例外的、辅助的、次要的救济方法。由于两大法系的分歧较大，难以统一，因此《销售合同公约》让各法院依照其本国的法律来处理这个问题。

（2）要求卖方交付替代货物

根据《销售合同公约》第四十六条第（2）款，如果卖方交付的货物与合同严重不符且构成根本违约，买方有权要求其交付符合合同的替代货物。该补救方法适用的前提是根本违约且买方关于交付替代货物的要求，必须与发出货物不符通知同时提出，或在通知发出后一段合理的时间内提出。

（3）要求卖方对货物不符合之处进行修补

《销售合同公约》第四十六条第（3）款规定，如果卖方所交付的货物与合同不符，买方可以要求卖方通过修理（Repair）对不符合之处作出补救。这一做法适用于货物不符合合同的情况并不严重、尚未构成根本违反合同，只需卖方加以修理即可使之符合合同的情形。但买方行使此权利受两个条件限制：① 如果根据所有的情况判断这种要求是不合理的，则买方不能要求卖方来对货物进行修理（如货物的缺陷轻微，买方有能力修理而卖方又在千里迢迢之外），这种情况下买方可自行修理，或请第三人修理，所需费用和开支可要求卖方赔偿。② 这种要求必须在发现或应当发现货物缺陷后，向卖方发出通知的同时或之后一段合理的时间内向卖方提出，否则买方丧失请求权。

此外，根据《销售合同公约》第三十九条和第四十四条，买方如果不在其发现或应当发现货物有缺陷之后的一个合理期限内就货物不符合同规定的情况及时通知卖方，除非具备合理理由，那么买方就丧失了声称货物与合同不符的权利。因合理原因导致买方未能发出上述通知的，买方仍可向卖方索取赔偿金或请求减低货价，但不得主张利润损失。无论何种情况，如果买方未能在从货物实际交付之日起 2 年之内及时就任何货物与合同规定不符的情况通知卖方，除非这一期限与合同的规定不符，否则买方不能获得任何赔偿。

（4）给予卖方合理额外履行期限

《销售合同公约》第四十七条第（1）款规定，卖方延迟交货时，如果这种延迟并不构成根本违反合同，那么买方是不能解除合同的，买方可以指定一段合理的额外时间要求其交货。如果卖方在该期间届满时仍不交货，买方就有权宣告撤销合同。根据《销售合同公约》第四十七条第（2）款规定，在这段额外时间内，除非买方已收到卖方的通知，表明卖方将不在这段时间内履行其义务，否则买方就不能对卖方采取任何补救办法。不过买方并不因此丧失其对卖方延迟履约所享有的请求损害赔偿的权利。

（5）撤销合同

根据《销售合同公约》第四十九条，卖方违反合同时，买方可以在下列两种情况下宣告撤销合同：① 卖方的违约行为构成根本违反合同；② 如果发生不交货的情况，卖方在买方规定的合理额外时间内仍不交货，或声明将不在该合理额外时间内交货。《销售合同公约》第四十九条第（2）款对买方撤销合同的权利进行了限制，规定：如果卖方已经交付货物，买方就丧失了宣告撤销合同的权利，除非按公约下列规定及时提出撤销合同：① 对于延迟交货情形，买方必须在卖方交货后一段合理时间内宣告撤销合同，否则丧失该权利；② 对于延迟交货以外的违约情形，买方必须在已经知道，或理应知道这种违约事实后的一段合理时间内宣告撤销合同，否则亦丧失该权利。此外，《销售合同公约》第七十二条规定，如果在履行合同日期到来之前，已明显看出一方当事人将根本违反合同，则另一方当事人可以宣告撤销合同。据此，当卖方出现这种预期违反合同的情形时，买方可以撤销合同。

（6）要求减价

《销售合同公约》第五十条规定，如果卖方所交付的货物与合同不符，不论买方是否已经支付货款，买方都可以减低价格。减价按实际交付的货物在交货时的价值与符合合同的货物在当时的价值两者间的比例计算。

可用公式表示如下：

$$\frac{\text{合同价}}{\text{减价后价金}}=\frac{\text{与合同相符货物的价值}}{\text{与合同不符货物的价值}}$$

根据《销售合同公约》，如果卖方已按公约规定对其不履行合同义务之处作出补救，或者买方拒绝接受该补救，买方则不得要求减低价格。

（7）卖方部分交货或部分货物与合同不符时的救济方法

根据《销售合同公约》第五十一条，当卖方只交付部分货物或所交货物只有一部分符合合同规定时，买方可采用第四十六条至第五十条规定的救济方法，包括退货、减价及要求损害赔偿等。但一般不能宣告撤销整个合同或拒收全部货物，除非卖方的行为已构成根本违反合同。

（8）卖方提前交货或超量交货时买方的救济方法

《销售合同公约》第52条规定，如果卖方在合同规定的日期以前交货，买方既可以收取货物，也可以拒绝收取货物。但如果卖方在提前交货遭到拒绝后，于合同规定的交货期再次向买方交货时，买方仍须收取这批货物。如果卖方所交货物的数量多于合同规定的数量，买方既可以收取全部货物，也可以拒收多交部分的货物，而只收取合同规定数量的货物，但不能拒收全部货物。如果买方收取多交部分的货物，须按合同价格付款。

（9）请求损害赔偿

根据《销售合同公约》，卖方违反合同时买方可以要求损害赔偿，且该权利不因买方采取其他补救办法而丧失。《销售合同公约》第七十五条、七十六条对在买方撤销合同的情形下的损害赔偿的具体计算办法作出规定：① 如果买方已宣告撤销合同，并在撤销后合理时间内以合理的方式实际补进替代货物，可主张合同价格和替代货物交易价格的差额，以及因卖方违约而造成的其他损害的赔偿。② 如果买方在撤销合同后没有实际补进原来合同项下的货物，而此项货物又有时价的话，则买方可以获取原合同规定的价格和宣告撤销合同的时价之间的差额，以及因卖方违约而造成的任何其他损害的赔偿。但是，如果买方是在接受货物之后才宣告撤销合同，则应按接收货物时的时价与合同规定的价格之间的差价来计算，而不是按宣告撤销合同的时价计算。这里所说的“时价”，指合同原定交货地点的现行价格，如果该地点没有时价，则指另一合理替代地点的现行价格。但在这种情况下，应适当考虑货物运输费用的差额。

（10）中止履行合同义务

《销售合同公约》第七十一条规定，订立合同后，如果一方当事人因下列原因显然将不履行其主要义务，对方当事人可以中止履行合同义务：① 一方履行义务的能力或信用有严重缺陷；② 其在准备履行合同或履行合同中的行为显示将不履行主要义务。据此，当卖方出现上述情况时，买方可以中止履行合同。根据《销售合同公约》第七十一条第（3）款，宣告中止履行合同义务的一方当事人，必须立即通知另一方当事人，如果另一方当事人对履行义务提供了充分的保证，则必须继续履行合同。

二、买方违约时卖方可以采取的救济方法

买方违反合同主要有下列四种情况：一是不按合同规定支付货款；二是延迟支付货款；三是不按合同受领货物；四是延迟受领货物。

（一）大陆法国家的救济方法

（1）解除合同。某些大陆法国家规定，如果买方不按合同支付货款或不受领货物，卖方有权解除合同。但有些国家法律对这一权利有限制，如《德国民法典》规定，如果卖方已经履行合同并同意给予买方相当期限支付价金，则卖方不得解除合同。

（2）要求支付价金。《德国民法典》规定，债权人有向债务人要求给付的权利。因此，当买方不付货款时，卖方有权要求买方支付货款。

（3）要求支付延迟支付价金的利息。《法国民法典》规定，买方收到支付价金催告后，自催告之日起计算利息；《德国民法典》规定，买方自承受买卖标的物收益之日起应支付利息。

（4）损害赔偿。买方不支付货款或不接受货物构成违约时，卖方有权要求损害赔偿。当买方延迟支付价金或收取货物时，根据德国法，买方支付利息并不影响卖方就其他损害要求赔偿的权利。根据法国法，买方延迟付款的损害赔偿除有关交易和保证的特别规定外，仅判令支付法定利息，除非买方因恶意延迟付款，卖方才可要求赔偿其他损失。

（二）英美法国家的救济方法

首先，在英国，根据《货物买卖法》，买方违约时卖方的债权救济方法包括：

1. 要求支付价金

当货物所有权已转移给买方而买方拒付价金时，卖方可以提起支付价金之诉。如果合同规定了支付价金的具体日期，即使货物所有权尚未转移，卖方仍有权提起支付价金之诉。

2. 请求损害赔偿

根据《货物买卖法》，货物所有权未转移而买方无理拒收货物时，卖方可以要求损害赔偿。其损害赔偿的金额，在货物有市价的情况下，一般应按合同价格与买方应接收货物之日的市场价格之间的差价计算；如果货物没有市价，则应按由于买方拒收货物或拒付货款而自然地、直接地发生的损失计算。

此外，对于买方违约，英国法规定了物权方面的救济方法，这是卖方对货物的权利，是一种物权。从国际货物买卖的实践来看，物权方面的救济方法非常有效，有助于维护卖方的经济权益。英国法规定的物权救济方法主要有以下几种：

（1）留置权（Lien）。货物仍由卖方占有时，未收到货款的卖方可以行使留置权，即把货物留下来作为买方付款的担保，直到买方支付全部价金为止。卖方行使留置权的条件是：第一，货物并不是以赊销条件出售（On Credit）；第二，货物虽然是以赊销条件出售，但付款期限已到而买方不付款；第三，买方失去偿付能力。行使留置权的前提是卖方必须保持对货物的占有（Possession）。如果货物已脱离了卖方的占有，未收货款的卖方就丧失了对货物的留置权。

（2）停止交货权（Stoppage in Transitu）。未收到货款的卖方在买方无力清偿债务时（Insolvent），可以把已脱离自己占有但仍处于运输过程中的货物重新收回，这就是停止交货权。卖方可保留收回的货物直至价金得到支付为止。行使停止交货权必须符合下列条件：第一，卖方已交出了对货物的占有，即货物已不在卖方的占有之下；第二，买方无偿付能力。无偿付能力是指在正常业务活动中停止支付债款，或不能支付已到期的债务，而不问其是否达到破产（Bankruptcy）的程度。卖方只有在买方无清偿能力时才能行使停止交货权，而不能仅仅因为买方尚未支付货款而行使停止交货权；第三，货物处于运输过程中。所谓运输过程中是指从货物为了运交买方的目的而交付给承运人时起，直到买方或其代理人从承运人或货物保管人处提取货物时止。卖方并不因为他已把货物交由买方承租的船舶进行运输，或因提单的抬头填写了买方的名字，或因卖方已把原来是以卖方名字为抬头的提单交给买方而失去停止交货的权利。但如果买方在收到上述提单后已经以背书方式把提单转让给善意的、付出了对价的第三者，则未收到货款的卖方将丧失停止交货的权利。此外，英国法规定卖方可通过下面两种办法行使停止交货权：① 实际占有货物；② 通知承运人或保管人停止交货，相关费用由卖方承担。

（3）卖方转售货物的权利（Right of Resale）。未收到货款的卖方行使留置权和停止交货权，并不意味着买卖合同因而解除，卖方不得随意处置货物，但在下列情况下卖方可以将收回的货物另行出售：① 货物易腐烂，无须通知买方；② 非易腐烂物，需提前通知买方，买方未在合理时间内付清货款；③ 合同保留转售权。则在买方违约时，卖方可以将货物另行出售或作其他处理。

当卖方按上述条件将货物另行出售时，原来的买卖合同即告解除，货物的所有权复归于卖方，其后第二买主可以取得对货物的合法所有权。卖方有权取得另行出售货物的全部所得，不管它是多于还是少于原来合同规定的价金。如果转售所得多于原来合同规定的价金，卖方也无须把多出的金额退还给原来的买方；如果转售所得少于原来合同规定的价金，卖方有权向违约的买方请求损害赔偿。

在美国，根据《统一商法典》，对于买方违约时卖方的救济方法包括：

（1）留住货物（Withhold Delivery of the Goods）。当卖方发现买方无支付能力或未能在交货前或交货时支付应付的货款，或有无理拒收货物等撕毁合同的违约行为时，除非买方同意支付现金，否则卖方可以拒绝交货。如果货物已交给承运人或其他受委托人以运交买方，卖方可以行使停止运交货物（Stop Delivery of the Goods）的权利。

（2）请求损害赔偿。当买方拒收货物或拒绝付款时，卖方可以向买方请求损害赔偿。赔偿额的计算方法如下：① 卖方将合同项下的货物另行出售，向买方索赔转售价格与合同价格之间的差价，以及附带的损失，但须减去由于买方违约而节省的费用。卖方转售货物须以商业上合理的方式进行；② 如卖方不将货物另行出售，可按交货时交货地的市场价格与原合同价格之间的差价，加上附带的损失，减去由于买方违约而节省的费用，来确定向买方请求损害赔偿的金额。

（3）提起支付价金之诉。根据美国《统一商法典》，这一方法仅适用于：① 买方不接受货物，卖方经过合理的努力后仍无法将货物以一个合理的价格另行出售；② 买方已经接受货物。

（4）停止制造合同项下的货物或将货物拨归合同项下。如果买方违约时合同项下的货物尚未制造为成品，卖方可根据商业上的合理判断，或决定继续把合同项下的货物制成成品并将其拨归于合同项下，或决定停止制造合同项下的货物而将未制成的货物作为残次品另行出售。将货物拨归于合同项下，是将货物特定化了，这将使卖方可进一步采取其他救济措施，因而可以把它理解为一种卖方的救济手段。

（三）《销售合同公约》规定的卖方的救济方法

（1）要求买方实际履行其合同义务。当买方不支付货款、不收取货物或不履行其他合同义务时，卖方可以要求买方实际履行其合同义务，除非卖方已采取了与这些要求相抵触的救济方法。但根据《销售合同公约》第二十八条，当卖方要求买方实际履行时，法院并没有义务作出要求买方履行义务的判决，除非法院依照本国的法律，对不属于该公约的类似买卖合同作出判决。

（2）规定一段合理的额外时间，要求买方在这段时间内履行其合同义务。根据《销售合同公约》第五十三条，若买方未按合同约定时间履行支付货款、收取货物或其他义务，卖方可以规定一段合理的额外时间，要求买方在此期间内履行义务。

（3）撤销合同。在下列情况下，卖方可以撤销合同：① 买方违约构成根本违反合同；② 买方未在卖方给予的合理额外时间内履行义务，或声明不履行义务。不过，根据《销售合同公约》，如果买方已支付了货款，卖方原则上就失去了撤销合同的权利。除非：① 买方延迟履约时，卖方在知道买方履行义务前撤销合同；② 买方因延迟履约以外的违约行为，卖方在知道或理应知道违约后的合理期限内撤销合同。

（4）自行确定货物的规格（Make the Specification Himself）。在需由买方提供货物具体规格的买卖合同中，如果买方在合同规定的时间内，或者在收到卖方要求后的一段合理时间内，没有提出具体规格，则卖方可根据《销售合同公约》第六十五条，在不影响其可能享有的权利（如请求损害赔偿的权利）的前提下，依据所知的买方要求自行确定货物的具体规格。不过，卖方应把确定的具体规格通知买方，并规定一段合理时间，让买方在此期间内提出他所需要的规格。但如果买方在收到上述通知后，没有在规定的合理期间内提出不同规格要求，卖方所确定的规格就具有约束力。实践风险提示：买方延迟提出规格可能基于市场销路、价格波动等原因，卖方自行确定规格并投入生产或装运货物需谨慎，相较之下，主张损害赔偿通常更为稳妥。

（5）请求损害赔偿。买方违反合同义务的，卖方可根据《销售合同公约》第六十四条至第七十七条的规定向买方要求损害赔偿。卖方既可单独行使此项权利，也可以同时采用其他救济措施。此项权利不因卖方采取其他补救方法而受影响。

（6）要求支付利息。如果买方没有支付货款或拖欠货款，卖方有权对这些款额收取利息。不过《销售合同公约》没有规定利息率如何确定。实践中通常依据合同选定的准据法确定。

（7）中止履行合同义务。具体规则见本节“一、（三）《销售合同公约》的规定”中关于“中止履行合同义务”的阐述。

第七节　货物所有权与风险的转移

一、货物所有权的转移

货物所有权转移（Transfer of Title of Goods），主要聚焦于货物买卖合同中，货物所有权从卖方转移至买方的时间节点。这个问题与买卖双方的权益紧密相连。例如，买卖合同订立后，在货物所有权尚未转移给买方时，卖方仍对货物拥有处分权，能够将货物转卖给第三人，使第三人合法取得货物权利。当遇到卖方或买方破产的情形时，这个问题就显得尤其重要。如果卖方破产，但货物的所有权尚未转移而买方已经付款，则买方只能作为普通债权人参与破产财产的分配，要求取回已付的货款，但往往难以收回全部货款，其获得清偿的金额可能是微乎其微的。但如果货物的所有权已经转移，则买方可以取得合同项下的货物，避免货物被归入破产财产，从而免遭损失。此外，在有些国家，所有权的转移还决定着风险的转移，决定所有权人对货物享有保险利益，并且会直接影响买卖双方在一方违约时，另一方所能采取的救济方法及其他有关权利义务。可见，货物所有权的转移问题具有重要的意义。

各国法律一般都允许当事人在买卖合同中就货物所有权转移的时间作出约定。但在国际货物买卖实践中，双方约定货物所有权转移时间的情况并不多见。于是，各国法律制定了货物所有权转移的具体规则，用于在买卖双方没有就这一问题作出约定时，确定货物所有权的转移情况。对此，各国的普遍做法主要有三种判定方法：一是以货物的交付作为所有权转移的时间；二是以合同成立时间作为所有权转移时间；三是以货物的特定化作为所有权的转移时间。以下将分别介绍几个主要国家的具体规定。

（一）大陆法国家的规定

1. 法国

《法国民法典》原则上以买卖合同成立的时间作为货物所有权转移的时间。但在司法实践中，法院会根据案件情况适用以下原则：

① 如果买卖合同的标的物是种类物，则必须经过特定化之后，其所有权才发生转移，且无须交付；

② 如系附条件买卖，例如试验买卖（Sale on Approval），则必须在买方表示确认后，所有权才转移；

③ 买卖双方可以在合同中自行约定所有权转移的时间。

2. 德国

《德国民法典》确立了动产所有权转移的“合意与交付”原则。根据该规定，转让必须满足两个要件：一是双方达成所有权转移的合意，二是所有人将物交付给受让人。此外，法律特别规定，若卖方有义务交付物权凭证，则可通过交付此类凭证来代替实际货物的交付，从而完成所有权转移。

（二）英国法的规定

英国法将货物分为特定物与非特定物两种情况。对于特定物或已经特定化了的货物买卖，英国《货物买卖法》规定，所有权应于双方当事人意图转移时转移。如果当事人没有作出明确约定，法院应按照下列规则来确定双方当事人的意图：

① 对于无保留条件的特定物买卖合同，若该特定物已处于可交付的状态（Deliverable State），则货物所有权在合同订立时即转移至买方。

② 在特定物的买卖合同中，如果卖方还要对货物作出某种行为才能使之处于可交付的状态，则货物的所有权须于卖方履行了此项行为，并在买方收到有关通知时，才转移至买方。

③ 在特定物的买卖合同中，若该特定物已处于可交付状态，但卖方仍需对货物进行衡量、丈量、检验或其他行为，以确定其价金，那么需在上述行为已完成，并在买方收到有关通知时，货物所有权才转移至买方。

④ 当货物是按“试验买卖”或按“余货退回”条件交付给买方时，货物的所有权应按下列时间转移至买方：a. 当买方向卖方表示认可或接受该货物，或以其他方式确认这项交易时，所有权即转移至买方；b. 买方虽然没有向卖方表示认可或接受该货物，但在收到货物后，在合同规定的退货期届满之前没有发出退货通知；或者，在合同没有规定退货期限时，在合理期限届满后没有发出退货通知，货物所有权即转移至买方。对于非特定货物的买卖，英国法规定，在将货物特定化之前，其所有权不转移于买方。所谓特定化，就是把处于可交货状态的货物无条件地划拨于合同项（Unconditionally Appropriated to the Contract）下的行为。这种划拨行为既可以由卖方提出征得买方的同意，也可以由买方提出征求卖方的同意。当卖方将货物特定化，且对其所有权没有提出任何保留权时，货物所有权在特定化时转移。但如果卖方对货物的所有权作出了保留，那么在卖方所要求的条件得到满足之前，货物所有权不发生转移。

根据英国《货物买卖法》，下列情况应认定卖方保留了对货物的处分权：① 当一项合同是买卖特定货物，或在缔约之后货物已被指定属于该项合同时，卖方可根据合同条款，或在该项指定行为中保留对货物的处置权，直至某些条件被履行完毕。在此情况下，不论货物是交付给买方，还是交付给承运人、其他受托人或保管人以便转给买方，货物的财产权都不随之转移，直至卖方所提条件得到履行为止。② 当货物已被装船时，根据提单所列，收货人是由卖方或其代理人指定时，可推定卖方保留了对货物的处分权。③ 当卖方开出汇票向买方收取货款，并将汇票和提单一并交付买方要求其偿付或承兑汇票时，若买方不愿偿付或承兑汇票，则必须退还提单；如果买方错误地留下提单，财产权并不会随之转移。

（三）美国法的规定

根据美国《统一商法典》，在把货物确定于合同项下（Identification to the Contract）之前，货物的所有权不转移至买方。这是关于所有权转移的一项基本原则。

《统一商法典》规定，除非双方当事人另有明示约定，货物的所有权应于卖方实际交付货物的时间和地点转移至买方，而不管卖方是否通过保留提单而保留了对货物的担保权益。具体来说，分以下两种情况：

（1）当货物需要运输时。如果按照合同规定，卖方需把货物运送买方，但双方没有指定具体的目的地，则货物的所有权应于货物装运的时间和地点转移至买方；如果合同要求卖方把货物运到指定目的地，则货物的所有权应于目的地交货时转移。

（2）当货物无须移动时。如果合同出售的货物是现场交付，无须由卖方负责运输，其所有权转移分两种情况：① 如果合同规定卖方必须把代表该项货物的物权凭证交给买方，则货物的所有权应于交付该物权凭证的时间和地点转移至买方；② 如果货物在订立合同时已经确定在合同项下，且不要求卖方交付任何物权凭证，则货物的所有权应于订约的时间和地点转移至买方。

（四）《销售合同公约》及国际贸易惯例的有关规定

由于各国对货物所有权转移问题的规定差异较大，难以统一，《销售合同公约》第四条（b）款明确规定，不涉及买卖合同对所售货物所有权可能产生的影响。《销售合同公约》对所有权转移的时间、地点和条件等都没有进行规定，国际货物买卖合同中的所有权转移问题根据所适用的有关国内法进行调整。

在国际贸易惯例中，只有《1932 年华沙-牛津规则》对货物所有权转移给买方的时间和条件作出了规定。根据该规则第六条，在 CIF 合同中，货物所有权转移的时间应是卖方把装运单据（提单）交付买方的时间。一般认为，这项原则可以适用于卖方有提供提单义务的其他装运港交货合同，包括 CFR 合同和 FOB 合同。至于卖方没有提供提单义务的合同，例如 EXW 合同，则一般可以推定，货物所有权是在卖方把货物交付给买方处置的时候转移给买方的。

二、货物风险的转移

货物风险是指足以使货物毁损、灭失的意外事故，包括盗窃、沉船、火灾、破碎、渗漏、扣押、征用以及不属于正常损耗的腐烂变质等。货物风险的转移，主要指对风险造成损失的承担者，从什么时候起由卖方转移给买方。这一问题对买卖双方的利益关系重大，在国际贸易中，货物面临的风险更高，因而显得尤其重要。各国法律通常允许当事人在合同中对风险转移的时间作出约定，同时也会对风险转移的时间作出规定。在这个问题上各国法律规定并不一致，其规定大致有三种情况：① 以合同成立时间作为风险转移节点，如《瑞士债务法典》的规定。② 以所有权转移时间作为风险转移点。英国《货物买卖法》和《法国民法典》都采用了这一原则。③ 以交货时间作为风险转移节点。当代大多数国家都采纳这一原则，如美国《统一商法典》《德国民法典》及奥地利、斯堪的纳维亚各国的法律都有相关规定。以下详述相关法律及国际规则的具体规定：

（一）美国《统一商法典》的规定

买卖双方当事人既可以通过协议来划分双方应承担的风险界限，也可以通过采用某种国际贸易术语来确定各方所应承担的风险。如果双方当事人在合同中对风险转移问题没有作出规定，则在没有违约的正常情况下，根据下述两种情况来确定风险转移的时间：

（1）当货物需要交由承运人运输时。① 如果买卖合同授权或要求卖方把货物交由承运人运交买方，但并不要求卖方把货物交到某个目的地，则货物的风险应自卖方把符合合同的货物适当地交付给承运人时起转移给买方；② 如果合同要求卖方把货物交到指定的目的地，则货物的风险须于卖方在目的地向买方提交货物并让买方能受领货物时转移。

（2）当货物已存放在受托人处无须移动即可交货时。如果货物已存放在受托人处，卖方可以不移动货物，而让买方直接向仓库提货。在这种情况下，风险的转移需视受托人是否出具代表货物所有权的单据（如仓库收据），以及其所出具的是可转让的物权单据，还是不可转让的物权单据而定：① 如果受托人所出具的是可转让的物权凭证，则货物的风险应从卖方把这项可以转让的物权凭证交给买方的时候转移给买方；② 如果受托人没有出具可转让的物权凭证，则应经过一段合理时间后，在该受托人承认买方有权占有货物时，货物的风险才转移给买方。如果受托人拒绝按照单据上的指示交货，则卖方的交货不能成立，风险仍由卖方承担。

关于违约对风险转移的影响：

（1）卖方违约。① 如果卖方所提供或交付的货物不符合合同的要求，导致买方拒收，在卖方消除缺陷或买方接受货物前，风险由卖方承担；② 如果买方有正当理由撤销对货物的接受，在保险未覆盖范围内，视为卖方承担原货物风险。

（2）买方违约。如果卖方已经把符合合同规定的货物确定在合同项下，而买方在货物的风险尚未转移给自己时，拒绝履行合同或有其他违约行为，卖方在保险未覆盖的差额范围内，可主张在商业合理时间内，风险由买方承担。

（二）《销售合同公约》的规定

《销售合同公约》允许买卖双方在合同中以各种办法来约定风险转移的时间和条件的同时，也具体规定了风险转移的规则以适用于合同未明确约定的情形。《销售合同公约》摒弃了“风险随所有权转移”的传统观念，原则上以交货时间来决定风险转移的时间，在第六十七条至第六十九条中区分以下三种情形：

1. 涉及运输的货物风险转移

如果合同涉及将货物交给承运人运输以便运交买方，分为两种情况：

① 如果卖方需将货物交付承运人，但没有义务在某一特定地点交货，那么，风险自货物依合同交付给第一承运人时转移，买方承担运输途中的风险。

② 如果卖方有义务在某一特定地点把货物交付承运人，风险自货物在该地点交付给承运人时转移。

需注意：卖方保留控制货物处置权的单据，并不影响风险的转移。这一点与英国法和美国法不同。英国法认为，卖方对控制货物处置权的保留使所有权不发生转移，因而风险也不转移；而美国法把卖方对这些单据的保留界定为保留某种担保权益。

根据《销售合同公约》，在以上两种情况下，卖方需通过在货物上加标记、提供装运单据、发出通知等方式将货物确定在合同项下。在此之前，风险仍不转移。

2. 运输途中出售货物的风险转移

所谓货物在运输途中出售，主要是指卖方先把货物装上船开往某个目的港，然后在货物运输途中运载时寻找适当的买主订立买卖合同，这种交易在外贸业务中称为“海上路货”（Floating Cargo）。在这种交易中，风险的划分往往比较复杂，因为订立合同时货物已在运输途中，双方当事人可能都不太清楚货物的状况，货到目的地后如果发现货物损坏或灭失，往往很难判断这种损失究竟发生在运输过程的哪个阶段。对于这种运输途中出售的货物的风险转移，《销售合同公约》规定了三个原则：① 对于运输途中出售的货物，原则上从订立合同时起，风险就转移给买方承担。② 如果情况表明有需要（需结合具体案情判断），风险自货物交付给签发运输合同单据的承运人时转移。③ 如果卖方在订立合同时，就已经知道或理应知道货物已发生灭失或损害，却未告知买方，则这种损失应当由卖方承担。

3. 其他情形的风险转移

在上述两种情况之外的其他情况即指不涉及运输的货物交付，有下列两种情况：① 在卖方营业地交货的，风险自买方接受货物或货物交由其处置而买方无理拒收时转移；② 在卖方营业地以外的某一地点交货，在这种情况下，当交货时间已到，而买方知道货物已在该地点交由自己处置时，风险转移于买方。所谓交由买方处置，是指卖方已将货物确定在合同项下，完成交货的准备工作并向买方发出通知等一系列行为。卖方完成上述行为即是将货物交由买方处置。

（三）国际贸易惯例的规定

一些影响较大的国际贸易惯例，如国际商会制定的《国际贸易术语解释通则》和国际法协会制定的《1932 年华沙–牛津规则》等，对风险转移的时间都有明确的规定。例如，按照《国际贸易术语解释通则》的规定，在工厂交货（EXW）合同中，货物的风险是从卖方在工厂把货物交给买方支配时转移；在 FOB、CFR 和 CIF 合同中，货物的风险是从货物在装运港装船越过船舷时转移；在目的港交货合同中，货物的风险是在货物运抵目的港交由买方支配时转移。如果双方当事人在买卖合同中采用了有关的贸易术语，则应按这些贸易术语的规定来确定风险转移的问题。目前，中国外贸公司的进出口货物合同多采用 FOB 等价格术语，货物风险转移按国际商会《国际贸易术语解释通则》规定处理。

（四）我国法律的规定

我国《民法典》“合同编”明确以货物交付作为划分风险承担的标准，主要内容如下：

① 标的物毁损、灭失的风险，在标的物交付之前由出卖人承担，交付之后由买受人承担，但是法律另有规定或者当事人另有约定的除外。（第六百零四条）

② 出卖人出卖交由承运人运输的在途标的物，除当事人另有约定外，毁损、灭

失的风险自合同成立时起由买受人承担。(第六百零六条)

在我国外贸企业的对外贸易业务中，通常会采用贸易术语来划分买卖双方的风险承担界限。例如，在采用 FOB、CFR 与 CIF 条件成交时，货物风险都是在装运港装上船时起由卖方转移给买方，即货物装上船之前的风险由卖方承担，装上船之后的风险则由买方承担。

附件一：

联合国国际货物销售合同公约

（1980年4月11日订于维也纳）

本公约各缔约国，铭记联合国大会第六届特别会议通过的关于建立新的国际经济秩序的各项决议的广泛目标，考虑到在平等互利基础上发展国际贸易是促进各国间友好关系的一个重要因素，认为采用照顾到不同的社会、经济和法律制度的国际货物销售合同统一规则，将有助于减少国际贸易的法律障碍，促进国际贸易的发展，

兹协议如下：

第一部分　适用范围和总则

第一章　适 用 范 围

第一条　（1）本公约适用于营业地在不同国家的当事人之间所订立的货物销售合同：

（a）如果这些国家是缔约国；或

（b）如果国际私法规则导致适用某一缔约国的法律。

（2）当事人营业地在不同国家的事实，如果从订立合同前任何时候或订立合同时，当事人之间的任何交易或当事人透露的情报均看不出，应不予考虑。

（3）在确定本公约的适用时，当事人的国籍和当事人或合同的民事或商业性应不予考虑。

第二条　本公约不适用于以下的销售：

（a）购供私人、家人或家庭使用的货物的销售，除非卖方在订立合同前任何时候或订立合同时不知道而且没有理由知道这些货物是购供任何这种使用；

（b）经由拍卖的销售；

（c）根据法律执行令状或其他令状的销售；

（d）公债、股票、投资证券、流通票据或货币的销售；

（e）船舶、船只、气垫船或飞机的销售；

（f）电力的销售。

第三条　(1) 供应尚待制造或生产的货物的合同应视为销售合同，除非订购货物的当事人保证供应这种制造或生产所需的大部分重要材料。

(2) 本公约不适用于供应货物一方的绝大部分义务在于供应劳力或其他服务的合同。

第四条　本公约只适用于销售合同的订立和卖方和买方因此种合同而产生的权利和义务。特别是，本公约除非另有明文规定，与以下事项无关：

(a) 合同的效力，或其任何条款的效力，或任何惯例的效力；

(b) 合同对所售货物所有权可能产生的影响。

第五条　本公约不适用于卖方对于货物对任何人所造成的死亡或伤害的责任。

第六条　双方当事人可以不适用本公约，或在第十二条的条件下，减损本公约的任何规定或改变其效力。

第二章　总　　则

第七条　(1) 在解释本公约时，应考虑到本公约的国际性质和促进其适用的统一以及在国际贸易上遵守诚信的需要。

(2) 凡本公约未明确解决的属于本公约范围的问题，应按照本公约所依据的一般原则来解决，在没有一般原则的情况下，则应按照国际私法规定适用的法律来解决。

第八条　(1) 为本公约的目的，一方当事人所作的声明和其他行为，应依照他的意旨解释，如果另一方当事人已知道或者不可能不知道此一意旨。

(2) 如果上一款的规定不适用，当事人所作的声明和其他行为，应按照一个与另一方当事人同等资格、通情达理的人处于相同情况中，应有的理解来解释。

(3) 在确定一方当事人的意旨或一个通情达理的人应有的理解时，应适当地考虑到与事实有关的一切情况，包括谈判情形、当事人之间确立的任何习惯做法、惯例和当事人其后的任何行为。

第九条　(1) 双方当事人业已同意的任何惯例和他们之间确立的任何习惯做法，对双方当事人均有约束力。

(2) 除非另有协议，双方当事人应视为已默示地同意对他们的合同或合同的订立适用双方当事人已知道或理应知道的惯例，而这种惯例，在国际贸易上，已为有关特定贸易所涉同类合同的当事人所广泛知道并为他们所经常遵守。

第十条　为本公约的目的：

(a) 如果当事人有一个以上的营业地，则以与合同及合同的履行关系最密切的营业地为其营业地，但要考虑到双方当事人在订立合同前任何时候或订立合同时所知道或所设想的情况；

（b）如果当事人没有营业地，则以其惯常居住地为准。

第十一条 销售合同无须以书面订立或书面证明，在形式方面也不受任何其他条件的限制。销售合同可以用包括人证在内的任何方法证明。

第十二条 本公约第十一条、第二十九条或第二部分准许销售合同或其更改或根据协议终止，或者任何发价、接受或其他意旨表示得以书面以外任何形式做出的任何规定不适用，如果任何一方当事人的营业地是在已按照本公约第九十六条做出了声明的一个缔约国内，各当事人不得减损本条或改变其效力。

第十三条 为本公约的目的，“书面”包括电报和电传。

第二部分　合同的订立

第十四条 （1）向一个或一个以上特定的人提出的订立合同的建议，如果十分确定并且表明发价人在得到接受时承受约束的意旨，即构成发价。一个建议如果写明货物并且明示或暗示地规定数量和价格或规定如何确定数量和价格，即为十分确定。

（2）非向一个或一个以上特定的人提出的建议，仅应视为邀请做出发价，除非提出建议的人明确地表示相反的意向。

第十五条 （1）发价于送达被发价人时生效。

（2）一项发价，即使是不可撤销的，得予撤回，如果撤回通知于发价送达被发价人之前或同时，送达被发价人。

第十六条 （1）在未订立合同之前，发价得予撤销，如果撤销通知于被发价人发出接受通知之前送达被发价人。

（2）但在下列情况下，发价不得撤销：

（a）发价写明接受发价的期限或以其他方式表示发价是不可撤销的；或

（b）被发价人有理由信赖该项发价是不可撤销的，而且被发价人已本着对该项发价的信赖行事。

第十七条 一项发价，即使是不可撤销的，于拒绝通知送达发价人时终止。

第十八条 （1）被发价人声明或做出其他行为表示同意一项发价，即是接受。缄默或不行动本身不等于接受。

（2）接受发价于表示同意的通知送达发价人时生效。如果表示同意的通知在发价人所规定的时间内，如未规定时间，在一段合理的时间内，未曾送达发价人，接受就成为无效，但须适当地考虑到交易的情况，包括发价人所使用的通讯方法的迅速程序。对口头发价必须立即接受，但情况有别者不在此限。

（3）但是，如果根据该项发价或依照当事人之间确立的习惯做法和惯例，被发价人可以做出某种行为，例如与发运货物或支付价款有关的行为，来表示同意，而无须向发价人发出通知，则接受于该项行为做出时生效，但该项行为必须在上一款所规定的期间内做出。

第十九条　（1）对发价表示接受但载有添加、限制或其他更改的答复，即为拒绝该项发价并构成还价。

（2）但是，对发价表示接受但载有添加或不同条件的答复，如所载的添加或不同条件在实质上并不变更该项发价的条件，除发价人在不过分迟延的期间内以口头或书面通知反对其间的差异外，仍构成接受。如果发价人不做出这种反对，合同的条件就以该项发价的条件以及接受通知内所载的更改为准。

（3）有关货物价格、付款、货物质量和数量、交货地点和时间、一方当事人对另一方当事人的赔偿责任范围或解决争端等等的添加或不同条件，均视为在实质上变更发价的条件。

第二十条　（1）发价人在电报或信件内规定的接受期间，从电报交发时刻或信上载明的发信日期起算，如信上未载明发信日期，则从信封上所载日期起算。发价人以电话、电传或其他快速通讯方法规定的接受期间，从发价送达被发价人时起算。

（2）在计算接受期间时，接受期间内的正式假日或非营业日应计算在内。但是如果接受通知在接受期间的最后一天未能送到发价人地址，因为那天在发价人营业地是正式假日或非营业日，则接受期间应顺延至下一个营业日。

第二十一条　（1）逾期接受仍有接受的效力，如果发价人毫不迟延地用口头或书面将此种意见通知被发价人。

（2）如果载有逾期接受的信件或其他书面文件表明，它是在传递正常、能及时送达发价人的情况下寄发的，则该项逾期接受具有接受的效力，除非发价人毫不迟延地用口头或书面通知被发价人：他认为他的发价已经失效。

第二十二条　接受得予撤回，如果撤回通知于接受原应生效之前或同时，送达发价人。

第二十三条　合同于按照本公约规定对发价的接受生效时订立。

第二十四条　为公约本部分的目的，发价、接受声明或任何其他意旨表示“送达”对方，系指用口头通知对方或通过任何其他方法送交对方本人，或其营业地或通讯地址，如无营业地或通讯地址，则送交对方惯常居住地。

第三部分　货物销售

第一章　总　　则

第二十五条　一方当事人违反合同的结果，如使另一方当事人蒙受损害，以致于实际上剥夺了他根据合同规定有权期待得到的东西，即为根本违反合同，除非违反合同一方并不预知而且一个同等资格、通情达理的人处于相同情况中也没有理由预知会发生这种结果。

第二十六条　宣告合同无效的声明，必须向另一方当事人发出通知，方始有效。

第二十七条　除非公约本部分另有明文规定，当事人按照本部分的规定，以适合情况的方法发出任何通知、要求或其他通知后，这种通知如在传递上发生耽搁或错误，或者未能到达，并不使该当事人丧失依靠该项通知的权利。

第二十八条　如果按照本公约的规定，一方当事人有权要求另一方当事人履行某一义务，法院没有义务做出判决，要求具体履行此一义务，除非法院依照其本身的法律对不属本公约范围的类似销售合同愿意这样做。

第二十九条　（1）合同只需双方当事人协议，就可更改或终止。

（2）规定任何更改或根据协议终止必须以书面做出的书面合同，不得以任何其他方式更改或根据协议终止。但是，一方当事人的行为，如经另一方当事人寄以信赖，就不得坚持此项规定。

第二章　卖方的义务

第三十条　卖方必须按照合同和本公约的规定，交付货物，移交一切与货物有关的单据并转移货物所有权。

第一节　交付货物和移交单据

第三十一条　如果卖方没有义务要在任何其他特定地点交付货物，他的交货义务如下：

（a）如果销售合同涉及到货物的运输，卖方应把货物移交给第一承运人，以运交给买方；

（b）在不属于上一款规定的情况下，如果合同指的是特定货物或从特定存货中提取的或尚待制造或生产的未经特定化的货物，而双方当事人在订立合同时已知道这些货物是在某一特定地点，或将在某一特定地点制造或生产，卖方应在该地点把货物交给买方处置；

（c）在其他情况下，卖方应在他于订立合同时的营业地把货物交给买方处置。

第三十二条　（1）如果卖方按照合同或本公约的规定将货物交付给承运人，但货物没有以货物上加标记、或以装运单据或其他方式清楚地注明有关合同，卖方必须向买方发出列明货物的发货通知。

（2）如果卖方有义务安排货物的运输，他必须订立必要的合同，以按照通常运输条件，用适合情况的运输工具，把货物运到指定地点。

（3）如果卖方没有义务对货物的运输办理保险，他必须在买方提出要求时，向买方提供一切现有的必要资料，使他能够办理这种保险。

第三十三条　卖方必须按以下规定的日期交付货物：

（a）如果合同规定有日期，或从合同可以确定日期，应在该日期交货；

（b）如果合同规定有一段时间，或从合同可以确定一段时间，除非情况表明应由买方选定一个日期外，应在该段时间内任何时候交货；或者

（c）在其他情况下，应在订立合同后一段合理时间内交货。

第三十四条　如果卖方有义务移交与货物有关的单据，他必须按照合同所规定的时间、地点和方式移交这些单据。如果卖方在那个时间以前已移交这些单据，他可以在那个时间到达前纠正单据中任何不符合同规定的情形，但是，此一权利的行使不得使买方遭受不合理的不便或承担不合理的开支。但是，买方保留本公约所规定的要求损害赔偿的任何权利。

第二节　货物相符与第三方要求

第三十五条　（1）卖方交付的货物必须与合同所规定的数量、质量和规格相符，并须按照合同所规定的方式装箱或包装。

（2）除双方当事人业已另有协议外，货物除非符合以下规定，否则即为与合同不符：

（a）货物适用于同一规格货物通常使用的目的；

（b）货物适用于订立合同时曾明示或默示地通知卖方的任何特定目的，除非情况表明买方并不依赖卖方的技能和判断力，或者这种依赖对他是不合理的；

（c）货物的质量与卖方向买方提供的货物样品或样式相同；

（d）货物按照同类货物通用的方式装箱或包装，如果没有此种通用方式，则按照足以保全和保护货物的方式装箱或包装。

（3）如果买方在订立合同时知道或者不可能不知道货物不符合同，卖方就无须按上一款（a）项至（d）项负有此种不符合同的责任。

第三十六条 （1）卖方应按照合同和本公约的规定，对风险移转到买方时所存在的任何不符合同情形，负有责任，即使这种不符合同情形在该时间后方始明显。

（2）卖方对在上一款所述时间后发生的任何不符合同情形，也应负有责任，如果这种不符合同情形是由于卖方违反他的某项义务所致，包括违反关于在一段时间内货物将继续适用于其通常使用的目的或某种特定目的，或将保持某种特定质量或性质的任何保证。

第三十七条 如果卖方在交货日期前交付货物，他可以在那个日期到达前，交付任何缺漏部分或补足所交付货物的不足数量，或交付用以替换所交付不符合同规定的货物，或对所交付货物中任何不符合同规定的情形做出补救，但是，此一权利的行使不得使买方遭受不合理的不便或承担不合理的开支。但是，买方保留本公约所规定的要求损害赔偿的任何权利。

第三十八条 （1）买方必须在按情况实际可行的最短时间内检验货物或由他人检验货物。

（2）如果合同涉及到货物的运输，检验可推迟到货物到达目的地后进行。

（3）如果货物在运输途中改运或买方须再发运货物，没有合理机会加以检验，而卖方在订立合同时已知道或理应知道这种改运或再发运的可能性，检验可推迟到货物到达新目的地后进行。

第三十九条 （1）买方对货物不符合同，必须在发现或理应发现不符情形后一段合理时间内通知卖方，说明不符合同情形的性质，否则就丧失声称货物不符合同的权利。

（2）无论如何，如果买方不在实际收到货物之日起两年内将货物不符合同情形通知卖方，他就丧失声称货物不符合同的权利，除非这一时限与合同规定的保证期限不符。

第四十条 如果货物不符合同规定指的是卖方已知道或不可能不知道而又没有告知买方的一些事实，则卖方无权援引第三十八条和第三十九条的规定。

第四十一条 卖方所交付的货物，必须是第三方不能提出任何权利或要求的货物，除非买方同意在这种权利或要求的条件下，收取货物。但是，如果这种权利或要求是以工业产权或其他知识产权为基础的，卖方的义务应依照第四十二条的规定。

第四十二条 （1）卖方所交付的货物，必须是第三方不能根据工业产权或其他知识产权主张任何权利或要求的货物，但以卖方在订立合同时已知道或不可能不知道的权利或要求为限，而且这种权利或要求根据以下国家的法律规定是以工业产权或其他知识产权为基础的：

（a）如果双方当事人在订立合同时预期货物将在某一国境内转售或做其他使用，则根据货物将在其境内转售或做其他使用的国家的法律；或者

（b）在任何其他情况下，根据买方营业地所在国家的法律。

（2）卖方在上一款中的义务不适用于以下情况：

（a）买方在订立合同时已知道或不可能不知道此项权利或要求；或者

（b）此项权利或要求的发生，是由于卖方要遵照买方所提供的技术图样、图案、程式或其他规格。

第四十三条　（1）买方如果不在已知道或理应知道第三方的权利或要求后一段合理时间内，将此一权利或要求的性质通知卖方，就丧失援引第四十一条或第四十二条规定的权利。

（2）卖方如果知道第三方的权利或要求以及此一权利或要求的性质，就无权援引上一款的规定。

第四十四条　尽管有第三十九条第（1）款和第四十三条第（1）款的规定，买方如果对他未发出所需的通知具备合理的理由，仍可按照第五十条规定减低价格，或要求利润损失以外的损害赔偿。

第三节　卖方违反合同的补救办法

第四十五条　（1）如果卖方不履行他在合同和本公约中的任何义务，买方可以：

（a）行使第四十六条至第五十二条所规定的权利；

（b）按照第七十四条至第七十七条的规定，要求损害赔偿。

（2）买方可能享有的要求损害赔偿的任何权利，不因他行使采取其他补救办法的权利而丧失。

（3）如果买方对违反合同采取某种补救办法，法院或仲裁庭不得给予卖方宽限期。

第四十六条　（1）买方可以要求卖方履行义务，除非买方已采取与此一要求相抵触的某种补救办法。

（2）如果货物不符合同，买方只有在此种不符合同情形构成根本违反合同时，才可以要求交付替代货物，而且关于替代货物的要求，必须与依照第三十九条发出的通知同时提出，或者在该项通知发出后一段合理时间内提出。

（3）如果货物不符合同，买方可以要求卖方通过修理对不符合同之处做出补救，除非他考虑了所有情况之后，认为这样做是不合理的。修理的要求必须与依照第三十九条发出的通知同时提出，或者在该项通知发出后一段合理时间内提出。

第四十七条 （1）买方可以规定一段合理时限的额外时间，让卖方履行其义务。

（2）除非买方收到卖方的通知，声称他将不在所规定的时间内履行义务，买方在这段时间内不得对违反合同采取任何补救办法。但是，买方并不因此丧失他对迟延履行义务可能有的要求损害赔偿的任何权利。

第四十八条 （1）在第四十九条的条件下，卖方即使在交货日期之后，仍可自付费用，对任何不履行义务做出补救，但这种补救不得造成不合理的迟延，也不得使买方遭受不合理的不便，或无法确定卖方是否将偿付买方预付的费用。但是，买方保留本公约所规定的要求损害赔偿的任何权利。

（2）如果卖方要求买方表明他是否接受卖方履行义务，而买方不在一段合理时间内对此一要求作出答复，则卖方可以按其要求中所指明的时间履行义务。买方不得在该段时间内采取与卖方履行义务相抵触的任何补救办法。

（3）卖方表明他将在某一特定时间内履行义务的通知，应视为包括根据上一款规定要买方表明决定的要求在内。

（4）卖方按照本条第（2）和第（3）款做出的要求或通知，必须在买方收到后，始生效力。

第四十九条 （1）买方在以下情况下可以宣告合同无效：

（a）卖方不履行其在合同或本公约中的任何义务，等于根本违反合同；或

（b）如果发生不交货的情况，卖方不在买方按照第四十七条第（1）款规定的额外时间内交付货物，或卖方声明他将不在所规定的时间内交付货物。

（2）但是，如果卖方已交付货物，买方就丧失宣告合同无效的权利，除非：

（a）对于迟延交货，他在知道交货后一段合理时间内这样做；

（b）对于迟延交货以外的任何违反合同事情：

① 他在已知道或理应知道这种违反合同后一段合理时间内这样做；或

② 他在买方按照第四十七条第（1）款规定的任何额外时间满期后，或在卖方声明他将不在这一额外时间履行义务后一段合理时间内这样做；或

③ 他在卖方按照第四十八条第（2）款指明的任何额外时间满期后，或在买方声明他将不接受卖方履行义务后一段合理时间内这样做。

第五十条 如果货物不符合同，不论价款是否已付，买方都可以减低价格，减价按实际交付的货物在交货时的价值与符合合同的货物在当时的价值两者之间的比例计算。但是，如果卖方按照第三十七条或第四十八条的规定对任何不履行义务做出补救，或者买方拒绝接受卖方按照该两条规定履行义务，则买方不得减低价格。

第五十一条 （1）如果卖方只交付一部分货物，或者交付的货物中只有一部分符合合同规定，第四十六条至第五十条的规定适用于缺漏部分及不符合同规定部分

的货物。

（2）买方只有在完全不交付货物或不按照合同规定交付货物等于根本违反合同时，才可以宣告整个合同无效。

第五十二条　（1）如果卖方在规定的日期前交付货物，买方可以收取货物，也可以拒绝收取货物。

（2）如果卖方交付的货物数量大于合同规定的数量，买方可以收取也可以拒绝收取多交部分的货物。如果买方收取多交部分货物的全部或一部分，他必须按合同价格付款。

第三章　买方的义务

第五十三条　买方必须按照合同和本公约规定支付货物价款和收取货物。

第一节　支付价款

第五十四条　买方支付价款的义务包括根据合同或任何有关法律和规章规定的步骤和手续，以便支付价款。

第五十五条　如果合同已有效地订立，但没有明示或暗示地规定价格或规定如何确定价格，在没有任何相反表示的情况下，双方当事人应视为已默示地引用订立合同时此种货物在有关贸易的类似情况下销售的通常价格。

第五十六条　如果价格是按货物的重量规定的，如有疑问，应按净重确定。

第五十七条　（1）如果买方没有义务在任何其他特定地点支付价款，他必须在以下地点向卖方支付价款：

（a）卖方的营业地；或者

（b）如凭移交货物或单据支付价款，则为移交货物或单据的地点。

（2）卖方必须承担因其营业地在订立合同后发生变动而增加的支付方面的有关费用。

第五十八条　（1）如果买方没有义务在任何其他特定时间内支付价款，他必须于卖方按照合同和本公约规定将货物或控制货物处置权的单据交给买方处置时支付价款。卖方可以支付价款作为移交货物或单据的条件。

（2）如果合同涉及货物的运输，卖方可以在支付价款后方可把货物或控制货物处置权的单据移交给买方作为发运货物的条件。

（3）买方在未有机会检验货物前，无义务支付价款，除非这种机会与双方当事人议定的交货或支付程序相抵触。

第五十九条 买方必须按合同和本公约规定的日期或从合同和本公约可以确定的日期支付价款，而无需卖方提出任何要求或办理任何手续。

第二节 收取货物

第六十条 买方收取货物的义务如下：

(a) 采取一切理应采取的行动，以期卖方能交付货物；和

(b) 接收货物。

第三节 买方违反合同的补救办法

第六十一条 (1) 如果买方不履行他在合同和本公约中的任何义务，卖方可以：

(a) 行使第六十二条至第六十五条所规定的权利；

(b) 按照第七十四条至第七十七条的规定，要求损害赔偿。

(2) 卖方可能享有的要求损害赔偿的任何权利，不因他行使采取其他补救办法的权利而丧失。

(3) 如果卖方对违反合同采取某种补救办法，法院或仲裁庭不得给予买方宽限期。

第六十二条 卖方可以要求买方支付价款、收取货物或履行他的其他义务，除非卖方已采取与此一要求相抵触的某种补救办法。

第六十三条 (1) 卖方可以规定一段合理时限的额外时间，让买方履行义务。

(2) 除非卖方收到买方的通知，声称他将不在所规定的时间内履行义务，卖方不得在这段时间内对违反合同采取任何补救办法。但是，卖方并不因此丧失他对迟延履行义务可能享有的要求损害赔偿的任何权利。

第六十四条 (1) 卖方在以下情况下可以宣告合同无效：

(a) 买方不履行其在合同或本公约中的任何义务，等于根本违反合同；或

(b) 买方不在卖方按照第六十三条第 (1) 款规定的额外时间内履行支付价款的义务或收取货物，或买方声明他将不在所规定的时间内这样做。

(2) 但是，如果买方已支付价款，卖方就丧失宣告合同无效的权利，除非：

(a) 对于买方迟延履行义务，他在知道买方履行义务前这样做；或者

(b) 对于买方迟延履行义务以外的任何违反合同事情：

① 他在已知道或理应知道这种违反合同后一段合理时间内这样做；或

② 他在卖方按照第六十三条第 (1) 款规定的任何额外时间满期后或在买方声

明他将不在这一额外时间内履行义务后一段合理时间内这样做。

第六十五条　（1）如果买方应根据合同规定订明货物的形状、大小或其他特征，而他在议定的日期或在收到卖方的要求后一段合理时间内没有订明这些规格，则卖方在不损害其可能享有的任何其他权利的情况下，可以依照他所知的买方的要求，自己订明规格。

（2）如果卖方自己订明规格，他必须把订明规格的细节通知买方，而且必须规定一段合理时间，让买方可以在该段时间内订出不同的规格。如果买方在收到这种通知后没有在该段时间内这样做，卖方所订的规格就具有约束力。

第四章　风险移转

第六十六条　货物在风险移转到买方承担后遗失或损坏，买方支付价款的义务并不因此解除，除非这种遗失或损坏是由于卖方的行为或不行为所造成。

第六十七条　（1）如果销售合同涉及货物的运输，但卖方没有义务在某一特定地点交付货物，自货物按照销售合同交付给第一承运人以转交给买方时起，风险就移转到买方承担。如果卖方有义务在某一特定地点把货物交付给承运人，在货物于该地点交付给承运人以前，风险不移转到买方承担。卖方受权保留控制货物处置权的单据，并不影响风险的移转。

（2）但是，在货物以货物上加标记，或以装运单据，或向买方发出通知或其他方式清楚地注明有关合同以前，风险不移转到买方承担。

第六十八条　对于在运输途中销售的货物，从订立合同时起，风险就移转到买方承担。但是，如果情况表明有此需要，从货物交付给签发载有运输合同单据的承运人时起，风险就由买方承担。尽管如此，如果卖方在订立合同时已知道或理应知道货物已经遗失或损坏，而他又不将这一事实告知买方，则这种遗失或损坏应由卖方负责。

第六十九条　（1）在不属于第六十七条和第六十八条规定的情况下，从买方接收货物时起，或如果买方不在适当时间内这样做，则从货物交给他处置但他不收取货物从而违反合同时起，风险移转到买方承担。

（2）但是，如果买方有义务在卖方营业地以外的某一地点接收货物，当交货时间已到而买方知道货物已在该地点交给他处置时，风险方始移转。

（3）如果合同指的是当时未加识别的货物，则这些货物在未清楚注明有关合同以前，不得视为已交给买方处置。

第七十条　如果卖方已根本违反合同，第六十七条、第六十八条和第六十九条的规定，不损害买方因此种违反合同而可以采取的各种补救办法。

第五章　卖方和买方义务的一般规定

第一节　预期违反合同和分批交货合同

第七十一条　（1）如果订立合同后，另一方当事人由于下列原因显然将不履行其大部分重要义务，一方当事人可以中止履行义务：

（a）他履行义务的能力或他的信用有严重缺陷；或

（b）他在准备履行合同或履行合同中的行为。

（2）如果卖方在上一款所述的理由明显化以前已将货物发运，他可以阻止将货物交给买方，即使买方持有其有权获得货物的单据。本款规定只与买方和卖方间对货物的权利有关。

（3）中止履行义务的一方当事人不论是在货物发运前还是发运后，都必须立即通知另一方当事人，如经另一方当事人对履行义务提供充分保证，则他必须继续履行义务。

第七十二条　（1）如果在履行合同日期之前，明显看出一方当事人将根本违反合同，另一方当事人可以宣告合同无效。

（2）如果时间许可，打算宣告合同无效的一方当事人必须向另一方当事人发出合理的通知，使他可以对履行义务提供充分保证。

（3）如果另一方当事人已声明将不履行其义务，则上一款的规定不适用。

第七十三条　（1）对于分批交付货物的合同，如果一方当事人不履行对任何一批货物的义务，便对该批货物构成根本违反合同，则另一方当事人可以宣告合同对该批货物无效。

（2）如果一方当事人不履行对任何一批货物的义务，使另一方当事人有充分理由断定对今后各批货物将会发生根本违反合同，该另一方当事人可以在一段合理时间内宣告合同今后无效。

（2）买方宣告合同对任何一批货物的交付为无效时，可以同时宣告合同对已交付的或今后交付的各批货物均为无效，如果各批货物是互相依存的，不能单独用于双方当事人在订立合同时所设想的目的。

第二节　损害赔偿

第七十四条　一方当事人违反合同应负的损害赔偿额，应与另一方当事人因他违反合同而遭受的包括利润在内的损失额相等。这种损害赔偿不得超过违反合同一方在订立合同时，依照他当时已知道或理应知道的事实和情况，对违反合同预料到或理应预料到的可能损失。

第七十五条　如果合同被宣告无效，而在宣告无效后一段合理时间内，买方已以合理方式购买替代货物，或者卖方已以合理方式把货物转卖，则要求损害赔偿的一方可以取得合同价格和替代货物交易价格之间的差额以及按照第七十四条规定可以取得的任何其他损害赔偿。

第七十六条　（1）如果合同被宣告无效，而货物又有时价，要求损害赔偿的一方，如果没有根据第七十五条规定进行购买或转卖，则可以取得合同规定的价格和宣告合同无效时的时价之间的差额以及按照第七十四条规定可以取得的任何其他损害赔偿。但是，如果要求损害赔偿的一方在接收货物之后宣告合同无效，则应适用接收货物时的时价，而不适用宣告合同无效时的时价。

（2）为上一款的目的，时价指原应交付货物地点的现行价格，如果该地点，没有时价，则指另一合理替代地点的价格，但应适当地考虑货物运费的差额。

第七十七条　声称另一方违反合同的一方，必须按情况采取合理措施，减轻由于该另一方违反合同而引起的损失，包括利润方面的损失。如果他不采取这种措施，违反合同一方可以要求从损害赔偿中扣除原可以减轻的损失数额。

第三节　利　　息

第七十八条　如果一方当事人没有支付价款或任何其他拖欠金额，另一方当事人有权对这些款额收取利息，但不妨碍要求按照第七十四条规定可以取得的损害赔偿。

第四节　免　　责

第七十九条　（1）当事人对不履行义务，不负责任，如果他能证明此种不履行义务，是由于某种非他所能控制的障碍，而且对于这种障碍，没有理由预期他在订立合同时能考虑到或能避免或克服它或它的后果。

（2）如果当事人不履行义务是由于他所雇用履行合同的全部或一部分规定的第三方不履行义务所致，该当事人只有在以下情况下才能免除责任：

（a）他按照上一款的规定应免除责任；和

（b）假如该项的规定也适用于他所雇用的人，这个人也同样会免除责任。

（3）本条所规定的免责对障碍存在的期间有效。

(4) 不履行义务的一方必须将障碍及其对他履行义务能力的影响通知另一方。如果该项通知在不履行义务的一方已知道或理应知道此一障碍后一段合理时间内仍未为另一方收到，则他对由于另一方未收到通知而造成的损害应负赔偿责任。

(5) 本条规定不妨碍任何一方行使本公约规定的要求损害赔偿以外的任何权利。

第八十条 一方当事人因其行为或不行为而使得另一方当事人不履行义务时，不得声称该另一方当事人不履行义务。

第五节 宣告合同无效的效果

第八十一条 (1) 宣告合同无效解除了双方在合同中的义务，但应负责的任何损害赔偿仍应负责。宣告合同无效不影响合同关于解决争端的任何规定，也不影响合同中关于双方在宣告合同无效后权利和义务的任何其他规定。

(2) 已全部或局部履行合同的一方，可以要求另一方归还他按照合同供应的货物或支付的价款，如果双方都须归还，他们必须同时这样做。

第八十二条 (1) 买方如果不可能按实际收到货物的原状归还货物，他就丧失宣告合同无效或要求卖方交付替代货物的权利。

(2) 上一款的规定不适用于以下情况：

(a) 如果不可能归还货物或不可能按实际收到货物的原状归还货物，并非由于买方的行为或不行为所造成；或者

(b) 如果货物或其中一部分的毁灭或变坏，是由于按照第三十八条规定进行检验所致；或者

(c) 如果货物或其中一部分，在买方发现或理应发现与合同不符以前，已为买方在正常营业过程中售出，或在正常使用过程中消费或改变。

第八十三条 买方虽然依第八十二条规定丧失宣告合同无效或要求卖方交付替代货物的权利，但是根据合同和本公约规定，他仍保有采取一切其他补救办法的权利。

第八十四条 (1) 如果卖方有义务归还价款，他必须同时从支付价款之日起支付价款利息。

(2) 在以下情况下，买方必须向卖方说明他从货物或其中一部分得到的一切利益：

(a) 如果他必须归还货物或其中一部分；或者

(b) 如果他不可能归还全部或一部分货物，或不可能按实际收到货物的原状归还全部或一部分货物，但他已宣告合同无效或已要求卖方支付替代货物。

第六节　保全货物

第八十五条　如果买方推迟收取货物，或在支付价款和交付货物应同时履行时，买方没有支付价款，而卖方仍拥有这些货物或仍能控制这些货物的处置权，卖方必须按情况采取合理措施，以保全货物。他有权保有这些货物，直至买方把他所付的合理费用偿还他为止。

第八十六条　（1）如果买方已收到货物，但打算行使合同或本公约规定的任何权利，把货物退回，他必须按情况采取合理措施，以保全货物。他有权保有这些货物，直至卖方把他所付的合理费用偿还给他为止。

（2）如果发运给买方的货物已到达目的地，并交给买方处置，而买方行使退货权利，则买方必须代表卖方收取货物，除非他这样做需要支付价款而且会使他遭受不合理的不便或需承担不合理的费用。如果卖方或授权代表他掌管货物的人也在目的地，则此一规定不适用。如果买方根据本款规定收取货物，他的权利和义务与上一款所规定的相同。

第八十七条　有义务采取措施以保全货物的一方当事人，可以把货物寄放在第三方的仓库，由另一方当事人担负费用，但该项费用必须合理。

第八十八条　（1）如果另一方当事人在收取货物或收回货物或支付价款或保全货物费用方面有不合理的迟延，按照第八十五条或第八十六条规定有义务保全货物的一方当事人，可以采取任何适当办法，把货物出售，但必须事前向另一方当事人发出合理的意向通知。

（2）如果货物易于迅速变坏，或者货物的保全牵涉到不合理的费用，则按照第八十五条或第八十六条规定有义务保全货物的一方当事人，必须采取合理措施，把货物出售。在可能的范围内，他必须把出售货物的打算通知另一方当事人。

（3）出售货物的一方当事人，有权从销售所得收入中扣回为保全货物和销售货物而支付的合理费用。他必须向另一方当事人说明所余款项。

第四部分　最后条款

第八十九条　兹指定联合国秘书长为本公约保管人。

第九十条　本公约不优于业已缔结或可以缔结并载有与属于本公约范围内事项有关的条款的任何国际协定，但以双方当事人的营业地均在这种协定的缔约国内为限。

第九十一条　（1）本公约在联合国国际货物销售合同会议闭幕会议上开放签

字，并在纽约联合国总部继续开放签字，直至一九八一年九月三十日为止。

（2）本公约须经签字国批准、接受或核准。

（3）本公约从开放签字之日起开放给所有非签字国加入。

（4）批准书、接受书、核准书和加入书应送交联合国秘书长存放。

第九十二条 （1）缔约国可在签字、批准、接受、核准或加入时声明它不受本公约第二部分的约束或不受本公约第三部分的约束。

（2）按照上一款规定就本公约第二部分或第三部分做出声明的缔约国，在该声明适用的部分所规定事项上，不得视为本公约第一条第（1）款范围内的缔约国。

第九十三条 （1）如果缔约国具有两个或两个以上的领土单位，而依照该国宪法规定，各领土单位对本公约所规定的事项适用不同的法律制度，则该国得在签字、批准、接受、核准或加入时声明本公约适用于该国全部领土单位或仅适用于其中的一个或数个领土单位，并且可以随时提出另一声明来修改其所做的声明。

（2）此种声明应通知保管人，并且明确地说明适用本公约的领土单位。

（3）如果根据按本条做出的声明，本公约适用于缔约国的一个或数个但不是全部领土单位，而且一方当事人的营业地位于该缔约国内，则为本公约的目的，该营业地除非位于本公约适用的领土单位内，否则视为不在缔约国内。

（4）如果缔约国没有按照本条第（1）款做出声明，则本公约适用于该国所有领土单位。

第九十四条 （1）对属于本公约范围的事项具有相同或非常近似的法律规则的两个或两个以上的缔约国，可随时声明本公约不适用于营业地在这些缔约国内的当事人之间的销售合同，也不适用于这些合同的订立。此种声明可联合做出，也可以相互单方面声明的方式做出。

（2）对属于本公约范围的事项具有与一个或一个以上非缔约国相同或非常近似的法律规则的缔约国，可随时声明本公约不适用于营业地在这些非缔约国内的当事人之间的销售合同，也不适用于这些合同的订立。

（3）作为根据上一款所做声明对象的国家如果后来成为缔约国，这项声明从本公约对该新缔约国生效之日起，具有根据第（1）款所做声明的效力，但以该新缔约国加入这项声明，或做出相互单方面声明为限。

第九十五条 任何国家在交存其批准书、接受书、核准书或加入书时，可声明它不受本公约第一条第（1）款（b）项的约束。

第九十六条 本国法律规定销售合同必须以书面订立或书面证明的缔约国，可以随时按照第十二条的规定，声明本公约第十一条、第二十九条或第二部分准许销售合同或其更改或根据协议终止，或者任何发价、接受或其他意旨表示得以书面以外任何形式做出的任何规定不适用，如果任何一方当事人的营业地是在该缔约国内。

第九十七条 （1）根据本公约规定在签字时做出的声明，须在批准、接受或核准时加以确认。

（2）声明和声明的确认，应以书面提出，并应正式通知保管人。

（3）声明在本公约对有关国家开始生效时同时生效。但是，保管人于此种生效后收到正式通知的声明，应于保管人收到声明之日起六个月后的第一个月第一天生效。根据第九十四条规定做出的相互单方面声明，应于保管人收到最后一份声明之日起六个月后的第一个月第一天生效。

（4）根据本公约规定做出声明的任何国家可以随时用书面正式通知保管人撤回该项声明。此种撤回于保管人收到通知之日起六个月后的第一个月第一天生效。

（5）撤回根据第九十四条做出的声明，自撤回生效之日起，就会使另一个国家根据该条所做的任何相互声明失效。

第九十八条 除本公约明文许可的保留外，不得作任何保留。

第九十九条 （1）在本条第（6）款规定的条件下，本公约在第十件批准书、接受书、核准书或加入书、包括载有根据第九十二条规定做出的声明的文书交存之日起十二月后的第一个月第一天生效。

（2）在本条第（6）款规定的条件下，对于在第十件批准书、接受书、核准书或加入书交存后才批准、接受、核准或加入本公约的国家，本公约在该国交存其批准书、接受书、核准书或加入书之日起十二个月后的第一个月第一天对该国生效，但不适用的部分除外。

（3）批准、接受、核准或加入本公约的国家，如果是一九六四年七月一日海牙签订的《关于国际货物销售合同的订立统一法公约》（《一九六四年海牙订立合同公约》）和一九六四年七月一日在海牙签订的《关于国际货物销售统一法的公约》（《一九六四年海牙货物销售公约》）中一项或两项公约的缔约国。应按情况同时通知荷兰政府声明退出《一九六四年海牙货物销售公约》或《一九六四年海牙订立合同公约》）或退出该两公约。

（4）凡为《一九六四年海牙货物销售公约》缔约国并批准、接受、核准或加入本公约和根据第九十二条规定声明或业已声明不受本公约第二部分约束的国家，应于批准、接受、核准或加入时通知荷兰政府声明退出《一九六四年海牙货物销售公约》。

（5）凡为《一九六四年海牙订立合同公约》缔约国并批准、接受、核准或加入本公约和根据第九十二条规定声明或业已声明不受本公约第三部分约束的国家，应于批准、接受、核准或加入时通知荷兰政府声明退出《一九六四年海牙订立合同公约》。

（6）为本条的目的，《一九六四年海牙订立合同公约》或《一九六四年海牙货物销售公约》的缔约国的批准、接受、核准或加入本公约，应在这些国家按照规定退出该两公约生效后方始生效。本公约保管人应与一九六四年两公约的保管人荷兰政府进行协商，以确保在这方面进行必要的协调。

第一百条 （1）本公约适用于合同的订立，只要订立该合同的建议是在本公约对第一条第（1）款（a）项所指缔约国或第一条第（1）款（b）项所指缔约国生效之日或其后作出的。

（2）本公约只适用于在它对第一条第（1）款（a）项所指缔约国或第一条第（1）款（b）项所指缔约国生效之日或其后订立的合同。

第一百零一条 （1）缔约国可以用书面正式通知保管人声明退出本公约，或本公约第二部分或第三部分。

（2）退出于保管人收到通知十二个月后的第一个月第一天起生效。凡通知内订明一段退出生效的更长时间，则退出于保管人收到通知后该段更长时间满时起生效。

一九八四年四月十一日订于维也纳，正本一份，其阿拉伯文本、中文本、英文本、法文本、俄文本和西班牙文本都具有同等效力。

附件二：

进口货物合同范本（中英文）

合同编号（Contract No.）：___________

签订日期（Date）：__________________

签订地点（Signed at）：______________

买方：____

The Buyer：____________________________________

地址：____

Address：______________________________________

电话（Tel）：_____________传真（Fax）：___________

电子邮箱（E-mail）：_____________________________

卖方：____

The Seller：____________________________________

地址：____

Address：______________________________________

电话（Tel）：_____________ 传真（Fax）：___________

电子邮箱（E-mail）：______________________________

买卖双方同意按照下列条款签订本合同：

The Seller and the Buyer agree to conclude this Contract subject to the terms and conditions stated below：

1. 货物名称、规格和质量（Name，Specifications and Quality of Commodity）：

2. 数量（Quantity）：允许±___________%的溢短装（____% more or less allowed）

3. 单价（Unit Price）：

4. 总值（Total Amount）：

5. 交货条件（Terms of Delivery）FOB/CFR/CIF ___________

6. 原产地国与制造商（Country of Origin and Manufacturers）：

7. 包装及标准（Packing）：

货物应具有防潮、防锈蚀、防震并适合于远洋运输的包装，由于货物包装不良而造成的货物残损、灭失应由卖方负责。卖方应在每个包装箱上用不褪色的颜色标明尺码、包装箱号码、毛重、净重及“此端向上”“防潮”“小心轻放”等标记。

The packing of the goods shall be preventive from dampness, rust, moisture, erosion and shock, and shall be suitable for ocean transportation/ multiple transportation. The Seller shall be liable for any damage and loss of the goods attributable to the inadequate or improper packing. The measurement, gross weight, net weight and the cautions such as “Do not stack up side down”, “Keep away from moisture”, “Handle with care” shall be stenciled on the surface of each package with fadeless pigment.

8. 唛头（Shipping Marks）：

9. 装运期限（Time of Shipment）：

10. 装运口岸（Port of Loading）：

11. 目的口岸（Port of Destination）：

12. 保险（Insurance）：

由＿＿＿＿＿＿按发票金额110%投保＿＿＿＿＿＿险和＿＿＿＿＿＿附加险。

Insurance shall be covered by the ____________ for 110% of the invoice value against ____________ Risks and ________________________ Additional Risks.

13. 付款条件（Terms of Payment）：

（1）信用证方式：买方应在装运期前/合同生效后＿＿日，开出以卖方为受益人的不可撤销的议付信用证，信用证在装船完毕后＿＿日内到期。

Letter of Credit: The Buyer shall, ____________ days prior to the time of shipment / after this Contract comes into effect, open an irrevocable Letter of Credit in favor of the Seller. The Letter of Credit shall expire ____________ days after the completion of loading of the shipment as stipulated.

（2）付款交单：货物发运后，卖方出具以买方为付款人的付款跟单汇票，按即期付款交单（D/P）方式，通过卖方银行及＿＿＿＿＿＿银行向买方转交单证，换取货物。

Documents against payment: After shipment, the Seller shall draw a sight bill of exchange on the Buyer and deliver the documents through Sellers bank and ________________________ Bank to the Buyer against payment, i. e D/P. The Buyer shall effect the payment immediately upon the first presentation of the bill (s) of exchange.

（3）承兑交单：货物发运后，卖方出具以买方为付款人的付款跟单汇票，付款期限为＿＿＿＿＿＿后＿＿日，按即期承兑交单（D/A＿＿日）方式，通过卖方银行及＿＿＿＿＿＿银行，经买方承兑后，向买方转交单证，买方在汇票期限到期时支付货款。

Documents against Acceptance: After shipment, the Seller shall draw a sight bill of exchange, payable ____________ days after the Buyers delivers the document through Sellers bank and ____________ Bank to the Buyer against acceptance (D/A ____________ days). The Buyer shall make the payment on date of the bill of exchange.

(4) 货到付款：买方在收到货物后____天内将全部货款支付卖方（不适用于FOB、CRF、CIF术语）。

Cash on Delivery (COD): The Buyer shall pay to the Seller total amount within ____________ days after the receipt of the goods (This clause is not applied to the Terms of FOB, CFR, CIF).

14. 单据（Documents Required）：

卖方应将下列单据提交银行议付/托收：

The Seller shall present the following documents required to the bank for negotiation/collection:

(1) 标明通知收货人/收货代理人的全套清洁的、已装船的、空白抬头、空白背书并注明运费已付/到付的海运/联运/陆运提单

Full set of clean on board Ocean/Combined Transportation/Land Bills of Lading and blank endorsed marked freight prepaid/ to collect;

(2) 标有合同编号、信用证号（信用证支付条件下）及装运唛头的商业发票一式____份；

Signed commercial invoice in ____________ copies indicating Contract No., L/C No. (Terms of L/C) and shipping marks;

(3) 由____________出具的装箱或重量单一式____份；

Packing list/weight memo in ____________ copies issued by ____________;

(4) 由____________出具的质量证明书一式____份；

Certificate of Quality in ____________ copies issued by ____________;

(5) 由____________出具的数量证明书一式____份；

Certificate of Quantity in ____________ copies issued by ____________;

(6) 保险单正本一式____份（CIF交货条件）；

Insurance policy/certificate in ____________ copies (Terms of CIF);

(7) 由____________签发的产地证一式____份；

Certificate of Origin in ____________ copies issued by ____________;

(8) 装运通知（Shipping Advice）：卖方应在交运后____________小时内以特快专递方式邮寄给买方上述第____项单据副本一式一套。

The Seller shall, within ____________ hours after shipment effected, send by courier each copy of the above-mentioned documents No. ____.

15. 装运条款（Terms of Shipment）：

（1）FOB 交货方式

卖方应在合同规定的装运日期前 30 天，以____________方式通知买方合同号、品名、数量、金额、包装件、毛重、尺码及装运港可装日期，以便买方安排租船/订舱。装运船只按期到达装运港后，如卖方不能按时装船，发生的空船费或滞期费由卖方负担。在货物越过船舷并脱离吊钩以前一切费用和风险由卖方负担。

The Seller shall, 30 days before the shipment date specified in the Contract, advise the Buyer by ____________ of the Contract No., commodity, quantity, amount, packages, gross weight, measurement, and the date of shipment in order that the Buyer can charter a vessel/book shipping space. In the event of the Seller's failure to effect loading when the vessel arrives duly at the loading port, all expenses including dead freight and/or demurrage charges thus incurred shall be for the Seller's account.

（2）CIF 或 CFR 交货方式

卖方须按时在装运期限内将货物由装运港装船至目的港。在 CFR 术语下，卖方应在装船前 2 天以____________方式通知买方合同号、品名、发票价值及开船日期，以便买方安排保险。

The Seller shall ship the goods duly within the shipping duration from the port of loading to the port of destination. Under CFR terms, the Seller shall advise the Buyer by ____________ of the Contract No., commodity, invoice value and the date of dispatch two days before the shipment for the Buyer to arrange insurance in time.

16. 装运通知（Shipping Advice）：

一俟装载完毕，卖方应在____小时内以____________方式通知买方合同编号、品名、已发运数量、发票总金额、毛重、船名/车/机号及启程日期等。

The Seller shall, immediately upon the completion of the loading of the goods, advise the Buyer of the Contract No., names of commodity, loading quantity, invoice values, gross weight, name of vessel and shipment date by ____________ within ____________ hours.

17. 质量保证（Quality Guarantee）：

货物品质规格必须符合本合同及质量保证书之规定，品质保证期为货到目的港____个月内。在保证期限内，因制造厂商在设计制造过程中的缺陷造成的货物损害应由卖方负责赔偿。

The Seller shall guarantee that the commodity must be in conformity with the quantity, specifications and quantity specified in this Contract and Letter of Quality Guarantee. The guarantee period shall be ________ months after the arrival of the goods at the port of destination, and during the period the Seller shall be responsible for the damage due to the defects in designing and manufacturing of the manufacturer.

18. 检验（Inspection）（以下两项任选一项）:

（1）卖方须在装运前____日委托____________检验机构对本合同之货物进行检验并出具检验证书，货到目的港后，由买方委托____________检验机构进行检验。

The Seller shall have the goods inspected by ________ days before the shipment and have the Inspection Certificate issued by ____________. The Buyer may have the goods re-inspected by ____________ after the goods, arrival at the destination.

（2）发货前，制造厂应对货物的质量、规格、性能和数量/重量做精密全面的检验，出具检验证明书，并说明检验的技术数据和结论。货到目的港后，买方将申请中国商品检验局（以下简称商检局）对货物的规格和数量/重量进行检验，如发现货物残损或规格、数量与合同规定不符，除保险公司或轮船公司的责任外，买方得在货物到达目的港后____日内凭商检局出具的检验证书向卖方索赔或拒收该货。在保证期内，如货物由于设计或制造上的缺陷而发生损坏或品质和性能与合同规定不符时，买方将委托中国商检局进行检验。

The manufacturers shall, before delivery, make a precise and comprehensive inspection of the goods with regard to its quality, specifications, performance and quantity/weight, and issue inspection certificates certifying the technical data and conclusion of the inspection. After arrival of the goods at the port of destination, the Buyer shall apply to China Commodity Inspection Bureau (hereinafter referred to as CCIB) for a further inspection as to the specifications and quantity/weight of the goods. If damages of the goods are found, or the specifications and/or quantity are not in conformity with the stipulations in this Contract, except when the responsibility lies with Insurance Company or Shipping Company, the Buyer shall, within ____________ days after arrival of the goods at the port of destination, claim against the Seller, or reject the goods according to the inspection certificate issued by CCIB. In case of damage of the goods incurred due to the design or manufacture defects and/or in case the quality and performance are not in conformity with the Contract, the Buyer shall, during the guarantee period, request CCIB to make a survey.

19. 索赔（Claim）:

买方凭其委托的检验机构出具的检验证明书向卖方提出索赔（包括换货），由此引起的全部费用应由卖方负担。若卖方收到上述索赔后________天未予答复，则认为卖方已接受买方索赔。

The buyer shall make a claim against the Seller (including replacement of the goods) by the further inspection certificate and all the expenses incurred therefore shall be borne by the Seller. The claims mentioned above shall be regarded as being accepted if the Seller fail to reply within ________ days after the Seller received the Buyer's claim.

20. 迟交货与罚款（Late Delivery and Penalty）：

除合同第21条不可抗力原因外，如卖方不能按合同规定的时间交货，买方应同意在卖方支付罚款的条件下延期交货。罚款可由议付银行在议付货款时扣除，罚款率按每____天收____%，不足____天时以____天计算。但罚款不得超过迟交货物总价的________%. 如卖方延期交货超过合同规定____天时，买方有权撤销合同，此时，卖方仍应不迟延地按上述规定向买方支付罚款。买方有权对因此遭受的其他损失向卖方提出索赔。

Should the Seller fail to make delivery on time as stipulated in the Contract, with the exception of Force Majeure causes specified in Clause 21 of this Contract, the Buyer shall agree to postpone the delivery on the condition that the Seller agree to pay a penalty which shall be deducted by the paying bank from the payment under negotiation. The rate of penalty is charged at ________% for every ________ days, odd days less than ________ days should be counted as ________ days. But the penalty, however, shall not exceed ________% of the total value of the goods involved in the delayed delivery. In case the Seller fail to make delivery ________ days later than the time of shipment stipulated in the Contract, the Buyer shall have the right to cancel the Contract and the Seller, in spite of the cancellation, shall nevertheless pay the aforesaid penalty to the Buyer without delay. The buyer shall have the right to lodge a claim against the Seller for the losses sustained if any.

21. 不可抗力（Force Majeure）：

凡在制造或装船运输过程中，因不可抗力致使卖方不能或推迟交货时，卖方不负责任。在发生上述情况时，卖方应立即通知买方，并在____天内，给买方特快专递一份由当地民间商会签发的事故证明书。在此情况下，卖方仍有责任采取一切必要措施加快交货。如事故延续____天以上，买方有权撤销合同。

The Seller shall not be responsible for the delay of shipment or non-delivery of the goods due to Force Majeure, which might occur during the process of manufacturing or in the course of loading or transit. The Seller shall advise the Buyer immediately of the occurrence mentioned above and within ________ days thereafter the Seller shall send a notice by courier to the Buyer for their acceptance of a certificate of the accident issued by the local chamber of commerce under whose jurisdiction the accident occurs as evidence thereof. Under such circumstances the Seller, however, is still under the obligation to take all necessary measures to hasten the delivery of the goods. In case the accident lasts for more than ________ days the Buyer shall have the right to cancel the Contract.

22. 争议的解决（Arbitration）：

凡因本合同引起的或与本合同有关的任何争议应协商解决。若协商不成，应提交中国国际经济贸易仲裁委员会深圳分会，按申请时该会当时施行的仲裁规则进行仲裁。仲裁裁决是终局的，对双方均有约束力。

Any dispute arising from or in connection with the Contract shall be settled through friendly negotiation. In case no settlement is reached, the dispute shall be submitted to China International Economic and Trade Arbitration Commission (CIETAC), Shenzhen Commission, for arbitration in accordance with its rules in effect at the time of applying for arbitration. The arbitral award is final and binding upon both parties.

23. 通知（Notices）：

所有通知用____________文写成，并按照如下地址用传真/电子邮件/快件送达给各方。如果地址有变更，一方应在变更后____日内书面通知另一方。

All notice shall be written in ____________ and served to both parties by fax/courier according to the following addresses. If any changes of the addresses occur, one party shall inform the other party of the change of address within ________ days after the change.

24. 本合同使用的 FOB、CFR、CIF 术语系根据国际商会《2000 年国际贸易术语解释通则》。

The terms FOB、CFR、CIF in the Contract are based on INCOTERMS 2000 of the International Chamber of Commerce.

25. 附加条款（Additional Clause）：

本合同上述条款与本附加条款抵触时，以本附加条款为准。

Conflicts between Contract clause hereabove and this additional clause, if any, it is subject to this additional clause.

26. 本合同用中英文两种文字写成，两种文字具有同等效力。本合同共____份，自双方代表签字（盖章）之日起生效。

This Contract is executed in two counterparts each in Chinese and English, each of which shall deemed equally authentic. This Contract is in ________ copies, effective since being signed/sealed by both parties.

买方代表（签字）：________________________

Representative of the Buyer (Authorized signature): ________________________

卖方代表（签字）：________________________

Representative of the Seller (Authorized signature): ________________________

第四章

国际贸易管制法

国际贸易管制法（International Trade Control Law）是调整国家间货物、服务、技术跨境流动的法律规范的总和，其核心目标是平衡国家安全、经济利益、社会公共秩序与国际贸易自由化。就我国而言，主要的国际贸易管制法为《中华人民共和国对外贸易法》（以下简称《外贸法》），本章主要以我国《外贸法》为重点，并就《外贸法》与国际条约、惯例等国际法中的有关内容进行比较。

第一节　中国对外贸易法概述

在我国，对外贸易法从广义上讲，是指国家调整其在对外贸易过程中所产生的各种经济法律关系的法律规范的总和；从狭义上讲，特指《外贸法》。本章主要围绕狭义上的《外贸法》进行详细介绍。

为适应改革开放以来中国对外经济贸易快速发展的需要，使中国的对外贸易法律制度与国际贸易制度接轨，1994 年 5 月 12 日，第八届全国人民代表大会常务委员会第七次会议审议通过了《外贸法》。2004 年 4 月 6 日，第十届全国人民代表大会常务委员会第八次会议对其进行修订，并于 2004 年 7 月 1 日起施行。修订后的法律共 11 章 70 条，其中，新增 35 条，修改 29 条（将现行外贸法第 38 条和第 40 条合并为草案第 67 条），删去 2 条，体现了我国加入世贸组织后，遵守世贸规则、履行有关承诺，需转化为国内法的原则。2022 年，根据第十三届全国人民代表大会常务委员会第三十八次会议《关于修改〈中华人民共和国对外贸易法〉的决定》进行了第二次修正，该修正后的版本也是现行有效的版本。

《外贸法》是中国对外贸易管理的基本法律，其颁布与实施，增强了我国外贸管理的透明度和可预测性，有利于政府依法管理外贸，企业依法经营外贸，促进我国对外贸易持续、高速发展，推动国内市场与国际市场接轨。

一、适用范围

（一）主体适用范围

《外贸法》在主体适用范围上主要包括两类：一是对外贸易管理机关，二是对外贸易经营者。

1. 对外贸易管理机关

对外贸易管理权属于国务院，国务院授权商务部统一领导和管理全国的对外贸易以及其他对外经济工作。在我国，对外贸易实行两级管理，即中央一级和地方一级。

在中央层面，商务部是我国对外贸易的行政领导机关，负责我国对外贸易的宏观管理。原对外经济贸易委员会在上海等地设立的特派员办事处，负责在授权范围内审批、签发进出口商品许可证，协调解决内地与口岸的经济关系，对进出口企业的违法行为或不接受协调的行为进行干预，并可对涉事企业采取禁止措施。此外，我国驻各国和各地区的大使馆、公使馆或代办处设立“经济商务参赞处”，受大使馆、公使馆或代办处及商务部的双重领导，负责在平等互利的基础上发展我国同驻在国之间的经济贸易往来，进行检查、监督和归口管理我国在驻在国的对外贸易，吸引外资和引进技术等方面的工作，维护我国的合法权益。

在地方一级，各省、自治区、直辖市、计划单列市的对外贸易主管部门是商务部授权负责管理本地区内外经贸事务的地方经贸行政管理机关（如各地商务局等）。地方外经贸主管机关受商务部和同级人民政府的双重领导。

2. 对外贸易经营者

依据《外贸法》第八条，其是指“本法所称对外贸易经营者，是指依法办理工商登记或者其他执业手续，依照本法和其他有关法律、行政法规的规定从事对外贸易经营活动的法人、其他组织或者个人”。

（二）客体适用范围

《外贸法》第二条规定：“本法适用于对外贸易以及与对外贸易有关的知识产权保护。本法所称对外贸易，是指货物进出口、技术进出口和国际服务贸易。”据此可知，《外贸法》的适用客体包括以下几个方面：① 货物进出口；② 技术进出口；③ 国际服务贸易；④ 对外贸易以及与对外贸易有关的知识产权保护 。

（三）地域适用范围

我国《外贸法》不适用于单独关税区，其第六十八条规定“中华人民共和国的单独关税区不适用本法”。原因在于，单独关税区又称单独关境、独立关税区、单独关税领土等，它是指一个国家中的某一部分在贸易上保持单独税率或特别贸易规范的领土。基于单独关税区的这一特性，若同样适用《外贸法》，将使单独关税区丧失其优势，不利于单独关税区对外贸易的发展。

二、立法目的及基本原则

《外贸法》第一条首先明确了本法的立法目的，即“为了扩大对外开放，发展对外贸易，维护对外贸易秩序，保护对外贸易经营者的合法权益，促进社会主义市场经济的健康发展，制定本法”。

就《外贸法》的基本原则而言，主要包括以下几点：① 国家实行统一的对外贸易制度原则；② 维护公平、自由的对外贸易秩序原则；③ 国家鼓励发展对外贸易原则；④ 平等互利原则；⑤ 依国际条约或互惠、对等原则给予对方最惠国待遇、国民待遇等其他待遇的原则；⑥ 对等采取歧视性措施的原则。

第二节　对外贸易经营者

一、对外贸易经营者含义

《外贸法》第八条规定：“本法所称对外贸易经营者，是指依法办理工商登记或者其他执业手续，依照本法和其他有关法律、行政法规的规定从事对外贸易经营活动的法人、其他组织或者个人。”

拓展

1994年版的《外贸法》第九条规定，中国的自然人不能从事对外贸易经营活动。只有具备一定条件，并经国家对外贸易主管部门许可，取得对外贸易经营权的企业才可以从事对外贸易。当时，我国实行外贸代理制，此后外贸代理制改革成为对外贸易体制改革和放开外贸经营权的重点。根据《中华人民共和国加入议定书》第5.1条和《中国加入工作组报告书》第84段（a）中的承诺，我国在加入世贸组织后3年内取消对外贸易权的审批，放开货物贸易和技术贸易的外贸经营权。自此，我国外贸经营权由审批制向核准登记制转变。

二、对外贸易经营者的备案登记

2016年版的《外贸法》第九条规定，从事货物进出口或者技术进出口的对外贸易经营者，应当向国务院对外贸易主管部门或者其委托的机构办理备案登记；但法律、行政法规和国务院对外贸易主管部门规定不需要备案登记的除外。备案登记的具体办法由国务院对外贸易主管部门规定。对外贸易经营者未按照规定办理备案登记的，海关不予办理进出口货物的报关验放手续。但在2022年第二次修正后，本条款被删除，这再次体现了我国对外贸易开放的力度和态度。

第三节　货物进出口与技术进出口

一、货物进出口与技术自由进出口的原则

《外贸法》第十三条规定："国家准许货物与技术的自由进出口。但是，法律、行政法规另有规定的除外。"也就是说，除了《外贸法》第十五条、第十六条规定的属于国家需要限制或禁止进出口的货物与技术之外，其他的货物与技术一般可以自由进出口。

对货物与技术采取自由进出口的原则，是我国多年来对外贸管理制度改革的成果，也体现了我国对外贸易制度与国际惯例的接轨。新中国成立以来，我国对外贸易管理制度经过了漫长而曲折的发展过程。20世纪50年代初期，由于存在大量私营进出口公司，为利用、限制和改造这些公司，促进国民经济恢复和发展，国家对所有进出口商品全面实行许可证管理。从50年代后期到70年代末，贸易对象转向苏联和东欧其他国家，贸易以贸易协定和记账贸易方式进行，外贸公司以外贸部下达货单为进出口货物依据，进出口许可证制度名存实亡。80年代开始，国家重新实行并逐步强化进出口许可证制度，对多种商品的进出口实行许可证管理，对技术进出口管理采取行政审批制度。进入90年代后，为使我国外贸体制适应社会主义市场经济要求，并逐步向关贸总协定基本原则靠拢，对货物进出口管理制度作进一步改革：在出口方面，从1993年1月3日起取消出口商品一、二、三类的分类管理，改为少数商品由国家管理，大部分商品放开经营；在进口方面，从1992年起，大幅度减少进口许可证管理的商品。正是经过这些年对进出口货物与技术管理制度的不断改革，《外贸法》最终明确规定了货物与技术自由进出口的原则。

《外贸法》规定准许货物与技术的自由进出口，并不意味着任何企业、个人都可以随意进行进出口活动，也不代表国家放弃管理。这一规定建立在许可制或备案制以及经营者遵纪守法的前提下，国家还将通过海关关税、商品检验、技术引进和设备进口登记等制度手段加以管理。《外贸法》第十四条第一款规定："国务院对外贸易主管部门基于监测进出口情况的需要，可以对部分自由进出口的货物实行进出口自动许可并公布其目录。"

拓展

自动进出口许可是指对部分自由进出口的货物，对外贸易经营者一经向对外贸易主管部门提出申请，即应当获得批准，并不得附加任何其他限制条件。自动进出口许可是对自由进出口货物实行有效监测的手段。根据《中国加入工作组报告书》第136段中的承诺，自加入时起，中国将使其自动许可制符合《进口许可程序协定》的规定。因此，第十四条增加此规定，并在第二、三款中进一步规定，对实行自动许可的进出口货物，收货人、发货人在办理海关报关手续前提出自动许可申请的，国务院对外贸易主管部门或者其委托的机构应当予以许可；未办理自动许可手续的，海关不予放行。同时规定，进出口属于自由进出口的技术，应当向国务院对外贸易主管部门或者其委托的机构办理合同备案登记。

二、货物进出口与技术自由进出口的例外

《外贸法》在规定准许货物与技术自由进出口的同时，也明确表示了法律、行政法规另有规定的除外，而且在其第十五条、第十六条中列举了各种国家可以限制或禁止进出口的情形。

《外贸法》第十五条规定："国家基于下列原因，可以限制或者禁止有关货物、技术的进口或者出口：（一）为维护国家安全、社会公共利益或者公共道德，需要限制或者禁止进口或者出口的；（二）为保护人的健康或者安全，保护动物、植物的生命或者健康，保护环境，需要限制或者禁止进口或者出口的；（三）为实施与黄金或者白银进出口有关的措施，需要限制或者禁止进口或者出口的；（四）国内供应短缺或者为有效保护可能用竭的自然资源，需要限制或者禁止出口的；（五）输往国家或者地区的市场容量有限，需要限制出口的；（六）出口经营秩序出现严重混乱，需要限制出口的；（七）为建立或者加快建立国内特定产业，需要限制进口的；（八）对任何形式的农业、牧业、渔业产品有必要限制进口的；（九）为保障国家国际金融地位和国际收支平衡，需要限制进口的；（十）依照法律、行政法规的规定，其他需要限制或者禁止进口或者出口的；（十一）根据我国缔结或者参加的国际条约、协定的规定，其他需要限制或者禁止进口或者出口的。"

《外贸法》第十六条规定："国家对与裂变、聚变物质或者衍生此类物质的物质有关的货物、技术进出口，以及与武器、弹药或者其他军用物资有关的进出口，可以采取任何必要的措施，维护国家安全。在战时或者为维护国际和平与安全，国家在货物、技术进出口方面可以采取任何必要的措施。"

《外贸法》规定的上述限制或禁止进出口货物、技术的理由，是符合国际惯例的，在《外贸法》规定的这些理由范围内，具体的限制或禁止进出口的货物、技术目录，由对外贸易经济合作部或由其会同国务院有关部门制定、调整并公布。过去

我国认为商品分类的计划管理及属于限制进出口需要许可证管理的范围、条件等，是与我国的外贸进出口计划密切联系的，属于商业秘密，不能公开，只以内部文件的方式下达给外贸企业，其他主体无法从公开渠道获得。而国际上按照贸易自由化的要求，认为一国的进出口计划直接影响着该国的贸易流量与流向，因此必须加以限制，而且有必要公开透明。所以，《外贸法》确定了我国将对需要限制或禁止进出口的货物、技术目录予以公布，增加外贸管理的透明度。

《外贸法》还规定了可基于临时需要。《外贸法》第十七条第二款规定："国务院对外贸易主管部门或者由其会同国务院其他有关部门，经国务院批准，可以在本法第十五条和第十六条规定的范围内，临时决定限制或者禁止前款规定目录以外的特定货物、技术的进口或者出口。"

三、对限制进出口的货物、技术的管理方式

《外贸法》第十八条规定："国家对限制进口或者出口的货物，实行配额、许可证等方式管理；对限制进口或者出口的技术，实行许可证管理。实行配额、许可证管理的货物、技术，应当按照国务院规定经国务院对外贸易主管部门或者经其会同国务院其他有关部门许可，方可进口或者出口。国家对部分进口货物可以实行关税配额管理。"

《外贸法》对限制进口或者出口的货物、技术，实行配额或许可证管理，是与国际惯例相符的。关贸总协定原则上规定缔约国不得设立或维持配额、许可证或其他措施以限制或禁止其他缔约国领土的产品的输入，或向其他缔约国领土输出或销售出口产品，但同时又规定在某些特定情形下不适合上述规定。《外贸法》第十五条、第十六条中的我国限制或禁止进出口货物、技术的情形，正是根据关贸总协定的要求作出的规定，所以它是符合关贸总协定规定的可以维持配额、许可证等措施的特定情形的。实际上，世界上许多国家也都是在准许自由进出口的同时，又以配额、许可证等方式管理其进出口贸易。

拓展

进口配额，是指进口国对某些产品的进口价格或数量设定的限制，其目的是保护国内生产商免受低价格进口产品的影响。

出口配额，是指出口国对某些产品出口施加的数量限制，其目的是保护国内生产者和消费者免受这些产品临时性短缺的影响，或者通过减少特定产品的供应量来提高其国际市场价格。

许可证，是指国家为限制进出口，要求对外贸易经营者向指定政府机构递交申请或其他文件，并以获得批准作为进出口的条件的一种管理方式。

第四节　国际服务贸易

国际服务贸易是指通过跨境交付（自一成员领土内向任何其他成员领土提供服务）、境外消费、商业存在（商法人或者商人）、自然人流动等形式跨越中华人民共和国国境提供服务的贸易。狭义的国际服务贸易是指发生在国家之间的服务输入和输出活动；广义的国际服务贸易则包括有形的劳动力的输出和输入，以及无形的提供者与使用者在没有实体接触情况下的交易活动。其内容包括：① 国际运输；② 国际旅游；③ 跨国银行、国际融资公司及其他金融服务；④ 国际保险和再保险；⑤ 国际信息处理和传递、电脑及资料服务；⑥ 国际咨询服务；⑦ 建筑和工程承包等劳务输出；⑧ 国际电讯服务；⑨ 广告、设计、会计管理等项目服务；⑩ 国际租赁；⑪ 维修与保养、技术指导等售后服务；⑫ 国际视听服务；⑬ 教育、卫生、文化艺术的国际交流服务；⑭ 商业批发与零售服务；⑮ 其他官方国际服务等。国际服务贸易可分为国际追加服务和国际核心服务两大类。国际追加服务指随附商品实体出口而提供的追加劳务。国际核心服务是由消费者单独购买，能为消费者提供核心效用的服务。

一、中国对国际服务贸易采取逐步放开的原则

《外贸法》第二十三条规定："中华人民共和国在国际服务贸易方面根据所缔结或者参加的国际条约、协定中所作的承诺，给予其他缔约方、参加方市场准入和国民待遇。"这一规定体现了我国愿意打破服务业长期封闭状态、积极推动国际服务贸易发展的立场。同时，充分考虑到我国服务业尚处于相对落后的状况，不适合采取货物和技术自由进出口的原则，而是采取根据我国缔结或参加的国际条约、协定逐步放开的原则。这也是依据关贸总协定乌拉圭回合谈判达成的《服务贸易总协定》的有关条款，对我国在国际服务贸易方面所承担义务作出的规定。

《服务贸易总协定》把缔约方的义务分为一般性义务和具体承诺义务。一般性义务适用于《服务贸易总协定》缔约国的各个部门，无论这些部门是否开放；具体承诺义务则需经过双边或多边谈判达成协议后才承担，且仅适用于缔约各方承诺开放的服务部门，不适用于未开放部门。市场准入和国民待遇均属于具体承诺义务。

市场准入是《服务贸易总协定》的关键条款，指各缔约方应为其他缔约方的服务与服务供应者进入市场提供可行渠道，且这种渠道须与各缔约方相关计划表中已达成和规定的条款、条件或限制相一致。《外贸法》中规定的市场准入，是中国将根据所缔结或参加的国际条约、协定所作承诺，为其他缔约方的服务与服务供应者提

供进入中国市场的可行渠道。由于市场准入是经谈判承担的义务，仅适用于中方承诺开放的部门，因此我国可优先开放在行业内具有较强竞争优势的部门，再逐步扩大开放范围。

“国民待遇”是《服务贸易总协定》最重要的条款之一，指各缔约方以其承诺单中所列服务部门或分部门及相应条件和限制为准，在采取与提供服务有关的措施时，给予外国服务和服务供应者的待遇不应低于本国相同服务和服务供应者所享受的待遇。《外贸法》中的国民待遇，是我国给予外国服务和服务供应者的待遇，无论形式是否相同，只要不造成事实上的歧视，就不违反国民待遇原则；反之，如果某项措施形式上待遇相同，但实际上改变竞争条件，使其有利于国内服务和服务供应者，则被视为违反该原则。

二、国家可以限制和禁止国际服务贸易的情形

首先，《外贸法》第二十五条规定：“国家基于下列原因，可以限制或者禁止有关的国际服务贸易：

（一）为维护国家安全、社会公共利益或者公共道德，需要限制或者禁止的；

（二）为保护人的健康或者安全，保护动物、植物的生命或者健康，保护环境，需要限制或者禁止的；

（三）为建立或者加快建立国内特定服务产业，需要限制的；

（四）为保障国家外汇收支平衡，需要限制的；

（五）依照法律、行政法规的规定，其他需要限制或者禁止的；

（六）根据我国缔结或者参加的国际条约、协定的规定，其他需要限制或者禁止的。”

此外，《外贸法》第二十六条规定：“国家对与军事有关的国际服务贸易，以及与裂变、聚变物质或者衍生此类物质的物质有关的国际服务贸易，可以采取任何必要的措施，维护国家安全。在战时或者为维护国际和平与安全，国家在国际服务贸易方面可以采取任何必要的措施。”

综上，《外贸法》规定了限制国际服务贸易的原因，但未规定具体限制方式。而在货物与技术进出口规定中，不仅明确了限制的原因，还规定了对限制进出口的货物与技术采取配额、许可证等管理方式。《外贸法》对国际服务贸易具体管理方式未作规定，是考虑到服务贸易涉及行业十分广泛，内容非常复杂，且我国在国际服务贸易方面经验不足，因此先作原则规定，具体实施办法将另行规定。

第五节　与贸易有关的知识产权保护

一、产生背景及原因

（一）国际贸易中的技术因素迅速增长

从世贸组织前些年的有关数据来看，在国际贸易中，贸易增长最快的是办公与电讯设备，包括计算机自动化数据处理机械等“信息技术产品”，其次是汽车产品、化学品、纺织品等。由此可见，在传统货物贸易的基础上，技术贸易应运而生。

（二）知识产权在国际贸易中的地位日益突出

知识产权的转让与许可使用本身就是国际贸易的重要组成部分，而且国际货物贸易的正常发展也离不开知识产权的保护。那些标有驰名商标、含有先进发明的商品更容易进入国际市场，包含知识产权的贸易额日益增大。

（三）维护国际贸易秩序、保护权利人权益的需要

不法商贩冒用驰名商标、伪造产地标志以及盗版等行为，侵犯了他人专利等知识产权，严重损害权利人利益，破坏贸易秩序。以美国为首的发达国家从维护本国贸易利益出发，纷纷加强知识产权保护，并积极提议加强知识产权保护的国际合作。

二、中国关于加强对与贸易有关的知识产权保护

（一）与贸易有关的知识产权保护的界定

针对在货物贸易、技术贸易和国际服务贸易中，侵犯知识产权、滥用知识产权专有权利，或者对知识产权保护实施歧视性待遇等损害我国对外贸易利益的行为，采取符合世贸组织规则的与贸易有关的知识产权保护措施。

（二）加强与贸易有关的知识产权保护的必要性

加强与贸易有关的知识产权保护的必要性主要体现在四个方面：① 保护本国知识产权权利人权益的需要；② 适应国际贸易新发展的需要；③ 实现我国知识产权战略的需要；④ 全面与世贸组织规则接轨的需要。

（三）《外贸法》相关规定

《外贸法》第二十八条规定：“国家依照有关知识产权的法律、行政法规，保护与对外贸易有关的知识产权。进口货物侵犯知识产权，并危害对外贸易秩序的，国务院对外贸易主管部门可以采取在一定期限内禁止侵权人生产、销售的有关货物进口等措施。”

《外贸法》第二十九条规定：“知识产权权利人有阻止被许可人对许可合同中的

知识产权的有效性提出质疑、进行强制性一揽子许可、在许可合同中规定排他性返授条件等行为之一，并危害对外贸易公平竞争秩序的，国务院对外贸易主管部门可以采取必要的措施消除危害。”

《外贸法》第三十条规定：“其他国家或者地区在知识产权保护方面未给予中华人民共和国的法人、其他组织或者个人国民待遇，或者不能对来源于中华人民共和国的货物、技术或者服务提供充分有效的知识产权保护的，国务院对外贸易主管部门可以依照本法和其他有关法律、行政法规的规定，并根据中华人民共和国缔结或者参加的国际条约、协定，对与该国家或者该地区的贸易采取必要的措施。”

第六节　对外贸易竞争制度

对外贸易竞争制度是指为保障公平的对外贸易经营活动，维护正常的对外贸易秩序，而制定的制止各种不正当竞争的法律制度，主要包括反垄断制度、反不正当竞争制度以及针对其他禁止性行为的法律制度。

一、反垄断制度

垄断是指经营者或其利益的代表者，滥用已具备的市场支配地位，或者通过协议、合并或其他方式谋求并滥用市场支配地位，借以排除或限制竞争，牟取超额利益，依法应予以规制的行为。反垄断制度是用以规制垄断行为的制度，在我国对外贸易层面，主要规定于《外贸法》。

《外贸法》第三十一条规定：“在对外贸易经营活动中，不得违反有关反垄断的法律、行政法规的规定实施垄断行为。在对外贸易经营活动中实施垄断行为，危害市场公平竞争的，依照有关反垄断的法律、行政法规的规定处理。有前款违法行为，并危害对外贸易秩序的，国务院对外贸易主管部门可以采取必要的措施消除危害。”

二、反不正当竞争制度

不正当竞争行为是指经营者在生产经营中，违反法律法规的规定，扰乱市场竞争秩序，损害其他经营者或者消费者的合法权益的行为。反不正当竞争制度的产生是为了鼓励和保护公平竞争，制止不正当竞争行为，保护经营者和消费者的合法权益。在我国对外贸易中，对于反不正当竞争的规制规定主要体现在《外贸法》中。

《外贸法》第三十二条规定：“在对外贸易经营活动中，不得实施以不正当的低价销售商品、串通投标、发布虚假广告、进行商业贿赂等不正当竞争行为。在对外贸易经营活动中实施不正当竞争行为的，依照有关反不正当竞争的法律、行政法规的规定处理。有前款违法行为，并危害对外贸易秩序的，国务院对外贸易主管部门可以采取禁止该经营者有关货物、技术进出口等措施消除危害。”

三、其他禁止性行为

在对外贸易中，《外贸法》除了对垄断和不正当竞争做出禁止性规定之外，还明确了一些其他禁止性行为。

《外贸法》第三十三条规定：“在对外贸易活动中，不得有下列行为：（一）伪造、变造进出口货物原产地标记，伪造、变造或者买卖进出口货物原产地证书、进出口许可证、进出口配额证明或者其他进出口证明文件；（二）骗取出口退税；（三）走私；（四）逃避法律、行政法规规定的认证、检验、检疫；（五）违反法律、行政法规规定的其他行为。”

第七节　对外贸易调查

贸易调查已成为各主要贸易国家保护本国产业和市场秩序的重要法律手段。为应对针对我国入世承诺而滥用救济措施的行为，最大限度地保护国内产业利益，2016 年修订的《外贸法》新增了“对外贸易调查”一章。

一、调查事项

《外贸法》第三十六条规定：“为了维护对外贸易秩序，国务院对外贸易主管部门可以自行或者会同国务院其他有关部门，依照法律、行政法规的规定对下列事项进行调查：（一）货物进出口、技术进出口、国际服务贸易对国内产业及其竞争力的影响；（二）有关国家或者地区的贸易壁垒；（三）为确定是否应当依法采取反倾销、反补贴或者保障措施等对外贸易救济措施，需要调查的事项；（四）规避对外贸易救济措施的行为；（五）对外贸易中有关国家安全利益的事项；（六）为执行本法第七条、第二十八条第二款、第二十九条、第三十条、第三十一条第三款、第三十二条第三款的规定，需要调查的事项；（七）其他影响对外贸易秩序，需要调查的事项。”

拓展

贸易壁垒（Trade Barrier）又称贸易障碍，是指一国对外国商品和劳务进口所设置的人为限制措施，主要分为关税壁垒和非关税壁垒两类。

反倾销（Anti-Dumping）是指当进口产品以低于正常价值的方式进入一国市场，并对该国已建立的国内产业造成实质损害、产生实质损害威胁，或者对该国建立国内产业造成实质阻碍时，该国采取的应对措施，包括临时措施、价格承诺和征收反倾销税。

反补贴（Anti-Subsidies）是指一成员方针对另一成员方对某一出口产品给予财政或公共性经济补贴的行为，采取的限制进口措施，包括临时措施、承诺和征收反补贴税。

保障措施（Safeguard Measures）是指当某项产品进口数量激增，对进口成员方国内相关产业造成严重损害或者严重损害威胁时，进口方政府可对该产品实施提高关税、数量限制等措施。

二、调查方式

根据《外贸法》第三十七、三十八条规定，启动对外贸易调查，由国务院对外贸易主管部门发布公告。调查可以采取书面问卷、召开听证会、实地调查、委托调查等方式进行。国务院对外贸易主管部门根据调查结果，提出调查报告或者作出处理裁定，并发布公告。同时，有关单位和个人应当对对外贸易调查给予配合、协助。国务院对外贸易主管部门和国务院其他有关部门及其工作人员进行对外贸易调查，对知悉的国家秘密和商业秘密负有保密义务。

拓展

需注意，具体的调查办法、程序、救济措施等由相关特别法规制：

1. 针对贸易壁垒——《对外贸易壁垒调查规则》，2005 年 1 月 21 日商务部第一次部务会议讨论通过，自 2005 年 3 月 1 日起施行。

2. 针对倾销——《中华人民共和国反倾销条例》，2001 年 10 月 31 日国务院第 46 次常务会议通过，自 2002 年 1 月 1 日起施行。2004 年 4 月 15 日修订，2004 年 6 月 1 日实施。

3. 针对补贴——《中华人民共和国反补贴条例》，2001 年 11 月 26 日中华人民共和国国务院令第 329 号公布，根据 2004 年 3 月 31 日《国务院关于修改〈中华人民共和国反补贴条例〉的决定》修订。

4. 针对保障措施——《中华人民共和国保障措施条例》，2001 年 11 月 26 日中华人民共和国国务院令第 330 号公布，根据 2004 年 3 月 31 日《国务院关于修改〈中华人民共和国保障措施条例〉的决定》修订。

第八节　对外贸易救济

《外贸法》第三十九条规定："国家根据对外贸易调查结果，可以采取适当的对外贸易救济措施。"

一、救济事项

《外贸法》中涉及的救济事项主要包括以下五项：

（一）反倾销措施

《外贸法》第四十条规定："其他国家或者地区的产品以低于正常价值的倾销方式进入我国市场，对已建立的国内产业造成实质损害或者产生实质损害威胁，或者对建立国内产业造成实质阻碍的，国家可以采取反倾销措施，消除或者减轻这种损害或者损害的威胁或者阻碍。"

《外贸法》第四十一条规定："其他国家或者地区的产品以低于正常价值出口至第三国市场，对我国已建立的国内产业造成实质损害或者产生实质损害威胁，或者对我国建立国内产业造成实质阻碍的，应国内产业的申请，国务院对外贸易主管部门可以与该第三国政府进行磋商，要求其采取适当的措施。"

（二）反补贴措施

《外贸法》第四十二条规定："进口的产品直接或者间接地接受出口国家或者地区给予的任何形式的专向性补贴，对已建立的国内产业造成实质损害或者产生实质损害威胁，或者对建立国内产业造成实质阻碍的，国家可以采取反补贴措施，消除或者减轻这种损害或者损害的威胁或者阻碍。"

（三）保障措施

《外贸法》第四十三条规定："因进口产品数量大量增加，对生产同类产品或者与其直接竞争的产品的国内产业造成严重损害或者严重损害威胁的，国家可以采取必要的保障措施，消除或者减轻这种损害或者损害的威胁，并可以对该产业提供必要的支持。"

《外贸法》第四十四条规定："因其他国家或者地区的服务提供者向我国提供的服务增加，对提供同类服务或者与其直接竞争的服务的国内产业造成损害或者产生损害威胁的，国家可以采取必要的救济措施，消除或者减轻这种损害或者损害的威胁。”

《外贸法》第四十五条规定：“因第三国限制进口而导致某种产品进入我国市场的数量大量增加，对已建立的国内产业造成损害或者产生损害威胁，或者对建立国内产业造成阻碍的，国家可以采取必要的救济措施，限制该产品进口。”

（四）其他措施

《外贸法》第四十六条规定：“与中华人民共和国缔结或者共同参加经济贸易条约、协定的国家或者地区，违反条约、协定的规定，使中华人民共和国根据该条约、协定享有的利益丧失或者受损，或者阻碍条约、协定目标实现的，中华人民共和国政府有权要求有关国家或者地区政府采取适当的补救措施，并可以根据有关条约、协定中止或者终止履行相关义务。”

（五）反规避措施

《外贸法》第四十九条规定：“国家对规避本法规定的对外贸易救济措施的行为，可以采取必要的反规避措施。”

二、具体措施

一般情况下，依据《外贸法》第四十七条规定采取措施。该条规定：“国务院对外贸易主管部门依照本法和其他有关法律的规定，进行对外贸易的双边或者多边磋商、谈判和争端的解决。”

拓展

《对外贸易壁垒调查规则》第三十三条规定，如果被调查的措施或者做法被认定构成本规则第三条所称的贸易壁垒，商务部应当视情况采取以下措施：

（一）进行双边磋商；

（二）启动多边争端解决机制；

（三）采取其他适当的措施。

对于突发和异常情况，则需依据《外贸法》第四十八条的规定。该条规定：“国务院对外贸易主管部门和国务院其他有关部门应当建立货物进出口、技术进出口和国际服务贸易的预警应急机制，应对对外贸易中的突发和异常情况，维护国家经济安全。”

第九节 《外贸法》的其他规定

《外贸法》第九章对对外贸易促进机制作出明确规定。《外贸法》第五十条规定："国家制定对外贸易发展战略，建立和完善对外贸易促进机制。"这一机制具体通过以下七个方面得以落实：① 对外贸易发展基金、风险基金（第五十一条）；② 进出口信贷、出口信用保险、出口退税等（第五十二条）；③ 公共信息服务体系（第五十三条）；④ 开拓国际市场（第五十四条）；⑤ 对外贸易经营者可以依法成立和参加有关协会、商会（第五十五条）；⑥ 对外联系，举办展览，提供信息、咨询服务等（第五十六条）；⑦ 扶持和促进中小企业、民族自治地方和经济不发达地区开展对外贸易（第五十七、五十八条）。

此外，《外贸法》第十章详细规定了违反该法应承担的法律责任，附则部分对一些特殊问题进行了说明。由此可见，《外贸法》全面规范着我国对外贸易活动的各个环节，为对外贸易的有序发展提供了坚实的法律保障。

附件一：

中华人民共和国对外贸易法

（1994 年 5 月 12 日第八届全国人民代表大会常务委员会第七次会议通过，2004 年 4 月 6 日第十届全国人民代表大会常务委员会第八次会议修订，根据 2016 年 11 月 7 日第十二届全国人民代表大会常务委员会第二十四次会议《关于修改〈中华人民共和国对外贸易法〉等十二部法律的决定》第一次修正，根据 2022 年 12 月 30 日第十三届全国人民代表大会常务委员会第三十八次会议《关于修改〈中华人民共和国对外贸易法〉的决定》第二次修正）

第一章　总　　则

第一条　为了扩大对外开放，发展对外贸易，维护对外贸易秩序，保护对外贸易经营者的合法权益，促进社会主义市场经济的健康发展，制定本法。

第二条　本法适用于对外贸易以及与对外贸易有关的知识产权保护。

本法所称对外贸易，是指货物进出口、技术进出口和国际服务贸易。

第三条　国务院对外贸易主管部门依照本法主管全国对外贸易工作。

第四条　国家实行统一的对外贸易制度，鼓励发展对外贸易，维护公平、自由的对外贸易秩序。

第五条　中华人民共和国根据平等互利的原则，促进和发展同其他国家和地区的贸易关系，缔结或者参加关税同盟协定、自由贸易区协定等区域经济贸易协定，参加区域经济组织。

第六条　中华人民共和国在对外贸易方面根据所缔结或者参加的国际条约、协定，给予其他缔约方、参加方最惠国待遇、国民待遇等待遇，或者根据互惠、对等原则给予对方最惠国待遇、国民待遇等待遇。

第七条　任何国家或者地区在贸易方面对中华人民共和国采取歧视性的禁止、限制或者其他类似措施的，中华人民共和国可以根据实际情况对该国家或者该地区采取相应的措施。

第二章　对外贸易经营者

第八条　本法所称对外贸易经营者，是指依法办理工商登记或者其他执业手续，依照本法和其他有关法律、行政法规的规定从事对外贸易经营活动的法人、其他组织或者个人。

第九条 从事国际服务贸易，应当遵守本法和其他有关法律、行政法规的规定。

从事对外劳务合作的单位，应当具备相应的资质。具体办法由国务院规定。

第十条 国家可以对部分货物的进出口实行国营贸易管理。实行国营贸易管理货物的进出口业务只能由经授权的企业经营；但是，国家允许部分数量的国营贸易管理货物的进出口业务由非授权企业经营的除外。

实行国营贸易管理的货物和经授权经营企业的目录，由国务院对外贸易主管部门会同国务院其他有关部门确定、调整并公布。

违反本条第一款规定，擅自进出口实行国营贸易管理的货物的，海关不予放行。

第十一条 对外贸易经营者可以接受他人的委托，在经营范围内代为办理对外贸易业务。

第十二条 对外贸易经营者应当按照国务院对外贸易主管部门或者国务院其他有关部门依法作出的规定，向有关部门提交与其对外贸易经营活动有关的文件及资料。有关部门应当为提供者保守商业秘密。

第三章 货物进出口与技术进出口

第十三条 国家准许货物与技术的自由进出口。但是，法律、行政法规另有规定的除外。

第十四条 国务院对外贸易主管部门基于监测进出口情况的需要，可以对部分自由进出口的货物实行进出口自动许可并公布其目录。

实行自动许可的进出口货物，收货人、发货人在办理海关报关手续前提出自动许可申请的，国务院对外贸易主管部门或者其委托的机构应当予以许可；未办理自动许可手续的，海关不予放行。

进出口属于自由进出口的技术，应当向国务院对外贸易主管部门或者其委托的机构办理合同备案登记。

第十五条 国家基于下列原因，可以限制或者禁止有关货物、技术的进口或者出口：

（一）为维护国家安全、社会公共利益或者公共道德，需要限制或者禁止进口或者出口的；

（二）为保护人的健康或者安全，保护动物、植物的生命或者健康，保护环境，需要限制或者禁止进口或者出口的；

（三）为实施与黄金或者白银进出口有关的措施，需要限制或者禁止进口或者出口的；

（四）国内供应短缺或者为有效保护可能用竭的自然资源，需要限制或者禁止出口的；

（五）输往国家或者地区的市场容量有限，需要限制出口的；

（六）出口经营秩序出现严重混乱，需要限制出口的；

（七）为建立或者加快建立国内特定产业，需要限制进口的；

（八）对任何形式的农业、牧业、渔业产品有必要限制进口的；

（九）为保障国家国际金融地位和国际收支平衡，需要限制进口的；

（十）依照法律、行政法规的规定，其他需要限制或者禁止进口或者出口的；

（十一）根据我国缔结或者参加的国际条约、协定的规定，其他需要限制或者禁止进口或者出口的。

第十六条　国家对与裂变、聚变物质或者衍生此类物质的物质有关的货物、技术进出口，以及与武器、弹药或者其他军用物资有关的进出口，可以采取任何必要的措施，维护国家安全。

在战时或者为维护国际和平与安全，国家在货物、技术进出口方面可以采取任何必要的措施。

第十七条　国务院对外贸易主管部门会同国务院其他有关部门，依照本法第十五条和第十六条的规定，制定、调整并公布限制或者禁止进出口的货物、技术目录。

国务院对外贸易主管部门或者由其会同国务院其他有关部门，经国务院批准，可以在本法第十五条和第十六条规定的范围内，临时决定限制或者禁止前款规定目录以外的特定货物、技术的进口或者出口。

第十八条　国家对限制进口或者出口的货物，实行配额、许可证等方式管理；对限制进口或者出口的技术，实行许可证管理。

实行配额、许可证管理的货物、技术，应当按照国务院规定经国务院对外贸易主管部门或者经其会同国务院其他有关部门许可，方可进口或者出口。

国家对部分进口货物可以实行关税配额管理。

第十九条　进出口货物配额、关税配额，由国务院对外贸易主管部门或者国务院其他有关部门在各自的职责范围内，按照公开、公平、公正和效益的原则进行分配。具体办法由国务院规定。

第二十条　国家实行统一的商品合格评定制度，根据有关法律、行政法规的规定，对进出口商品进行认证、检验、检疫。

第二十一条　国家对进出口货物进行原产地管理。具体办法由国务院规定。

第二十二条　对文物和野生动物、植物及其产品等，其他法律、行政法规有禁止或者限制进出口规定的，依照有关法律、行政法规的规定执行。

第四章　国际服务贸易

第二十三条　中华人民共和国在国际服务贸易方面根据所缔结或者参加的国际条约、协定中所作的承诺，给予其他缔约方、参加方市场准入和国民待遇。

第二十四条　国务院对外贸易主管部门和国务院其他有关部门，依照本法和其他有关法律、行政法规的规定，对国际服务贸易进行管理。

第二十五条　国家基于下列原因，可以限制或者禁止有关的国际服务贸易：

（一）为维护国家安全、社会公共利益或者公共道德，需要限制或者禁止的；

（二）为保护人的健康或者安全，保护动物、植物的生命或者健康，保护环境，需要限制或者禁止的；

（三）为建立或者加快建立国内特定服务产业，需要限制的；

（四）为保障国家外汇收支平衡，需要限制的；

（五）依照法律、行政法规的规定，其他需要限制或者禁止的；

（六）根据我国缔结或者参加的国际条约、协定的规定，其他需要限制或者禁止的。

第二十六条　国家对与军事有关的国际服务贸易，以及与裂变、聚变物质或者衍生此类物质的物质有关的国际服务贸易，可以采取任何必要的措施，维护国家安全。

在战时或者为维护国际和平与安全，国家在国际服务贸易方面可以采取任何必要的措施。

第二十七条　国务院对外贸易主管部门会同国务院其他有关部门，依照本法第二十五条、第二十六条和其他有关法律、行政法规的规定，制定、调整并公布国际服务贸易市场准入目录。

第五章　与对外贸易有关的知识产权保护

第二十八条　国家依照有关知识产权的法律、行政法规，保护与对外贸易有关的知识产权。

进口货物侵犯知识产权，并危害对外贸易秩序的，国务院对外贸易主管部门可以采取在一定期限内禁止侵权人生产、销售的有关货物进口等措施。

第二十九条　知识产权权利人有阻止被许可人对许可合同中的知识产权的有效性提出质疑、进行强制性一揽子许可、在许可合同中规定排他性返授条件等行为之一，并危害对外贸易公平竞争秩序的，国务院对外贸易主管部门可以采取必要的措施消除危害。

第三十条 其他国家或者地区在知识产权保护方面未给予中华人民共和国的法人、其他组织或者个人国民待遇，或者不能对来源于中华人民共和国的货物、技术或者服务提供充分有效的知识产权保护的，国务院对外贸易主管部门可以依照本法和其他有关法律、行政法规的规定，并根据中华人民共和国缔结或者参加的国际条约、协定，对与该国家或者该地区的贸易采取必要的措施。

第六章 对外贸易秩序

第三十一条 在对外贸易经营活动中，不得违反有关反垄断的法律、行政法规的规定实施垄断行为。

在对外贸易经营活动中实施垄断行为，危害市场公平竞争的，依照有关反垄断的法律、行政法规的规定处理。

有前款违法行为，并危害对外贸易秩序的，国务院对外贸易主管部门可以采取必要的措施消除危害。

第三十二条 在对外贸易经营活动中，不得实施以不正当的低价销售商品、串通投标、发布虚假广告、进行商业贿赂等不正当竞争行为。

在对外贸易经营活动中实施不正当竞争行为的，依照有关反不正当竞争的法律、行政法规的规定处理。

有前款违法行为，并危害对外贸易秩序的，国务院对外贸易主管部门可以采取禁止该经营者有关货物、技术进出口等措施消除危害。

第三十三条 在对外贸易活动中，不得有下列行为：

（一）伪造、变造进出口货物原产地标记，伪造、变造或者买卖进出口货物原产地证书、进出口许可证、进出口配额证明或者其他进出口证明文件；

（二）骗取出口退税；

（三）走私；

（四）逃避法律、行政法规规定的认证、检验、检疫；

（五）违反法律、行政法规规定的其他行为。

第三十四条 对外贸易经营者在对外贸易经营活动中，应当遵守国家有关外汇管理的规定。

第三十五条 违反本法规定，危害对外贸易秩序的，国务院对外贸易主管部门可以向社会公告。

第七章　对外贸易调查

第三十六条　为了维护对外贸易秩序，国务院对外贸易主管部门可以自行或者会同国务院其他有关部门，依照法律、行政法规的规定对下列事项进行调查：

（一）货物进出口、技术进出口、国际服务贸易对国内产业及其竞争力的影响；

（二）有关国家或者地区的贸易壁垒；

（三）为确定是否应当依法采取反倾销、反补贴或者保障措施等对外贸易救济措施，需要调查的事项；

（四）规避对外贸易救济措施的行为；

（五）对外贸易中有关国家安全利益的事项；

（六）为执行本法第七条、第二十八条第二款、第二十九条、第三十条、第三十一条第三款、第三十二条第三款的规定，需要调查的事项；

（七）其他影响对外贸易秩序，需要调查的事项。

第三十七条　启动对外贸易调查，由国务院对外贸易主管部门发布公告。

调查可以采取书面问卷、召开听证会、实地调查、委托调查等方式进行。

国务院对外贸易主管部门根据调查结果，提出调查报告或者作出处理裁定，并发布公告。

第三十八条　有关单位和个人应当对对外贸易调查给予配合、协助。

国务院对外贸易主管部门和国务院其他有关部门及其工作人员进行对外贸易调查，对知悉的国家秘密和商业秘密负有保密义务。

第八章　对外贸易救济

第三十九条　国家根据对外贸易调查结果，可以采取适当的对外贸易救济措施。

第四十条　其他国家或者地区的产品以低于正常价值的倾销方式进入我国市场，对已建立的国内产业造成实质损害或者产生实质损害威胁，或者对建立国内产业造成实质阻碍的，国家可以采取反倾销措施，消除或者减轻这种损害或者损害的威胁或者阻碍。

第四十一条　其他国家或者地区的产品以低于正常价值出口至第三国市场，对我国已建立的国内产业造成实质损害或者产生实质损害威胁，或者对我国建立国内产业造成实质阻碍的，应国内产业的申请，国务院对外贸易主管部门可以与该第三国政府进行磋商，要求其采取适当的措施。

第四十二条　进口的产品直接或者间接地接受出口国家或者地区给予的任何形

式的专向性补贴，对已建立的国内产业造成实质损害或者产生实质损害威胁，或者对建立国内产业造成实质阻碍的，国家可以采取反补贴措施，消除或者减轻这种损害或者损害的威胁或者阻碍。

第四十三条　因进口产品数量大量增加，对生产同类产品或者与其直接竞争的产品的国内产业造成严重损害或者严重损害威胁的，国家可以采取必要的保障措施，消除或者减轻这种损害或者损害的威胁，并可以对该产业提供必要的支持。

第四十四条　因其他国家或者地区的服务提供者向我国提供的服务增加，对提供同类服务或者与其直接竞争的服务的国内产业造成损害或者产生损害威胁的，国家可以采取必要的救济措施，消除或者减轻这种损害或者损害的威胁。

第四十五条　因第三国限制进口而导致某种产品进入我国市场的数量大量增加，对已建立的国内产业造成损害或者产生损害威胁，或者对建立国内产业造成阻碍的，国家可以采取必要的救济措施，限制该产品进口。

第四十六条　与中华人民共和国缔结或者共同参加经济贸易条约、协定的国家或者地区，违反条约、协定的规定，使中华人民共和国根据该条约、协定享有的利益丧失或者受损，或者阻碍条约、协定目标实现的，中华人民共和国政府有权要求有关国家或者地区政府采取适当的补救措施，并可以根据有关条约、协定中止或者终止履行相关义务。

第四十七条　国务院对外贸易主管部门依照本法和其他有关法律的规定，进行对外贸易的双边或者多边磋商、谈判和争端的解决。

第四十八条　国务院对外贸易主管部门和国务院其他有关部门应当建立货物进出口、技术进出口和国际服务贸易的预警应急机制，应对对外贸易中的突发和异常情况，维护国家经济安全。

第四十九条　国家对规避本法规定的对外贸易救济措施的行为，可以采取必要的反规避措施。

第九章　对外贸易促进

第五十条　国家制定对外贸易发展战略，建立和完善对外贸易促进机制。

第五十一条　国家根据对外贸易发展的需要，建立和完善为对外贸易服务的金融机构，设立对外贸易发展基金、风险基金。

第五十二条　国家通过进出口信贷、出口信用保险、出口退税及其他促进对外贸易的方式，发展对外贸易。

第五十三条　国家建立对外贸易公共信息服务体系，向对外贸易经营者和其他社会公众提供信息服务。

第五十四条 国家采取措施鼓励对外贸易经营者开拓国际市场，采取对外投资、对外工程承包和对外劳务合作等多种形式，发展对外贸易。

第五十五条 对外贸易经营者可以依法成立和参加有关协会、商会。

有关协会、商会应当遵守法律、行政法规，按照章程对其成员提供与对外贸易有关的生产、营销、信息、培训等方面的服务，发挥协调和自律作用，依法提出有关对外贸易救济措施的申请，维护成员和行业的利益，向政府有关部门反映成员有关对外贸易的建议，开展对外贸易促进活动。

第五十六条 中国国际贸易促进组织按照章程开展对外联系，举办展览，提供信息、咨询服务和其他对外贸易促进活动。

第五十七条 国家扶持和促进中小企业开展对外贸易。

第五十八条 国家扶持和促进民族自治地方和经济不发达地区发展对外贸易。

第十章 法律责任

第五十九条 违反本法第十条规定，未经授权擅自进出口实行国营贸易管理的货物的，国务院对外贸易主管部门或者国务院其他有关部门可以处五万元以下罚款；情节严重的，可以自行政处罚决定生效之日起三年内，不受理违法行为人从事国营贸易管理货物进出口业务的申请，或者撤销已给予其从事其他国营贸易管理货物进出口的授权。

第六十条 进出口属于禁止进出口的货物的，或者未经许可擅自进出口属于限制进出口的货物的，由海关依照有关法律、行政法规的规定处理、处罚；构成犯罪的，依法追究刑事责任。

进出口属于禁止进出口的技术的，或者未经许可擅自进出口属于限制进出口的技术的，依照有关法律、行政法规的规定处理、处罚；法律、行政法规没有规定的，由国务院对外贸易主管部门责令改正，没收违法所得，并处违法所得一倍以上五倍以下罚款，没有违法所得或者违法所得不足一万元的，处一万元以上五万元以下罚款；构成犯罪的，依法追究刑事责任。

自前两款规定的行政处罚决定生效之日或者刑事处罚判决生效之日起，国务院对外贸易主管部门或者国务院其他有关部门可以在三年内不受理违法行为人提出的进出口配额或者许可证的申请，或者禁止违法行为人在一年以上三年以下的期限内从事有关货物或者技术的进出口经营活动。

第六十一条 从事属于禁止的国际服务贸易的，或者未经许可擅自从事属于限制的国际服务贸易的，依照有关法律、行政法规的规定处罚；法律、行政法规没有规定的，由国务院对外贸易主管部门责令改正，没收违法所得，并处违法所得一倍以上五倍以下罚款，没有违法所得或者违法所得不足一万元的，处一万元以上五万元以下罚款；构成犯罪的，依法追究刑事责任。

国务院对外贸易主管部门可以禁止违法行为人自前款规定的行政处罚决定生效之日或者刑事处罚判决生效之日起一年以上三年以下的期限内从事有关的国际服务贸易经营活动。

第六十二条　违反本法第三十三条规定，依照有关法律、行政法规的规定处罚；构成犯罪的，依法追究刑事责任。

国务院对外贸易主管部门可以禁止违法行为人自前款规定的行政处罚决定生效之日或者刑事处罚判决生效之日起一年以上三年以下的期限内从事有关的对外贸易经营活动。

第六十三条　依照本法第六十条至第六十二条规定被禁止从事有关对外贸易经营活动的，在禁止期限内，海关根据国务院对外贸易主管部门依法作出的禁止决定，对该对外贸易经营者的有关进出口货物不予办理报关验放手续，外汇管理部门或者外汇指定银行不予办理有关结汇、售汇手续。

第六十四条　依照本法负责对外贸易管理工作的部门的工作人员玩忽职守、徇私舞弊或者滥用职权，构成犯罪的，依法追究刑事责任；尚不构成犯罪的，依法给予行政处分。

依照本法负责对外贸易管理工作的部门的工作人员利用职务上的便利，索取他人财物，或者非法收受他人财物为他人谋取利益，构成犯罪的，依法追究刑事责任；尚不构成犯罪的，依法给予行政处分。

第六十五条　对外贸易经营活动当事人对依照本法负责对外贸易管理工作的部门作出的具体行政行为不服的，可以依法申请行政复议或者向人民法院提起行政诉讼。

第十一章　附　　则

第六十六条　与军品、裂变和聚变物质或者衍生此类物质的物质有关的对外贸易管理以及文化产品的进出口管理，法律、行政法规另有规定的，依照其规定。

第六十七条　国家对边境地区与接壤国家边境地区之间的贸易以及边民互市贸易，采取灵活措施，给予优惠和便利。具体办法由国务院规定。

第六十八条　中华人民共和国的单独关税区不适用本法。

第六十九条　本法自 2004 年 7 月 1 日起施行。

附件二：

对外贸易壁垒调查规则

（2005 年 2 月 2 日商务部令第 4 号公布　自 2005 年 3 月 1 日起施行）

第一章　总　　则

第一条　为了开展和规范对外贸易壁垒调查工作，消除国外贸易壁垒对我国对外贸易的影响，促进对外贸易的正常发展，根据《中华人民共和国对外贸易法》，制定本规则。

第二条　商务部负责对国外贸易壁垒的调查工作。

商务部指定进出口公平贸易局负责实施本规则。

第三条　外国（地区）政府采取或者支持的措施或者做法，存在下列情形之一的，视为贸易壁垒：

（一）违反该国（地区）与我国共同缔结或者共同参加的经济贸易条约或者协定，或者未能履行与我国共同缔结或者共同参加的经济贸易条约或者协定规定的义务；

（二）造成下列负面贸易影响之一：

对我国产品或者服务进入该国（地区）市场或者第三国（地区）市场造成或者可能造成阻碍或者限制；

对我国产品或者服务在该国（地区）市场或者第三国（地区）市场的竞争力造成或者可能造成损害；

对该国（地区）或者第三国（地区）的产品或者服务向我国出口造成或者可能造成阻碍或者限制。

第四条　商务部可以应申请人的申请立案，进行贸易壁垒调查。

商务部认为有必要的，可以自行立案，进行贸易壁垒调查。

第二章　调查申请

第五条　国内企业、国内产业或者代表国内企业、国内产业的自然人、法人或者其他组织（以下统称申请人），可以向商务部提出贸易壁垒调查的申请。

前款所称的“国内企业、国内产业”，是指与被诉贸易壁垒涉及的产品生产或者服务供应有直接关系的企业或者产业。

第六条　贸易壁垒调查的申请必须以书面形式提交。

第七条　申请书应当包括以下内容：

（一）申请人的名称、地址及有关情况；

（二）被申请调查的措施或者做法的说明；

（三）被申请调查的措施或者做法所针对的产品或者服务的说明；

（四）国内相关产业基本情况的说明；

（五）被申请调查的措施或者做法造成负面贸易影响的，关于负面贸易影响的说明；

（六）申请人认为需要说明的其他内容。

第三章　审查和立案

第八条　申请书应当尽可能附具下列证据材料并说明其来源：

（一）证明被申请调查的措施或者做法存在的证据材料；

（二）证明被申请调查的措施或者做法造成的负面贸易影响的证据材料。

申请人无法提供上述证据材料的，应当以书面形式说明理由。

第九条　申请人可以在商务部作出立案决定之前撤回申请。

第十条　商务部应当自收到申请人提交的申请书及有关证据材料之日起60天内，对申请材料进行审查，作出立案或者不予立案的决定。

第十一条　商务部在审查申请材料的过程中，可以要求申请人按照规定的时限提供补充材料。

第十二条　如果申请人提交的申请材料符合本规则第六条和第七条的规定，并且不存在本规则第十六条第（一）、（三）和（四）项规定的情形，商务部应当决定立案调查并发布公告。

商务部决定自行立案的，也应当发布立案公告。

第十三条　立案公告应当载明被调查的措施或者做法、被调查的措施或者做法涉及的产品或者服务以及实施被调查的措施或者做法的国家（地区）（以下简称“被调查国（地区）”）等内容，简要介绍已有的信息，并说明利害关系方陈述意见及公众提出评论的期限。

第十四条　商务部应当在发布立案公告后，将立案决定通知申请人、已知的出口经营者和进口经营者、被调查国（地区）政府以及其他利害关系方。

第十五条　立案公告发布之日为立案日期。

第十六条 出现以下情形之一的，商务部可以作出不予立案的决定：

（一）申请人提交的申请材料所描述的情况与事实明显不符；

（二）申请人提交的申请材料不完整，并且未在商务部规定的时限内提供补充材料；

（三）申请人申请调查的措施或者做法明显不属于本规则第三条所指的贸易壁垒；

（四）商务部认为不应立案的其他情形。

第十七条 商务部应当以书面形式将不予立案的决定通知申请人，并说明理由。

第四章 调查和认定

第十八条 商务部应当通过调查认定被调查的措施或者做法是否构成本规则第三条所称的贸易壁垒。

第十九条 在调查中，商务部可以使用主动收集的任何相关信息。

第二十条 商务部认为必要时，可以成立由国务院有关部门、专家、学者组成的专家咨询组。专家咨询组负责对调查中涉及的技术性和法律性问题提供咨询意见。

第二十一条 商务部可以采用问卷、听证会等方式向利害关系方了解情况，进行调查。

第二十二条 商务部认为必要时，可以在征得被调查国（地区）政府同意后，派出工作人员赴该国（地区）进行调查取证。

第二十三条 利害关系方认为其提供的资料泄露后将产生严重不利影响的，可以向商务部申请对该资料按照保密资料处理。

第二十四条 商务部认为保密申请有正当理由的，应当对利害关系方提供的资料按照保密资料处理，同时要求利害关系方提供一份非保密的资料概要。

未经提供资料的利害关系方同意，商务部不得将按照保密资料处理的资料用于该贸易壁垒调查以外的用途。

第二十五条 商务部在调查过程中，可以就被调查的措施或者做法与被调查国（地区）政府进行磋商。

第二十六条 出现以下情形之一的，商务部可以决定中止调查并发布公告：

（一）被调查国（地区）政府承诺在合理期限内取消或者调整被调查的措施或者做法；

（二）被调查国（地区）政府承诺在合理期限内向我国提供适当的贸易补偿；

（三）被调查国（地区）政府承诺履行经济贸易条约或者协定的义务；

（四）商务部认为可以中止调查的其他情形。

第二十七条　被调查国（地区）政府未在合理期限内履行本规则第二十六条第（一）至（三）项承诺的，商务部可以恢复调查；商务部根据本规则第二十六条第（四）项决定中止调查的，在该情形消除后，也可以恢复调查。

第二十八条　应申请人的请求，商务部可以终止调查程序，除非认为终止调查程序不符合公共利益。

第二十九条　出现以下情形之一的，商务部应当终止调查并发布公告：

（一）被调查国（地区）政府已经取消或者调整被调查的措施或者做法；

（二）被调查国（地区）政府已经向我国提供适当的贸易补偿；

（三）被调查国（地区）政府已经履行经济贸易条约或者协定的义务。

第三十条　出现下列情况之一的，商务部可以终止调查并发布公告：

（一）申请人在调查中不提供必要的合作；

（二）商务部认为可以终止调查的其他情形。

第三十一条　通过调查，商务部应就被调查的措施或者做法是否构成本规则第三条所称的贸易壁垒作出决定，并发布公告。

第三十二条　贸易壁垒调查应当自立案决定公告之日起 6 个月内结束；特殊情况下可以延长，但延长期不得超过 3 个月。

第三十三条　如果被调查的措施或者做法被认定构成本规则第三条所称的贸易壁垒，商务部应当视情况采取以下措施：

（一）进行双边磋商；

（二）启动多边争端解决机制；

（三）采取其他适当的措施。

第五章　附　　则

第三十四条　依照本规则作出的公告，应当载明重要的情况、事实、理由、依据、结果和结论等内容。

第三十五条　对国外投资壁垒的调查，参照本规则进行。

第三十六条　本规则由商务部负责解释。

第三十七条　本规则自 2005 年 3 月 1 日起施行。

附件三：

中华人民共和国进口许可证申请表

<table>
<tr><td colspan="3">1. 进口商：　　　代码：</td><td colspan="3">3. 进口许可证号：</td></tr>
<tr><td colspan="3">2. 收货人：</td><td colspan="3">4. 进口许可证有效截止日期：
年　　月　　日</td></tr>
<tr><td colspan="3">5. 贸易方式：</td><td colspan="3">8. 出口国（地区）：</td></tr>
<tr><td colspan="3">6. 外汇来源：</td><td colspan="3">9. 原产地国（地区）：</td></tr>
<tr><td colspan="3">7. 报关口岸：</td><td colspan="3">10. 商品用途：</td></tr>
<tr><td colspan="3">11. 商品名称：</td><td colspan="3">商品编码：</td></tr>
<tr><td>12. 规格、型号</td><td>13. 单位</td><td>14. 数量</td><td>15. 单价（币别）</td><td>16. 总值（币别）</td><td>17. 总值折美元</td></tr>
<tr><td></td><td></td><td></td><td></td><td></td><td></td></tr>
<tr><td></td><td></td><td></td><td></td><td></td><td></td></tr>
<tr><td>18. 总计：</td><td></td><td></td><td></td><td></td><td></td></tr>
<tr><td colspan="2" rowspan="2">19. 领证人姓名：
联系电话：
申请日期：
下次联系日期：</td><td colspan="4">20. 签证机构审批（初审）：</td></tr>
<tr><td colspan="4">终审：</td></tr>
</table>

中华人民共和国商务部监制　　　　第一联（正本）签证机构存档

中华人民共和国进口许可证申请表

1. 进口商：　　　　代码：	3. 进口许可证号：
2. 收货人：	4. 进口许可证有效截止日期： 　　　　年　　月　　日
5. 贸易方式：	8. 出口国（地区）：
6. 外汇来源：	9. 原产地国（地区）：
7. 报关口岸：	10. 商品用途：
11. 商品名称：　　　　商品编码：	

12. 规格、型号	13. 单位	14. 数量	15. 单价（币别）	16. 总值（币别）	17. 总值折美元
18. 总计：					

19. 领证人姓名： 联系电话： 申请日期： 下次联系日期：	不能获准原因： 1. 公司无权经营；　8. 第（　　）项须补充说明函； 2. 公司编码有误；　9. 第（　　）项与批件不符； 3. 到港不妥善；　10. 其他。 4. 品名与编码不符； 5. 单价（高）低； 6. 币别有误； 7. 漏填第（　　）项；

中华人民共和国商务部监制　　　　第二联（副本）取证凭证

附件四：

中华人民共和国出口许可证申请表

<table>
<tr><td colspan="3">1. 出口商：　　　　代码：

领证人姓名：　　　电话：</td><td colspan="3">3. 出口许可证号：</td></tr>
<tr><td colspan="3">2. 发货人：　　　　代码：</td><td colspan="3">4. 出口许可证有效截止日期：
年　月　日</td></tr>
<tr><td colspan="3">5. 贸易方式：</td><td colspan="3">8. 进口国（地区）：</td></tr>
<tr><td colspan="3">6. 合同号：</td><td colspan="3">9. 付款方式：</td></tr>
<tr><td colspan="3">7. 报关口岸：</td><td colspan="3">10. 运输方式：</td></tr>
<tr><td colspan="3">11. 商品名称：</td><td colspan="3">商品编码：</td></tr>
<tr><td>12. 规格、等级</td><td>13. 单位</td><td>14. 数量</td><td>15. 单价（币别）</td><td>16. 总值（币别）</td><td>17. 总值折美元</td></tr>
<tr><td></td><td></td><td></td><td></td><td></td><td></td></tr>
<tr><td></td><td></td><td></td><td></td><td></td><td></td></tr>
<tr><td>18. 总计</td><td></td><td></td><td></td><td></td><td></td></tr>
<tr><td colspan="4" rowspan="2">19. 备注

申请单位盖章

申领日期：</td><td colspan="2">20. 签证机构审批（初审）：

经办人：</td></tr>
<tr><td colspan="2">终审：</td></tr>
</table>

填表说明：1. 本表应用正楷逐项填写清楚，不得涂改、遗漏，否则无效。

2. 本表内容需打印多份许可证的，请在备注栏内注明。

附件五：

输美纺织品出口许可证/原产地证申请表

<table>
<tr><td rowspan="5">1 出口人（代码、名称和地址）</td><td colspan="2">2 申请表号</td><td></td></tr>
<tr><td colspan="2">3 许可证号</td><td></td></tr>
<tr><td colspan="2">4 原产地证号</td><td></td></tr>
<tr><td colspan="2">5 年度</td><td>6 类别号</td></tr>
<tr><td colspan="3">7 发票号码</td></tr>
<tr><td rowspan="2">8 收货人（名称和地址）</td><td colspan="3">9 装运地、装运期及目的地</td></tr>
<tr><td colspan="3">10 中国港口离岸价值</td></tr>
<tr><td>11 唛头-包装件数-商品名称</td><td>12 数量（单位）</td><td>13 单价（币别）</td><td>14 总值（币别）</td></tr>
<tr><td>1）</td><td></td><td></td><td></td></tr>
<tr><td>2）</td><td></td><td></td><td></td></tr>
<tr><td>3）</td><td></td><td></td><td></td></tr>
<tr><td>4）</td><td></td><td></td><td></td></tr>
<tr><td>15 Marks</td><td></td><td></td><td></td></tr>
<tr><td>16 生产厂家代码（MID）</td><td colspan="3">许可数量来源：　☐ 招标　☐ 业绩分配</td></tr>
<tr><td>联系人：
联系电话：
申请日期：
申请单位盖章</td><td colspan="3">签证机构审批：
经办人：</td></tr>
</table>

第一联（正本）签证机构存档

输美纺织品出口许可证/原产地证申请表

<table>
<tr><td rowspan="6">1 出口人（代码、名称和地址）</td><td>2 申请表号</td><td colspan="2"></td></tr>
<tr><td>3 许可证号</td><td colspan="2"></td></tr>
<tr><td>4 原产地证号</td><td colspan="2"></td></tr>
<tr><td>5 年度</td><td colspan="2">6 类别号</td></tr>
<tr><td colspan="3">7 发票号码</td></tr>
<tr><td colspan="3"></td></tr>
<tr><td rowspan="2">8 收货人（名称和地址）</td><td colspan="3">9 装运地、装运期及目的地</td></tr>
<tr><td colspan="3">10 中国港口离岸价值</td></tr>
<tr><td>11 唛头-包装件数-商品名称</td><td>12 数量（单位）</td><td>13 单价（币别）</td><td>14 总值（币别）</td></tr>
<tr><td>1）</td><td></td><td></td><td></td></tr>
<tr><td>2）</td><td></td><td></td><td></td></tr>
<tr><td>3）</td><td></td><td></td><td></td></tr>
<tr><td>4）</td><td></td><td></td><td></td></tr>
<tr><td>15 Marks</td><td></td><td></td><td></td></tr>
<tr><td>16 生产厂家代码（MID）</td><td colspan="3">许可数量来源：☐ 招标 ☐ 业绩分配</td></tr>
<tr><td>联系人：
联系电话：
申请日期：
申请单位盖章</td><td colspan="3">签证机构审批：
经办人：</td></tr>
</table>

商务部配额许可证事务局 监制　　　　第二联（副本）取证凭证

第五章

世界贸易组织法

第一节　世贸组织概述

一、世贸组织产生的背景

世贸组织是根据乌拉圭回合多边贸易谈判达成的《建立世界贸易组织的协议》于1995年1月1日成立。该组织取代了原来的关贸总协定，并按照乌拉圭回合多边谈判达成的最后文件所形成的一整套协定和协议的条款，对各成员国之间经济贸易关系的权利和义务进行监督、管理和规范，是正式的国际经济组织。

由于关贸总协定的职能以协调货物贸易为主，不能涵盖整个国际贸易，且缺乏执法权力，无法协调处于不同经济发展阶段国家间的贸易问题，因此，建立一个更完善的国际贸易组织的构思由来已久。早在20世纪50年代后期，联合国经社理事会就提出建立国际经济组织的设想，1964年，联合国第一届贸发会议探讨了建立国际贸易组织的可能性，此后的几届贸发会议又提出了不少有关该组织的体制、原则等设想，但关贸总协定在1989年前未曾就此进行过商讨。直至1990年，加拿大、瑞士和美国等国先后提出方案，经过多次谈判，终于在乌拉圭回合中达成《建立世界贸易组织的协议》，决定以世贸组织取代关贸总协定。

二、《建立世界贸易组织的协议》的主要内容

（一）世贸组织的宗旨和目标

《建立世界贸易组织的协议》的序言指出，世贸组织的宗旨是提高生活水平，保证充分就业，大幅度和稳步地增加收入和有效需求，扩大货物和服务的生产与贸易，按照持续发展的目的，最优运用世界资源，保护和维护环境，并以不同经济发展水平下各自需要的方式，加强采取各种相应的措施；还需要积极努力确保发展中国家，尤其是最不发达国家在国际贸易增长中的份额，与其经济发展需要相称。其目标是

产生一个完整的、更具有活力的和永久性的多边贸易体系来巩固关贸总协定以往为贸易自由化所作的努力和乌拉圭回合多边贸易谈判的所有成果。同时，序言明确指出，实现其宗旨与目标的途径是通过达到互惠互利安排，实质性削减关税和其他贸易壁垒，消除国际贸易关系中的歧视性待遇。

（二）世贸组织的职能

根据《建立世界贸易组织的协议》，世贸组织的职能包括：对世贸组织协定及其附件中协议的贯彻与运行进行监督、管理；为实施上述协议提供统一的体制框架；为多边贸易谈判提供论坛和场所；主持各类贸易争端的解决和对成员国贸易政策的审议；与国际货币基金组织和世界银行等国际机构合作，以协调全球经贸政策。

（三）世贸组织的组织机构

（1）部长会议（The Ministerial Conference）

由成员方的部长组成，是世贸组织的最高权力机构和决策机构，拥有对重大事务的决策权。部长会议至少每两年召开一次。

（2）总理事会（The General Council）

由所有成员方的代表组成，负责监督各项协议以及贯彻执行部长会议所作的决定，并作为统一的争端解决机构和贸易评审机构发挥作用。在部长会议休会期间，总理事会行使部长会议的职权以及世贸组织赋予的其他权力。总理事会下分设三个分理事会：① 货物贸易理事会（Goods Council），负责《1994 年关税与贸易总协定》（General Agreement on Tariffs and Trade 1994，GATT 1994）和各项货物贸易协议的贯彻执行；② 服务贸易理事会（Service Council），监督服务贸易总协议的贯彻执行；③ 知识产权理事会（TRIPS Council），监督与贸易有关的知识产权（包括冒牌货交易）协议的贯彻执行。此外，总理事会下还设有若干负责处理相关事宜的专门委员会，如贸易与环境委员会、贸易与发展委员会、国际收支委员会等相对独立的机构。各分理事会下也设立相应的附属机构——次一级的专门委员会，以处理有关方面的专门问题和监督相关决议的执行。

（3）秘书处

世贸组织在日内瓦设立秘书处，负责处理日常工作。秘书处由部长会议任命的总干事领导。总干事的权限、职责和任期等由部长会议通过的条例确定。总干事有权指派所属工作人员。在履行职务过程中，总干事和秘书处工作人员均不得寻求和接受任何政府或世贸组织以外组织的指示，各成员方应尊重其职责的国际性。

（四）世贸组织的法律地位

根据《建立世界贸易组织的协议》规定，世贸组织及其有关人员具有以下法律地位：

① 世贸组织具有法人资格。

② 世贸组织的每个成员方向世贸组织提供其履行职责时所必需的特权和豁免权。

③ 世贸组织官员和各成员方代表在独立执行与世贸组织相关的职能时，享有各成员方提供的所必需的特权与豁免权。

④ 各成员方给予世贸组织官员、成员方代表的特权和豁免权，等同于联合国大会于1947年11月21日通过的《联合国专门机构特权和豁免公约》所规定的特权与豁免权。

（五）世贸组织的决策方式

世贸组织沿袭关贸总协定“一致同意”作出决定的原则，当无法达成共识时，采用投票方式进行表决。每一成员方在部长会议和理事会上各拥有1票，欧盟票数与其成员数相同。除另有规定外，部长会议及理事会的决议采用投票形式，经半数以上票数通过；部长会议与理事会对世贸组织协定及多边协定的解释和决议，需经3/4以上票数通过；会员国若欲豁免世贸组织协定多边协定义务，须在90天内以理事会全体同意的方式达成协议。

（六）世贸组织的成员资格

《建立世界贸易组织的协议》规定，凡接受协定和多边贸易协议的关贸总协定缔约方和欧共体（包括按关贸总协定议定条件接受者），为世贸组织创始成员国；凡接受该协定及附件1、2和3的多边贸易协议者，均可根据它与总理事会约定的条件加入本协定；世贸组织的任何成员国均可退出该协定，一旦退出即不再是世贸组织的缔约方。

第二节　世贸组织的基本原则

一、非歧视原则

非歧视原则又称无差别待遇原则，是多边贸易体制最基本的原则。根据该原则，世贸组织成员不得对另一成员采用其他成员不适用的优惠性或限制性措施。从货物贸易到服务贸易，包括《与贸易有关的知识产权协议》在内的世贸各协议条款，均体现了这一原则。非歧视原则通过最惠国待遇、互惠待遇、国民待遇条款具体落实。最惠国待遇的基本含义是，缔约方给予任何第三方在贸易上的特权、优惠和豁免，也需同样给予其他缔约方。世贸组织的最惠国待遇是多边且无条件的，要求每一个缔约国在贸易方面应当以平等方式对待所有其他缔约国，不得采取附加条件的歧视待遇。根据《1994年关税与贸易总协定》第1条、《服务贸易总协定》第2条和《与贸易有关的知识产权协议》第4条，世贸组织成员在商品和服务贸易、知识产权保护方面均需履行相关义务。不过，最惠国待遇条款不适用于总协定签订时已经存在的特惠关税、关税同盟、自由贸易区，以及毗邻国家边境贸易的优惠待遇。

国民待遇指一缔约方应保证另一缔约方在其境内的公民、企业、货物和商船，享有与本国公司、企业、货物和商船所获得的相同待遇。该原则旨在反对在本国与外国的货物、服务、服务企业及知识产权持有人之间实施歧视政策。《1994 年关税与贸易总协定》和《与贸易有关的知识产权协议》将国民待遇列为世贸组织成员的主要义务。

拓展

案例 1：甲国以保护本国国民健康为由，禁止从乙国进口含有荷尔蒙的牛肉，却不禁止在本国境内销售此类牛肉，且仍从丙国进口含荷尔蒙的牛肉。乙国认为自身在 GATT 框架下的利益受损，甲国则主张其措施符合 GATT 1994 第 20 条一般例外规定，双方产生争议。

【问题】甲国的做法是否违反 GATT 1994 的原则？甲国的行为是否符合 GATT1994 第 20 条的规定？

【评注】甲国在不限制丙国同类产品进口的情况下，唯独禁止乙国产品，对乙国货物实施歧视性贸易限制，违反了 GATT 1994 的最惠国待遇原则和第 11 条一般性取消数量限制原则。甲国的进口限制措施虽然看似符合第 20 条为保护人民、动植物生命健康的例外情形，但该条要求此类措施不得在情况相同的各国之间构成武断、不合理的差别待遇或变相限制国际贸易，因此甲国做法不被允许。

案例 2：甲国以保护本国环境为由，决定对境内销售的所有外国生产的易拉罐装啤酒征收附加税，理由是这类包装可回收但不可重复利用，可能危害环境。事实上，该国市场上销售的易拉罐装啤酒几乎均为乙国某跨国公司生产的某一品牌，而本地啤酒均为瓶装。此外，本地区的罐装饮料、罐头食品不在征税范围内。乙国认为其根据 GATT 应获得的利益受到损害，甲国则主张其措施属于 GATT 第 20 条一般例外所允许的情形，双方因此产生争端。

【问题】甲国的做法是否违反了 GATT 的原则？

【评注】甲国的做法不构成 GATT 第 20 条允许的“为保障人民、动植物生命健康所必需的措施”。因为 GATT 第 20 条项下的“为保障人民、动植物生命健康必需的措施”特指卫生措施，其适用前提是外国产品不符合进口国卫生标准。本案中，乙国公司生产的啤酒未被认定为不符合卫生标准，因此不属于 GATT 第 20 条允许的措施范围。甲国的做法违反了 GATT 的国民待遇原则。其仅仅对境内销售的外国罐装啤酒征税，却对本国生产的相同或类似罐装饮料、罐头食品不征税，构成了国内税方面对外国产品的不合理歧视性差别待遇。

二、透明度原则

透明度原则要求世贸成员方正式公布其实施的进出口贸易政策、法规、法令、条例等文件，未经正式公布的不得实施。具体要求包括：① 世贸成员方需在互惠基础上及时公布对外经贸相关的法规、条例、条约、司法判决等；② 世贸成员方采取的提高进口货物关税或其他费用征收的方式，以及限制或禁止普遍适用的措施，非经正式公布，不得加以实施。③ 世贸成员方应公正、合理、统一地实施已公布的法规文件。

三、可预见的和不断增长的市场准入原则

市场准入是指成员方允许其他成员方的货物、劳务与资本参与本国市场的程度。世贸组织要求成员方通过增强贸易体制透明度、减少关税及非关税壁垒、履行市场开放承诺等方式，切实改善各成员方市场准入条件，保证各成员的商品、服务和资本可以在全球市场中公平自由地竞争。

四、公平贸易原则

公平贸易原则要求世贸组织成员方在国际贸易中，应进行公平的贸易竞争，不得采取不公平的贸易手段进行国际贸易竞争或扭曲国际贸易竞争。该原则既不允许成员方政府对出口商品实行补贴，也不允许成员方企业以倾销方式出口商品，同时加强对知识产权的保护，从而营造和维护公平的国际贸易竞争环境。

五、关税减让原则

世贸组织的目标之一是通过多边谈判推动成员方逐步降低关税，以促进国际贸易发展。通过谈判达成的关税减让表对各成员方具有法律约束力，任何一个成员方原则上不得单方面提高关税，特殊情况下如需提高，须与相关成员协商并给予补偿。

六、一般禁止数量限制原则

一般来说，实行进出口数量限制是违背总协定基本原则的。总协定规定原则上应取消进出口数量限制。总协定第十一条规定：“任何缔约国除征收税捐或其他费用以外，不得设立或维持配额、进出口许可证或其他措施以限制或禁止其他缔约国领土的产品的输入，或向其他缔约国领土输出或销售出口产品。”但在某些例外情况下允许实施数量限制，主要包括以下情形：① 为稳定农产品市场；② 为改善国际收支；③ 为促进发展中国家经济发展的需要；④ 为实施保障措施协议规定的数量限制。

第三节 世贸组织的一系列多边协议

经过乌拉圭回合长达8年的艰苦谈判，与会各国终于就建立世贸组织及其相关法律制度达成共识，签署了一揽子协定，即《乌拉圭回合多边贸易谈判成果最后文件》，其中主要包括《建立世界贸易组织的协议》及其4个附件。

4个附件所涉及的内容如下。① 附件1包括：a. 货物贸易多边协定，其主要包括GATT 1994、农产品协定、卫生与植物检疫措施协定、纺织品与服装协定、技术性贸易壁垒协定、与贸易有关的投资措施协定、反倾销协定、GATT 1994第7条执行协定（海关估价协定）、装运前检验协定、原产地规则协定、进口许可程序协定、补贴与反补贴措施协定、保障措施协定；b. 服务贸易协定；c. 与贸易有关的知识产权协定。② 附件2为《关于争端解决规则与程序的谅解》（Understanding on Rules and Procedures Governing the Settlement of Disputes，DSU）。③ 附件3为《贸易政策审议制度》。④ 附件4为诸边协议，包括：a. 民用航空器贸易协定；b. 政府采购协定；c. 国际乳制品协定；d. 国际牛肉协定。

在此，仅就上述一部分协议的主要内容简介如下：

一、《农产品协定》

该协定规定，各方应取消对原有农产品的非关税措施，按规定方式实行关税化。根据关税化得出的关税税率以及适用于其他产品的约束性关税不得随意提高，并应逐步进行削减。发达国家应在6年内平均削减36%，发展中国家应在10年内削减24%。对于农产品出口补贴，以1986—1990年为基期，各国在6年内须将实施补贴的农产品出口数量减少21%，并保证农产品进口额由占本国农产品消费总量的3%逐步扩大到5%以上。该协议免除最不发达国家的减让义务，并对作为粮食净进口国的发展中国家可能遭受的损失提供资金等方面的支持。

二、《纺织品与服装协定》

在过去的30多年里，纺织品与服装贸易一直处于不断增多、名目繁杂的各类双边配额安排的限制之下，长期背离关贸总协定的贸易自由化原则。乌拉圭回合达成的纺织品与服装协定，使纺织品与服装回归贸易自由化的轨道。该协定确定了将纺织品和服装贸易逐步置于世贸组织的多边贸易体系之下，规定在世贸组织运行之日起的10年内分三阶段逐步取消发达国家按原“多种纤维协定”（Multi-Fibre Arrangement，MFA）对纺织品和服装进口的配额限制，实行贸易自由化。该协议的经济条款规定了10年内实行纺织品和服装贸易自由化的日程表。第一阶段（1995年1月1日至1997年12月31日）：设限国按协议附件所列产品以1990年的进口总量计算，取消16%的配额限制。这些产品应同时包括纤维及纱、布料、纺织品、服装四组中的每一组产品；第二阶段（1998年1月1日至2001年12月31日）：仍以1990年进口总量为基数，再取消17%的配额限制；第三阶段（2002年1月1日至2004年12月31日）：以上述同样方法计算，再取消18%的纺织品配额；第四阶段（至2005年1月1日）：10年过渡期结束后，包括剩下的49%在内的所有纺织品都实行自由贸易，MFA完全取消。

三、《与贸易有关的知识产权协定》（Agreement on Trade-Related Aspects of Intellectual Property Rights，TRIPS）

知识产权与国际贸易关系密切。为了确保知识产权的保护措施和程序本身不会成为国际贸易自由化的障碍，以美国为首的发达国家要求把知识产权问题列入乌拉圭回合谈判的议题，并最终达成了《与贸易有关的知识产权协定》。

（一）基本原则

（1）最低保护标准原则

该协定第1条明确规定："各成员应实施本协定的规定。各成员可以，但并无义务，在其法律中实施比本协定要求更广泛的保护，只要此种保护不违反本协定的规定。各成员有权在其各自的法律制度和实践中确定实施本协定规定的适当方法。"协定的保护标准是必须遵守的最低水平。各国可根据自己的知识产权法律体系，在不违反协定各项规定的前提下，通过国内立法实施比本协定更高水平的保护。

（2）国民待遇原则

该协定同其他知识产权保护国际公约一样，强调国民待遇原则。该协定第3条第1款规定："在知识产权保护方面，在遵守《巴黎公约》（1967）、《伯尔尼公约》（1971）、《罗马公约》或《关于集成电路的知识产权条约》中各自规定的例外的前提下，每一成员给予其他成员国民的待遇不得低于给予本国国民的待遇。就表演者、录音制品制作者和广播组织而言，这一义务仅适用于本协定规定的权利。任何利用《伯尔尼公约》第六条或《罗马公约》第十六条第一款（二）项规定的可能性的成员，均应按这些条款中所预想的那样，向TRIPS理事会作出通知。"

（3）最惠国待遇原则

与其他知识产权保护公约不同，该协定还规定了最惠国待遇原则。该协定第4条规定："对于知识产权保护，一成员对任何其他国家国民给予的任何利益、优惠、特权或豁免，应立即无条件地给予所有其他成员的国民。"

（二）保护的范围与标准

关于保护的范围与标准的规定是该协定的核心部分。协定规定知识产权保护的范围包括专利、版权及邻接权、商标、工业品外观设计、集成电路的布图设计、未公开的信息、包括原产地标志在内的地理标志。这些知识产权的最低保护标准如下：

（1）专利

该协定所保护的专利是指发明专利，包括产品发明和方法发明。协议规定各成员方应对具备新颖性、创造性并能在工业上应用的产品或生产方法授予专利。协议强制性地规定各成员应给予专利权的获得及实施以非歧视待遇，尤其不能因为发明地点不同、技术领域不同和产品是进口还是当地生产的而进行歧视。在三种特定情况下，成员方可以拒绝授予专利：① 为保护公共秩序、社会公德，包括保护本国人民、动物或植物的生命或健康，或避免对环境的严重损害；② 对人或动物的诊断、治疗和外科手术方法；③ 对微生物外的植物和动物，以及用非生物学和微生物学方法以外的动植物品种的以生物学为主的生产方法。

对于专利权的内容，该协定规定：就产品发明专利权人而言，其至少享有制造权、使用权、许诺销售权、销售权和进口权，他人未经其许可不得制造、使用、许诺销售、销售或进口该专利产品；对于方法专利权人，其至少有权禁止他人使用该方法，及从事使用、许诺销售、销售或为这些目的而进口由其方法专利直接获得的产品；专利所有权人应有权转让或通过继承方式转移专利权，并可通过订立许可合同许可他人实施其专利。

在专利权的限制方面，该协定规定各成员可以对专利的独占权规定有限的例外，但必须是在考虑第三方合法利益的前提下，该例外并未与专利的正常使用有不合理的冲突，也未不合理地损害专利权人的合法利益。协议还规定，只有当有兴趣的制造商通过个人努力按合理条件无法得到实施许可时，才可以考虑实行强制许可。

此外，该协定还规定专利保护的有效期限应不少于自申请之日起 20 年。

（2）商标

该协定规定任何标志或标识的组合，只要能将某一企业的商品或服务区别于其他企业的商品或服务，就构成一个商标。对商标提供保护，以所有权人对其商品或服务提出“注册申请”并获得商标注册为前提条件。

在商标权人的权利范围上，协定规定商标所有权人应当享有独占权，即有权禁止他人未经其许可，在贸易过程中使用与其已获商标注册的相同或相似的标志，标识与注册商标商品或服务相同或相似的商品或服务。此外，协定还规定了世贸组织成员可以对授予商标权规定有限的例外，这种规定考虑了商标权人与第三方的合法利益。

对于驰名商标，该协定的保护比《巴黎公约》的规定更全面。《巴黎公约》有关驰名商标的规定仅适用于商品商标，而该协定规定原则上也适用于服务。在构成侵权的范围上，该协定认为不仅在与驰名商标相同或相似的商品或服务上使用相同或近似的商标构成侵权，在不相似的商品或服务上使用也可能构成侵权。

就商标保护期限方面，协定规定商标的首次注册和每次续展注册的期限均不应少于 7 年，但商标注册可无限期续展。

在商标的许可使用与转让问题上，该协定规定，各成员可决定商标许可和转让的条件，这应理解为不允许商标的强制许可，并且注册商标权人有权转让其商标，可以连同也可以不连同该商标所属的企业一起转让。

（3）版权和邻接权

该协定要求版权保护须符合 1971 年《伯尔尼公约》的规定，但排除了《伯尔尼公约》第 6 条之二关于精神权利的规定。协定规定对计算机程序，无论是源代码还是目标代码，应根据《伯尔尼公约》以文学作品的形式予以保护。

同时，协定也首次对“出租权”加以规定，主张计算机程序和电影作品的作者及其权利继承人有权授予或禁止其版权作品的原件或复制件的商业性出租。协定扩大了表演者、录音制品制作者和广播组织的权利范围：表演者有权禁止未经许可录制、复制、广播其表演活动；录音制品制作者应享有准予或禁止其唱片直接或间接翻录的权利；广播组织应有权禁止录制、复制、转播其广播。

（4）工业品外观设计

本协定规定世贸组织成员必须对工业品外观设计提供保护。获得保护的工业品外观设计必须是独立创作的，具有原创性、新颖性。协定赋予工业品外观设计的所有权人生产制造权、销售权和进口权。对工业品外观设计的保护期不少于 10 年。

（5）未公开信息的保护

未公开信息包括商业秘密和未公开的实验数据。“商业秘密”指受法人和自然人合法控制的信息，只要这类信息具备下列三个条件：① 该信息整体或其组成部分的构成方式不能被同行业的人士所普遍了解，或为容易与之接近者所知；② 该信息由于保密而具有商业价值；③ 该信息的合法控制人为了保守秘密已采取了合理措施。

关于商业秘密合法控制人的权利，协定规定其有权阻止商业秘密以违背诚实信用原则的方式披露给他人、为他人获取或利用。“未公开的实验数据”仅涉及利用新的化学物质制造的药品和农业化学产品。如果成员方规定在审批这些产品销售或进口的过程中，申请人须提供未公开的实验数据或其他数据的，应采取措施保护这类信息，防止不正当的商业使用。

（6）集成电路的布图设计

该协定在承认《华盛顿条约》大部分实体性条款效力的基础上，作了一些补充。在保护范围方面，《华盛顿条约》只规定为商业目的进口、销售或以其他方式供销售保护的布图设计或含有受保护布图设计的集成电路是非法的，而协定把保护范围扩大到了“含有上述集成电路的物品”领域。在保护期限方面，《华盛顿条约》要求至少为8年，而协定延长到10年，自提交注册申请之日或在世界任何地方首次投入商业性利用之日起算；并允许成员方规定，该保护期限至少为从其创造之日起15年。同时，考虑到集成电路或含集成电路物品的进口商或经销商不可能逐个检查商品中是否含有非法复制的布图设计，协定专门规定：当事人不知道或不应知道商品中含有非法复制的布图设计的，其行为不得视为违法；当事人在收到关于侵权的通知后，对存货或在此之前的订单仍可以继续经营，但必须向权利持有人支付相当于合理使用费的一笔报酬。

（7）地理标志（包括原产地标志）

根据该协定规定，地理标志是确定一商品原产于一成员域内，或某地区或地点的标志，该商品的质量、声誉，或其他特征实质上取决于其地理上的原产地。协定要求各成员方应提供法律手段以便利害关系人阻止：① 利用任何手段，在商品的名称或说明上，明示或暗示该商品原产于并非其真实原产地的某地理区域，使公众对该商品的原产地产生误解；② 任何构成《巴黎公约》所规定的不公平竞争行为的使用。如其法律允许，成员方应依职权，或应利害关系人的请求，驳回或撤销那些包含非真实的产地标志、会导致公众对其真实原产地产生误解的商标注册。

此外，协定还对葡萄酒和烈酒的地理标志作了更为严格的保护。

四、《与贸易有关的投资措施协定》（Trade-Related Investment Measures，TRIMS）

《与贸易有关的投资措施协定》主要是限制东道国政府通过政策法令直接或间接实施与货物贸易有关的、会对贸易产生限制和扭曲作用的投资措施。协定禁止成员方采取不符合1994年关贸总协定的国民待遇原则和一般取消数量限制原则的投资措施。具体内容如下：

（1）禁止采取不符合1994年关贸总协定的国民待遇原则的投资措施。不符合1994年关贸总协定的国民待遇原则的投资措施主要有两种：一是当地成分要求，即指东道国要求外商投资企业生产的最终产品中必须有一定比例的零部件是在东道国当地购买或者是当地生产；二是贸易（外汇）平衡要求，即指规定外商投资企业为进口而支出的外汇，不得超过该企业出口额的一定比例。

（2）禁止采取不符合1994年关贸总协定的一般取消数量限制原则的投资措施，或为获得某项利益而必须遵守此类措施。这些投资措施主要有三种：一是贸易（外汇）平衡要求，即指对外商投资企业的进口作出一般的限定，或规定不得超过该企业出口额的一定比例；二是进口用汇限制，即指外商投资企业进行生产所需的进口额被限制在该企业拥有的外汇的一定比例内；三是国内销售要求，即指限定外商投资企业的产品必须有一部分在东道国国内销售。

协定还要求各成员方在《建立世界贸易组织的协议》生效后的90天之内，向世贸组织的货物贸易理事会通知他们正在实施的与该协定不符的所有与贸易有关的投资措施，并在限期内取消这些措施。对发达国家，这个期限为《建立世界贸易组织的协议》生效后2年；对发展中国家为5年；对最不发达国家为7年。

五、《服务贸易总协定》(General Agreement on Trade in Services，GATS)

《服务贸易总协定》所指的服务是指：① 跨境交付：从一成员方境内向境外任何一成员方境内提供服务，例如网络服务；② 境外消费：在一成员方境内向任何其他成员方的服务消费者提供服务，如涉外旅游；③ 商业存在：一成员方的服务提供者在任何其他成员方境内通过商业存在提供服务，即服务提供者在外国建立商业机构为消费者服务，如开设银行；④ 自然人流动：一成员方的自然人在其他任何成员方境内提供服务，例如运动员在境外的服务。

该协定所规定的义务分为两种：一种是普遍性义务，指适用于各个部门的义务，例如，不论成员方是否开放某个部门，都必须相互给予无条件最惠国待遇；另一种是具体承诺的义务，是指经过双方或多边谈判达成协议所承担的义务。这些义务(如市场准入和国民待遇等)只适用于各成员承诺开放的服务部门，而不适用于未开放的服务部门。

总协定还规定发展中国家可以对服务业实行逐步开放，允许其根据国内某个服务行业发展状况决定是否开放、如何开放。同时，要求发达国家帮助发展中国家提高国内服务能力和效率，为其提供技术援助和培训。对最不发达国家予以特殊优惠，准许这些国家不必作出具体的开放市场方面的承诺，直到其国内服务业具有竞争力。

第四节　世贸组织的争端解决机制

由于关贸总协定的争端解决机制存在争端解决时间过长、专家小组权力有限、监督后续行动不力等缺陷，无法有效解决成员间的贸易纠纷，因此需要建立新的争端解决机制，以保障各成员方的权利和义务得以实现。在乌拉圭回合最终通过的《关于争端解决规则与程序的谅解》中，确立了这一新的贸易争端解决机制。

一、世贸组织争端解决机制的适用范围

世贸组织的争端解决机制适用于以下协议引发的贸易争端：①《建立世界贸易

组织的协议》；②《货物贸易总协定》；③《服务贸易总协定》；④《与贸易有关的知识产权协定》；⑤《关于争端解决规则与程序的谅解》；⑥ 诸边贸易协议，包括《民用航空器贸易协定》《政府采购协定》 等。

上述多边贸易协定大多规定了适合其内容的争端解决规则和程序，作为对《关于争端解决规则与程序的谅解》 的补充。当两者存在不一致时，《关于争端解决规则与程序的谅解》 规定各多边贸易协定的特殊规则和程序应优先适用。

二、参与争端解决的机构

（1） 争端解决机构（Dispute Settlement Body，DSB）

世贸组织总理事会在履行争端解决职能时即为争端解决机构。该机构与总理事会组成成员相同，但不设独立的主席、工作人员和工作程序。其职能包括：统一主管世贸组织内的争端解决事宜、有权成立专家小组、通过专家小组和上诉机构的报告、监督建议和裁决的执行、授权中止减让或其他义务。

（2） 世贸组织秘书处

秘书处的职责包括：协助专家小组的工作，特别是在法律和程序方面提供支持，为专家小组提供文秘和技术支持，应发展中成员方请求，提供法律援助和咨询服务。

（3） 专家小组

负责审理争端案件，对受理争端案件作出客观评价，并提出有助于争端解决机构作出裁决的建议。

（4） 上诉机构

常设 7 人上诉机构，成员为公认的权威人士，不隶属于任何政府，要求精通法律、国际贸易和有关协议的主要内容。其职能是对专家小组报告进行审查，可以维持、修改或推翻专家小组的法律裁定和结论。

（5） 世贸组织总干事

根据《关于争端解决规则与程序的谅解》 第 5 条第 6 款，总干事可依职权进行贸易争端的斡旋、调解和调停程序，协助成员解决争端。

三、争端解决的程序

（一） 协商程序

当成员方认为另一成员方违反决议或损害其利益时，可提出书面协商申请。被请求方应从收到申请之日起的 10 天内作出答复，并在 30 天之内进入磋商程序（在紧急情况下，包括涉及易腐货品的争端，应在收到该项请求之后不超过 10 天的时间内进行磋商），60 天之内通过协商解决争端。

（二）斡旋、调解和调停程序

斡旋、调解和调停程序是基于争端双方共同意愿而开展的自愿性争端解决机制，其启动、进行和终止均具有高度灵活性：任何一方当事方可在争端解决过程中的任何时间提出程序请求，程序开始后亦可随时终止；调解程序终止后，申诉方有权立即请求成立专家组，但若各方达成一致，即便专家组程序已经启动，该调解程序仍可继续进行。世贸组织总干事依其职权可主动介入并提供斡旋、调解或调停服务，以协助成员方解决贸易争端。需要特别强调的是，在整个程序进行期间，必须严格保密各当事方所持立场，同时确保该程序的开展不会减损任何一方依据争端解决规则进行后续诉讼程序的合法权益。

（三）专家小组程序

当协商或斡旋、调解和调停均未能解决争端时，申诉方可请求争端解决机构成立专家小组，该机构应在接到申请后的第二次会议上作出决定，除非全体成员一致反对，否则专家小组即告成立，这一机制使得在世贸组织体制下成立专家小组较关贸总协定时期更为便捷，后者常以“协商未完”为由拖延成立程序。专家小组由世贸组织秘书处推荐 3 位国际贸易领域的独立专家组成，若 20 天内双方未能就人选达成一致，则由总干事与争端解决机构及相关委员会协商确定。专家小组应在 6 个月内完成裁决（紧急情况下 3 个月内，最长不超过 9 个月），其报告提交争端解决机构后，除非一方正式上诉或机构全体一致决定不予通过，否则应在 60 天内通过报告。这种时限约束和“反向协商一致”原则（即只有全体反对才能否决报告）是对关贸总协定机制的改进，后者常以“合理时间”为由拖延裁决，且采用传统协商一致原则使得败诉方也能阻挠报告通过。《关于争端解决规则与程序的谅解》的创新设计使争端解决机制更具自动性，确保程序能在规定时限内推进至下一阶段。

（四）上诉复审程序

如有一方对专家小组的最终报告不服，可以提出上诉，但上诉范围仅限于专家小组报告中涉及的法律问题或专家小组提出的法律解释问题。争端解决机构内设有常设上诉机构，该机构由 7 位成员组成，任期 4 年。上诉机构有权维持、修改或推翻专家小组作出的法律认定和结论。除非争端解决机构全体成员一致反对，否则上诉机构的报告应在向各成员发布后 30 天内获得通过和采纳。上诉机构报告一经争端解决机构采纳，争端双方必须无条件接受其建议和裁决。

（五）执行程序

在专家小组或上诉机构报告通过后 30 天内，相关成员方应向争端解决机构通报其执行裁决或建议的意向。争端解决机构将对各方执行情况进行持续监督，并对主要遗留问题保持监管直至问题完全解决。若一方未能在合理期限内履行建议，则必须与利益受损方进行谈判，以形成双方均可接受的补偿方案。若谈判未能达成一致，争端解决机构可授权利益受损方中止对另一方的减让或其他义务。根据《关于争端解决规则与程序的谅解》规定，中止减让或其他义务的实施需遵循三个递进步骤：首先，申诉方应在被认定遭受损害的部门内寻求中止减让或其他义务；其次，若同一部门内中止减让不可行，则可扩展至同一协议下的其他部门；最后，若前两种方式均不奏效，则可中止其他协议项下的减让或其他义务。申请中止减让的成员方需向争端解决机构陈述理由，并将理由通报世贸组织相关理事会。如需在同一协议不同部门间实施中止，还须向世贸组织相关部门机构提出申请。鉴于减让义务涉及世贸组织基本原则及众多成员方重大利益，任何中止减让的决定都必须经过多边贸易机构审议，严禁单方面实施。

第六章

国际反倾销法和反补贴法

第一节 反倾销法

一、倾销（Dumping）与反倾销法

（一）倾销的概念与特征

各国法律关于倾销的概念普遍以《关税及贸易总协定》第六条对“倾销”的定义为准，即指一国的产品以低于其正常价值的价格出口到另一国的行为。倾销具有以下特征：① 表现为出口产品价格低于相同产品在出口国市场的销售价格；② 通常以扩大出口、占领国外市场为主要目的；③ 往往对进口国相关产业造成实质损害或威胁，扰乱市场秩序；④ 本质上是一种不公平竞争行为，因其常以冲击或摧毁进口国国内竞争对手为目的。

（二）反倾销法的概念与特征

反倾销法是进口国为保护本国经济和生产者利益，维护正常国际贸易秩序而对倾销行为进行限制和调整的法律规范的总称。其特点体现在：

① 反倾销法通过对倾销产品征收反倾销税或其他反倾销措施，消除不公平的价格差别，从而起到制止倾销，保护本国相关产业免受损害的作用。

② 反倾销法属于经济行政法的范畴。各国的反倾销法主要由行政管理部门执行。法院通常不干预行政裁决，除非存在明显违法行为。

（三）反倾销法的历史沿革

反倾销立法始于 1904 年加拿大的反倾销法，美国于 1916 年制定首部反倾销法，之后又制定了一系列法规和修正案。美国现行的反倾销法由三部分组成：一是美国国会批准通过的贸易法中有关反倾销条款，如 1930 年美国《关税法》、1976 年美国《贸易协定法》、1984 年美国《贸易和关税法》、1988 年美国《综合贸易和竞争法》等；二是美国商务部和美国国际贸易委员会根据贸易法授权所制定的反倾销法实施

细则等规章条例；三是美国国际贸易法院审理不服商务部和国际贸易委员会裁决的反倾销上诉案并对该类案件所作的判例，以及联邦巡回上诉法院审理不服美国国际贸易法院判决的判例。

欧共体于1968年4月颁布了统一适用于所有成员国的反倾销法，即《欧共体理事会关于防止来自非欧共体成员国的倾销或补贴进口商品的条例》（EEC No 459/68）。该条例历经多次修订与更新，其法律框架得以延续和发展。现行有效的欧盟反倾销条例为2016年6月欧洲议会和理事会颁布的《关于抵御非欧盟成员国倾销性进口的第2016/1036号条例》，对反倾销的问题作出了全面详尽的规定。

第一个国际反倾销立法是1948年1月1日生效的《关税与贸易总协定》第6条。在肯尼迪回合谈判中，总协定缔约国于1967年6月30日签订《关于执行关贸总协定第6条的决定》，即《反倾销法典》；东京回合谈判对1967年《反倾销法典》作出修改，签署新的《反倾销守则》并于1980年1月1日生效。该守则以国际条约形式规定反倾销法，对协调和统一各国反倾销法具有重要作用，已被美国、欧共体等接受并纳入国内法。在乌拉圭回合谈判中，各缔约国达成《乌拉圭回合最后文件》中的《反倾销协议》，该协议对反倾销规则体系作出了更为严格和系统的规定，规定了反规避、反倾销的措施，同时对发展中国家设有若干例外规定。

二、倾销成立的条件

根据关贸总协定和各国的反倾销法，认定倾销成立必须同时满足三个条件：第一，必须证明存在倾销行为，即产品出口价格低于其正常价值；第二，必须证明这种倾销对进口国的相关工业造成实质损害、实质损害威胁或实质阻碍产业建立；第三，倾销与损害之间存在因果关系。

（一）倾销的确定

（1）正常价值（Normal Value）的确定

确定进口产品是否存在倾销，需将被指控倾销产品的出口价格与“正常价值”比较，如果前者低于后者则存在倾销。因此，确定倾销需明确出口价格和正常价值。根据关贸总协定以及各国的反倾销法，正常价值可以通过三种方法来确定，即国内销售价格、向第三国出口价格及结构价格。① 国内销售价格。国内销售价格是确定正常价值的最基本的方法，指被指控倾销产品在进行反倾销调查期间，在出口国市场实际支付或应当支付的价格。用于比较的国内销售价格应具有代表性，反映出口国市场的一般交易水平，且为正常商业做法下的价格，并达到一定交易量。② 向第三国出口价格。若出口国或原产国在国内市场上没有相同或类似产品可供比较的国内价格，或者国内价格不具备比较条件致使不能采用国内销售价格时，可以将被指控倾销的产品向第三国出口价格作为正常价值。第三国选择标准为：一是出口至该国的产品与出口至进口国的产品相同或最相似；二是该国为出口量最多的国家；三是出口至该国与出口至进口国的销售渠道做法类似。③ 结构价格（Constructed Value）。当上述两种方法因不符合要求无法适用时，可采用结构价格确定正常价值。结构价格又称推定价格，指按被指控倾销的商品在原产国的实际生产成本加上销售成本及一定比例利润得出的推定价格。

上述三种价格标准在法律效力上有先后顺序，且仅适用于市场经济国家。美欧等国反倾销法对非市场经济国家出口的产品的正常价值，采用选取市场经济国家作为替代国的方法，以替代国生产相同或类似产品的价格或者结构价格，作为确定“公平价格”（Fair Value）的基础。

（2）出口价格的确定

出口价格是指进口商实际支付或应支付的价格。确定倾销需同时明确正常价值与出口价格以进行比较。出口价格确定原则包括：① 实际支付或应支付的价格；② 在一定条件下采用结构出口价格；③ 出口商若不配合调查，则主管机构将依据现有的资料，一般也就是申诉人提供的价格确定出口价格。当出口商与进口商之间存在着总公司与分公司、母公司与子公司或控股公司等特殊关系，或因其他原因而使出口价格不予采用时，主管当局采用被指控倾销产品首次在进口国国内向独立商人转售的价格，即进口商向无关联方出售的价格。

（3）对正常价值和出口价格的调整

为真实地确定一项出口产品存在倾销，不能简单地直接用其出口价格与正常价值进行比较，必须对这两个价格进行适当的调整。把两个市场上同一类或类似商品的价格放在同一商业环节上去比较，才能得出公平合理的结论。各国法律对于调整的项目、金额乃至计算方法都有很严格的规定。根据关贸总协定《反倾销守则》，两种价格应在相同贸易水平上进行比较，通常是出厂价格水平；相比较的销售价要尽可能是相同时期的销售价。因销售条件、税收不同或其他影响价格比较的差别，应根据具体情况给予适当扣除。在进口和转卖过程中所产生的包括关税和税收在内的成本以及所产生的利润也应扣除。

（二）工业损害的确定

构成倾销的另一个条件是：出口产品对进口国生产相同或类似产品的工业造成实质损害、实质性损害威胁或实质性阻碍该类工业的建立。

（1）进口国工业的确定

各国法律规定，受到重大的或实质性损害的“工业”，指生产相同或类似产品的全部国内生产者，或其集体产量在国内相同或类似产品总量中占最主要比例的国内部分生产者，但排除与出口国生产商、出口商存在总分公司、母子公司、参股公司等经济联系的企业和本身就是被指控倾销产品进口商企业，以及那些虽生产相同或类似产品，但并不在公开市场上出售而只供自己企业内部耗用的企业。这种工业的概念排除了以个别企业代表整个国内工业的可能性。不过，欧共体规定按照有关工业的生产和产品的销售条件，可将欧共体划分为若干个完全分立的区域性竞争市场，当这一市场的全部或大部分生产者遭到倾销商品的损害时，可以认定倾销存在。在美国也有所谓“地区工业”的概念，根据美国反倾销法的规定，每一地区性市场中发现重大损害，即使国内工业未受到重大损害，在一定条件下也可将地区工业视为美国工业并作出“损害”决定。

（2）损害的确定

各国对“重大损害”或“实质性损害”无具体规定和解释，但一般规定判断时应考虑的因素，主要包括：① 被指控倾销商品的进口数量是否大量且迅速增加；② 该商品对进口国同类产品价格的影响，是否迫使国内产品价格被压低或无法合理提高；③ 对同类产品的进口国生产商的影响，是否对其订单情况、设备利用率、工厂就业情况、工资、借款能力等产生不利影响。这些因素无客观判断标准，进口国当局有较大自由裁量权。除实际损害外，实质损害威胁或实质阻碍工业建立也被视为存在损害。实质损害威胁是指出口国有关工业虽尚未处于被实质损害的境地，但事实将会导致这种境地。这个事实必须是真实的、迫切的、可以预见的。实质阻碍工业建立是指新工业的实际建立过程因倾销而受阻，无法建立。

（3）倾销与损害之间存在因果关系

倾销产品未必直接导致进口国工业损害，进口国同类工业损害可能由其他因素造成，如需求下降、产品消费格局的变化、进口产品与本国产品的竞争、质量差别、自然资源的缺乏、进口国生产者之间的竞争等。关贸总协定 1979 年《反倾销守则》第 3 条第 4 款规定：必须证明由于倾销的结果，倾销进口的产品正在造成本守则所称的损害，其他因素与此同时也可能正在损害该工业，但是其他因素造成的损害不应归咎于倾销进口的产品。这要求进口国主管当局必须以充分的证据证明进口产品的倾销与进口国工业所受的损害之间存在因果关系，否则不得征收反倾销税。很多国家据此而修改了本国的反倾销法，作出类似规定。乌拉圭回合通过的《反倾销守则》明确采用“因果关系”法律术语。审查因果关系主要考虑三个因素：① 倾销产品进口数量在进口国工业遭受损害时是否大量增加；② 倾销进口产品是否压低进口国相似产品价格；③ 倾销产品对进口国国内生产者的冲击。

根据欧共体和美国反倾销法的立法解释，倾销所致损害不要求损害全部由倾销产品造成，倾销产品也无须是损害的主要、重大或大部分原因。反倾销机构确认因果关系时，没有义务和责任去比较造成损害的各种原因的主次关系，只需剔除倾销以外的其他原因，证明倾销产品是造成损害的原因之一且存在因果关系即可。

三、反倾销法的诉讼程序

各国反倾销法对反倾销案的诉讼程序都作了具体规定，主要有以下几个方面：

（一）执行反倾销法的专门机构

美国目前的反倾销机构是两个相互独立的行政机关，一个是商务部（Department of Commerce，DOC），另一个是美国国际贸易委员会（International Trade Commission，ITC）。商务部负责倾销的确定，具体工作由其下属的国际贸易管理署（International Trade Administration，ITA）开展。ITA 直接由商务部副部长的一名助理或副助理负责，反倾销案件最终决定由商务部负责国际贸易的副部长签字批准。国际贸易委员会是独立的联邦机构，负责审定有关进口产品是否对美国国内相关工业造成实质损害或威胁。只有当两个机构的调查结果均为肯定时，倾销才成立，最后由商务部发布征收反倾销税的命令，而反倾销税的计算和征收则由海关负责。欧盟委员会（EU Commission）是欧盟主管反倾销的机构，负责决定是否立案、调查、中止或终止案件、征收反倾销税、接受价格承担等一系列工作。其下设两个具体执行部门，Directorate C 负责倾销调查，Directorate E 负责损害和公共利益调查。在反倾销活动中，咨询委员会（Advisory Committee）也发挥着重要作用，该委员会由各成员国代表组成，反映各成员国利益，在反倾销案件审理的各个阶段，欧盟委员会必须征求咨询委员会的意见。在反倾销方面，最终决定是否征收反倾销税的机关是欧盟的最高立法机关——欧盟理事会（EU Council）。理事会有权否决委员会对反倾销案件的决定，并对反倾销税的征收作出最终裁决。

（二）申诉

反倾销程序通常从申诉开始。申诉者应是能够代表进口国某工业的全部厂商、大多数厂商，或是其代表的厂商产量占进口国产量大部分的生产商、生产商协会、工会等。申诉书应以书面形式提出，并应符合一定要求，包括提供足够的证据。此外，根据美国法，美国商务部也有权自行决定进行反倾销调查，不过在实际中这种情况较为少见。

（三）立案

反倾销机构在接到反倾销申诉后一定期限内（例如，美国为 20 天，澳大利亚为 35 天），会审查该申诉是否符合法律或条例。一旦作出审议决定，便立即在“政府公报”上公布，其中美国商务部在《联邦纪事》上登载，欧盟在《欧盟官方公报》上发布。

（四）调查

立案后，反倾销机构随即展开调查，调查分为书面调查和实地调查两种。书面调查是指主管当局向出口商、生产者等当事人发放调查问卷（也称问题单），要求各方当事人在规定期限内（美国为45天，欧共体为37天）填写完毕并交回。问卷内容广泛，涉及被指控产品的国内销售、出口数量、价格、生产成本等信息。实地调查则是前往有关方所在国家、工厂及当事人所在地，进行实地核查，以收集广泛且充分的材料和证据。调查过程中往往还会举行听证会，但听证会不是强制性的，通常是应一方当事人请求而举行，任何一方当事人都没有义务必须出席。在反倾销调查阶段，被调查企业应及时提供材料进行有针对性的抗辩，否则将被视为放弃权利，反倾销机构将根据自己掌握的材料作出不利于被告的缺席裁决。

（五）初裁

对倾销案件的裁决分为初裁与终裁两个阶段。初裁是指经过调查核实后，如果初步判断进口产品以低于正常价值销售，并对进口国相关工业造成实质损害，反倾销程序将继续推进，并对指控产品采取临时反倾销措施，如暂停办理有关商品的入关手续、封存库存、要求提供押金或担保等；在欧共体，会征收临时反倾销税。

（六）终裁

初裁后，有关各方当事人可就初裁结论进一步陈述意见，由各方当事人针对相关问题展开讨论和辩论。主管当局在进一步收集与核实证据后，对倾销和损害作出最终裁决。如果裁决结果为肯定，则需确定最终征收的反倾销税率，由海关负责征收反倾销税。

（七）司法审查

若对倾销案终裁裁决不服，双方当事人均可向有关法院上诉。在美国，当事人可向设在纽约的国际贸易法院申请审查，若对该法院判决仍不服，还可向美国联邦巡回上诉法院提起上诉。

四、中国反倾销法

2022年修订的《外贸法》第四十条规定："其他国家或者地区的产品以低于正常价值的倾销方式进入我国市场，对已建立的国内产业造成实质损害或者产生实质损害威胁，或者对建立国内产业造成实质阻碍的，国家可以采取反倾销措施，消除或者减轻这种损害或者损害的威胁或者阻碍。"

早在2004年，国务院依据该规定（2004年版《外贸法》第四十一条）修订了《中华人民共和国反倾销条例》（以下简称《反倾销条例》），并于同年6月1日起施行。

（一）倾销与损害

根据中国《反倾销条例》第三条规定，倾销是指在正常贸易过程中，进口产品以低于其正常价值的出口价格进入中华人民共和国市场。对于进口产品正常价值的确定，《反倾销条例》采取了国际通行做法：一是按进口产品的同类产品在出口国

（地区）国内市场正常贸易过程中的可比价格确定；二是按该同类产品出口到适当第三国的可比价格确定；三是按所谓构成价格，即该同类产品的生产成本加合理费用、利润来确定。当进口产品不直接来自原产国（地区）时，同样按上述方法确定正常价值，但在产品仅通过出口国（地区）转运、出口国（地区）无生产或者不存在可比价格等情形下，可以该同类产品在原产国（地区）的价格作为正常价值。在确定进口产品的出口价格方面，《反倾销条例》规定了两种方法：一是以进口产品实际支付或者应当支付的价格为依据；二是以该进口产品首次转售给独立购买人的价格，或由商务部根据合理基础推定的价格为依据。进口产品出口价格低于其正常价值的幅度，即为倾销幅度。

损害的确定是采取反倾销措施的另一个重要条件。根据《反倾销条例》，在判定倾销对国内企业造成的损害时，需审查倾销产品的数量、价格对国内同类产品生产或消费数量和价格的影响，及其对国内产业相关经济因素和指标的影响；同时，还应审查倾销产品出口国（地区）、原产国（地区）的生产能力、出口能力和库存情况，以及导致国内产业损害的其他因素。

（二）中国反倾销机构

在2003年国务院机构调整前，反倾销主管机构为对外经济贸易合作部与国务院经济贸易委员会，实行双轨制；2003年国务院机构改革后，反倾销调查机构并入新成立的商务部，确立单轨制模式。具体职责由商务部下属的进出口公平贸易局和产业损害调查局等部门承担，其职能如下：

① 进出口公平贸易局承接原外经贸部职能，负责反倾销案件的受理、立案、对外公告发布、产品范围调整、信息披露及利害关系方通知等；负责进口数量增长的调查和裁决；会同损害调查局拟定以商务部名义发布相关公告并监督实施、跟踪评估。

② 产业损害调查局承接原国家经贸委职能，负责审核反倾销案件调查中有关产业损害的内容；负责国内产业损害的调查与裁决；参与以商务部名义发布的相关公告。

③ 其他相关部门：a. 国务院关税税则委员会根据商务部建议，作出征收临时反倾销税、固定反倾销税以及追溯征收反倾销税的决定。b. 农业农村部会同商务部开展涉及农产品的反倾销国内损害调查。c. 海关总署负责执行临时反倾销措施和征收临时反倾销税。

（三）中国反倾销调查程序

（1）反倾销调查申请与受理

国内产业或代表国内产业的自然人、法人及有关组织，可依照外贸法和反倾销条例规定，向商务部提出反倾销调查书面申请。申请书应包含下列内容：① 申请人情况及其代理人情况；② 申请人资格说明；③ 对申请被调查产品的详细描述，包括名称、物理特征、化学特征、主要用途、生产工艺、销售渠道、海关税则等等；④ 进口产品与国内产品为同类产品的说明；⑤ 国内产业情况，包括发展历程、所处地位、国际市场情况、竞争情况及目前状态等；⑥ 国外生产商、出口商及国内进口商信息；⑦ 申请调查进口产品的出口价格和正常价值信息和证明文件，以及估算出的倾销幅度；⑧ 倾销产品进口数量的变化信息，倾销产品对国内同类产品的价格以及生产的影响，以及影响国内产业状况的有关因素和指标；⑨ 倾销与损害之间存在因果关系的说明；⑩ 救济请求等。同时应当附具下列证据：① 申请调查的进口产品存在倾销；② 对国内产业的损害；③ 倾销与损害之间存在因果关系。商务部收到申请后，对申请书及证据进行审查，决定是否立案调查，并将决定公告、通知利害关系方。特殊情形下，即便未收到书面申请，若商务部有充分证据证明存在倾销、损害及二者因果关系，也可决定立案调查。

（2）调查和裁定

立案调查决定作出后，由商务部开展调查，并根据调查结果分别就倾销、损害及二者因果关系作出初裁决定，由商务部予以公告。若初裁认定倾销、损害及因果关系成立，商务部将继续对倾销及倾销幅度、损害及损害程度进行调查，并作出终裁决定，同样由商务部公告。反倾销调查期限自立案公告之日起 12 个月内结束，特殊情况可延长，但延长期不得超过 6 个月。

（3）实施反倾销措施

初步裁定倾销成立且对国内产业造成损害的，由商务部提出建议，国务院关税税则委员会根据建议决定征收临时反倾销税。临时反倾销税征收期限自措施决定公告之日起，一般不超过 4 个月，特殊情况可延长至 9 个月。

在反倾销调查期间，倾销进口产品的出口经营者可以向商务部作出改变价格或者停止以倾销价格出口的价格承诺，商务部也可以向出口经营者提出价格承诺的建议，但不得强迫出口经营者作出承诺。若出口商作出价格承诺，商务部可以决定中止或终止反倾销调查，并予以公告。终裁认定倾销存在且对国内产业造成损害的，应按规定程序征收反倾销税，并予以公告。反倾销税税额不得超过终裁确定的倾销幅度。征收反倾销税和价格承诺的期限通常不超过 5 年，经复审若确定终止征收反倾销税可能导致倾销和损害继续或者再度发生，征收期限可以适当延长。

（4）复审

反倾销税或价格承诺生效后，商务部在有正当理由时，可主动决定对继续征收反倾销税或履行价格承诺的必要性进行复审；也可以在经过一段合理时间，应利害关系方的请求并对利害关系方提供的相应证据进行审查后，决定对继续征收反倾销税的必要性进行复审。在价格承诺生效后，商务部也可以在有正当理由的情况下，决定对继续履行价格承诺的必要性进行复审；也可以在经过一段合理时间，应利害关系方的请求并对利害关系方提供的相应证据进行审查后，决定对继续履行价格承诺的必要性进行复审。根据复审结果，由商务部提出保留、修改或者取消反倾销税的建议，国务院关税税则委员会根据该建议作出决定，由商务部予以公告；或者由商务部作出保留、修改或者取消价格承诺的决定并予以公告。复审期限自决定复审开始之日起，不超过 12 个月。在复审期间，复审程序不妨碍反倾销措施的实施。

对终裁决定、反倾销税征收决定、追溯征收决定，或者对复审决定不服的，可以依法申请行政复议或者向人民法院提起诉讼。

拓展

案例：中国自加入世贸组织以来，凭借综合成本优势，鞋类制品等多行业产品以低于欧洲同类产品的价格大量进入欧洲市场。据中方统计，2005 年中国向全球出口鞋类产品 58.8 亿双，总价值 152 亿美元。其中对欧出口 8.1 亿双，价值达 22.3 亿美元。中国皮鞋的大量涌入，虽让欧洲消费者享受到物美价廉的产品，但也使欧洲部分生产商感受到竞争压力，甚至产生中国皮鞋倾销的认知。近年来，欧盟方面的惩罚方案接连出台，从 2004 年 9 月西班牙火烧中国鞋城事件，到 2006 年欧盟对中国输欧皮鞋征收 16.5%的反倾销税，中国皮鞋被视为欧盟鞋类制造业不景气的“诱因”。

谈谈你对此案例的看法和启示。

第二节　反补贴法

一、补贴的含义

（一）补贴的概念

补贴（Subsidies）是指政府或者公共机构对企业提供财政资助，以及政府对其收入或价格的支持。从国际贸易角度看，补贴可分为国内补贴与出口补贴两大类。国内补贴是指一国政府就某一产品给予其国内企业的补贴，旨在实现国内发展目标，这类补贴若不涉及出口，原则上不受别国反补贴法干涉。出口补贴则是一国政府专门针对出口产品给予生产企业的鼓励性补贴。接受出口补贴的产品，成本被人为降低，扭曲正常竞争，会损害进口国相关产业，与倾销同属不公平竞争行为，也是各国反补贴法和关贸总协定规制的对象。

（二）补贴的范围

根据乌拉圭回合达成的《补贴与反补贴协议》规定，补贴的范围包括：① 政府直接转让资金，如赠与、贷款、资产注入；潜在资金或债务的直接转移，如贷款担保；② 政府财政收入的放弃或不收缴；③ 政府提供货物或服务，或购买货物；④ 政府向基金机构拨款，或委托、指令私人机构履行前述①至③项的职能；⑤ 构成《1994 年关贸总协定》第 16 条含义的任何形式的收入或价格支持。

（三）反补贴的法律框架

关贸总协定对反补贴问题作出规定，其反补贴规则主要体现在第 6 条、第 16 条和第 23 条。其中，第 16 条是反补贴规定的主要条文，第 6 条主要规定反补贴税的相关内容，第 23 条对利益的丧失或损害相关方面作出规定。1979 年东京回合通过了《反补贴守则》，1994 年乌拉圭回合又签署了《补贴与反补贴措施协议》。

西方国家现行反补贴法大多源于关贸总协定 1979 年的《反补贴守则》，各国反补贴法的原则和规定基本一致。美国反补贴法律主要规定于《1930 年关税法》《1974 年贸易法》和《1979 年贸易协定法》。1994 年以前，欧共体的反补贴法与反倾销法规定在同一规则中，且侧重反倾销问题，对反补贴规定较少。1994 年，欧共体制定了共同体内第一部单独的反补贴基本规则，即《第 3284/94 号规则》。1997 年 10 月 6 日，又对该规则进行修正，颁布《第 2026/97 号规则》，此规则为欧盟现行有效的反补贴法律。

二、反补贴法的实体规定

（一）总协定关于缔约国对补贴承担的义务

（1）对“一般补贴”承担的义务

一般补贴是指缔约国对产品给予或维持的任何补贴。对于一般补贴，缔约国负有通知和协商义务，即给予补贴的缔约国应将这项补贴的性质和范围、对进口产品数量的预计影响以及补贴的必要性，以书面形式通知全体缔约国。若该项补贴经判定对另一国的利益造成重大损害或产生严重威胁，给予补贴的缔约国需在接到要求后，与相关缔约国或缔约国全体进行协商，探讨限制这项补贴的可能性。

（2）对出口补贴承担的义务

总协定严格禁止对非初级产品和矿产品给予补贴，但对发展中国家另有例外规定。至于除矿产品以外的初级产品（如农、林、渔产品）出口补贴，原则上不禁止，但缔约国不得因对某种初级产品给予出口补贴，而使其在这一产品的世界出口贸易中占据不合理份额，或致使同一市场上其他国家供应者大幅削价。

（3）禁止使用的补贴、可申诉的补贴和不可申诉的补贴

乌拉圭回合达成的反补贴措施协议将补贴分为三类：禁止使用的补贴、可申诉

的补贴和不可申诉的补贴。禁止使用的补贴，又称禁止性补贴，包括：① 在法律或事实上与出口实绩相关的补贴，即出口补贴；② 其他由公共开支的项目；③ 国内含量补贴，即补贴仅与使用国产货物相关，对进口货物不予补贴。各成员方都不得使用此类补贴，否则受损害方有权诉诸争端解决机制。可申诉的补贴，指政府通过直接转让资金、放弃财政收入、提供货物或服务、实施各种收入支持和价格支持，以及对特定企业提供特殊补贴。这类特殊补贴具有选择性、差别性或歧视性特征，若对其他缔约方国内相关工业造成重大损害，受损国可通过争端解决机制解决。不可申诉的补贴，指普遍性实施的补贴，以及事实上未针对特定企业提供的补贴，包括：① 非特殊补贴，即普遍性补贴；② 用于扶持企业科研活动、高水平教育或科研设施建设的补贴，但工业科研项目扶持比例不得超过成本的 75%，竞争开发活动成本扶持比例不得超过 50%；③ 扶持落后地区的经济补贴；④ 为适应新环境保护要求，用于扶持改进现有设备的补贴，且补贴金额仅限于改造成本的 20%。此类补贴不可诉诸争端解决，但要求缔约方将这类补贴情况提前、及时通知其他缔约方，如有疑义通过磋商解决。

（二）征收反补贴税的条件

关贸总协定和各国反补贴法对征收反补贴税一般规定了以下条件：① 存在接受直接或间接出口补贴的事实；② 对进口国国内某一工业造成实质损害或重大威胁，或严重阻碍进口国某一工业的建立；③ 补贴与损害之间存在因果关系。

在确定是否存在损害时，主要考虑：① 补贴进口产品的数量及其对国内同类商品市场价格的影响；② 补贴进口产品对进口国同类产品生产者的影响。

三、反补贴法的程序规定

美国等国家的反补贴程序与反倾销程序基本相似。关贸总协定反补贴守则规定的反补贴程序主要包括调查、磋商、征收反补贴税三个阶段。缔约国必须按照法定程序发起调查，一般应根据受影响的工业部门或该工业部门名义提交书面要求。调查期间，有关当局在作出初步裁决后，可对被指控受补贴的产品采取临时措施。若有关当事人达成协议，主动消除补贴造成的有害后果，可暂停或终止反补贴调查。所有调查结论都应发布公告。无论是发起调查前或在调查过程中，都应为产品受调查的缔约国提供适当磋商机会，以澄清事实真相、达成双方同意的解决办法。经调查符合征收反补贴税条件的，由进口缔约国的有关当局决定是否征收反补贴税。若出口国政府同意取消或限制补贴，或出口商同意修改其价格，使进口国调查机构确认补贴的损害性影响已经消除，通常可中止或终结诉讼，不再征收反补贴税。

乌拉圭回合签署的《补贴与反补贴措施协议》确立了双轨制救济制度：① 直接通过世贸组织的争端解决机制求得救济；② 通过国内法律程序，采取征收反补贴税的方式获得救济。

新协议对上述两种救济制度均作出详细规定。对于一项特殊补贴，成员方可通过上述两个渠道寻求救济，但最终只能采用一种救济措施。

四、中国反补贴法

《外贸法》第四十二条规定："进口的产品直接或者间接地接受出口国家或地区给予的任何形式的专向性补贴，对已建立的国内产业造成实质损害或者产生实质损害威胁，或者对建立国内产业造成实质阻碍的，国家可以采取反补贴措施，消除或者减轻这种损害或者损害的威胁或者阻碍。"此外，1997年3月25日，国务院发布《中华人民共和国反倾销和反补贴条例》，对反补贴措施作出具体规定。2001年10月31日，国务院第46次常务会议通过《中华人民共和国反补贴条例》（以下简称《反补贴条例》），并于2004年修订，进一步完善了中国反补贴法律制度。

（一）补贴与损害

根据《反补贴条例》规定，补贴是指出口国（地区）政府或者其任何公共机构提供的、为接受者带来利益的财政资助以及任何形式的收入或者价格支持，具体包括：① 出口国（地区）政府以拨款、贷款、资本注入等形式直接提供资金，或者以贷款担保等形式潜在地直接转让资金或者债务；② 出口国（地区）政府放弃或者不收缴应收收入；③ 出口国（地区）政府提供除一般基础设施以外的货物、服务，或者由出口国（地区）政府购买货物；④ 出口国（地区）政府通过向筹资机构付款，或者委托、指令私营机构履行上述职能。

该条例明确进行调查、采取反补贴措施的补贴必须具有专向性，包括：① 由出口国（地区）政府明确确定的某些企业、产业获得的补贴；② 由出口国（地区）法律法规明确规定的某些企业、产业获得的补贴；③ 指定特定区域内的企业、产业获得的补贴；④ 以出口实绩为条件获得的补贴，包括本条例所附出口补贴清单列举的各项补贴；⑤ 以使用本国（地区）产品替代进口产品为条件获得的补贴。

确定补贴专向性时，还需综合考虑受补贴企业数量，受补贴数额、比例、时间以及补贴方式等因素。

采取反补贴措施，除需认定进口产品存在补贴外，还必须确定损害的存在。《反补贴条例》规定，损害是指补贴对已经建立的国内产业造成实质损害或者产生实质损害威胁，或者对建立国内产业造成实质阻碍。在判定补贴对国内产业造成的损害时，应当审查下列事项：① 补贴可能对贸易造成的影响；② 补贴进口产品的数量，包括补贴进口产品的绝对数量或者相对于国内同类产品生产或者消费的数量是否大量增加，或者补贴进口产品大量增加的可能性；③ 补贴进口产品的价格，包括补贴进口产品的价格削减或者对国内同类产品的价格产生大幅度抑制、压低等影响；

④ 补贴进口产品对国内产业的相关经济因素和指标的影响；⑤ 补贴进口产品出口国（地区）、原产国（地区）的生产能力、出口能力，以及被调查产品的库存情况；⑥ 造成国内产业损害的其他因素。

（二）中国反补贴机构

根据《反补贴条例》规定，商务部负责受理反补贴调查申请，并负责补贴的调查和认定，其中涉及农产品的反补贴国内产业损害调查，由商务部会同农业部开展。如需征收临时反补贴税或反补贴税，由商务部提出建议，国务院关税税则委员会根据建议作出决定，由商务部予以公告。反补贴税的征收由海关负责执行。

（三）中国反补贴调查程序

（1）反补贴调查申请与受理

国内产业或者代表国内产业的自然人、法人及有关组织，可以依照外贸法和反补贴条例的规定，向商务部提交反补贴调查书面申请，申请书中应包含：可以依照外贸法和反补贴条例的规定，向商务部提交反补贴调查书面申请，申请书中应包含：① 申请人及已知国内生产者的情况说明；② 申请调查进口产品、国内同类产品的完整说明及二者的比较；③ 已知出口商或国外生产商、进口商情况说明和出口国（地区）；④ 国内产业的情况说明；⑤ 补贴的情况说明；⑥ 国内产业受到损害的情况说明；⑦ 补贴和损害之间因果关系的论证；⑧ 申请人认为需要说明的其他事项。同时应附具以下证据：一是申请调查的进口产品存在补贴；二是对国内产业造成损害；三是补贴与损害之间存在因果关系。商务部收到反补贴调查申请后，对申请书及其所附具的证据进行审查。经征求国家经济贸易委员会意见后，决定是否立案调查。立案调查前，应就补贴事项向产品可能被调查的国家（地区）政府发出磋商邀请。特殊情形下，即便商务部未收到书面申请，若商务部有充分证据证明存在补贴、损害及二者因果关系，也可决定立案调查。

（2）调查和裁定

立案调查决定作出后，由商务部开展调查，并根据调查结果分别就补贴、损害及二者因果关系作出初裁决定，由商务部予以公告。若初裁认定补贴、损害及因果关系成立，商务部将继续对补贴及补贴金额、损害及损害程度进行调查，并作出终裁决定，同样由商务部予以公告。

反补贴调查期限自立案公告之日起 12 个月内结束，特殊情况可以延长，但延长期不得超过 6 个月。

（3）实施反补贴措施

初裁认定补贴成立且对国内产业造成损害的，可采取临时反补贴措施。采取现金保证金或保函担保形式，征收临时反补贴税。临时反补贴措施由商务部提出建议，国务院关税税则委员会根据建议作出决定，由商务部予以公告。海关自公告规定实施之日起执行。临时反补贴措施实施期限自公告规定实施之日起，不超过4个月。

反补贴调查期间，若出口国（地区）政府提出取消、限制补贴或者其他相关措施承诺，或出口经营者提出修改价格承诺，商务部应当予以充分考虑。商务部也可向出口经营者或出口国（地区）政府提出有关价格承诺建议，但不得强迫其作出承诺。如果接受补贴的产品出口商作出价格承诺，商务部可以决定中止或终止反补贴调查并公告。若磋商未果，终裁决定确定补贴成立且对国内产业造成损害的，可以征收反补贴税。反补贴税征收期限和承诺履行期限一般不超过5年；但经复审，若终止征收可能导致补贴和损害继续或再度发生，其征收期限可以适当延长。征收反补贴税由商务部提出建议，国务院关税税则委员会根据商务部的建议作出决定，由商务部公告，海关自公告规定实施之日起执行。

（4）复审

反补贴税生效后，商务部可以在有正当理由的情况下，决定对继续征收反补贴税的必要性进行复审；也可以在经过一段合理时间，应利害关系方请求并审查其提供的充分证据，决定启动复审。根据复审结果，商务部依照条例规定提出保留、修改或者取消反补贴税的建议，国务院关税税则委员会根据建议作出决定，由商务部公告；或者由商务部依照本条例的规定，作出保留、修改或者取消承诺的决定并公告。复审期限自决定复审之日起不超过12个月，复审期间不影响反补贴措施的实施。

对终裁决定、反补贴税征收决定、追溯征收决定或复审决定不服的，可以依法申请行政复议或向人民法院提起诉讼。

附件一：

中华人民共和国反倾销条例

（2001年11月26日中华人民共和国国务院令第328号公布 根据2004年3月31日《国务院关于修改〈中华人民共和国反倾销条例〉的决定》修订自2004年6月1日起施行）

第一章 总 则

第一条 为了维护对外贸易秩序和公平竞争，根据《中华人民共和国对外贸易法》的有关规定，制定本条例。

第二条 进口产品以倾销方式进入中华人民共和国市场，并对已经建立的国内产业造成实质损害或者产生实质损害威胁，或者对建立国内产业造成实质阻碍的，依照本条例的规定进行调查，采取反倾销措施。

第二章 倾销与损害

第三条 倾销，是指在正常贸易过程中进口产品以低于其正常价值的出口价格进入中华人民共和国市场。

对倾销的调查和确定，由商务部负责。

第四条 进口产品的正常价值，应当区别不同情况，按照下列方法确定：

（一）进口产品的同类产品，在出口国（地区）国内市场的正常贸易过程中有可比价格的，以该可比价格为正常价值；

（二）进口产品的同类产品，在出口国（地区）国内市场的正常贸易过程中没有销售的，或者该同类产品的价格、数量不能据以进行公平比较的，以该同类产品出口到一个适当第三国（地区）的可比价格或者以该同类产品在原产国（地区）的生产成本加合理费用、利润，为正常价值。

进口产品不直接来自原产国（地区）的，按照前款第（一）项规定确定正常价值；但是，在产品仅通过出口国（地区）转运、产品在出口国（地区）无生产或者在出口国（地区）中不存在可比价格等情形下，可以以该同类产品在原产国（地区）的价格为正常价值。

第五条 进口产品的出口价格，应当区别不同情况，按照下列方法确定：

（一）进口产品有实际支付或者应当支付的价格的，以该价格为出口价格；

（二）进口产品没有出口价格或者其价格不可靠的，以根据该进口产品首次转售给独立购买人的价格推定的价格为出口价格；但是，该进口产品未转售给独立购买人或者未按进口时的状态转售的，可以以商务部根据合理基础推定的价格为出口价格。

第六条 进口产品的出口价格低于其正常价值的幅度，为倾销幅度。

对进口产品的出口价格和正常价值，应当考虑影响价格的各种可比性因素，按照公平、合理的方式进行比较。

倾销幅度的确定，应当将加权平均正常价值与全部可比出口交易的加权平均价格进行比较，或者将正常价值与出口价格在逐笔交易的基础上进行比较。

出口价格在不同的购买人、地区、时期之间存在很大差异，按照前款规定的方法难以比较的，可以将加权平均正常价值与单一出口交易的价格进行比较。

第七条 损害，是指倾销对已经建立的国内产业造成实质损害或者产生实质损害威胁，或者对建立国内产业造成实质阻碍。

对损害的调查和确定，由商务部负责；其中，涉及农产品的反倾销国内产业损害调查，由商务部会同农业部进行。

第八条 在确定倾销对国内产业造成的损害时，应当审查下列事项：

（一）倾销进口产品的数量，包括倾销进口产品的绝对数量或者相对于国内同类产品生产或者消费的数量是否大量增加，或者倾销进口产品大量增加的可能性；

（二）倾销进口产品的价格，包括倾销进口产品的价格削减或者对国内同类产品的价格产生大幅度抑制、压低等影响；

（三）倾销进口产品对国内产业的相关经济因素和指标的影响；

（四）倾销进口产品的出口国（地区）、原产国（地区）的生产能力、出口能力，被调查产品的库存情况；

（五）造成国内产业损害的其他因素。

对实质损害威胁的确定，应当依据事实，不得仅依据指控、推测或者极小的可能性。

在确定倾销对国内产业造成的损害时，应当依据肯定性证据，不得将造成损害的非倾销因素归因于倾销。

第九条 倾销进口产品来自两个以上国家（地区），并且同时满足下列条件的，可以就倾销进口产品对国内产业造成的影响进行累积评估：

（一）来自每一国家（地区）的倾销进口产品的倾销幅度不小于2%，并且其进口量不属于可忽略不计的；

（二）根据倾销进口产品之间以及倾销进口产品与国内同类产品之间的竞争条件，进行累积评估是适当的。

可忽略不计，是指来自一个国家（地区）的倾销进口产品的数量占同类产品总进口量的比例低于3%；但是，低于3%的若干国家（地区）的总进口量超过同类产品总进口量7%的除外。

第十条　评估倾销进口产品的影响，应当针对国内同类产品的生产进行单独确定；不能针对国内同类产品的生产进行单独确定的，应当审查包括国内同类产品在内的最窄产品组或者范围的生产。

第十一条　国内产业，是指中华人民共和国国内同类产品的全部生产者，或者其总产量占国内同类产品全部总产量的主要部分的生产者；但是，国内生产者与出口经营者或者进口经营者有关联的，或者其本身为倾销进口产品的进口经营者的，可以排除在国内产业之外。

在特殊情形下，国内一个区域市场中的生产者，在该市场中销售其全部或者几乎全部的同类产品，并且该市场中同类产品的需求主要不是由国内其他地方的生产者供给的，可以视为一个单独产业。

第十二条　同类产品，是指与倾销进口产品相同的产品；没有相同产品的，以与倾销进口产品的特性最相似的产品为同类产品。

第三章　反倾销调查

第十三条　国内产业或者代表国内产业的自然人、法人或者有关组织（以下统称申请人），可以依照本条例的规定向商务部提出反倾销调查的书面申请。

第十四条　申请书应当包括下列内容：

（一）申请人的名称、地址及有关情况；

（二）对申请调查的进口产品的完整说明，包括产品名称、所涉及的出口国（地区）或者原产国（地区）、已知的出口经营者或者生产者、产品在出口国（地区）或者原产国（地区）国内市场消费时的价格信息、出口价格信息等；

（三）对国内同类产品生产的数量和价值的说明；

（四）申请调查进口产品的数量和价格对国内产业的影响；

（五）申请人认为需要说明的其他内容。

第十五条　申请书应当附具下列证据：

（一）申请调查的进口产品存在倾销；

（二）对国内产业的损害；

（三）倾销与损害之间存在因果关系。

第十六条 商务部应当自收到申请人提交的申请书及有关证据之日起60天内，对申请是否由国内产业或者代表国内产业提出、申请书内容及所附具的证据等进行审查，并决定立案调查或者不立案调查。

在决定立案调查前，应当通知有关出口国（地区）政府。

第十七条 在表示支持申请或者反对申请的国内产业中，支持者的产量占支持者和反对者的总产量的50%以上的，应当认定申请是由国内产业或者代表国内产业提出，可以启动反倾销调查；但是，表示支持申请的国内生产者的产量不足国内同类产品总产量的25%的，不得启动反倾销调查。

第十八条 在特殊情形下，商务部没有收到反倾销调查的书面申请，但有充分证据认为存在倾销和损害以及二者之间有因果关系的，可以决定立案调查。

第十九条 立案调查的决定，由商务部予以公告，并通知申请人、已知的出口经营者和进口经营者、出口国（地区）政府以及其他有利害关系的组织、个人（以下统称利害关系方）。

立案调查的决定一经公告，商务部应当将申请书文本提供给已知的出口经营者和出口国（地区）政府。

第二十条 商务部可以采用问卷、抽样、听证会、现场核查等方式向利害关系方了解情况，进行调查。

商务部应当为有关利害关系方提供陈述意见和论据的机会。

商务部认为必要时，可以派出工作人员赴有关国家（地区）进行调查；但是，有关国家（地区）提出异议的除外。

第二十一条 商务部进行调查时，利害关系方应当如实反映情况，提供有关资料。利害关系方不如实反映情况、提供有关资料的，或者没有在合理时间内提供必要信息的，或者以其他方式严重妨碍调查的，商务部可以根据已经获得的事实和可获得的最佳信息作出裁定。

第二十二条 利害关系方认为其提供的资料泄露后将产生严重不利影响的，可以向商务部申请对该资料按保密资料处理。

商务部认为保密申请有正当理由的，应当对利害关系方提供的资料按保密资料处理，同时要求利害关系方提供一份非保密的该资料概要。

按保密资料处理的资料，未经提供资料的利害关系方同意，不得泄露。

第二十三条 商务部应当允许申请人和利害关系方查阅本案有关资料；但是，属于按保密资料处理的除外。

第二十四条 商务部根据调查结果，就倾销、损害和二者之间的因果关系是否成立作出初裁决定，并予以公告。

第二十五条 初裁决定确定倾销、损害以及二者之间的因果关系成立的，商务部应当对倾销及倾销幅度、损害及损害程度继续进行调查，并根据调查结果作出终裁决定，予以公告。

在作出终裁决定前，应当由商务部将终裁决定所依据的基本事实通知所有已知的利害关系方。

第二十六条　反倾销调查，应当自立案调查决定公告之日起 12 个月内结束；特殊情况下可以延长，但延长期不得超过 6 个月。

第二十七条　有下列情形之一的，反倾销调查应当终止，并由商务部予以公告：

（一）申请人撤销申请的；

（二）没有足够证据证明存在倾销、损害或者二者之间有因果关系的；

（三）倾销幅度低于 2%的；

（四）倾销进口产品实际或者潜在的进口量或者损害属于可忽略不计的；

（五）商务部认为不适宜继续进行反倾销调查的。

来自一个或者部分国家（地区）的被调查产品有前款第（二）、（三）、（四）项所列情形之一的，针对所涉产品的反倾销调查应当终止。

第四章　反倾销措施

第一节　临时反倾销措施

第二十八条　初裁决定确定倾销成立，并由此对国内产业造成损害的，可以采取下列临时反倾销措施：

（一）征收临时反倾销税；

（二）要求提供保证金、保函或者其他形式的担保。

临时反倾销税税额或者提供的保证金、保函或者其他形式担保的金额，应当不超过初裁决定确定的倾销幅度。

第二十九条　征收临时反倾销税，由商务部提出建议，国务院关税税则委员会根据商务部的建议作出决定，由商务部予以公告。要求提供保证金、保函或者其他形式的担保，由商务部作出决定并予以公告。海关自公告规定实施之日起执行。

第三十条　临时反倾销措施实施的期限，自临时反倾销措施决定公告规定实施之日起，不超过 4 个月；在特殊情形下，可以延长至 9 个月。

自反倾销立案调查决定公告之日起 60 天内，不得采取临时反倾销措施。

第二节　价格承诺

第三十一条　倾销进口产品的出口经营者在反倾销调查期间，可以向商务部作出改变价格或者停止以倾销价格出口的价格承诺。

商务部可以向出口经营者提出价格承诺的建议。

商务部不得强迫出口经营者作出价格承诺。

第三十二条　出口经营者不作出价格承诺或者不接受价格承诺的建议的，不妨碍对反倾销案件的调查和确定。出口经营者继续倾销进口产品的，商务部有权确定损害威胁更有可能出现。

第三十三条　商务部认为出口经营者作出的价格承诺能够接受并符合公共利益的，可以决定中止或者终止反倾销调查，不采取临时反倾销措施或者征收反倾销税。中止或者终止反倾销调查的决定由商务部予以公告。

商务部不接受价格承诺的，应当向有关出口经营者说明理由。

商务部对倾销以及由倾销造成的损害作出肯定的初裁决定前，不得寻求或者接受价格承诺。

第三十四条　依照本条例第三十三条第一款规定中止或者终止反倾销调查后，应出口经营者请求，商务部应当对倾销和损害继续进行调查；或者商务部认为有必要的，可以对倾销和损害继续进行调查。

根据前款调查结果，作出倾销或者损害的否定裁定的，价格承诺自动失效；作出倾销和损害的肯定裁定的，价格承诺继续有效。

第三十五条　商务部可以要求出口经营者定期提供履行其价格承诺的有关情况、资料，并予以核实。

第三十六条　出口经营者违反其价格承诺的，商务部依照本条例的规定，可以立即决定恢复反倾销调查；根据可获得的最佳信息，可以决定采取临时反倾销措施，并可以对实施临时反倾销措施前 90 天内进口的产品追溯征收反倾销税，但违反价格承诺前进口的产品除外。

第三节　反倾销税

第三十七条　终裁决定确定倾销成立，并由此对国内产业造成损害的，可以征收反倾销税。征收反倾销税应当符合公共利益。

第三十八条　征收反倾销税，由商务部提出建议，国务院关税税则委员会根据商务部的建议作出决定，由商务部予以公告。海关自公告规定实施之日起执行。

第三十九条　反倾销税适用于终裁决定公告之日后进口的产品，但属于本条例第三十六条、第四十三条、第四十四条规定的情形除外。

第四十条　反倾销税的纳税人为倾销进口产品的进口经营者。

第四十一条　反倾销税应当根据不同出口经营者的倾销幅度，分别确定。对未包括在审查范围内的出口经营者的倾销进口产品，需要征收反倾销税的，应当按照合理的方式确定对其适用的反倾销税。

第四十二条　反倾销税税额不超过终裁决定确定的倾销幅度。

第四十三条　终裁决定确定存在实质损害，并在此前已经采取临时反倾销措施的，反倾销税可以对已经实施临时反倾销措施的期间追溯征收。

终裁决定确定存在实质损害威胁，在先前不采取临时反倾销措施将会导致后来作出实质损害裁定的情况下已经采取临时反倾销措施的，反倾销税可以对已经实施临时反倾销措施的期间追溯征收。

终裁决定确定的反倾销税，高于已付或者应付的临时反倾销税或者为担保目的而估计的金额的，差额部分不予收取；低于已付或者应付的临时反倾销税或者为担保目的而估计的金额的，差额部分应当根据具体情况予以退还或者重新计算税额。

第四十四条　下列两种情形并存的，可以对实施临时反倾销措施之日前 90 天内进口的产品追溯征收反倾销税，但立案调查前进口的产品除外：

（一）倾销进口产品有对国内产业造成损害的倾销历史，或者该产品的进口经营者知道或者应当知道出口经营者实施倾销并且倾销对国内产业将造成损害的；

（二）倾销进口产品在短期内大量进口，并且可能会严重破坏即将实施的反倾销税的补救效果的。

商务部发起调查后，有充分证据证明前款所列两种情形并存的，可以对有关进口产品采取进口登记等必要措施，以便追溯征收反倾销税。

第四十五条　终裁决定确定不征收反倾销税的，或者终裁决定未确定追溯征收反倾销税的，已征收的临时反倾销税、已收取的保证金应当予以退还，保函或者其他形式的担保应当予以解除。

第四十六条　倾销进口产品的进口经营者有证据证明已经缴纳的反倾销税税额超过倾销幅度的，可以向商务部提出退税申请；商务部经审查、核实并提出建议，国务院关税税则委员会根据商务部的建议可以作出退税决定，由海关执行。

第四十七条　进口产品被征收反倾销税后，在调查期内未向中华人民共和国出口该产品的新出口经营者，能证明其与被征收反倾销税的出口经营者无关联的，可以向商务部申请单独确定其倾销幅度。商务部应当迅速进行审查并作出终裁决定。在审查期间，可以采取本条例第二十八条第一款第（二）项规定的措施，但不得对该产品征收反倾销税。

第五章　反倾销税和价格承诺的期限与复审

第四十八条　反倾销税的征收期限和价格承诺的履行期限不超过5年；但是，经复审确定终止征收反倾销税有可能导致倾销和损害的继续或者再度发生的，反倾销税的征收期限可以适当延长。

第四十九条　反倾销税生效后，商务部可以在有正当理由的情况下，决定对继续征收反倾销税的必要性进行复审；也可以在经过一段合理时间，应利害关系方的请求并对利害关系方提供的相应证据进行审查后，决定对继续征收反倾销税的必要性进行复审。

价格承诺生效后，商务部可以在有正当理由的情况下，决定对继续履行价格承诺的必要性进行复审；也可以在经过一段合理时间，应利害关系方的请求并对利害关系方提供的相应证据进行审查后，决定对继续履行价格承诺的必要性进行复审。

第五十条　根据复审结果，由商务部依照本条例的规定提出保留、修改或者取消反倾销税的建议，国务院关税税则委员会根据商务部的建议作出决定，由商务部予以公告；或者由商务部依照本条例的规定，作出保留、修改或者取消价格承诺的决定并予以公告。

第五十一条　复审程序参照本条例关于反倾销调查的有关规定执行。

复审期限自决定复审开始之日起，不超过12个月。

第五十二条　在复审期间，复审程序不妨碍反倾销措施的实施。

第六章　附　　则

第五十三条　对依照本条例第二十五条作出的终裁决定不服的，对依照本条例第四章作出的是否征收反倾销税的决定以及追溯征收、退税、对新出口经营者征税的决定不服的，或者对依照本条例第五章作出的复审决定不服的，可以依法申请行政复议，也可以依法向人民法院提起诉讼。

第五十四条　依照本条例作出的公告，应当载明重要的情况、事实、理由、依据、结果和结论等内容。

第五十五条　商务部可以采取适当措施，防止规避反倾销措施的行为。

第五十六条　任何国家（地区）对中华人民共和国的出口产品采取歧视性反倾销措施的，中华人民共和国可以根据实际情况对该国家（地区）采取相应的措施。

第五十七条　商务部负责与反倾销有关的对外磋商、通知和争端解决事宜。

第五十八条　商务部可以根据本条例制定有关具体实施办法。

第五十九条　本条例自 2002 年 1 月 1 日起施行。1997 年 3 月 25 日国务院发布的《中华人民共和国反倾销和反补贴条例》中关于反倾销的规定同时废止。

附件二：

中华人民共和国反补贴条例

（2001年11月26日中华人民共和国国务院令第329号公布 根据2004年3月31日《国务院关于修改〈中华人民共和国反补贴条例〉的决定》修订 本决定自2004年6月1日起施行）

第一章 总 则

第一条 为了维护对外贸易秩序和公平竞争，根据《中华人民共和国对外贸易法》的有关规定，制定本条例。

第二条 进口产品存在补贴，并对已经建立的国内产业造成实质损害或者产生实质损害威胁，或者对建立国内产业造成实质阻碍的，依照本条例的规定进行调查，采取反补贴措施。

第二章 补贴与损害

第三条 补贴，是指出口国（地区）政府或者其任何公共机构提供的并为接受者带来利益的财政资助以及任何形式的收入或者价格支持。

出口国（地区）政府或者其任何公共机构，以下统称出口国（地区）政府。

本条第一款所称财政资助，包括：

（一）出口国（地区）政府以拨款、贷款、资本注入等形式直接提供资金，或者以贷款担保等形式潜在地直接转让资金或者债务；

（二）出口国（地区）政府放弃或者不收缴应收收入；

（三）出口国（地区）政府提供除一般基础设施以外的货物、服务，或者由出口国（地区）政府购买货物；

（四）出口国（地区）政府通过向筹资机构付款，或者委托、指令私营机构履行上述职能。

第四条 依照本条例进行调查、采取反补贴措施的补贴，必须具有专向性。

具有下列情形之一的补贴，具有专向性：

（一）由出口国（地区）政府明确确定的某些企业、产业获得的补贴；

（二）由出口国（地区）法律法规明确规定的某些企业、产业获得的补贴；

（三）指定特定区域内的企业、产业获得的补贴；

（四）以出口实绩为条件获得的补贴，包括本条例所附出口补贴清单列举的各项补贴；

（五）以使用本国（地区）产品替代进口产品为条件获得的补贴。

在确定补贴专向性时，还应当考虑受补贴企业的数量和企业受补贴的数额、比例、时间以及给予补贴的方式等因素。

第五条　对补贴的调查和确定，由商务部负责。

第六条　进口产品的补贴金额，应当区别不同情况，按照下列方式计算：

（一）以无偿拨款形式提供补贴的，补贴金额以企业实际接受的金额计算；

（二）以贷款形式提供补贴的，补贴金额以接受贷款的企业在正常商业贷款条件下应支付的利息与该项贷款的利息差额计算；

（三）以贷款担保形式提供补贴的，补贴金额以在没有担保情况下企业应支付的利息与有担保情况下企业实际支付的利息之差计算；

（四）以注入资本形式提供补贴的，补贴金额以企业实际接受的资本金额计算；

（五）以提供货物或者服务形式提供补贴的，补贴金额以该项货物或者服务的正常市场价格与企业实际支付的价格之差计算；

（六）以购买货物形式提供补贴的，补贴金额以政府实际支付价格与该项货物正常市场价格之差计算；

（七）以放弃或者不收缴应收收入形式提供补贴的，补贴金额以依法应缴金额与企业实际缴纳金额之差计算。

对前款所列形式以外的其他补贴，按照公平、合理的方式确定补贴金额。

第七条　损害，是指补贴对已经建立的国内产业造成实质损害或者产生实质损害威胁，或者对建立国内产业造成实质阻碍。

对损害的调查和确定，由商务部负责；其中，涉及农产品的反补贴国内产业损害调查，由商务部会同农业部进行。

第八条　在确定补贴对国内产业造成的损害时，应当审查下列事项：

（一）补贴可能对贸易造成的影响；

（二）补贴进口产品的数量，包括补贴进口产品的绝对数量或者相对于国内同类产品生产或者消费的数量是否大量增加，或者补贴进口产品大量增加的可能性；

（三）补贴进口产品的价格，包括补贴进口产品的价格削减或者对国内同类产品的价格产生大幅度抑制、压低等影响；

（四）补贴进口产品对国内产业的相关经济因素和指标的影响；

（五）补贴进口产品出口国（地区）、原产国（地区）的生产能力、出口能力，被调查产品的库存情况；

（六）造成国内产业损害的其他因素。

对实质损害威胁的确定，应当依据事实，不得仅依据指控、推测或者极小的可能性。

在确定补贴对国内产业造成的损害时，应当依据肯定性证据，不得将造成损害的非补贴因素归因于补贴。

第九条 补贴进口产品来自两个以上国家（地区），并且同时满足下列条件的，可以就补贴进口产品对国内产业造成的影响进行累积评估：

（一）来自每一国家（地区）的补贴进口产品的补贴金额不属于微量补贴，并且其进口量不属于可忽略不计的；

（二）根据补贴进口产品之间的竞争条件以及补贴进口产品与国内同类产品之间的竞争条件，进行累积评估是适当的。

微量补贴，是指补贴金额不足产品价值1%的补贴；但是，来自发展中国家（地区）的补贴进口产品的微量补贴，是指补贴金额不足产品价值2%的补贴。

第十条 评估补贴进口产品的影响，应当对国内同类产品的生产进行单独确定。不能对国内同类产品的生产进行单独确定的，应当审查包括国内同类产品在内的最窄产品组或者范围的生产。

第十一条 国内产业，是指中华人民共和国国内同类产品的全部生产者，或者其总产量占国内同类产品全部总产量的主要部分的生产者；但是，国内生产者与出口经营者或者进口经营者有关联的，或者其本身为补贴产品或者同类产品的进口经营者的，应当除外。

在特殊情形下，国内一个区域市场中的生产者，在该市场中销售其全部或者几乎全部的同类产品，并且该市场中同类产品的需求主要不是由国内其他地方的生产者供给的，可以视为一个单独产业。

第十二条 同类产品，是指与补贴进口产品相同的产品；没有相同产品的，以与补贴进口产品的特性最相似的产品为同类产品。

第三章　反补贴调查

第十三条 国内产业或者代表国内产业的自然人、法人或者有关组织（以下统称申请人），可以依照本条例的规定向商务部提出反补贴调查的书面申请。

第十四条 申请书应当包括下列内容：

（一）申请人的名称、地址及有关情况；

（二）对申请调查的进口产品的完整说明，包括产品名称、所涉及的出口国（地区）或者原产国（地区）、已知的出口经营者或者生产者等；

（三）对国内同类产品生产的数量和价值的说明；

（四）申请调查进口产品的数量和价格对国内产业的影响；

（五）申请人认为需要说明的其他内容。

第十五条 申请书应当附具下列证据：

（一）申请调查的进口产品存在补贴；

（二）对国内产业的损害；

（三）补贴与损害之间存在因果关系。

第十六条 商务部应当自收到申请人提交的申请书及有关证据之日起60天内，对申请是否由国内产业或者代表国内产业提出、申请书内容及所附具的证据等进行审查，并决定立案调查或者不立案调查。在特殊情形下，可以适当延长审查期限。

在决定立案调查前，应当就有关补贴事项向产品可能被调查的国家（地区）政府发出进行磋商的邀请。

第十七条 在表示支持申请或者反对申请的国内产业中，支持者的产量占支持者和反对者的总产量的50%以上的，应当认定申请是由国内产业或者代表国内产业提出，可以启动反补贴调查；但是，表示支持申请的国内生产者的产量不足国内同类产品总产量的25%的，不得启动反补贴调查。

第十八条 在特殊情形下，商务部没有收到反补贴调查的书面申请，但有充分证据认为存在补贴和损害以及二者之间有因果关系的，可以决定立案调查。

第十九条 立案调查的决定，由商务部予以公告，并通知申请人、已知的出口经营者、进口经营者以及其他有利害关系的组织、个人（以下统称利害关系方）和出口国（地区）政府。

立案调查的决定一经公告，商务部应当将申请书文本提供给已知的出口经营者和出口国（地区）政府。

第二十条 商务部可以采用问卷、抽样、听证会、现场核查等方式向利害关系方了解情况，进行调查。

商务部应当为有关利害关系方、利害关系国（地区）政府提供陈述意见和论据的机会。

商务部认为必要时，可以派出工作人员赴有关国家（地区）进行调查；但是，有关国家（地区）提出异议的除外。

第二十一条 商务部进行调查时，利害关系方、利害关系国（地区）政府应当如实反映情况，提供有关资料。利害关系方、利害关系国（地区）政府不如实反映情况、提供有关资料的，或者没有在合理时间内提供必要信息的，或者以其他方式严重妨碍调查的，商务部可以根据可获得的事实作出裁定。

第二十二条 利害关系方、利害关系国（地区）政府认为其提供的资料泄露后将产生严重不利影响的，可以向商务部申请对该资料按保密资料处理。

商务部认为保密申请有正当理由的，应当对利害关系方、利害关系国（地区）政府提供的资料按保密资料处理，同时要求利害关系方、利害关系国（地区）政府提供一份非保密的该资料概要。

按保密资料处理的资料，未经提供资料的利害关系方、利害关系国（地区）政府同意，不得泄露。

第二十三条 商务部应当允许申请人、利害关系方和利害关系国（地区）政府查阅本案有关资料；但是，属于按保密资料处理的除外。

第二十四条 在反补贴调查期间，应当给予产品被调查的国家（地区）政府继续进行磋商的合理机会。磋商不妨碍商务部根据本条例的规定进行调查，并采取反补贴措施。

第二十五条 商务部根据调查结果，就补贴、损害和二者之间的因果关系是否成立作出初裁决定，并予以公告。

第二十六条 初裁决定确定补贴、损害以及二者之间的因果关系成立的，商务部应当对补贴及补贴金额、损害及损害程度继续进行调查，并根据调查结果作出终裁决定，予以公告。

在作出终裁决定前，应当由商务部将终裁决定所依据的基本事实通知所有已知的利害关系方、利害关系国（地区）政府。

第二十七条 反补贴调查，应当自立案调查决定公告之日起 12 个月内结束；特殊情况下可以延长，但延长期不得超过 6 个月。

第二十八条 有下列情形之一的，反补贴调查应当终止，并由商务部予以公告：

（一）申请人撤销申请的；

（二）没有足够证据证明存在补贴、损害或者二者之间有因果关系的；

（三）补贴金额为微量补贴的；

（四）补贴进口产品实际或者潜在的进口量或者损害属于可忽略不计的；

（五）通过与有关国家（地区）政府磋商达成协议，不需要继续进行反补贴调查的；

（六）商务部认为不适宜继续进行反补贴调查的。

来自一个或者部分国家（地区）的被调查产品有前款第（二）、（三）、（四）、（五）项所列情形之一的，针对所涉产品的反补贴调查应当终止。

第四章　反补贴措施

第一节　临时措施

第二十九条　初裁决定确定补贴成立，并由此对国内产业造成损害的，可以采取临时反补贴措施。

临时反补贴措施采取以保证金或者保函作为担保的征收临时反补贴税的形式。

第三十条　采取临时反补贴措施，由商务部提出建议，国务院关税税则委员会根据商务部的建议作出决定，由商务部予以公告。海关自公告规定实施之日起执行。

第三十一条　临时反补贴措施实施的期限，自临时反补贴措施决定公告规定实施之日起，不超过4个月。

自反补贴立案调查决定公告之日起60天内，不得采取临时反补贴措施。

第二节　承诺

第三十二条　在反补贴调查期间，出口国（地区）政府提出取消、限制补贴或者其他有关措施的承诺，或者出口经营者提出修改价格的承诺的，商务部应当予以充分考虑。

商务部可以向出口经营者或者出口国（地区）政府提出有关价格承诺的建议。

商务部不得强迫出口经营者作出承诺。

第三十三条　出口经营者、出口国（地区）政府不作出承诺或者不接受有关价格承诺的建议的，不妨碍对反补贴案件的调查和确定。出口经营者继续补贴进口产品的，商务部有权确定损害威胁更有可能出现。

第三十四条　商务部认为承诺能够接受并符合公共利益的，可以决定中止或者终止反补贴调查，不采取临时反补贴措施或者征收反补贴税。中止或者终止反补贴调查的决定由商务部予以公告。

商务部不接受承诺的，应当向有关出口经营者说明理由。

商务部对补贴以及由补贴造成的损害作出肯定的初裁决定前，不得寻求或者接受承诺。在出口经营者作出承诺的情况下，未经其本国（地区）政府同意的，商务部不得寻求或者接受承诺。

第三十五条　依照本条例第三十四条第一款规定中止或者终止调查后，应出口国（地区）政府请求，商务部应当对补贴和损害继续进行调查；或者商务部认为有必要的，可以对补贴和损害继续进行调查。

根据调查结果，作出补贴或者损害的否定裁定的，承诺自动失效；作出补贴和损害的肯定裁定的，承诺继续有效。

第三十六条 商务部可以要求承诺已被接受的出口经营者或者出口国（地区）政府定期提供履行其承诺的有关情况、资料，并予以核实。

第三十七条 对违反承诺的，商务部依照本条例的规定，可以立即决定恢复反补贴调查；根据可获得的最佳信息，可以决定采取临时反补贴措施，并可以对实施临时反补贴措施前 90 天内进口的产品追溯征收反补贴税，但违反承诺前进口的产品除外。

第三节 反补贴税

第三十八条 在为完成磋商的努力没有取得效果的情况下，终裁决定确定补贴成立，并由此对国内产业造成损害的，可以征收反补贴税。征收反补贴税应当符合公共利益。

第三十九条 征收反补贴税，由商务部提出建议，国务院关税税则委员会根据商务部的建议作出决定，由商务部予以公告。海关自公告规定实施之日起执行。

第四十条 反补贴税适用于终裁决定公告之日后进口的产品，但属于本条例第三十七条、第四十四条、第四十五条规定的情形除外。

第四十一条 反补贴税的纳税人为补贴进口产品的进口经营者。

第四十二条 反补贴税应当根据不同出口经营者的补贴金额，分别确定。对实际上未被调查的出口经营者的补贴进口产品，需要征收反补贴税的，应当迅速审查，按照合理的方式确定对其适用的反补贴税。

第四十三条 反补贴税税额不得超过终裁决定确定的补贴金额。

第四十四条 终裁决定确定存在实质损害，并在此前已经采取临时反补贴措施的，反补贴税可以对已经实施临时反补贴措施的期间追溯征收。

终裁决定确定存在实质损害威胁，在先前不采取临时反补贴措施将会导致后来作出实质损害裁定的情况下已经采取临时反补贴措施的，反补贴税可以对已经实施临时反补贴措施的期间追溯征收。

终裁决定确定的反补贴税，高于保证金或者保函所担保的金额的，差额部分不予收取；低于保证金或者保函所担保的金额的，差额部分应当予以退还。

第四十五条 下列三种情形并存的，必要时可以对实施临时反补贴措施之日前 90 天内进口的产品追溯征收反补贴税：

（一）补贴进口产品在较短的时间内大量增加；

（二）此种增加对国内产业造成难以补救的损害；

（三）此种产品得益于补贴。

第四十六条　终裁决定确定不征收反补贴税的，或者终裁决定未确定追溯征收反补贴税的，对实施临时反补贴措施期间已收取的保证金应当予以退还，保函应当予以解除。

第五章　反补贴税和承诺的期限与复审

第四十七条　反补贴税的征收期限和承诺的履行期限不超过 5 年；但是，经复审确定终止征收反补贴税有可能导致补贴和损害的继续或者再度发生的，反补贴税的征收期限可以适当延长。

第四十八条　反补贴税生效后，商务部可以在有正当理由的情况下，决定对继续征收反补贴税的必要性进行复审；也可以在经过一段合理时间，应利害关系方的请求并对利害关系方提供的相应证据进行审查后，决定对继续征收反补贴税的必要性进行复审。

承诺生效后，商务部可以在有正当理由的情况下，决定对继续履行承诺的必要性进行复审；也可以在经过一段合理时间，应利害关系方的请求并对利害关系方提供的相应证据进行审查后，决定对继续履行承诺的必要性进行复审。

第四十九条　根据复审结果，由商务部依照本条例的规定提出保留、修改或者取消反补贴税的建议，国务院关税税则委员会根据商务部的建议作出决定，由商务部予以公告；或者由商务部依照本条例的规定，作出保留、修改或者取消承诺的决定并予以公告。

第五十条　复审程序参照本条例关于反补贴调查的有关规定执行。

复审期限自决定复审开始之日起，不超过 12 个月。

第五十一条　在复审期间，复审程序不妨碍反补贴措施的实施。

第六章　附　　则

第五十二条　对依照本条例第二十六条作出的终裁决定不服的，对依照本条例第四章作出的是否征收反补贴税的决定以及追溯征收的决定不服的，或者对依照本条例第五章作出的复审决定不服的，可以依法申请行政复议，也可以依法向人民法院提起诉讼。

第五十三条　依照本条例作出的公告，应当载明重要的情况、事实、理由、依据、结果和结论等内容。

第五十四条 商务部可以采取适当措施，防止规避反补贴措施的行为。

第五十五条 任何国家（地区）对中华人民共和国的出口产品采取歧视性反补贴措施的，中华人民共和国可以根据实际情况对该国家（地区）采取相应的措施。

第五十六条 商务部负责与反补贴有关的对外磋商、通知和争端解决事宜。

第五十七条 商务部可以根据本条例制定有关具体实施办法。

第五十八条 本条例自 2002 年 1 月 1 日起施行。1997 年 3 月 25 日国务院发布的《中华人民共和国反倾销和反补贴条例》中关于反补贴的规定同时废止。

附件三：

中华人民共和国保障措施条例

（2001年11月26日中华人民共和国国务院令第330号公布 根据2004年3月31日《国务院关于修改〈中华人民共和国保障措施条例〉的决定》修订自2004年6月1日起施行）

第一章　总　　则

第一条　为了促进对外贸易健康发展，根据《中华人民共和国对外贸易法》的有关规定，制定本条例。

第二条　进口产品数量增加，并对生产同类产品或者直接竞争产品的国内产业造成严重损害或者严重损害威胁（以下除特别指明外，统称损害）的，依照本条例的规定进行调查，采取保障措施。

第二章　调　　查

第三条　与国内产业有关的自然人、法人或者其他组织（以下统称申请人），可以依照本条例的规定，向商务部提出采取保障措施的书面申请。

商务部应当及时对申请人的申请进行审查，决定立案调查或者不立案调查。

第四条　商务部没有收到采取保障措施的书面申请，但有充分证据认为国内产业因进口产品数量增加而受到损害的，可以决定立案调查。

第五条　立案调查的决定，由商务部予以公告。

商务部应当将立案调查的决定及时通知世界贸易组织保障措施委员会（以下简称保障措施委员会）。

第六条　对进口产品数量增加及损害的调查和确定，由商务部负责；其中，涉及农产品的保障措施国内产业损害调查，由商务部会同农业部进行。

第七条　进口产品数量增加，是指进口产品数量的绝对增加或者与国内生产相比的相对增加。

第八条　在确定进口产品数量增加对国内产业造成的损害时，应当审查下列相关因素：

（一）进口产品的绝对和相对增长率与增长量；

（二）增加的进口产品在国内市场中所占的份额；

（三）进口产品对国内产业的影响，包括对国内产业在产量、销售水平、市场份额、生产率、设备利用率、利润与亏损、就业等方面的影响；

（四）造成国内产业损害的其他因素。

对严重损害威胁的确定，应当依据事实，不能仅依据指控、推测或者极小的可能性。

在确定进口产品数量增加对国内产业造成的损害时，不得将进口增加以外的因素对国内产业造成的损害归因于进口增加。

第九条 在调查期间，商务部应当及时公布对案情的详细分析和审查的相关因素等。

第十条 国内产业，是指中华人民共和国国内同类产品或者直接竞争产品的全部生产者，或者其总产量占国内同类产品或者直接竞争产品全部总产量的主要部分的生产者。

第十一条 商务部应当根据客观的事实和证据，确定进口产品数量增加与国内产业的损害之间是否存在因果关系。

第十二条 商务部应当为进口经营者、出口经营者和其他利害关系方提供陈述意见和论据的机会。

调查可以采用调查问卷的方式，也可以采用听证会或者其他方式。

第十三条 调查中获得的有关资料，资料提供方认为需要保密的，商务部可以按保密资料处理。

保密申请有理由的，应当对资料提供方提供的资料按保密资料处理，同时要求资料提供方提供一份非保密的该资料概要。

按保密资料处理的资料，未经资料提供方同意，不得泄露。

第十四条 进口产品数量增加、损害的调查结果及其理由的说明，由商务部予以公布。

商务部应当将调查结果及有关情况及时通知保障措施委员会。

第十五条 商务部根据调查结果，可以作出初裁决定，也可以直接作出终裁决定，并予以公告。

第三章 保障措施

第十六条 有明确证据表明进口产品数量增加，在不采取临时保障措施将对国内产业造成难以补救的损害的紧急情况下，可以作出初裁决定，并采取临时保障措施。

临时保障措施采取提高关税的形式。

第十七条　采取临时保障措施，由商务部提出建议，国务院关税税则委员会根据商务部的建议作出决定，由商务部予以公告。海关自公告规定实施之日起执行。

在采取临时保障措施前，商务部应当将有关情况通知保障措施委员会。

第十八条　临时保障措施的实施期限，自临时保障措施决定公告规定实施之日起，不超过200天。

第十九条　终裁决定确定进口产品数量增加，并由此对国内产业造成损害的，可以采取保障措施。实施保障措施应当符合公共利益。

保障措施可以采取提高关税、数量限制等形式。

第二十条　保障措施采取提高关税形式的，由商务部提出建议，国务院关税税则委员会根据商务部的建议作出决定，由商务部予以公告；采取数量限制形式的，由商务部作出决定并予以公告。海关自公告规定实施之日起执行。

商务部应当将采取保障措施的决定及有关情况及时通知保障措施委员会。

第二十一条　采取数量限制措施的，限制后的进口量不得低于最近3个有代表性年度的平均进口量；但是，有正当理由表明为防止或者补救严重损害而有必要采取不同水平的数量限制措施的除外。

采取数量限制措施，需要在有关出口国（地区）或者原产国（地区）之间进行数量分配的，商务部可以与有关出口国（地区）或者原产国（地区）就数量的分配进行磋商。

第二十二条　保障措施应当针对正在进口的产品实施，不区分产品来源国（地区）。

第二十三条　采取保障措施应当限于防止、补救严重损害并便利调整国内产业所必要的范围内。

第二十四条　在采取保障措施前，商务部应当为与有关产品的出口经营者有实质利益的国家（地区）政府提供磋商的充分机会。

第二十五条　终裁决定确定不采取保障措施的，已征收的临时关税应当予以退还。

第四章　保障措施的期限与复审

第二十六条　保障措施的实施期限不超过4年。

符合下列条件的，保障措施的实施期限可以适当延长：

（一）按照本条例规定的程序确定保障措施对于防止或者补救严重损害仍然有

必要；

（二）有证据表明相关国内产业正在进行调整；

（三）已经履行有关对外通知、磋商的义务；

（四）延长后的措施不严于延长前的措施。

一项保障措施的实施期限及其延长期限，最长不超过10年。

第二十七条 保障措施实施期限超过1年的，应当在实施期间内按固定时间间隔逐步放宽。

第二十八条 保障措施实施期限超过3年的，商务部应当在实施期间内对该项措施进行中期复审。

复审的内容包括保障措施对国内产业的影响、国内产业的调整情况等。

第二十九条 保障措施属于提高关税的，商务部应当根据复审结果，依照本条例的规定，提出保留、取消或者加快放宽提高关税措施的建议，国务院关税税则委员会根据商务部的建议作出决定，由商务部予以公告；保障措施属于数量限制或者其他形式的，商务部应当根据复审结果，依照本条例的规定，作出保留、取消或者加快放宽数量限制措施的决定并予以公告。

第三十条 对同一进口产品再次采取保障措施的，与前次采取保障措施的时间间隔应当不短于前次采取保障措施的实施期限，并且至少为2年。

符合下列条件的，对一产品实施的期限为180天或者少于180天的保障措施，不受前款限制：

（一）自对该进口产品实施保障措施之日起，已经超过1年；

（二）自实施该保障措施之日起5年内，未对同一产品实施2次以上保障措施。

第五章　附　　则

第三十一条 任何国家（地区）对中华人民共和国的出口产品采取歧视性保障措施的，中华人民共和国可以根据实际情况对该国家（地区）采取相应的措施。

第三十二条 商务部负责与保障措施有关的对外磋商、通知和争端解决事宜。

第三十三条 商务部可以根据本条例制定具体实施办法。

第三十四条 本条例自2002年1月1日起施行。